KB204178

종교개혁과 칭의

종교개혁과 칭의

발 행 일 2022.08.26.
발 행 인 이병수
편 집 인 이신열
발 행 처 고신대학교 출판부
　　　　 고신대학교 개혁주의학술원
　　　　 kirs@kosin.ac.kr / www.kirs.kr
　　　　 부산시 영도구 와치로 194 051) 990-2267
판　 권 고신대학교 개혁주의학술원 - 개혁주의 신학과 신앙 총서 16
제　 목 종교개혁과 칭의
저　 자 김용주, 유정모, 황대우, 류성민, 김진흥, 박상봉, 박재은, 양신혜, 이남규,
　　　　 권경철, 우병훈, 이신열
I S B N 979-11-91936-07-0

종교개혁과 칭의

개혁주의 신학과 신앙 총서 제16권을 펴내며

올해 저희 개혁주의학술원 신학과 신앙 총서 16권을 발간하게 된 것을 먼저 우리 하나님께 감사드립니다. 올해 제목은 "종교개혁과 칭의"로 정했습니다. 16세기 종교개혁에서 17세기 개혁파 정통주의에 이르기까지 여러 신학자들의 칭의론을 집중적으로 고찰할 수 있는 기회가 마련된 것은 한국교회의 건강을 위해서 필요 적절하다고 볼 수 있습니다.

칭의론은 종교개혁 이후 개신교가 로마 가톨릭에 맞서서 특별히 강조했던 교리 가운데 하나입니다. 루터는 시편 130편 4절을 주해하면서 이 교리가 확립되면 교회가 확립되고, 이 교리가 무너지면 교회가 무너진다고 주장했습니다(*WA* 40/3, 352, 3). 칼빈은 칭의가 모든 참된 종교가 지켜야 할 교리라고 보았습니다. 이와 같이 종교개혁은 칭의를 떠나서는 사실상 성립될 수 없다고 해도 과언이 아닐 것입니다. 이렇게 중요한 칭의를 그동안 한국교회가 얼마나 소중한 교리로 여겨왔는가에 대해서 반성할 필요성이 있다고 여겨집니다. 성경에 등장하는 다른 모든 교리들이 모두 소중하고 중요하지만 특히 칭의의 교리는 개신교의 발흥과 관련하여 반드시 기억하고 되새겨야 할 보물처럼 빛나는 교리입니다. 이 교리의 자세한 해설을 위해서 열 두 박사님들께서 아래 제목의 옥고를 정성껏 작성해 주셨습니다:

   (1) 김용주 박사님의 "마틴 루터의 칭의론"

(2) 유정모 박사님의 "울리히 츠빙글리의 칭의론"

(3) 황대우 박사님의 "부써의 칭의론: 그의 로마서 주석을 중심으로"

(4) 류성민 박사님의 "멜랑흐톤의 칭의론: 신학총론(1521, 1553)과 논쟁을 중심으로"

(5) 김진흥 박사님의 "버미글리의 삼중적 칭의론"

(6) 박상봉 박사님의 "하인리히 불링거의 하나님의 은혜와 신자의 칭의(1560년에 저술된 네 권의 신앙교육서들을 중심으로)"

(7) 박재은 박사님의 "존 낙스의 칭의론"

(8) 양신혜 박사님의 "베자의 칭의에 대한 이해: 그리스도와의 연합과 칭의의 관계에서"

(9) 이남규 박사님의 "자카리아스 우르시누스의 칭의론"

(10) 권경철 박사님의 "푸티우스의 칭의론"

(11) 우병훈 박사님의 "존 오웬의 칭의론"

(12) 저의 "프란시스 튜레틴의 칭의론"

원고를 작성하시기 위해서 노고를 아끼지 아니하신 모든 박사님들께 진심으로 감사드리면서 우리 하나님의 놀라운 섭리와 도우심의 은총이 연구활동에 늘 함께 하시기를 바랍니다. 이 수고가 한국교회가 개혁신학의 기초 위에 든든하게 세워지는데 일익을 담당하게 되리라 믿으면서 발간사를 마무리하고자 합니다.

2022년 8월 11일
개혁주의학술원장 이신열 교수

차 례

루터의 칭의론

김용주

Martin Luther(1483-1546)

전남대학교 사범대학 독어교육과를 졸업하고 총신대 신대원에서 목회학 석사(M.Div.)과정을 졸업한 후 독일로 건너가 베를린 소재 훔볼트대학교에서 교회사 루터 전공으로 박사학위(Dr.theol.)를 받았다. 현재 분당두레교회 담임 목사로 섬기고 있다. 저서로는 『루터, 혼돈의 숲에서 길을 찾다』(익투스, 2012)와 『칭의, 루터에게 묻다』(좋은 씨앗, 2017), 『자유주의 신학이란 무엇인가?』(좋은씨앗, 2018)과 『신정통주의 신학이란 무엇인가』(좋은씨앗, 2019), 『정치신학이란 무엇인가』(좋은 씨앗, 2022)가 있다.

김용주

I. 서론

마틴 루터의 칭의론을 법정적 칭의론이라고 부르는데, 법정적인 칭의론이란 하나님께서 죄인을 법적으로 의롭다고 선언해주는 행위이고, 죄인은 하나님의 칭의 선언을 믿음으로 받아들임을 통하여 의롭다고 여겨진다는 뜻이다. 여기서 구원은 전적으로 하나님의 은혜로 값없이 받는 것이며 인간의 어떤 행위도 배제되어 있다는 뜻으로 받아들여지고 있다. 일치신조(Konkordien Formel, 1580)와 같은 루터교 표준 문서들은 이 법정적 칭의론을 그의 칭의론으로 확정적으로 서술하고 있는 것 같다. 하지만 루터의 칭의론을 법정적 칭의론이라는 프레임을 씌우는 것에 대하여 이의 제기를 했던 사람이 있다. 바로 1900년대 초에 루터 르네상스를 시작했던 홀(Karl Holl)이다.

홀은, 그 자신이 볼 때, 진정한 법정적 칭의론의 시작자인 멜랑흐톤의 칭의론이 루터와 비슷하지만 그럼에도 차이가 있다고 주장하였으며, 자신이 이렇게 말할 수 있는 근거는, 루터가 비텐베르크 대학에서 1515-1516년에 강의했던 로마서 강의 결과 때문이라고 말했다. 그의 이런 탐구는 그의 대표적인 논문들을 통해서 발표가 되었으며 루터교 내에서 활발한 토론을 불러일으켰다.[1]

홀의 탐구에 의하면, 루터교가 받아들이고 있는 법정적 칭의론은 멜랑흐톤의 입장은 될 수 있지만 루터의 입장은 될 수 없다는 것이다. 사실 멜랑흐톤의 책들을 읽어 볼 때, 그에게도 법정적 칭의론이라는 프레임을 씌우는 것이 반드시 옳지는 않지만, 홀은 루터의 칭의론은 그와 다른 점이 존재하고 있다고 주장하는 것이다. 홀은 루터의 로마서 강의를 중심으로 그의 칭의론을 탐구하

---

[1] "Die Rechtfertigungslehre im Licht der Geschichte des Protestantismus"(1906), "Was hat die Rechtfertigungslehre dem modernen Menschen zu sagen?"(1907), "Die Rechtfertigungslehre in Luthers Vorlesung über den Römerbrief mit besonderer Rücksicht auf die Frage der Heilsgewißheit"(1910).

여 루터가 말하는 종교는 결국 도덕적 의무 종교(Sollen)였다는 결론을 내리게 된다.[2] 즉 죄인이 의롭다 칭함을 받는다는 의미는, 값없이 죄를 용서 받는다는 의미와 동시에 죄인을 의롭다고 칭해주신 하나님께 감사하는 마음으로 의지적으로 도덕적 의무를 행하는 것이라는 주장이다. 즉 동전으로 비유하자면, 칭의의 이쪽 면은 죄의 용서(Vergebung)이고 저쪽 면은 도덕적 의무(Sollen)라는 것이다. 의롭게 된 자는 죄를 사함 받을 뿐만 아니라 동시에 도덕적 의무를 행해야한다는 그의 이런 주장은 다른 루터교 신학자들의 비판을 받게 되었고, 아직까지도 논쟁 중에 있지만, 그의 주장 이후에 루터의 칭의론 연구자들에게 루터의 칭의론은 그가 쓴 책들을 중심으로 좀 더 세심히 살펴보아야 한다는 생각을 갖게 하였다.[3]

필자는 루터의 주저들 중에서 루터가 자신의 칭의 이해를 집중적으로 알려주고 있는 책인 로마서 강의(1515-16)에 나타난 칭의론을 살펴본 후에, 좀 더 완성된 형태의 칭의론이라고 말할 수 있는 1535년에 작성한 『칭의에 관한 토론문』을 살펴보고자 하는데, 이는 이 토론문에서 루터의 칭의론과 관계해서 지금까지 알려지지 않았던 내용들도 접하게 될 것이라고 사려 되기 때문이다.

II. 로마서 강의(1515-16)에 나타난 칭의 이해

루터는 비텐베르크 대학의 성경 교수가 된 이후 첫 번째 강의인 시편강의(1513-15)를 한 다음에 바로 이어서 로마서 강의(1515-16)를 하게 되는데,

---

2 "Was verstand Luther unter Religion?"(1917)
3 Walter Bodenstein, *Die Theologie Karl Holls im Spiegel des antiken und reformatorischen Christentums*, Arbeiten zur Kirchengeschichte 40, Walter De Gruyter Co, Berlin 1968, 109ff.

이 강의를 통하여 그는 자신의 칭의 이해를 본격적으로 드러냄과 동시에 당시 스콜라 신학자들의 칭의 이해를, 더 나가서는 중세 신학에 전반적으로 퍼져있던 칭의 이해를 비판하고 있다. 그의 칭의론은 다섯 가지 중심 사상으로 요약될 수 있다.

첫째, 죄인은 낯선 의(iustia aliena)에 대한 신앙을 통하여 의롭다고 칭해진다. 루터는 어거스틴의 펠라기안 반박서들을 통해서, 특히 『영과 문자에 관하여』(De spiritu et litera)를 통해서, 바울의 칭의론을 새롭게 이해하게 된다. 그는 바울이 죄인은 자신의 행위를 통해서가 아니라 오직 하나님의 은혜로 구원을 받는다고 가르치고 있다는 점을 발견하면서, 이런 식의 칭의 이해는 믿음만으로는 의롭게 될 수 없으며 반드시 선행이 수반이 되어야 한다고 가르치는 당시 스콜라 신학자들의 가르침과 상치됨을 포착한다. 그는 스콜라 신학자들이 의의 조건으로 제시하는 "우리 안에 내재하는 의"가 아니라 "우리 밖에서 오는 의"를 통하여서만 의롭게 될 수 있음을 명확하게 밝히고 있다. "하나님은 분명 우리 자신 안에 내재하는 의(per domesticam iustitiam)를 통해서가 아니라, 우리 밖으로부터 오는 의(per extraneam iustitiam)와 지혜를 통해서 우리를 구원하신다. 그런데 이런 의와 지혜는 우리로부터 오거나 태어나지는 것이 아니라, 다른 곳으로부터(aliunde) 우리 안으로 들어오며, 이 땅에서 기원하는 것이 아니라 하늘로부터 내려온다. 따라서 우리는 바깥의 낯선 의(externa et aliena iustitia)를 가르쳐야한다."[4] 그는 죄인은 하나님께서 위로부터 내려주시는 낯선 의(iustitia aliena)를 믿음으로(ex fide)만 의롭게 된다고 주장하면서, 아리스토텔레스 철학의 영향 하에서 신학을 했던 스콜라 신학자들의 그릇된 칭의의 방식을, 즉 내재적 의, 습관이 된 의(iustus habitus),

---

4 Martin Luther, *Vorlesung über der Römerbrief* 1515/1516, Lateinische-deutsche Ausgabe; Erster Band, 1960, Wissenschaftliche Buchgesellschaft Darmstadt, 10.

우리 안에서 생겨난 의가 없이는 구원을 받을 수 없다는 가르침을 비판한다.

둘째, 루터는 이어서 만일 인간이 외래적 의에 대한 신앙을 통하여 의로워진다면, 인간의 행위는 신자에게 어떤 의미를 가지는지에 대하여 설명한다. 루터를 비판하는 스콜라 신학자들이 그가 오직 믿음을 통한 칭의를 주장함으로 행위를 무용지물로 만들고 있다고 비난했기 때문이다. 그는 신앙은 행위를 불필요하게 만드는 것이 아니라 도리어 굳건히 세우며, 바울이 행위 자체를 없애려고 하지 않았으며 바울이 헐고자 하는 행위는 '율법의 행위'(opera legis)였지 '신앙의 행위'(opera fidei)가 아니었다고 주장하며 두 종류의 행위를 비교한다. 율법의 행위가 신앙과 은혜 밖에서 일어나는 행위이며, 두렵게 하는 율법을 통하여 강요되어 행해진 행위이며, 일시적인 약속을 통하여 자극되어 행해진 행위라면, 신앙의 행위는 "자유롭게 만드시는 영을 통하여 오직 하나님에 대한 사랑 때문에"(ex spiritu libertatis amore solo Dei) 행해지는 행위이다. 루터는 하나님께서 원하시는 행위는 이런 신앙의 행위인데 이런 행위는 믿음을 통하여 의로워진 사람이 아니면 결코 행할 수 없다고 본다.[5] 말하자면 그가 헐려고 했던 행위는 하나님에 대한 사랑 없이 강요되어 일시적인 유익을 얻으려고 하는 위선적 행위였다.

그는 롬 4장의 주석에서도 신앙과 행위와의 관계를 좀 더 분명하게 전달하고 있다. 그는 아브라함이 그리고 다윗이 어떻게 의롭게 되었는가를 설명하면서 신앙과 행위와의 관계를 다음과 같이 말한다. "하나님은 행위(opera)때문에 그 사람을 받으시는 것이 아니라, 믿음 있는 그 사람(persona)때문에 그 행위를 받으시기 때문이다. 하나님은 먼저 그를 믿는 사람으로서 받으신 다음에 믿음으로부터 흘러나오는 행위들을 받으신다. 행위로 의롭다 하심을 얻고자

---

5 Luther, *Vorlesung über der Römerbrief*, 210; 3장 19절에 대한 해석에서 인용함.

하는 자들은 결국 스스로를 더 이상 죄인으로 여기지 않는 반면에, 믿는 자들은 항상 스스로를 죄인으로 인정한다."[6] 이 말은 하나님께서는 먼저 사람을 의롭게 만든 다음에 그 의인이 하는 행위를 통하여 영광을 받으시고자 하신다는 뜻이다.

셋째, 죄인은 의의 전가(reputatio)를 통하여 의로워진다. 롬 4장 7절의 "불법이 사함을 받는 사람들은 복이 있고"라는 구절의 해석에서도 그는 의롭게 된다는 것이 무엇을 의미하는지를 설명하고 있다. "성도들은 내적으로 (intrinsece) 언제나(semper)죄인들이다. 그러므로 항상 밖으로부터 (extrinsece) 의롭다 하심을 얻는다. 반면에 행위로 의롭다 하심을 얻으려 하는 위선자들은 내적으로 언제나 의롭다. 그러므로 그들은 항상 밖으로부터 죄인들이다. 여기서 '내적으로'라는 말은 '우리 자신의 판단과 소견을 따라서' 를 의미하고 '밖으로부터'라는 말은 '하나님과 그의 심판대 앞에서'를 의미한다. 우리의 의가 우리로 부터나 우리의 행위로부터 흘러나오지 않는다면, 우리는 '우리 자신의 외부에서' 의롭다. 우리는 오직 하나님의 전가(sola Dei reputatione)를 통해서만 의롭다. 즉 그의 전가는 우리 안에도 우리의 권세 안에도 없다. 따라서 우리의 의도 우리 안에나 우리의 권세 안에 없다."[7]

루터는 인간이 의로워지는 것은 철저히 우리 안에 있는 어떤 것들을 통하여서가 아니라, 오직 우리 밖으로부터 주어지는 하나님의 의의 전가를 통해서만 가능하다고 본다. 그는 이렇게 전가를 통하여 의롭게 된 사람은 자기 자신에 대한 평가에서 달라진다고 말한다. 의인은 자기 안에서 자신을 늘 죄인으로 평가하므로 하나님 앞에서는 의로우며, 악인은 자기 안에서 자신을 늘 의롭게 평가하므로 하나님 앞에서는 죄인이다. 하나님께서는 죄인이 자신을 죄인으로

---

6 Luther, *Vorlesung über der Römerbrief*, 256: 4장 6절에 대한 해석에서 인용함.
7 Luther, *Vorlesung über der Römerbrief*. 258.

평가하기 때문에, 혹은 자신이 죄를 뉘우치기 때문에 의롭다고 칭하는 것이 아니라, 그리스도의 의를 전가하심을 통하여 의롭게 만든 결과로 그 자신이 자신을 죄인으로 평가한다. 말하자면 루터는 회개나 자기에 대한 평가를 의의 전제 조건으로 내세우지 않고 오직 전가를 통한 칭의만을 주장하고 있다. 그러므로 그는 이미 이 로마서 강의에서 참회나 겸손을 칭의의 조건으로 보는 소위 전 종교개혁적인 신학(Die vorreformatorische Bußtheologie oder Demutstheologie)을 극복하고 있다고 말할 수 있다.

넷째, 그리스도인은 죄인이면서 동시에 의인(simul peccator et iustus)이다. 루터는 하나님의 칭의 방식을 설명하기 위하여 의사와 환자의 비유를 사용한다.[8] 의사는 환자에게 병을 진단하고 고쳐주겠다고 약속(promissio)하고, 환자는 그 약속을 믿고 치료를 받는다. 분명한 것은 환자는 아직 병이 낫지 않았고 단지 치료해 주겠다는 의사의 약속을 받은 것뿐이다. 그러나 환자가 이 의사의 약속을 믿고 지속적으로 치료를 받는다면 마침내 병은 치료될 수가 있다. 루터는 이 비유를 통해 그리스도인이 어떤 존재인지를 설명한다. 그리스도인은 죄인이면서 동시에 의인(Simul peccator et iustus)이다. 그는 자신을 볼 때 그리고 사람들 앞에서는 죄인이지만, 하나님 앞에서 그리고 약속 때문에 의인으로 간주된다. "그렇다면 그가 완전히 의로운가? 아니다. 그는 죄인이면서 동시에 의인이다(simul iustus et peccator). 그는 실제로는(re vera) 죄인이다. 하지만 하나님의 전가와 확실한 약속으로부터(ex reputatione et promissione Dei certa) 의롭다."[9]

주의할 점은 루터가 죄인이면서 동시에 의인이라고 말할 때, 우리 신자가 '절반은 의롭고 절반은 죄인'이라는 뜻이 아니다. 우리는 그리스도를 믿음으로

---

8 Luther, *Vorlesung über der Römerbrief.* 263-264.
9 Luther, *Vorlesung über der Römerbrief.* 264.

완전히 의인이고 우리 안에 있는 아담의 죄의 본성으로 인하여 완전히 죄인이다. 그러나 이 상태는 정지되어 있는 상태가 아니다. 죄인을 의롭게 만들어주시겠다고 약속하신 하나님은 성령을 보내셔서 우리를 의롭게 만들어 가시는 새창조의 일을, 즉 우리의 옛 사람을 죽이고 새 사람을 살리는 일을 계속해 나가시어 우리가 완전에 도달해가도록 하신다. 그러나 여기에서의 완전은 수도원에서 강조했던 윤리적으로 흠이 없는 인간에 도달된다는 뜻이 아니라, 우리 자신안에 있는 신뢰를 다 버리고 죄로부터 자유롭게 되고 오직 하나님의 뜻과 완전히 하나가 되고자 하는 열망 속에서 살아가는 사람이 되게 하신다는 뜻이다.10 그래서 우리 그리스도인은 지금은 의인이면서 동시에 죄인으로 살아가지만, 마지막 날에는 실제로도 그리스도처럼 의롭게 되어질 것이다. 그리스도는 우리를 자신처럼 만들기 위하여 성령을 보내시고 말씀을 주시고 그리고 성례를 시행하게 함을 통하여 그리고 십자가를 허락함을 통하여 이 일을 이루어 나가신다.

다섯째, 하나님은 신자에게 환난(tribulatio)을 주심을 통하여 신자를 계속하여 의롭게 만들어 가신다. 루터는 롬 5장 1-2절의 해석에서 이 진리를 좀더 상세히 설명한다. 의인들은 하나님의 전가(reputatio)를 통하여 행위로 부터가 아니라 믿음으로 의로워졌으므로 의롭다(iusti)기 보다는 의롭게 되어졌다(iustificati)라고, 의(iustitia)라기 보다는 칭의(iustificatio)가 되었다고 말해져야 한다. 의인들은 항상(semper)의로워져야 하며 칭의의 과정 속에 있으며 오직 그리스도 자신 만이 온전히 의로우시고 온전한 의를 가지고 있다. 신자들은 그들이 처해있는 이러한 상태로 인하여 현재의 삶은 필연적으로 모순적으로 나타나게 되어 양심 안에서, 영 안에서는 하나님과 평화를 가지고 있지

---

10 Leif Grane, *Die Confessio Augustana,* UTB Vandenhoeck & Ruprecht in Göttingen 1990, 45ff.

만, 육체와 세상과 악마와는 불화를 가진다. 그리스도인의 삶은 자신의 육체 안에 있는 죄와 세상과 악마와 끊임없이 싸워나가야 하며, 죄와 싸워 승리하면 서 신자의 삶은 매일 갱신(renovatio)을 경험한다. 루터는 그리스도인의 삶의 이러한 치열함을 외면하고 추론과 명상을 통하여 하나님에게 직접 도달하려는 디오니시우스(Dyonisius von Areophagita)와 같은 신비주의자들의 신비적 영성을 비판한다. 이들은, 그가 볼 때, 자신 안에 있는 죄를 보지 못하고 바로 하나님의 깊은 곳으로 들어가려는 사람들이다.[11]

신자는 날마다 자신 안에 있는 죄를 직시하고 죄와 싸워야 한다. 그러나 신자는 때로는 육신의 약함으로 인하여 모든 악의 여주인 안주(securitas)에 빠진다. 그래서 하나님은 의인들에게 환난(tribulatio)을 주신다. 소망을 이루 는 방식을 다루는 롬 5:3-5절에 대한 주경에서 그는 신자의 삶에 환난이 필요 하다고 말한다. 환난은 죄로 인하여 안주에 빠질 수 있는 신자를 구원하시기 위하여 취하는 하나님의 지혜이고, 신자를 구원하는 방식이다. 하나님은 신자 를 먼저 의롭게 하신 후에 곧 바로 환난을 주신다. 물론 이 환난은 심판으로부터 말미암은 환난이 아니라 하나님의 자비로부터 말미암은 환난이다. 하나님은 의롭게 된 신자에게 환난을 보내시어 그가 안주에 빠지지 않고 죄와 마귀와 세상과 싸우도록 하신다.

루터는 환난은 신자에게 반드시 오는 것이므로, 신자는 이 환난을 그리스도 의 십자가(Crux Christi)와 같이 존중하여야 하며, 십자가의 유물을 흠모하면 서도 환난과 역경을 피하는 자는 위선자라고 말한다. 그는 바울이 그리스도의 십자가(고전 1:18, 마 10:38, 갈 5:11, 빌 3:18)를 언급할 때에는 신자들이 당하는 환난도 포함시키고 있다고 본다. 그는 이런 환난들을 미워하는 사람들

---

11 Luther, *Vorlesung über der Römerbrief*, 314-321.

이 바로 그리스도의 원수들(inimici Christi)이라고 말한다.

지금까지 살펴본 대로 루터가 로마서에 새롭게 발견한 칭의론은 다섯 가지 특징을 가지고 있다. 첫째, 죄인은 낯선 의를 믿음을 통하여 의로워진다. 둘째, 신앙은 율법의 행위를 없애려고 했지 신앙의 행위를 없애려 하지 않는다. 즉 그는 선행 자체를 없애려 하지 않았고 행위로 하나님 앞에서 의로워지려거나 이익을 얻으려고 하는 위선적 행위를 비판했다. 셋째, 죄인은 오직 하나님께서 그리스도의 의를 전가하심을 통하여 의로워진다. 넷째, 그리스도인은 죄인이면서 동시에 의인이다. 그리스도인의 의는 전가적 의이므로 하나님 앞에서는 의인으로 인정되지만 자신과 사람들 앞에서는 실제로는 죄인이다. 다섯째, 의인은 자신 안에 있는 죄의 잔재로 인하여 안주에 빠질 수 있으므로 하나님은 그리스도의 십자가인 환난을 통하여 죄와 싸우게 하시고 더욱 의롭게 되기 위해 투쟁하게 만드신다.

III. 칭의에 관한 토론문(*Disputatio de iustificatione*: 1535)에 나타난 루터의 칭의론12

1530년대에 들어서면서 비텐베르크 대학교는 새로운 신학박사들을 세울 필요를 느끼게 되었고 루터와 멜랑흐톤 그리고 작센의 영주가 합심하여 박사학위토론과 정기적인 순회토론을 개최하게 된다. 이 토론문들의 토론 문항은 주로 루터가 작성하여 당사자에게 질문하고 대답을 하게 한 후에 루터가 최종적으로 설명하는 방식으로 진행된다. 이런 토론문들 중에서 칭의론과 관계해서

---

12 Martin Luther, *Studienausgabe, herausgegeben von Hans-Ulrich Delius, Band 5*, Evangelische Verlagsanstalt Berlin, 1992.

가장 중요한 토론문이 1535년에 실시되었던 박사학위 토론문인 『칭의에 관한 토론문』이다. 루터는 이 토론문의 질문들을 주로 스콜라신학자들이나 인문주의자 에라스무스가 루터의 칭의론에 대하여 비판했던 내용들을 중심으로 작성했다.13 우리는 이 토론문을 통하여 루터가 로마서에서 언급했던 내용들을 확인할 수 있고, 더 나아가 그가 초기에 아직 이해하지 못했던 부분들까지 알 수 있어, 그의 칭의론의 좀 더 완성된 형태를 볼 수 있다. 그는 스콜라신학자들이 그에게 했던 다섯 가지 비판을 언급하고 여기에 대하여 답변하는 형식으로 자신의 칭의 이해를 드러내고 있다.

첫 번째 비판: 오직 믿음만으로 의롭게 되지 않고 반드시 덧붙이는 사랑의 행위를 통하여 의롭게 된다.

루터는 논쟁 V에서 사랑이 죄의 용서를 획득한다(Dilectio meretur remissionem peccatorum)는 스콜라 신학자들의 의견을 언급한다. 그는 그들이 믿음만이 의롭게 하지 못하고 사랑이 의롭게 만든다는 자신들의 주장의 근거로서 눅 7:47의 말씀, "저의 많은 죄가 사하여졌도다. 이는 저의 사랑함이 많음이라"를 소환하는데 이런 그들의 주장을 비판한다.14

루터는 스콜라 신학자들의 이런 의견을 반박하면서 믿음과 행위와의 관계를 상세하게 설명하고 있다. 그는 성경에서 행위들이 의롭게 한다는 말씀들이 나온다는 사실을 염두에 두면서, 행위들이 의롭게 한다는 뜻은, 마치 열매가 그 나무가 어떤 나무인지를 나타내는 것과 같이, 우리가 의롭게 된 사람들이라는 사실을 나타내주는 것(ostendere)이라고 말한다.15 행위는 그 사람이, 인간

---

13 Martin Brecht, *Martin Luther, Band 3*, Calwer Verlag Stuttgart, 1987, 130-136.
14 Martin Luther, *Studienausgabe, Band 5*, 161: "Ergo non sola fides iustificat, antecedens probo, dicit enim Christus remittantur ei peccata multam quoniam dilexit multum."

들 앞에서 날조된 믿음을 가지고 있지 않기 때문에, 그리스도안에 있는 사람임을 드러내주고 그가 참된 믿음을 가지고 있다는 사실을 알려주는 역할을 한다.16

루터는 "나는, 그가 선한 행위들을 행하는 것을 볼 때, 그가 의롭다고 결론을 내린다(Ego concludo eum esse iustum quando Video eum facere bona opera)."라는 말로서, 선한 행위를 통하여 자신 안에 있는 믿음을 드러내지 않는 사람은 결코 의로운 사람이 아니라는 자신의 주장을 분명히 한다. 그는 믿음으로 의롭다고 칭해진 그리스도인은 사랑을 통하여 그리고 선행들을 통하여 그리고 모든 악들을 피하는 모습을 통하여 자신이 그리스도인임을 드러낸다고 말한다.17 그는 스콜라 신학자들이 예수님께서 "저의 많은 죄가 사하여졌도다. 이는 저의 사랑함이 많음이라"(눅 7:47)는 말씀을 근거로, 이 여자가 사랑을 통하여 죄의 용서를 받았다고 주장하는 스콜라 신학자들의 해석은 잘못된 해석이며, 예수님의 이 말씀은 그녀가 믿음으로 죄용서를 받았다는 사실을 사랑을 통하여 선언하는 것(declarat)으로 해석해야 한다고 주장한다.

그는 그리스도는 여기서 두 종류의 의에 대하여 말씀하고 계신다고 말하면서 두 종류의 의를 설명한다. 우리는 먼저 그리고 모든 것들 이전에 죄들이 그리스도에 대한 믿음을 통하여(fide in Christum) 하나님 앞에서 용서가 되었다는 사실을 알아야 한다. 이것은 내적 의(interna iusticia)이다. 그 다음에 죄들의 용서 후에 사랑이 반드시 따라야 하는데, 우리는 이 사랑을 통하여 우리가

---

15 Luther, *Studienausgabe, Band 5*, 162: "Dico erga opera iustificant id est ostendunt nos esse iustificatos, quemadmodum fructus arborem indicat."

16 Luther, *Studienausgabe, Band 5*, 162: "Opera ostendunt homines in christum, quia non habet fictam fidem coram hominibus, Opera eum indicant veram fidem habere."

17 Luther, *Studienausgabe, Band 5*, 164: "Nam Christianus ostendit suam Vitam et se factum esse christianum dilectione et bonis operibus et Vicia omnia fugit."

죄의 용서를 가지고 있음을 사람들에게 나타내며, 우리가 하나님에 의해 의인들로 공표된다. 이것은 외적 의(externa iusticia)이다.[18] 그는 전자가 앞서는데 죄의 용서는 의의 작용 인(a causa efficiente)에 속하기 때문이며, 그 다음에 의의 효과 인(a causa effectiva)으로서 인간의 행위들이 보여야 하는데, 이런 행위들을 통하여 자신이 믿음을 가지고 있다는 사실을 보여주기 위해서라고 말한다.[19] 그는 우리는 하나님 앞에서 뿐만 아니라 사람들 앞에서도 의로워야만 하는데, 이는 여기에서 우리가 의인이라는 사실이 증거 되기 때문이라고 주장한다.[20]

루터는 하나님 앞에서 성령 안에서 숨겨져 있는 의인과 사람들 앞에 드러난 의인이 있다고 말하면서 이중의 의를 다시 언급한다. 먼저 의는 '작용인으로서의 의'인데 하나님과 인간들 사이에서의 의이고, 다른 의는 '효과인으로서의 의'인데 인간과 인간들 사이에서의 만들어지는 육체적이고 외적 의이다. 하나님 앞에서의 행위(opus)는 믿음을 통해서이지 행위를 통해서가 아니며, 인간들 앞에서의 행위는 행위를 통해서이고 사랑을 통해서 되어진 행위로서, 이런 행위는 우리가 우리 자신들 앞에서 그리고 세상 앞에서 의인들임을 선언하는 행위이다. 루터는 우리는 최종적으로 인간은 효과인과 관계해서는 자기 자신을 의롭게 하지만, 작용인과의 관계에서는 결코 아니며, 작용인과의 관계에서는 인간은 하나님으로부터, 행위들 없이, 오직 그리스도를 믿음을 통해서만 의로워진다고 결론을 내린다.[21]

---

18 Luther, *Studienausgabe, Band 5*, 164.
19 Luther, *Studienausgabe, Band 5*, 164-165.
20 Luther, *Studienausgabe, Band 5*, 165: "Debemus ergo esse iusti coram Deo et coram hominibus, cum rei testimonium hic est."
21 Luther, *Studienausgabe, Band 5*, 165.

두 번째 비판: 구원을 받기 위해서 우리의 복종이 필수적이다 (Nostra obediencia est necessaria ad salutem). 그러므로 부분적이기는 하나 칭의의 다른 원인이 있다.(논쟁 VI)[22]

루터는 이런 스콜라 신학자들의 가르침에 대하여 우리는 믿음으로 의롭게 되고 믿음으로 죄사함을 받고 복종하게 된다는 전제로부터 시작한다. 그는 여기에서 에라스무스의 입장을 비판한다. 에라스무스는 믿음만이 죄사함을 시작하나 행위는 구원 또는 공적과 하늘나라 또는 영원한 생명을 획득하며, 믿음은 현세에서 죄를 치워버리고 죄사함을 주나 내세의 구원은 행위에 달려 있다고 주장한다. 하지만 루터는 이 주장을 받아들일 경우에 생기는 두 가지 문제점들을 지적한다, 첫째로 그리스도는 불완전할 수밖에 없고 따라서 완전한 구주가 되지 못하며, 우리를 우리 구주 보다 더 완전케 하려 하는 것이므로, 결국 가장 큰 것은 행위에 돌리고 가장 작은 것은 그리스도와 믿음에 돌리는 것이 되고, 그리스도의 공로로 우리가 죄 사함을 받는다 하더라도 우리는 우리 자신을 구해야 하기 때문이다. 둘째로 우리가 행위를 통하여 완전히 의롭게 된다고 그들이 생각하고 있고 또 이렇게 가정하는 논증은 거짓된 것이기 때문이다. 루터는 자신의 생각을 다음과 같이 정리한다.[23] "사죄(Remissio)는 일시적인 행위나 행동의 문제가 아니라 영원히 지속되는 문제이다. 왜냐하면 사죄는 세례와 함께 시작하여 우리가 죽음에서 일어나서 영원한 생명으로 들어가기까지 우리와 함께 계속되기 때문이다. 그렇게 우리는 죄 사함 아래에서 살아간다. 그리스도는 참으로(vere) 그리고 끊임없이(constanter) 죄에서 우리를 해방시키시는 분이시요 우리의 구주라 말해지며, 우리의 죄를 제거함으로 우리를 구원하신 분이시다. 만약 그가 항상(semper) 영속적으로(perpetuo) 우리를

---

22 Luther, *Studien Ausgabe, Band 5*, 166.
23 Luther, *Studien Ausgabe, Band 5*, 166-168.

구원하신다면, 그렇다면 우리는 언제나 죄인이다. 우리가 매일 죄를 짓고 있는 이상 죄는 지금 필연적으로 우리의 죽을 수밖에 없는 육체 안에 있는 것이다."[24]

그는 이 말을 통하여 그리스도인은 죄인이면서 동시에 의인이라는 말의 의미를 설명하고 있다. 우리가 구원을 받았어도 여전히 죄 아래 있으며 여전히 매일 죄를 짓고 살아간다. 그럼에도 우리 안에 계신 그리스도가 계속하여 우리를 죄에서 해방시키고 우리를 구원하시는 일을 하신다. 우리 안에서 그리스도께서 죄를 용서해주시는 사역을 하고 계시므로 우리는 죄를 지으면서도 의인으로 살아가게 된다는 말이다.

그는 에라스무스의 주장이 가진 더 근본적인 문제점을 지적한다. 에라스무스는 추상적인 죄들과만 싸우지 원죄가 무엇인지를 모른다. "원죄는 우리 안에 타고난(ingenitum) 그리고 영속적으로(perpetue) 달라붙어 있는 악으로서 우리로 영원한 죽음의 형벌에 처하게 만든다. 그것은 우리가 살아 있는 동안 계속되는 타고난 습성(habitus congenitus)이라 할 수 있다. 하지만 그들은 이것을 모를 뿐만 아니라 믿지도 인정하지도 않는다. 왜냐하면 그들은 원죄는 세례 때 제거 되었으므로 세례를 받은 사람에게는 죄가 없다고 생각하기 때문이다. 누군가가 타락했을지라도 세례로 인하여 다시 용서를 받는다고 한다. 그러나 우리가 이 점에서 비록 사죄를 내세움으로써 죄가 제거되어 그것이 우리에게 돌려지지 않는다(non imputuentur)고 하더라도, 원죄는 최후의 날 온 세계와 우리의 육체가 불로 완전히 깨끗해지기까지 본질적 (substantialiter)으로 또 현실적으로(realiter) 없어지지 아니한다. 우리가 흙으로 돌아갈 때 그때 마침내 죄도 완전히 없어지고 말 것이다."[25] 루터는 죄는 전가됨으로 면죄된 것뿐이요 우리가 죽을 때에야 본질적으로 없어진다고 주장

---

24 Luther, *Studien Ausgabe, Band 5,* 169.
25 Luther, *Studien Ausgabe, Band 5,* 170.

하며 무엇이 원죄인가를 알고 이해하는 것은 위대한 교훈이라고 말한다.

그는 이어서 우리의 복종이 구원에 필수적인 것(necessaria ad salutem)이라는 주장에 대하여 좀 더 상세히 설명한다. 그는 행위가 칭의의 부분적인 원인(parcialis causa iustificationis)으로서 구원에 필수적이라고 말할 수 있다는 말을 쓸 수 있지만, 행위가 구원에 필수적이라고 말할 수밖에 없는 이유는 위선자들이 있기 때문이라고 주장한다. 그는 이들 때문에 선한 행위들을 행하는 것이 필수적이지만, 그럼에도 불구하고 행위들이 우리를 구원한다고 말해져서는 안 된다고 말한다. 그는 우리 행위는 내적으로 우리를 구원하지는 못하지만 외적으로 우리를 구원한다(salvant externe). 그런 행위들은 우리가 의로우며 "사람이 마음으로 믿어 의에 이르고 입으로 시인하여 구원에 이르느니라(롬 10:10)고 바울이 말한 것처럼, 사람 안에 내적으로 구원하는 믿음이 있다는 것을 보여주는 증거이다(testantur). 마치 열매를 보아 나무를 알 수 있는 것처럼 외적인 구원은 믿음이 현존함을 보여주는(ostendere) 것이다. 그는 요약하면 "행위는 우리가 의롭다는 것을 증명해 보이기 위해서 필요한 것이다."(Summa summarum, opera sunt necessaria ut testentur nos iustos)라고 주장한다.[26]

세 번째 비판: 전가적으로 의로워진다는 루터의 가르침은 잘못된 가르침이다.

루터는 이 칭의에 관한 토론문에서도 전가적으로 의롭게 된다는 의미가 무엇인지에 대하여 설명한다. 이 토론문의 논쟁 VII에서 그는 "진리는 사상과 실재가 조화를 이루는데 있다. 믿음이 의롭게 한다는 이 전제는 실재와 일치하지

---

26 Luther, *Studien Ausgabe, Band 5*, 171-173.

않는다. 따라서 그것은 참이 아니다."는 스콜라 신학자들의 전가적 칭의에 대한 비판을 언급한다. 그는 우리가 그리스도를 믿어도 죄는 지금까지 여전히 육체에 달라붙어 있기 때문에 이 소논제를 인정한다고 말하면서도 이런 비판의 문제점을 지적하고 전가적 칭의의 올바름을 증명한다.[27]

루터는 그들의 이런 식의 말은 이성이 하는 말인데 이성은 "하나님의 자비의 크심 또는 믿음이 얼마나 중요하며 얼마나 효력이 있는지를 알지도 못하고 이해하지도 못하기 때문이다"고 말하면서 하나님의 전가적 의의 의미가 무엇인지를 설명한다. "사람들은 하나님이 이것을 할 수 있다는 것, 비록 죄는 남아 있을지라도 그는 우리를 의롭고 정결한 사람들이라고 여긴다(reputet)는 것, 그리고 인간은 그리스도 때문에(propter Christum) 마치 그가 어떤 죄도 가지고 있지 않은 것처럼 용서받는다는 것을 높이 평가하지 않는다. 참으로 우리가 하나님께 감사하는 것은 그 자신의 전가가 우리의 순결보다 더 크시기 때문이다. 정말로 죄의 본질은 제거 되지 않지만 제거 된 것으로 간주되고 (reputetur), 비록 죄가 질료적으로나(mateliale) 본질적으로나 (substantiale) 여전히 남아 있지만 죄를 가려주시는 그리스도 때문에, 숨겨주시는 하나님의 선하심으로 인해 죄는 사하여질 것이다."[28]

루터는 하나님의 자비가 용서하고 사랑이 사면하신다고 분명히 주장하면서도, 그 동안에 하나님은 실제로(realiter) 죄를 제거하기 시작하시며, 이러한 하나님의 죄의 제거 작업이 계속되면서 죄가 더 이상 남아 있지 않게 될 것인데, 이는 죄가 시작적으로(inicialiter; materialiter로도 볼 수 있으며 이 경우에 질료적으로 번역할 수 있다) 깨끗하게 되기 시작하고 또 완전히(totaliter) 사해지기 때문이라고 말한다. 그는 어떠한 상태에서도 죄는 일시적인 행위일 수

---

27 Luther, *Studienausgabe, Band 5,* 173.
28 Luther, *Studienausgabe, Band 5,* 174-175.

없지만, 하나님의 자비가 죄를 바로 뒤따라 달려가 죄를 용서하고 의롭게 만드심을 통하여 우리는 매일 의롭게 된다고 말한다. 그는 죄는 신자가 이 땅에 살아있는 한 언제나 남아 있을 것이나, 최후의 심판이 올 때 그 때 마침내 우리는 완전히 의롭게 되고 갱신되어질 것이라고 주장한다. 그는 "죄는 믿음으로 사함 받으나 그것은 우리에게 달라붙어있으며, 하지만 그런 삶의 갱신이 시작적으로(inicialiter) 시작되고 있다는 우리의 말은 결코 농담이나 속임수가 아니라고 말하면서 사람이 "의롭게 된다"는 말은 의롭게 여겨진다(iustum reputari)는 것을 의미한다고 강변한다.[29]

네 번째 비판: 의롭다는 것은 의롭다고 선포하는 것이 아니라 의라는 새로운 자질을 부어 넣는 것(infundere novas qualitates)이다.

루터는 논쟁 VIII에서 스콜라 신학자들의 전가적 칭의에 대한 또 다른 반박을 언급한다. "의롭다는 것은 받아들인다거나 의롭다고 선포하는 것을 의미하는 것이 아니라 새로운 자질을 부어 넣는 것을 말한다. 왜냐하면 "저희 마음을 하나님이 깨끗이 하셨느니라"(행 15:9)고 베드로가 말했기 때문이다. 마음을 깨끗하게 하는 것은 새로운 자질을 받는 것 외에 아무것도 아니다."[30]

루터는 마음을 깨끗하게 한다는 말의 의미는 '마음의 깨끗함을 전가 한다'(imputare cordi purificationem)는 뜻으로 해석되어야 한다고 주장한다. 그는 하나님께서 이방인들을 깨끗하게 한다는 말의 의미는, 그들이 실제로는(realiter) 죄인들임에도 불구하고 그들이 믿음을 가지고 있기 때문에 그들을 깨끗해진 자들로 전가하는 것이라고(purgatores reputat) 말한다. 하지만 그는 하나님께서는 의롭다고 칭한 신자를 실제로도(realiter) 깨끗하게 만드시기

---

29 Luther, *Studienausgabe, Band 5,* 176.
30 Luther, Studienausgabe, *Band 5,* 176-177.

를 시작하신다고 주장하면서 어떻게 하시는지를 설명한다. 하나님은 먼저 전가적으로 깨끗케 하시고 그 다음에 성령을 주시어 그를 통하여 그가 본질적(substantialiter)으로도 깨끗하게 하신다. 그는 이런 사실을 아는 신학이 영적인 신학이라고 말한다. "신앙은 현실에서는(in re) 실효를 통해서(per effectum) 깨끗케 하시는데 이렇게 최후의 부활 때까지 깨끗케 하신다. 이것이 믿음과 성령을 통하여 하늘로부터 주어지는 신적인 정화요 청결이다. 이것이 영적인 신학(Theologia spiritualis)이다. 철학자들은 이런 신학을 이해하지 못하는데 이는 그들이 의를 자질이라고 부르기 때문이다. 결론적으로 말하면 이방인들의 마음은 실제적으로(realiter) 깨끗하지 않다. 하지만 하나님께서 그들을 깨끗하다고 여기신다.[31]

다섯 번째 비판: 원죄는 세례 때 제거된다. 그러므로 죄는 세례 후에는 남아 있지 않다.

루터는 논쟁 XIX에서 "원죄는 세례 때 제거된다. 그러므로 죄는 세례 후에는 남아 있지 않다."[32]는 스콜라 신학자의 가르침을 언급하며 이 가르침의 잘못을 반박하면서 원죄와 자범죄의 관계에 대하여 자세히 설명한다. 그는 원죄는 세례를 받음으로써 제거되므로 세례 후에는 죄가 남아 있지 않다고 주장하는 스콜라 신학자들과 에라스무스의 원죄에 대한 그릇된 이해를 비판한다. "모든 대학들이 이렇게 가르쳤고 이 대학들의 책들에는 세례가 원죄를 제거해 버린다는 이 사상으로 가득 차 있다. 그러므로 세례 받은 자에게는 어떠한 죄도 전혀 남아 있지 않다. 그러나 세례 이후 인간들이 짓는 죄들은 그리스도의 피에까지 미치지 못하며, 인간이 현실적으로 범하는 자범죄(actualia peccatum)는 우

---

31 Luther, *Studienausgabe, Band 5*, 178.
32 Luther, *Studienausgabe, Band 5*, 201.

리 각자가 짓는 고유한 죄(nostra propria)인데 우리는 이 죄를 제거해야하며 속죄해야 한다. 원죄는 세례에서 제거됐다. 그러므로 우리가 현실적으로 범한 죄에 대해서(pro actualibus) 보상하는 것은 필요하다. 이것이 교황의 교리(doctrina Papalis)요 하나님과 화해하는 많은 방법이 발견됐다는 교황의 견해에 동조하는 자들의 날조다."[33]

루터는 어거스틴에 호소하며 원죄는 제거되어 없어진 것이 아니라 전가되지 않을 뿐이라고 선언하며 이 말이 무슨 뜻인지를 설명한다. 죄는 우리를 정죄하지 못하며 우리의 육체에 효력을 나타내지도 못하며, 죄는 자신의 힘을 가지지 못한다. 뱀은 독과 독액을 분명히 잃었지만 찌르는 힘이 없는 뱀은 남아 있다. 내가 그리스도안에 머물고 있는 동안, 원죄와 독은 나에게 해를 끼치지 않지만, 내가 그리스도를 떠날 때는 아주 크게 나에게 해를 끼친다. 원죄는 그 본질에 관한 한(ad rem) 죽을 때 까지 남아 있다. 우리는 매일 매일 그것을 깨끗이 씻어 버려야 하며 날마다 선한 일에 자라야 한다. 그러면서도 우리는 하나님의 자비 아래서 살고 있음을 알아야 한다. 우리는 거기서 마음의 평화를 얻지만, 우리에게 평화가 없는 곳에서는 이미 우리가 배워왔던 것처럼 우리가 하나님에게가 아니라 오히려 마귀에게 달려갔기 때문이다.[34] 그는 결론적으로 말한다. "이렇게 우리는 대답한다. 전가에 관한 한(ad imputationem) 죄가 머물러 있지 않으나 그 본질에 관한 한(ad rem) 죄는 남아 있다."[35]

루터는 논쟁 XX에서도 스콜라 신학자들의 원죄에 대한 무지를 언급하며 그들의 의견을 반박한다. 스콜라 신학자들은 "자범죄(actuale peccatum)를 가지지 않는 사람들은 누구도 의롭게 될 수 있다고 말한다. 모든 인간들은

---

33 Luther, *Studienausgabe, Band, 5,* 201-202.
34 Luther, *Studienausgabe, Band, 5,* 202-203.
35 Luther, *Studienausgabe, Band, 5,* 203-204.

자범죄를 가지고 있다. 그러므로 어떤 인간도 의롭게 될 수 없다."라고 말한다. 이런 의견은 아직 원죄가 무엇인지를 모르고 하는 애기이다. 원죄란 무엇인가? 원죄는 가만히 정지해 있는 것(res quiescens)이 아니라 일종의 계속하는 동작 또는 실제성으로서 그 자체의 효과(effectus)를 가져 온다. 그것은 정지해 있는 자질(quiescens qualitas)이 아니라 잠자는 자의 속에서도 밤낮 역사하는 끊임이 없는 악이다. 그것은 쉴 줄 모르는 동물, 조용히 서 있을 수 없고 움직여야만 하는 짐승이다. 원죄는 굉장히 소란을 피운다. 그것은 잠잘 때도 탐욕과 불복종과 다른 죄악으로부터 사람을 몬다. 왜냐하면 그것은 언제나 우리를 하나님으로부터 멀리하게 하려고 힘쓰기 때문이다. 이 충동질은 때로는 좀 더 약하고 때로는 좀 더 강하다.

루터는 우리가 어떻게 원죄와 싸워야 할지에 대하여 처방을 해주고 있다. "우리는 매일 기도하고 말씀을 명상하고 성례전에 참여하고 독과 부패를 깨끗하게 해야 한다. 따라서 우리는 이러한 방법을 사용하여야 하며 그래서 우리는 깨끗해지고 죄의 독에서 정결해지기를, 우리가 참으로 그리고 전적으로 깨끗해지기까지 해야 한다. 이 일은 최후의 심판에서 생기는 영원한 생명에 이르기까지 무덤 속에서도 계속된다. 이것은 매우 좋은 의견이다."[36]

IV. 결론

로마서 강의에서 루터가 새롭게 발견한 칭의론은 다섯 가지 특징을 가지고 있다. 죄인은 낯선 의를 믿음을 통하여 의로워진다. 신앙은 행위를 없애지

---

36 Luther, *Studienausgabe, Band, 5*, 204-207.

않고 그것을 본래의 자리에 세운다. 죄인은 오직 하나님께서 그리스도의 의를 전가하심을 통하여 의로워진다. 하지만 이런 그리스도인의 의는 전가적 의이므로 의인은 하나님 앞에서는 의인으로 인정되지만 자신과 사람들 앞에서는 실제로 죄인이다. 의인은 자신 안에 있는 죄의 잔재로 인하여 안주에 빠질 수 있으므로 하나님은 그리스도의 십자가인 환난을 통하여 죄와 싸우게 하시고 더욱 의롭게 되기 위해 투쟁하게 만드신다.

칭의에 관한 토론문에 나타난 그의 칭의론은 다음과 같다. 오직 믿음만으로 의롭게 되지 않고 반드시 덧붙이는 사랑의 행위를 통하여 의롭게 된다는 스콜라 신학자들의 비판은 틀리다. 죄인은 오직 믿음만으로 의롭게 된다. 하지만 의인은 사랑의 행위를 통하여 자신 안에 믿음을 증거해야 한다. 구원을 받기 위해서 우리의 복종이 필수적이라는 스콜라 신학자들의 비판도 틀리다. 구원은 믿음만으로 족하며 복종은 믿음이 있는 자에게서 나오는 열매이다. 전가적으로 의로워진다는 루터의 가르침은 잘못된 가르침이라는 그들의 주장 역시 틀리다. 그들의 이러한 잘못된 이해는 세례 때 원죄가 제거된다는 잘못된 생각 때문이다. 의롭다는 것은 의롭다고 선포하는 것이 아니라 의라는 새로운 자질을 부어 넣는 것이라는 그들의 비판 역시 원죄와 자범죄에 대한 무지에 기인하고 있다. 원죄는 세례 때 제거되므로 죄는 세례 후에는 남아 있지 않다는 그들의 주장 역시 틀리다. 죄인은 그리스도의 의를 전가 받아서 의인이 되었지만 여전히 죄의 본성이 그 안에 남아 있으므로 죄와 싸우는 일은 계속되어야 한다.

우리는 루터가 칭의를 말할 때, 칭의의 객관적 법적 측면을 말함과 동시에 칭의로 인하여 신자 안에서 일어나는 변화를 똑같이 강조하고 있음을 주목해야 한다. 이 점이 루터의 칭의론을 말할 때 간과되는 점이고 오해되는 점이다. 루터의 하나님은 어떤 분이신가? 죄인을 의롭다고 칭해주실 뿐만 아니라 그 안에 성령을 보내셔서, 비록 이 생에서는 완성되지 않는다 하더라도, 그를 실제로도 의롭게 만들어 가시는 분이시다. 죄인에게 그리스도의 의를 전가하심을 통하여 그 의를 믿는 자에게 의인이라고 칭해주심과 동시에, 그 의가 신자 안에 역사하여 자신 안에 남아 있는 죄와 싸우게 하며, 성령을 보내셔서 안주에 빠지려는 시험을 이기도록 도와주시고, 이웃을 위하여 선한 열매를 맺게 하여 자신 안에 있는 믿음을 증거 하게 하며, 실제로 의롭게 만들어 가시는 분이시다. 루터는 행위는 의인이 되기 위해서 필수적이 아니지만, 의인임을 드러내는 증거로서 구원에 필수적이라고 말하고 있음도 보아야 한다. 칭의에 관한 그의 이런 생각들을 당시의 스콜라 신학자들은 올바로 이해를 못했고, 오늘날 그의 칭의론을 법정적 칭의론이라는 프레임을 씌우고 그를 폄하하는 신학자들도 역시 이해를 못하고 있다.

그에게 있어서 이신칭의의 교리는 "교회가 서고 넘어지는 조항"(articulus stantis et carentis ecclesiae)이다. 또한 그에게 있어 신학은 칭의를 아는 것이다. 그는 신학을 다음과 같이 정의한다. "하나님과 인간의 인식이 신적인 그리고 본래적인 신학이다. 그리고 신학은 하나님과 인간의 인식임으로 그것은 결국 의롭게 하시는 하나님과 죄인인 인간과 관계되어진다. 그리고 본래 신학의 주제는 죄책을 가지고 있고 잃어버려진 인간과 의롭게 하시는 하나님 혹은 구세주이시다(WA 40/II, 327-328)." 이 말은 이신칭의를 바로 가르치는 신학이 되어야 하나님을 영화롭게 할 수 있다는 의미가 아니고 무엇이겠는가?

〈참고문헌〉

Bodenstein, Walter. *Die Theologie Karl Holls im Spiegel des antiken und reformatorischen Christentums.* Arbeiten zur Kirchengeschichte 40, Walter De Gruyter Co, Berlin 1968.

Brecht, Martin. *Martin Luther.* Band 3, Calwer Verlag Stuttgart, 1987.

Grane, Lief. *Die Confessio Augustana.* UTB Vandenhoeck & Ruprecht in Göttingen 1990.

Luther, Martin. *Studienausgabe.* herausgegeben von Hans-Ulrich Delius, Band 5, Evangelische Verlagsanstalt Berlin, 1992.

_____. *Vorlesung über der Römerbrief* 1515/1516, Lateinische-deutsche Ausgabe; Erster Band, 1960, Wissenschaftliche Buchgesellschaft Darmstadt.

울리히 츠빙글리의 칭의론

유정모

Huldrych Zwingli(1484-1531)

경희대학교에서 영어영문학으로 문학사(B.A.)를, 한국침례신학대학교에서 목회학석사 (M.Div.)를 취득한 후, Calvin Theological Seminary에서 Richard A. Muller 교수의 지도하에 교회사/역사신학 전공으로 신학석사(Th.M.)와 철학박사(Ph.D.) 학위를 받았다. 이후 The Southern Baptist Theological Seminary의 Andrew Fuller Center에서 박사 후 연구원(Post-Doctoral Research Fellow)으로 활동했다. 현재는 햇불트리니티신학대학원대학교에서 교회사 교수로 섬기고 있다.

유정모

I. 서론

'사람이 하나님 앞에 어떻게 의롭다 하심을 받는가?'라는 칭의의 교리에 대한 고민은 16세기 종교개혁의 직접적인 동인이 되었고 그 어떤 사상보다도 종교개혁가들과 로마 가톨릭 사이에 격렬한 논쟁을 불러온 신학 주제였다.[1] 따라서 대부분의 16세기 종교개혁가들은 그들의 설교와 저술에서 칭의론에 대해서 상세하게 다루면서 당시 공로주의적이었고 인본주의의 성향으로 치우쳐가던 로마 가톨릭의 칭의론에 맞서 올바른 성경적 칭의론을 확립하고자 노력하였다. 이는 16세기의 대표적인 스위스의 종교개혁가였던 울리히 츠빙글리(Ulrich Zwingli, 1484-1531)에게도 예외는 아니었다. 츠빙글리는 칭의론만 전문적으로 다루는 신학 논문을 저술하지는 않았다. 하지만 그는 취리히의 종교개혁을 이끌면서 칭의론의 중요성을 그 누구보다도 잘 인식하고 있었고 그의 설교와 여러 저술을 통해 올바른 칭의의 교리를 상세하게 설파하고자 노력하였다.

하지만 츠빙글리의 칭의론은 그의 다른 사상에 비해 그동안 학계의 많은 주목을 받지는 못했다. 국외의 학계에서는 약간의 연구가 진행되었으나 주제의 중요성에 비해 연구의 진척 정도는 여전히 불충분한 편이고 국내의 학계에서는 츠빙글리의 칭의론에 대한 전문연구가 거의 이루어지지 못한 상황이다.[2] 츠빙

---

1 칭의론 교리의 간략한 역사를 위해서는 다음을 참고하라. Michael Horton, *Justification*, vol. 1 (Grand Rapids: Zondervan, 2018); Alister E. McGrath, *Iustitia Dei: A History of the Christian Doctrine of Justification*, 한성진 역, 『하나님의 칭의론: 기독교 교리 칭의론의 역사』 (서울: CLC, 2008); Reinhold Seeberg, *Text-Book of the History of Doctrines*, 2 vols., trans. Charles E. Hay (Grand Rapids: Baker, 1952); Louis Berkhof, *The History of Christian Doctrines* (n.p., 1937; reprint, Edinburgh: Banner of Truth, 2002).

2 국외의 연구도 츠빙글리의 칭의론만을 집중적으로 다루고 있는 연구는 없고 츠빙글리 신학의 다른 측면을 다루면서 잠시 칭의에 대한 그의 사상을 언급하거나 종교개혁 또는 츠빙글리 신학

글리의 사상을 규명하기 위해서 그리고 16세기 스위스 종교개혁의 성격을 이해하기 위해서는 츠빙글리의 칭의론의 성격을 규명하는 것은 매우 중요한 작업이라고 볼 때 국내외의 학계에서 츠빙글리의 칭의론에 대한 연구와 분석이 미진한 상태에 있는 것은 상당히 아쉬운 점이라고 할 수 있다.

그러므로 본 논문은 기존 연구의 한계를 극복하고 16세기 스위스 종교개혁 운동의 대표적인 지도자였던 츠빙글리의 신학을 좀 더 깊이 있게 조명할 뿐만 아니라 16세기 스위스 종교개혁의 성격을 더욱 상세하게 이해하기 위해 츠빙글리의 저작에 나타난 그의 칭의에 대한 사상을 분석하고자 한다.[3] 구체적으로 본 논문은 그의 저작들 속에 나타난 칭의론에 대한 연구를 통해 기존의 일부 학자들의 견해와는 달리 츠빙글리의 칭의론은 '분석적인'(analytical) 요소 없이 순전하게 '종합적인'(synthetical) 성격을 가짐으로써 종교개혁의 강령인 '오직 믿음으로'(Sola Fide)의 정신을 충실하게 구현하고 있다는 것을 입증하고자 한다.[4]

전체를 개괄하면서 그의 칭의론을 간략하게 다루는 것이 대부분이다.

[3] Cf. 츠빙글리의 칭의론을 다른 종교개혁가들과 비교하는 것은 제한된 지면이 할애된 본 논문의 연구범위에 포함되지 않을 것이다. 본 논문의 목적은 츠빙글리가 속했던 16세기의 지성사적 배경(intellectual context) 속에서 츠빙글리의 칭의론을 분석하는 것에 있다.

[4] 칭의론에 대한 논의에서 '분석적 칭의'(analytical justification)와 '종합적 또는 합성적 칭의'(synthetical justification)라는 용어를 처음 사용한 사람은 마티아스 슈네켄부르거 (Matthias Schneckenburger, 1804-1848)이다. 그에 따르면 분석적 칭의는 인간의 선행에 근거한 칭의로 하나님께서 사람의 행위를 분석한 근거로 인간을 심판하는 것을 의미한다. 반면 종합적 칭의는 사람의 행위와는 상관없는 칭의로 "오직 그리스도의 공로를 근거로 죄인을 의롭다고 하시는 하나님의 선언적 심판"을 가리킨다. Matthias Schneckenburger, *Vergleichende Darstellung des lutherischen und reformirten Lehrbegriffs* (Stuttgart: Verlag der J. B. Metzler'schen Buchhandlung, 1855), passim; G. C. Berkouwer, *Faith and Justification* (Grand Rapids: Eerdmans, 1954), 15. 이러한 슈네켄부르거의 구분은 이후의 학자들에 의해 받아들여져 폭넓게 사용되었는데 구체적으로 츠빙글리를 포함한 종교개혁가들과 종교개혁 이후 신학자들의 칭의론의 성격이 어떠한 것인지를 분석할 때에 많이 사용되었다. Wolf Christian Jaeschke, "The Application of Redemption in the Theology of Huldrych Zwingli: A study in the Genesis of Reformed Soteriology" (Ph.D. diss., Westminster Theological Seminary, 1992), 290. 특히 이 용어가 학계의 화두로 떠오르게

II. 본론

1. 복음에 대한 츠빙글리의 이해

츠빙글리의 칭의론을 규명하기 위해서는 먼저 츠빙글리가 말하는 복음이란 무엇인가에 대해 이해할 필요가 있다. 츠빙글리의 복음에 대한 이해는 어느 날 갑작스럽게 한순간의 깨달음으로 이루어진 것이 아니고 점진적인 과정을 통해 이루어졌다. 스티븐스(W. P. Stephens)는 츠빙글리가 성경적 복음에 눈을 뜨기 시작하는 출발점을 그가 아인즈델른(Einseideln)으로 온 이후인 1515년에서 1516년 사이로 추정한다.[5] 그는 츠빙글리가 복음의 진수에 눈을 뜨게 된 요인으로 세 가지를 꼽고 있는데 그것은 1516년부터 에라스무스가 편집한 『헬라어 성경』(*novum Testamentum omne*)을 깊이 연구한 것, 아우구스티누스(Augustine of Hippo, 354-430)와 같은 교부들의 저작들을 연구한 것, 그리고 흑사병에서의 기적적인 회복 및 목회자로서 겪었던 갈등과 어려움의 경험이다.[6] 스티븐스는 츠빙글리가 이러한 경험을 통해 1516년 이후 오직 예수 그리스도만이 하나님과 인간 사이의 유일한 중보자이시며 인간의 선행이나 성례 그리고 성인에 대한 의지가 구원자이신 예수 그리스도를 믿는

된 것은 당대의 유명한 교회사학자로 독일 튀빙겐 대학과 베를린 대학의 교수를 역임하였던 칼 홀(Karl Holl, 1866-1926)이 루터(Martin Luther, 1483-1546)의 칭의론은 종합적 칭의에 근거한 법정적 칭의의 성격을 갖는 것이 아니라 인간의 선한 행위를 기대하는 분석적 칭의의 성격을 갖는다고 주장하여 루터의 칭의론에 대한 기존 학계의 주장을 반박한 것에 기인한다. Karl Holl, *Gesammelte Aufsätze zur Kirchengeschichte*, vol. 1 (Tübingen: J. C. B. Mohr Paul Siebeck, 1923), 124.

5 W. P. Stephens, *An Introduction to His Thought*, 박경수 역, 『츠빙글리의 생애와 사상』 (서울: 대한기독교서회, 2007), 117.

6 Stephens, 『츠빙글리의 생애와 사상』, 118.

것을 대신할 수 없다는 것을 명확하게 깨닫게 되었다고 설명한다.[7] 그리고 예수케(W. C. Jaeschke)는 이러한 츠빙글리의 복음에 대한 이해가 1522년까지 성숙하게 되었다고 주장한다.[8] 하지만 이 시기에는 성경적 복음에 대한 이해가 츠빙글리의 저작에서 분명하게 발견되지는 않는다.[9]

츠빙글리가 저술을 통해 종교개혁의 성경적 복음에 대한 이해를 명확하고 충분하게 진술하기 시작한 것은 1522년 이후에 이르러서이다.[10] 가령, 1522년 출간된 츠빙글리의 설교인 『음식의 선택과 자유에 관하여』(*Concerning Choice and Liberty Respecting Food*)에서 그는 히브리서 13장 9절을 주해하면서 "복음은 오직 하나님의 은혜에 대한 좋은 소식을 의미한다."라고 간결하게 진술한다.[11] 또한, 1525년 출간된 『참 종교와 거짓 종교에 대한 주해』(*Commentary on True and False Religion*)에서 츠빙글리는 갈라디아서

---

7 반면에 츠빙글리의 칭의에 대한 이해를 분석적인 관점에서 파악하는 맥그래스(Alister E. McGrath)는 1515년에서 1520년의 시기에 츠빙글리는 믿음으로 말미암는 개인의 구원보다는 신약성경에 근거한 취리히의 도덕적 그리고 영적 변화에 관심이 있었다고 주장한다. 맥그래스가 주장하는 것처럼 츠빙글리의 초기 저술에서 나타나는 기본적인 특성이 도덕적 변화에 있었고 루터와 같은 믿음으로 말미암는 칭의에 대한 강조가 츠빙글리에게서는 보이지 않는 것은 사실이다. 하지만 1515년에서 1520년의 시기에 츠빙글리가 개인이 어떻게 하나님의 은혜를 받을 수 있는가에는 거의 관심이 없었다는 맥그래스의 주장은 1522년 이후 츠빙글리의 저술에서 이신칭의 교리를 통한 개인의 구원에 대한 논의들이 본격적으로 등장하게 된 배경을 적절하게 설명하지 못하는 문제점을 안고 있다. Alister E. McGrath, *Reformation Thought: An Introduction*, third edition (Oxford: Blackwell, 2001), 122-23.

8 Jaeschke, "The Application of Redemption in the Theology of Huldrych Zwingli," 109-113.

9 Jaeschke, "The Application of Redemption in the Theology of Huldrych Zwingli," 114.

10 Jaeschke, "The Application of Redemption in the Theology of Huldrych Zwingli," 131.

11 Huldrych Zwingli, "Concerning Choice and Liberty Respecting Food-Concerning Offence and Vexation-Whether Any One Has Power to Forbid Foods at Certain Times Opinion of Huldreich Zwingli," in *The Latin works and the correspondence of Huldreich Zwingli*, vol. 1, ed. Samuel M. Jackson, trans. Henry Preble, Walter Lichtenstein, and Lawrence A. McLouth (New York & London: The Knickerbocker Press, 1912), 79.

2장 21절과 마가복음 16장 15절을 근거로 "복음은 (우리를 위해 고초를 당하신 그리스도를) 믿는 자를 구원하는 것"이며[12] "죄가 그리스도의 이름으로 용서된다는 것이 복음이다. 그리고 어떤 사람도 이보다 더 기쁜 소식을 들은 적이 없다."라고 복음을 분명하게 정의한다.[13] 이렇게 츠빙글리에게 복음은 믿는 자에게 구원을 주시는 하나님의 은혜에 대한 좋은 소식을 의미했다.

그런데 츠빙글리의 복음에 대한 이해에서 주목할 것은 그가 복음의 중요한 특성이 인간의 행위가 아닌 오직 믿음으로 구원받는 것에 있음을 일관되게 주장하고 있다는 것이다. 예를 들어 1522년 출간된 『스위스 연방의 사제들을 향한 우호적인 요청과 권면』(A Friendly Request and Exhortation of Some Priests of the Confederates)에서 츠빙글리는 다음과 같이 진술한다.

> 그리스도는 죄인들을 복되게 하고 온전하게 하려고 이 땅에 오셨다… 참으로 우리가 본질상 진노의 자녀들이었을 때 (에베소서 2장 3절), 우리 편에서 어떤 공로도 없이 하나님께서 그의 은혜를 그렇게 자비롭게 베풀어 주셨다는 것이 좋은 소식인가 나쁜 소식인가?… 자비롭게 그리고 자유롭게 우리는 온전케 되었고 우리로부터가 아니고 믿음과 신앙을 통해서 (하나님께서 자비롭게 우리 안에서 역사하심으로) 계속 온전할 것이다. 이것은 하나님의 선물이지 우리의 행위에서 온 것이 아니므로 누구도 자랑할 수 없다… 여기서 불쌍한 죄인들에게 주시는 하나님의 독생자이시고 우리의 주이시며 구원자이신 예수 그리스도를 통하여 성취된 하나님의 모든 사역을 이해하는 사도 바울의 아름다운 의미를 주목하라. 모든 것이 오직 복음, 즉 좋은 소식이며 우리가 모두 필요로 하는 하나님의 자비에 대한 선언이다.[14]

12 Huldrych Zwingli, "Commentary on True and False Religion," in *The Latin works of Huldreich Zwingli*, vol. 3. ed. Clarence Nevin Heller (Philadelphia, The Heidelberg Press, 1929), 118.
13 Zwingli, "On True and False Religion," 119.

'오직 믿음'(Sola fide)과 '오직 그리스도'(Solus Christus)라는 관점에서 복음을 이해하는 츠빙글리의 사상은 1522년 출간된 『아르케텔레스라 불리는 변호』(Defence Called Archeteles)에서도 잘 나타난다. 여기서 츠빙글리는 복음을 "하나님의 은혜에 관한 좋고 기쁜 소식"[15]으로 정의하며 "이 은혜는 우리가 그리스도의 귀한 보혈로 사신 바 되었다"는 것을 의미한다고 설명한다.[16] 이어서 츠빙글리는 오직 믿음만이 구원의 "근거"(causa)가 된다는 원리를 다음과 같이 분명하게 진술한다.

참으로 우리는 우리를 위해 흘리신 그리스도의 보혈을 자랑한다... 그리스도께서 그 자신의 피로 교회를 구원하셨다는 선언에... 꼭 붙어있으라. 왜냐하면, 그것이 구원의 공식이기 때문이다. 그러므로 그것을 확신있게 믿는 사람은 누구든지 그가 자신의 피로 사신 그리스도의 교회에 속한다. 왜냐하면, 오직 믿음만이 구원의 근거이기 때문이다(nam fides sola salutis causa est). 믿는 자는 영원히 죽음을 보지 않을 것이다.[17]

---

14 Huldrych Zwingli, "A Friendly Request and Exhortation of Some Priests of the Confederates that the Preaching of the Holy Gospel be not Hindered, and also that no Offence be Taken if to Avoid Scandal the Preachers were Given Permission to Marry," in *The Latin works and the correspondence of Huldreich Zwingli*, vol. 1, ed. Samuel M. Jackson, trans. Henry Preble, Walter Lichtenstein, and Lawrence A. McLouth (New York & London: The Knickerbocker Press, 1912), 171.

15 Huldreich Zwingli, "Defence Called Archeteles, in which Answer is Made TO AN Admonition that the Most Reverend Lord Bishop of Constance (being Persuaded thereto by the Behaviour of Certain Wantonly Factious Persons) Sent to the Council of the Great Minster at Zurich Called the Chapter," in *The Latin works and the correspondence of Huldreich Zwingli*, vol. 1, ed. Samuel M. Jackson, trans. Henry Preble, Walter Lichtenstein, and Lawrence A. McLouth (New York & London: The Knickerbocker Press, 1912), 275.

16 Zwingli, "Defence Called Archeteles," 281.

17 Zwingli, "Defence Called Archeteles," 281-82.

맥그래스와 같은 몇몇 학자들은 츠빙글리의 복음에 대한 이해가 단순히 그리스도를 통한 죄사함의 의미보다는 윤리 도덕적 변화와 같은 인간의 갱신(renewal)과 성화에 더 강조점을 두는 넓은 의미에서의 복음의 성격을 보인다고 주장한다.[18] 하지만 츠빙글리의 저술들을 전체적으로 놓고 보았을 때 이러한 주장은 설득력을 얻기 힘들다. 물론 1522년 이전의 초기 저술에서는 츠빙글리가 윤리 도덕적 변화와 갱신의 측면을 포함하는 넓은 의미에서 복음을 이해하는 듯한 뉘앙스를 보이는 진술들이 발견된다. 하지만 1522년 이후의 저작에서는 넓은 의미에서 복음을 정의하려는 츠빙글리의 시도는 거의 보이지 않는다. 반면 1522년 이후의 저술에서는 위에서도 살펴보았듯이 그리스도를 통한 죄 사함이라는 좁은 의미에서 복음을 이해하는 츠빙글리의 사상이 명확하게 반복적으로 나타나고 있다. 결과적으로 1522년 이후의 저작은 츠빙글리가 비록 도덕적 변화를 강조하는 에라스무스(Erasmus of Rotterdam, 1466-1536)의 인문주의적 영향을 많이 받았음에도 불구하고 에라스무스와는 사상적으로 분명하게 다른 길을 가고 있음을 보여준다. 이러한 사실들을 고려할 때 일부 학자들이 츠빙글리의 복음에 대한 넓은 이해는 그가 칭의를 분석적인 칭의로 이해하고 있다는 점을 입증한다고 주장하는 것 역시 잘못된 평가라고 할 수 있다.[19] 칭의와 관련해서 츠빙글리는 인간을 더 넓은 의미에서의 복음이 아닌 좁은 의미에서의 복음과 연결한다. 이러한 특성은 다음에 다루게 될 칭의에 대한 츠빙글리의 이해에서 분명하게 확인된다.

---

18 예를 들어, McGrath, *Reformation Thought,* 122-23을 보라.
19 Jaeschke, "The Application of Redemption in the Theology of Huldrych Zwingli,"
305.

2. 칭의에 대한 츠빙글리의 이해

그의 저작에서 츠빙글리가 '칭의'(iustificatio, justification)라는 용어를 사용하는 경우는 드물다.[20] 하지만 앞서 살펴본 복음에 대한 이해에서 분명하게 나타났듯이 죄인인 인간이 의롭다함을 받는 유일한 길은 오직 예수 그리스도를 믿는 믿음에 있다는 그의 사상은 그의 저술 이곳저곳에서 발견된다. 특히 1522년 이후에 발간된 저술에서 명확하게 나타난다. 가령, 1523년 출간된 『간추린 기독교 입문』(*A Short Christian Introduction*)에서 츠빙글리는 로마서 8장 10절을 해석하면서 다음과 같이 주장한다.

> 이 칭의는 오직 어떤 사람을 하나님의 은혜에 두고 그 은혜에 헌신시키는 것이다. 이것이 참된 믿음이다. 따라서 바울의 의견은 우리의 육신이 항상 죽었고 사망과 죄의 행위를 낳게 되었다는 것이다. 하지만 만약 우리가 믿음 안에서 의로워지고 그래서 주 예수 그리스도를 통해서 하나님의 은혜를 확실하게 신뢰한다면 이러한 죄들은 우리를 정죄할 수 없다.[21]

1527년 출간된 『침례자들의 속임수에 대한 반박』(*Refutation of the Tricks of the Baptists*)에서도 믿음으로 인한 칭의 사상이 나타나는데, 츠빙글리는 '아나뱁티스트'(the Anabaptists)가 구원의 문제에서 하나님의 주권과 인간의 믿음보다는 인간의 자유의지와 행위에 의한 칭의를 가르친다고 비판하

---

20 Jaeschke, "The Application of Redemption in the Theology of Huldrych Zwingli," 298. 따라서 예수케는 츠빙글리 저술의 영역본에서 'justification' 또는 'justified'라고 번역된 부분의 원어가 무엇인지를 잘 검토할 필요가 있다고 주장한다. Jaeschke, "The Application of Redemption in the Theology of Huldrych Zwingli,", 299.

21 Huldrych Zwingli, "A Short Christian Introduction," in *Huldrych Zwingli Writings*, vol, 2, *In Search of True Religion: Reformation, Pastoral and Eucharistic Writings*, trans. H. Wayne Pipkin (Eugene, OR: Pickwick Publications, 1984), 59.

며 "그러므로 믿음을 가진 자는 의롭게 된다. 왜냐하면, 이것이 가장 높으신 하나님의 칭의, 경건, 종교, 그리고 예배(iusticia, pietas, religio cultusque summi dei)이기 때문이다."라고 진술한다.[22]

한편 츠빙글리의 저술 중 이신칭의 교리가 가장 명확하게 논의되는 곳은 1530년에 출간된 『하나님의 섭리에 관하여』(*On the Providence of God*)이다. 이 논문에서 츠빙글리는 로마서 8장 30절을 주해하면서 "의롭다 하시고"가 "용서하시고"로도 번역될 수 있다고 하면서 칭의를 '죄용서'(absolution)의 관점에서 설명한다.[23] 즉, 츠빙글리에 따르면 죄인인 인간은 오직 믿음으로 죄 용서함과 의롭다 함을 받는다.

지금, 믿음의 칭의 말고 어떤 다른 칭의가 있는가? 그리스도와 사도들은 믿음의 칭의 말고는 다른 어떤 칭의 또는 죄사함이 없다는 사실을 보여주는 것을 그들 가르침의 전체 목표로 삼았다(nullam aliam esse absolutionem sive iustificationem quam fidei)... 그리고 믿음을 가진 사람은 의롭게 된다. 즉 죄사함을 받는다(iusti, hoc est: absoluti sunt). 따라서 의롭게 된 사람은 어떤 정죄도 받지 않게 된다. 하지만 이것은 마치 믿음이 하나의 공로가 되어서 죄용서가 이에 따른 적절한 보상이 되는 것을 의미하는 것은 아니다. 하나님을 믿는 사람들은 의심의 여지가 없이 그의 아들을 통해 하나님과 화목하게 되었고 그들의 죄의 기록은 도말되었기 때문이다.[24]

---

22 Huldrych Zwingli, "Refutation of the Tricks of the Baptists," in *Selected Works of Huldreich Zwingli (1484-1531)*, ed. Samuel Macauley Jackson, trans. Lawrence A. McLouth, Henry Preble, and George W. Gilmore (Philadelphia: University of Pennsylvania, 1901), 240.

23 Huldrych Zwingli, "On the Providence of God," in *The Latin works and the correspondence of Huldreich Zwingli*, vol. 2, ed. William John Hinke, trans. Samuel M. Jackson (Philadelphia, The Heidelberg Press, 1922), 197-98.

24 Zwingli, "On the Providence of God," 198.

오직 믿음으로 말미암아 죄 용서를 받고 의롭다 함을 얻는다는 츠빙글리의 사상은 1530년 발표된 『에크의 모욕에 관련하여』(*Regarding the Insults of Eck*)에서도 발견된다. 츠빙글리는 성례는 사람을 의롭게 하거나 구원할 수 없다고 주장한다. 대신 인간의 죄용서는 오직 십자가에서 흘리신 그리스도의 보혈에 의해서만 가능하고[25] 칭의은 오직 믿음으로 가능함을 확언한다.[26]

이처럼 츠빙글리의 칭의에 대한 이해는 예수 그리스도의 십자가 공로를 믿음으로 의지하는 자에게 주시는 죄의 용서와 함께 법정적 의미에서 의롭다고 여김을 받는 것을 의미한다. 즉, 슈네켄부르거의 용어를 빌리자면 츠빙글리의 칭의론은 우리의 행위에 근거한 것이 아닌 믿는 자에게 주시는 하나님의 은혜에 근거한 '종합적인 칭의론'(synthetical justification)이라고 할 수 있다.

하지만 츠빙글리의 칭의론을 '분석적인'(analytical) 관점에서 파악하는 일련의 학자들도 있다.[27] 예를 들어, 리츨(Otto Ritschl)은 루터와 츠빙글리의 칭의론을 대조시키며 다음과 같이 진술한다.

> 전가의 루터파 개념에 대한 순수하게 이상적인 의미를 고려할 때, [루터에게] 칭의는 필연적으로 하나님의 종합적인 판단으로 나타난다... 하지만 츠빙글리의 경우 칭의는 아주 명백하게 분석적 판단의 성격을 갖는다. 왜냐하면, 그 사람은 사랑으로 역사하는 믿음과 함께 성령에 의해서 준비되어 비록 여전히 죄인이지

---

25 Zwingli, "Regarding the Insults of Eck," 111.

26 Huldrych Zwingli, "Letter of Huldreich Zwingli to the Most Illustrious Princes of Germany Assembled at Augsburg, Regarding the Insults of Eck," in in *The Latin works and the correspondence of Huldreich Zwingli*, vol. 2, ed. William John Hinke, trans. Samuel M. Jackson (Philadelphia, The Heidelberg Press, 1922), 113.

27 이에 관한 더 상세한 정보를 위해서는 다음을 참고하라. Jaeschke, "The Application of Redemption in the Theology of Huldrych Zwingli," 289-93.

만 훨씬 더 의로워졌고 따라서 하나님에 의해서 그렇게 여겨지기 때문이다.[28]

폴렛(J. V. Pollet)도 루터는 종합적인 관점에서 칭의를 강조했고 츠빙글리는 분석적인 관점에서 중생을 강조했다고 주장하며 리츨의 견해에 전적으로 동의한다.[29] 게스트리히(Christof Gestrich)도 유사한 관점에서 "츠빙글리에게 믿음에 의한 칭의는 죄의 비전가에 대한 법정적 행위뿐만 아니라 무엇보다도 하나님께서 창조하신 삶의 새로운 현실, 즉 사람의 윤리적 변화로 구성되어 있다."라고 주장한다.[30] 가장 최근에는 맥그래스가 이러한 견해에 동의하며 츠빙글리의 칭의론을 다음과 같이 분석적인 성격으로 설명한다.

> 복음의 법에 대한 에라스무스와 츠빙글리 사이의 유사성은 칭의를 중생에 종속시키는 데서 특별히 잘 드러난다. 츠빙글리는 칭의나 의롭게 된이라는 용어를 거의 사용하지 않고 대신 올바로 믿기(rechtglobige)라는 용어를 사용하는 경향이 있다. 그러므로 그는 올바로 믿는 사람이란 자신을 기꺼이 율법에 복종시키며 불신자와 대조되는 사람이라고 제시한다... 따라서 새사람의 도덕적 성품에 관한 츠빙글리의 강조는 칭의를 종합적인 신적 판단이 아니라, 분석적인

---

28 Otto Ritschl, *Dogmengeschichte des Protestantismus*, vol. 3, *Die reformierte Theologie des 16. und 17. Jahrhunderts in ihrer Entstehung* (Göttingen: Vandenhoeck & Ruprecht, 1926), 73-74.

29 J. V. Pollet, "Zwinglianisme" in *Dictionnaire de Théologie Catholique*, ed. A. Vacant, E. Mangenot, and E. Amann, vol. 15 (Paris: Librairie Letouzey et Ané, 1950), 3805.

30 Christof Gestrich, *Zwingli als Theologe: Glaube und Geist beim Zürcher Reformator* (Zurich: Zwingli Verlag, 1967), 162. Cf. 헤르만 바빙크(Herman Bavinck(1854-1921))도 츠빙글리가 믿음을 "인간을 의롭게하는 결과"를 가져오는 것으로 보지 않고 "인간의 삶에서 성화에 이르게하고 새롭게 하는 능력"으로서 기능하는 것으로 본다고 주장함으로써 츠빙글리의 칭의론을 분석적인 칭의론으로 평가하는 학자들과 동의하는 것처럼 보인다. Herman Bavinck, *De Ethiek van Ulrich Zwingli* (Kampen: G. Ph. Zalsman, 1880), 50.

신적 판정에 기초한 것으로 이해하도록 이끌었다.[31]

　하지만 이러한 일련의 주장들은 다음과 같은 문제점을 갖는다. 첫째, 츠빙글리의 칭의를 분석적인 칭의론으로 이해하는 학자들은 초창기에는 분명하지 않았던 츠빙글리의 칭의에 대한 이해가 1522년 이후에는 '오직 믿음'이라는 종교개혁의 정신을 따라 종합적인 칭의론으로 명확하게 정립되어 갔다는 사실을 간과하고 있다.[32] 이미 살펴본 것처럼 츠빙글리는 그의 생애 후반부에 출간한 저술들을 통해 인간이 의롭게 되는 것은 사람의 행위에 달린 것이 아니라 오직 예수 그리스도의 십자가 공로를 믿는 믿음에 근거한다는 것을 분명하게 진술하고 있다. 하지만 리츨과 같은 학자들은 믿음의 윤리적 측면에 대한 츠빙글리의 견해나 초기 인문주의자 시절 윤리적인 관점에서 칭의를 접근하려고 했던 츠빙글리의 입장만을 지나치게 강조함으로써 츠빙글리의 진술들을 전체적으로 파악하고 공정하게 다루는 데에 실패하였다.

　둘째, 기존의 학자들은 루터의 칭의론과 츠빙글리의 칭의론에서 발견되는 차이를 과장하는 경향이 있다. 맥그래스가 주장하듯 루터에게서는 잘 보이지 않는 갱신된 삶에 대한 강조가 츠빙글리에게서는 분명하게 나타나는 것은 사실

---

31 McGrath, 『하나님의 칭의론: 기독교 교리 칭의론의 역사』, 335. Cf. 맥그레스는 *Reformation Thought: Introduction*의 초판에서는 다음과 같이 진술하기도 하였다. "츠빙글리에게……칭의는 본질적으로 개인의 도덕에 대한 하나님의 승인을 의미한다. 선행은 칭의의 전제조건이다. 의롭다함을 받는 유일한 사람은 도덕적으로 중생한 사람이다." Alister E. McGrath, *Reformation Thought: Introduction,* first edition (Oxford: Blackwell, 1988), 86.

32 Cf. 에이싱어(Walther Eisinger)는 츠빙글리가 '오직 성경,' '오직 믿음,' '오직 그리스도'와 같은 종교개혁의 주요 정신을 받아들이고 있지만, 그의 저술에서는 이러한 신학 주제를 설명함에 있어서 전체적으로 일관성이 결여되었다고 주장한다. Walther Eisinger, "Gesetz und Evangelium bei Huldrych Zwingli" (Dr.theol. diss., University of Heidelberg, 1957), 301; 317. 하지만 칭의론의 경우 에이싱어의 견해는 1522년 이전의 저술에서는 어느 정도 적용될 수 있어도 1522년 이후 저술의 경우에는 받아들여지기 어렵다.

이다. 하지만 예수케가 주장하였듯이 이러한 새롭고 변화된 삶이 칭의를 위한 근거를 형성한다는 진술은 츠빙글리의 저술 어디에서도 발견되지 않는다. 오히려 츠빙글리는 도덕적 갱신과 변화에 대한 중요성을 설명하는 가운데도 칭의는 종합적인 성격을 갖는다는 것을 분명히 한다.33 가령 1531년 발표한 『기독교 신앙의 해설』(*Exposition of the Christian Faith*)에서 츠빙글리는 인간의 구원의 문제에서 거듭남의 필요성과 갱신의 중요성을 나란히 다루어 신자의 윤리적 변화의 필요성을 강조하지만, 죄인이 의롭게 되는 것은 오직 그리스도의 속죄하는 사역을 통해서 이루어진다는 것을 분명하게 진술한다.34 이처럼 1522년 이후 저술의 어디에서도 츠빙글리의 '개인적 갱신'(personal renewal)의 필요성에 대한 사상이 칭의에 대한 그의 종합적 이해와 충돌하여 나타나지 않는다.

셋째, 츠빙글리의 칭의를 분석적인 관점에서 파악하려는 학자들은 츠빙글리의 인간론이 상당히 비관적이라는 사실을 간과하는 경향이 있다. 츠빙글리는 루터나 존 칼빈(John Calvin, 1509-1564)과 같은 다른 16세기 종교개혁가들처럼 타락 후 인간의 상태에 대해 매우 부정적인 견해를 가졌다. 츠빙글리에 따르면, 아담과 하와가 범죄한 이후 이들과 하나님과의 친밀한 교제는 끊어졌고 아담과 하와는 내주하시고 인도하시는 성령의 은혜를 상실하는 저주를 받게 되었다. 그리고 아담과 하와의 본성은 온전함을 잃어버리고 죄의 영향으로

---

33 따라서 함(Berndt Hamm)은 기존 학자들의 견해와는 달리 칭의의 이해에서 츠빙글리는 루터와 매우 가깝다고 주장한다. Berndt Hamm, *Zwinglis Reformation der Freiheit* (Neukirchen-Vluyn: Neukirchener Verlag, 1988), 62.

34 Huldrych Zwingli, "A Short and Clear Exposition of the Christian Faith Preached by Huldreich Zwingli, Written by Zwingli Himself Shortly Before His Death to a Christian King; Thus Far Not Printed by Anyone and Now for THE First Time Published to the World," in *The Latin works and the correspondence of Huldreich Zwingli*, vol. 2, ed. William John Hinke, trans. Samuel M. Jackson (Philadelphia, The Heidelberg Press, 1922), 243.

인해 완전히 부패하게 되었다.[35] 타락의 결과로 하나님의 진노와 저주 아래 놓여있게 된 아담과 하와는 이제 영적인 죽음과 동시에 육체적 죽음을 피할 수 없게 되었다.[36] 무엇보다 아담과 하와의 죄는 이들의 후손에게도 유전되어 모든 인간은 하나님과의 교제가 단절된 채 영적으로 죽은 상태로 태어나게 되었다.[37] 결과적으로 아담 이후 모든 인간은 하나님의 율법을 순종할 수 없는 존재가 되었고 자신의 노력으로는 구원에 이를 수 없는 절망적인 영적 상태에 처하게 되었다.[38] 즉, 로마 가톨릭의 반펠라기우스적인(semi-Pelagian) 주장과는 달리 "인간은 하나님 앞에서 자유롭게 선과 의로움을 선택할 수 있는 능력과 자유를 완전히 상실하게 되었다. 왜냐하면, 죄에 속박된 인간의 의지가 의지하는 모든 것은 죄악되기 때문이다." 츠빙글리에 따르면 이제 전적으로 부패한 인간이 소유한 자유는 "오직 죄만 지을 수 있는 자유"가 되었다.[39]

> 하나님은 우리에게 완전한 의를 요구하시지만, 우리는 죄로 오염되었고 죄로 가득 차 있기에, 행하려 하거나 행할 수 있는 것은 오직 악뿐이다. 그러므로 우리는 하나님의 손안에 우리 자신을 내어 맡기고 우리 자신을 전적으로 그분의 은혜에 맡기는 것 외에 다른 선택의 여지가 없다. 그래서 거기에는 우리에게 선포되는 기쁜 소식, 복음의 빛이 퍼지는데, 바로 그리스도께서 우리가 저지른 절망적인 비참함에서 우리를 풀어 준다는 소식이다. 또한, 그리스도는 주피터와 같은 다른 구원자보다 훨씬 더 훌륭하게 우리를 구속한다.[40]

---

35 Ulrich Zwingli, "Declaration of Huldreich Zwingli Regarding Original Sin, Addressed to Urbanus Rhegius" in *On Providence and Other Essays*, ed. William John Hinke (Eugene, OR: Wipf and Stock Publishers, 1999), 10.

36 Zwingli, "On True and False Religion," 77-78.

37 Zwingli, "Declaration of Huldreich Zwingli Regarding Original Sin," passim.

38 Zwingli, "On True and False Religion," 78-90.

39 유정모, "하나님의 주권과 인간의 자유에 대한 울리히 츠빙글리의 이해," 「대학과 선교」 제52권 (2022), 184. Cf. Stephens, 『츠빙글리의 생애와 사상』, 126-27.

이와 같은 진술들은 츠빙글리가 인간의 도덕적 변화와 선행을 칭의의 본질적인 요소로 간주하고 칭의 여부를 판단하는 기준으로 삼았다는 학자들의 견해와는 전혀 상반되는 내용이다. 다시 말해 츠빙글리가 믿음의 윤리적 차원을 강조하는 측면은 있어도 칭의를 도덕주의적으로 접근하는 분석주의적 칭의론의 요소는 그의 저술에서 전혀 발견되지 않는다. 오히려 분석주의적 칭의론의 개념과 달리 츠빙글리는 인간은 스스로는 어떠한 선도 기대할 수 없는 전적으로 부패하고 타락한 존재가 되었다고 주장한다.[41]

결과적으로 타락한 인간의 본성에 대한 츠빙글리의 이해는 아우구스티누스의 전통과 강한 연속성을 갖는다.[42] 츠빙글리에 따르면 칭의는 결코 인간 행위나 노력의 결과가 아니다.[43] 심지어 츠빙글리는 칭의의 근거가 되는 믿음조차도 인간에게서 온 것이 아니라 하나님의 선물임을 강조한다.

믿음은 하나님의 선물이다. (왜냐하면 아버지께서 이끌어 주지 아니하시면 아무도 구원을 위해 그리스도에게 올 수 없기 때문이다, 요 6:44) 성경의 많은

---

40 Huldrych Zwingli, "Of the Upbringing and Education of Youth in Good Manners and Christian Discipline: An Admonition by Ulrich Zwingli," in *Zwingli and Bullinger*, ed & trans. G. W. Bromiley (Philadelphia: The Westminster Press, 1953), 106.

41 츠빙글리, "67개 논제에 대한 해제," 125-26.

42 Cf. "루터와 아우구스티누스처럼, 츠빙글리도 인간이 전적으로 타락했다는 것과 스스로의 구원에 기여할 수 없다는 것을 확신했다. 이 점에서 그는 중세의 공로에 대한 강조나 에라스무스와 다른 사람들의 자유의지에 대한 강조를 반대했다. 하나님의 주권과 중심성에 대한 츠빙글리의 이해는 그의 죄론을 포함하여 구원에 대한 모든 사상에 영향을 미쳤다... 그의 사상의 핵심은 (선택, 믿음, 행위 혹은 사랑의 관점에서) 선택하시는 하나님을 강조하고, 우리 안에서 우리를 믿음과 사랑의 새로운 삶으로 인도하시는 그리스도 혹은 성령을 강조하는데 있다." Stephens, 『츠빙글리의 생애와 사상』, 128-89.

43 Huldrych Zwingli, "Clarity and Certainty of Word of God," in *Zwingli and Bullinger*, ed & trans. G. W. Bromiley (Philadelphia: The Westminster Press, 1953), 84.

본문에 나오는 영원한 축복과 죄로부터의 구원이 믿음에 달렸다는 말씀을 어떻게 이해할 수 있는가? 만약 믿음이 선물이고 죄용서가 믿음에 달렸다면 죄용서라는 선물은 믿음이라는 다른 선물에서 온 것이다. 우리는 다시 돌아가서 누구에게 이 믿음이 주어지는지 연구하고 알아야 한다. 왜냐하면, 우리는 이미 믿음이 하나님의 자유로운 선물이라고 결론을 내렸기 때문이다. 믿음은 영원한 생명으로 택함 받고 예정된 사람에게 주어진다. 그래서 선택이 앞서고 믿음은 선택의 표시로 선택을 따라간다.[44]

그렇다면 믿음 또는 칭의와 선행의 관계를 츠빙글리는 어떻게 이해하고 있는가? 츠빙글리는 인간의 선행은 믿음과 칭의의 결과이지 그 반대가 아님을 분명히 한다. 츠빙글리는 영적으로 죽은 인간은 거듭나기 이전에는 하나님께서 기뻐하시고 우리의 칭의와 구원의 근거가 될 수 있는 어떠한 선행도 할 수 없는 존재라고 가르친다.[45] 선행과 칭의의 관계에 대한 츠빙글리의 이러한 이해는 스티븐스가 다음과 같이 잘 요약하고 있다.

[츠빙글리에 따르면] 참된 선행은 믿음에서 나온다. 왜냐하면, 좋은 나무가 좋은 열매를 맺는 것처럼, 살아 있는 믿음은 선한 행위라는 열매를 내기 때문이다. 츠빙글리는 반대자들과의 논쟁에서 많은 성서 구절들이 구원을 선행에 기인한 것으로, 우리 행위에 대한 하나님의 보답으로 말하고 있음을 인정하였다. 그러나 그는 아우구스티누스를 좇아, 그런 구절들에서 하나님이 보상하고 있는 것은 우리의 행위가 아니라 그분 자신이 행하신 것이며, 그것은 우리로 선을 행하도록 만드시는 분이 바로 하나님이시기 때문이라고 주장하였다. 츠빙글리는 결국 모든 것이 창세 전에 우리를 향한 하나님의 선택에 달려 있음을 지적한다.[46]

---

44 Zwingli, "On the Providence of God," 197.
45 Cf. 유정모, "하나님의 주권과 인간의 자유에 대한 울리히 츠빙글리의 이해," 184-85.

요컨대 츠빙글리에게 칭의는 인간의 선행이 아닌 오직 그리스도의 공로에 근거하여 믿는 자를 의롭다고 선언하시는 '법정적인'(forensic) 성격을 갖는다. 츠빙글리의 칭의론을 도덕주의적으로 해석하는 일련의 학자들은 1522년 이후 츠빙글리 저술에 나타나는 이신칭의의 성격을 간과하고 있고, 아우구스티누스와 연속성을 갖는 츠빙글리의 인간론을 적절히 고려하지 못했으며, 인간의 행위가 칭의의 근거가 된다는 내용을 츠빙글리의 저서에서 명확하게 발견하지 못하는 문제점을 보인다. 결과적으로 슈네켄부르거의 용어를 빌리자면 츠빙글리의 칭의론은 분석적인 칭의론이 아니라 종합적인 칭의론이라고 할 수 있다.

3. 그리스도의 구속 사역에 대한 츠빙글리의 이해

츠빙글리의 칭의론은 그가 예수 그리스도의 구속 사역을 어떻게 이해하고 있는지를 살펴볼 때 더욱 분명하게 조명될 수 있다. 먼저 츠빙글리는 하나님과 인간 사이의 중보자로 예수 그리스도의 유일성을 확언한다. 가령, 1523년 발표한 『67개 조항』(Sixty-Seven Articles)의 50번째 조항에서 츠빙글리는 "하나님만이 오직 우리 주 예수 그리스도를 통해서 죄를 사하신다."라고 진술하고 51번째 조항에서는 "이것을 피조물에게 돌리는 자는 누구든지 하나님의 영광을 탈취하여 하나님이 아닌 자에게 주는 것이며, 이것이 바로 진짜 우상숭배이다."라고 주장한다.[47] 그리고 츠빙글리는 중보자 그리스도가 인간을 구원하기 위하여 십자가에서 당하신 죽음의 성격은 '대속적 죽음'(substitutionary death)이었음을 강조한다.

---

46 Stephens, 『츠빙글리의 생애와 사상』, 121.

47 강경림, "츠빙글리 67개 조항: 개혁파 프로테스탄트 종교개혁 선언서," 「신학지평」 제31집 (2018), 5-30에 나오는 라틴어 원문과 번역문을 참고하였음을 밝힌다.

우리가 가장 타락해 있을 때 천사나 피조물이 아닌 우리 죄를 위하여 희생제물이
되게 하셨고 값을 치르도록 하신 하나님의 아들과 함께 [하나님께서] 우리를
찾아오셨을 때 인류에게 너무도 은혜롭게 계시된 하나님의 위대한 자비를 보
라.48

츠빙글리는 그리스도의 대속적 죽음의 성격에 대한 츠빙글리의 이해는 『아
르케텔레스라 불리는 변호』(*Defence Called Archeteles*)에서도 잘 드러난
다.

[인간이 받아야 할] 형벌을 없애기 위한 값을 지불하는 것과 관련하여, 나는
그리스도께서 사람들의 죄를 없애기 위해서 우리를 위해 희생제물이 되었고
(히 9:12) '하나님이 죄를 알지도 못하신 이를 우리를 대신하여 죄로 삼으신
것은 우리로 하여금 그 안에서 하나님의 의가 되게 하려 하심이라'(고후 5:21)
라고 생각한다.49

츠빙글리의 신학에서 그리스도의 대속적 죽음은 그리스도 구속 사역의 핵심
으로 제시된다. 물론 츠빙글리는 신자가 따라야 할 삶의 본으로서 예수 그리스
도의 생애가 가지는 의의도 상당한 비중을 두고 논의한다.50 이러한 성격은

---

48 Huldrych Zwingli, *Huldreich Zwinglis Sämtliche Werke. Corpus Reformatorum*,
vol. 1. (Berlin: Schwetschke, 1905), 424. 20-24.

49 Zwingli, "Defence Called Archeteles," 286. 같은 논문에서 츠빙글리는 다음과 같이 진술
함으로 그리스도 희생의 대속적 성격을 설명한다. "그리스도는 단번에 희생제물이 되심으로
그들의 구원을 영원히 성취하셨다는 사실을 그들은 배우게 될 것이다." Zwingli, "Defence
Called Archeteles," 239

50 Cf. 예수케와 베른레(Paul Wernle)는 츠빙글리의 신학에서 그리스도의 삶은 우리가 따라야
할 단순한 본에 그치는 것이 아니라 구속사역 성취의 한 부분이 되는 '그리스도의 능동적 순
종'(the active obedience of Christ)과 관계된다고 주장한다. Jaeschke, "The Application

특히 그의 초창기 저술에서 잘 나타난다. 하지만 츠빙글리는 어떤 인간도 그리스도처럼 하나님의 뜻을 순종할 수 없고 우리의 완전함은 오직 그리스도 안에 있음을 분명히 한다.

오직 그리스도만이 죄가 없으시고 선함, 아름다움, 순수함에서 하늘 아버지이신 하나님과 동등하신 분이시다. 그리고 오직 그리스도만이 하나님의 뜻을 [완전하게] 행하실 수 있다. 만약 우리가 믿는 자라면, 즉, 우리가 주 예수 그리스도를 우리를 하나님과 화목하게 하시는 자로 믿는다면, 우리는 또한 그리스도를 하나님 앞에 우리의 완전함, 우리의 구원, 우리의 보상과 화해자로 받아들여야 한다.[51]

그렇다면 죄인이 예수 그리스도를 믿을 때 어떤 일이 발생하는가? 츠빙글리에 따르면 우리가 예수 그리스도를 믿으면 그분의 의가 우리의 것이 된다. 그는 1523년 발표한 『청소년 양육과 교육에 관하여』(Of the Upbringing and Education of Youth)에서 다음과 같이 진술한다.

죄악으로 타락하고 잃어버린 바 된 우리를 위해 제시된 그리스도의 의는 우리를 죄, 죄책, 죄의 고통으로부터 해방해 주며 하나님 앞에 우리를 값진 존재로 만든다. 그리스도가 모든 타락한 정서로부터 자유롭게 하면서, 하나님의 의의

of Redemption in the Theology of Huldrych Zwingli," 130; Paul Wernle, *Der evangelische Glaube nach den Hauptschriften der Reformatoren*, vol. 2, *Zwingli*. (Tübingen: Verlag von J. C. B. Mohr, 1919), 20. 반면 헤페(Heinrich Heppe)는 그리스도의 삶에 대한 츠빙글리의 관심은 훗날 개혁파 전통에서 나타나는 그리스도의 능동적 순종 개념과 별 관계가 없다고 주장한다. Heinrich Heppe, *Reformed Dogmatics: Set out and illustrated from the Sources*, ed. Ernst Bizer (Grand Rapids: Baker Book House, 1978), 458-63.

51 Huldrych Zwingli, *Huldrych Zwingli Writings*, vol. I, *The Defense of the Reformed Faith* (Eugene, OR: Wipf and Stock Publishers, 1984), 25.

기준에 이를 수 있다는 이유로 그렇게 한다. 그분은 의롭다. 훨씬 더 의로운 하나님이 친히 우리 중 하나처럼 되었다. 그래서 우리 안에 결핍된 그분의 의가 우리의 것이 된다. '그분은 우리에게 하나님의 지혜, 의, 성화 그리고 구속이 되기 때문이다.'[52]

츠빙글리는 『기독교 신앙의 해설』에서도 그리스도의 의를 포함한 그리스도에게 있는 모든 것이 우리의 것이 된다는 사실에 대해 다음과 같이 주장한다.

> 그러므로 나는 그리스도의 인성과 관련해서 참 하나님의 아들이 돌아가셔서 우리의 죄에 대한 속죄에 대해 확신하도록 하셨다는 것을 믿는다. 나는 또한 영생에 대해 확신할 수 있도록 그가 참으로 죽은 자 가운데서 다시 살아나셨다는 것을 믿는다. 그리스도에게 있는 모든 것이 우리의 것이다. 그분이 하시는 모든 일이 우리의 것이다. 하나님이 세상을 이처럼 사랑하사 우리에게 독생자 아들을 주셨으니 이는 우리를 살리고자 위함이다. 그분이 다시 사셨을 때, 그분은 우리를 위해 다시 사셨고 우리의 부활이 시작되게 하셨다.[53]

하지만 츠빙글리는 그리스도의 의가 구체적으로 어떻게 우리의 것이 되는가에 대해서는 명확하게 설명하지 않는다. 특히, 루터가 가르친 것처럼 그리스도의 의가 우리에게 '전가'(imputation)된다는 표현을 명확하게 사용하지는 않는다. 따라서 기존의 많은 학자는 츠빙글리의 저술에서 의의 전가라는 개념이 나타나지 않는 것을 츠빙글리의 칭의론을 루터와 그것과 다르게 보는 주요 근거로 삼는다.[54] 그러나 거듭난 신자에게 나타나는 영적 상태의 변화에 대한

---

52 Zwingli, "Of the Upbringing and Education of Youth," 106-07.
53 Zwingli, "An Exposition of the Christian Faith," 252-53.
54 Hamm, *Zwinglis Reformation der Freiheit*, 52.

츠빙글리의 설명에서 루터의 법정적 칭의 사상과 유사한 특성이 전적으로 부재한 것은 아니다. 가령, 츠빙글리는 『청소년 양육과 교육에 관하여』에서 츠빙글리는 다음과 같이 진술한다.

> 그러므로 지금 우리는 그리스도에 의해 하나님께 나아갈 수 있다. 왜냐하면, 그리스도가 우리의 것이기 때문이다, 즉 하나님 은혜의 확실한 표증(token), 변호사(advocate), 약속(pledge), 피난처(security), 중보자(intecessor), 중재자(mediator), 처음과 나중, 알파와 오메가, 우리의 모든 것이 되기 때문이다.[55]

여기에서 그리스도에게 주어진 호칭들은 대부분 법정적인 성격을 갖는다.[56] 같은 논문에서 츠빙글리는 또한 "복음으로 거듭난 자들은 죄를 범하지 않는다. 즉, 죄가 그들에게 전가되어(imputed) 사망과 멸망에 이르게 하지 않는다. 왜냐하면, 그리스도가 친히 죽음의 대가로 그들을 구속했기 때문이다."라고 주장하며[57] 죄의 정죄와 심판에서 해방된 신자의 영적 상태를 전가라는 법정적 용어로 설명한다.[58] 따라서 이러한 진술들을 고려할 때 츠빙글리의 칭의론에서 의의 전가라는 법정적 개념이 완전히 배제되었다거나 이를 근거로 루터의 칭의론과 츠빙글리의 그것을 전혀 다른 사상적 흐름으로 이해하려는 시도는 설득력을 얻기 힘들어 보인다.[59]

---

55 Zwingli, "Of the Upbringing and Education of Youth," 107.
56 Jaeschke, "The Application of Redemption in the Theology of Huldrych Zwingli," 301.
57 Zwingli, "Of the Upbringing and Education of Youth," 107.
58 Jaeschke, "The Application of Redemption in the Theology of Huldrych Zwingli," 301.
59 스티븐스는 의, 율법, 복음과 같은 용어들을 사용하는 츠빙글리의 방식은 루터와 달랐지만 츠빙글리의 사상에서도 루터가 말하는 그리스도의 의의 전가 교리가 발견된다고 주장하였다.

III. 결론

츠빙글리의 칭의론에 대한 연구를 통해 우리는 다음과 같은 세 가지 사실을 정리할 수 있다. 첫째, 츠빙글리에 따르면 복음은 예수 그리스도의 공로에 근거하여 죄인을 구원하시는 하나님의 은혜에 대한 좋은 소식이다. 이 복음의 가장 중요한 성격은 인간의 행위가 아닌 오직 믿음에 의해 구원을 받는다는 것이다. 하지만 츠빙글리는 믿음조차도 인간에게서 나오는 것이 아니라 택자에게 주어지는 하나님의 선물임을 강조한다. 이러한 츠빙글리의 사상은 그가 복음을 넓은 의미에서가 아닌 좁은 의미에서 이해하고 있음을 분명하게 보여준다.

둘째, 츠빙글리의 칭의론은 1522년 이후 발표된 저술들에서 명확하게 나타나는데 여기에서 그는 칭의의 유일한 방편이 오직 믿음임을 일관되게 주장한다. 즉, 그에 따르면 믿음으로 그리스도의 십자가 공로를 의지하는 자는 죄용서를 받고 하나님께 의롭다 함을 얻는다. 이러한 츠빙글리의 칭의에 대한 이해는 16세기 종교개혁의 강령이었던 '오직 믿음'의 원리와 근본적으로 일치한다. 이전의 학자들 가운데 츠빙글리의 칭의론을 분석적인 관점으로 설명하려는 시도들이 있었으나 이들의 주장은 1522년 이후의 츠빙글리 저술에서 일관되고 분명하게 발견되는 종합적인 칭의론의 내용을 간과하고 있고, 새로운 도덕적 윤리적 삶에 대한 츠빙글리의 강조가 칭의를 위한 근거가 된다는 주장을 뒷받침할 명확한 문헌적 증거를 제시하지 못하며, 인간은 전적으로 타락하

하지만 그는 구체적인 실례를 언급하여 자신의 주장을 뒷받침하지는 않는다. Stephens, 『츠빙글리의 생애와 사상』, 123.

여 중생 이전의 인간에게서는 어떠한 영적인 선도 기대할 수 없다는 츠빙글리의 비관적인 인간론에 대한 이해를 간과하는 문제점을 보이기 때문에 설득력을 얻기 어렵다.

셋째, 츠빙글리는 예수 그리스도의 구속 사역에 관해 설명하면서 그리스도만이 하나님과 인간 사이의 유일한 중보자가 되시며 그리스도의 십자가 죽음은 인간을 구원하기 위한 대속적인 죽음이었음을 분명히 한다. 무엇보다 츠빙글리는 그리스도를 믿으면 그리스도의 의가 우리의 것이 된다고 가르친다. 아쉽게도 그는 구체적으로 어떻게 그리스도의 의가 우리의 것이 되는 가에 대한 설명을 명확하게 설명하지는 않는다. 하지만 츠빙글리의 저술 중에 칭의 및 구원과 관련하여 법정적 성격을 보여주는 진술들이 종종 발견된다는 사실은 츠빙글리의 칭의론이 의의 전가 개념을 가르치는 루터와 같은 다른 종교개혁자들의 칭의론과 그렇게 큰 차이를 보이는 것은 아니라는 사실을 우리에게 암시하여 준다.[60]

이 모든 내용을 종합하여 볼 때 우리는 츠빙글리의 신학 사상이 시간이 지남에 따라 점진적으로 발전하여 1522년 이후의 저술에서는 좀 더 성숙한 칭의론이 분명하게 나타나기 시작했음을 알 수 있다. 그리고 이러한 저술에 나타나는 츠빙글리의 칭의론은 분석적인 요소 없이 순전하게 종합적인 성격을 보여주며 '오직 믿음' 그리고 '오직 은혜'라는 16세기 종교개혁의 정신에 본질적으로 일치한다고 결론 내릴 수 있다.[61]

---

60 가령, 맥그래스는 이러한 이유로 루터와 츠빙글리의 칭의론 사이에 상당한 본질적 차이가 있다고 본다. McGrath, *Reformation Thought*, 122-23.

61 Jaeschke, "The Application of Redemption in the Theology of Huldrych Zwingli," 309.

〈참고문헌〉

1차문헌

츠빙글리, 훌트라이히. 『츠빙글리 저작선집 1-4』. 임걸, 공성철 역. 서울: 연세
대 출판문화원, 2017.

_____. 『츠빙글리와 벌링거』. 기독교 고전총서 11권. 서원모,
김유준 역. 서울: 두란노 아카데미, 2011.

Zwingli, Huldrych. *Huldrych Zwingli Writings*. Vol. I. *The Defense
of the Reformed Faith*. Eugene, OR: Wipf and Stock
Publishers, 1984.

_____. *Huldrych Zwingli Writings*. Vol. 2. *In Search of
True Religion: Reformation, Pastoral and Eucharistic
Writings*. Trans. H. Wayne Pipkin. Eugene, OR: Pickwick
Publications, 1984.

_____. *Huldreich Zwinglis Sämtliche Werke. Corpus
Reformatorum*. Vol. 1. Berlin: Schwetschke, 1905.

_____. *On Providence and Other Essays*. Edited by
William John Hinke. Eugene, OR: Wipf and Stock Publishers,
1999.

_____. *The Latin works and the correspondence of
Huldreich Zwingli*. Vol. 1. Edited by Samuel M. Jackson. Trans.
Henry Preble, Walter Lichtenstein, and Lawrence A. McLouth.
New York & London: The Knickerbocker Press, 1912.

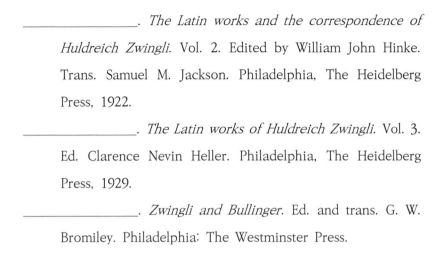

_____. *The Latin works and the correspondence of Huldreich Zwingli.* Vol. 2. Edited by William John Hinke. Trans. Samuel M. Jackson. Philadelphia, The Heidelberg Press, 1922.

_____. *The Latin works of Huldreich Zwingli.* Vol. 3. Ed. Clarence Nevin Heller. Philadelphia, The Heidelberg Press, 1929.

_____. *Zwingli and Bullinger.* Ed. and trans. G. W. Bromiley. Philadelphia: The Westminster Press.

2차문헌

강경림 외 10명. 『한 권으로 읽는 츠빙글리의 신학』. 조용석 편. 서울: 세움북스, 2019.

강경림. "츠빙글리 67개 조항: 개혁파 프로테스탄트 종교개혁 선언서," 「신학지평」 제31집 (2018), 5-30.

유정모. "하나님의 주권과 인간의 자유에 대한 울리히 츠빙글리의 이해," 「대학과 선교」 제52권 (2022), 179-210.

주도홍. 『개혁신학의 뿌리: 츠빙글리를 읽다』. 서울: 세움북스, 2020.

McGrath, Alister E. *Iustitia Dei: A History of the Christian Doctrine of Justification.* 한성진 역. 『하나님의 칭의론: 기독교 교리 칭의론의 역사』. 서울: CLC, 2008.

Stephens, W. P. *An Introduction to His Thought.* 박경수 역. 『츠빙글리

의 생애와 사상』. 서울: 대한기독교서회, 2007.

Berkouwer, G. C. *Faith and Justification*. Grand Rapids: Eerdmans, 1954.

Hamm, Berndt. *Zwinglis Reformation der Freiheit*. Neukirchen-Vluyn: Neukirchener Verlag, 1988.

Heppe, Heinrich. *Reformed Dogmatics: Set out and illustrated from the Sources*. Ed. Ernst Bizer. Grand Rapids: Baker Book House, 1978.

Holl, Karl. *Gesammelte Aufsätze zur Kirchengeschichte*. Vol. 1. Tübingen: J. C. B. Mohr Paul Siebeck, 1923.

Horton, Michael. *Justification*. Vol. 1. Grand Rapids: Zondervan, 2018.

Jaeschke, Wolf Christian. "The Application of Redemption in the Theology of Huldrych Zwingli: A study in the Genesis of Reformed Soteriology." Ph.D. diss., Westminster Theological Seminary, 1992.

McGrath, Alister E. *Reformation Thought: Introduction*. First Edition. Oxford: Blackwell, 1988.

_____. *Reformation Thought: Introduction*. Third Edition. Oxford: Blackwell, 2001.

Pollet, J. V. "Zwinglianisme." In *Dictionnaire de Théologie Catholique*. Vol. 15. Edited by A. Vacant, E. Mangenot, and E. Amann. Paris: Librairie Letouzey et Ané, 1950.

Potter. G. R. *Zwingli.* Cambridge: Cambridge University Press, 1976.

Ritschl, Otto. *Dogmengeschichte des Protestantismus.* Vol. 3. *Die reformierte Theologie des 16. und 17. Jahrhunderts in ihrer Entstehung.* Göttingen: Vandenhoeck & Ruprecht, 1926.

Schneckenburger, Matthias. *Vergleichende Darstellung des lutherischen und reformirten Lehrbegriffs.* Stuttgart: Verlag der J. B. Metzler'schen Buchhandlung, 1855.

Seeberg, Reinhold. *Text-Book of the History of Doctrines.* 2 vols. Trans. Charles E. Hay. Grand Rapids: Baker, 1952.

Wernle, Paul. *Der evangelische Glaube nach den Hauptschriften der Reformatoren.* Vol. 2. *Zwingli.* Tübingen: Verlag von J. C. B. Mohr, 1919.

부써의 칭의론

황대우

Martin Bucer(1491-1551)

고신대학교 신학과(Th. B.)와 신학대학원(M. Div.), 그리고 대학원 신학과(Th. M.)를 거쳐 네덜란드 Apeldoorn 기독개혁신학대학교에서 "Het mystieke lichaam van Christus. De ecclesiologie van Martin Buceren Johannes Calvijn"(2002)라는 논문으로 신학박사(Th. D.) 학위를 받았다. 현재 고신대 학부대학 소속 교회사 교수, 고신대개혁주의학술원 책임연구원, 한국칼빈학회 명예회장이다. 저술로는 『기독교 사용 설명서 1: 종교개혁』, 『교회연합운동의 선구자 부써』, 『종교개혁과 교리』, 『칼빈과 개혁주의』가 있고, 편저로는 『고신교회의 태동;원자료와 논문』, 『삶, 나 아닌 남을 위하여』, 『라틴어: 문법과 구문론』, 번역서로는 『루터: 약속과 경험』, 『문답식 하이델베르크 신앙교육서』, 『기도, 묵상, 시련』이 있다.

황대우

Ⅰ. 서론

부써 신학의 특징으로 알려진 '평화주의'(irenicism)는 마치 부써가 교회연합을 위한 열심 때문에 종교개혁의 진리인 칭의 교리조차 희생한 덕분에 얻게 된 별난 훈장인 것처럼 오해하는 경향이 강한데, 부써의 칭의론을 분석한 루지오요의 연구물1은 이런 오해를 속 시원하게 해결해준다. 그는 부써의 칭의 교리가 내적 일관성을 가진 것으로 진리에 대한 부써의 이해에 기초한 것이라고 주장한다.2

부써에게 진리는 하나뿐이며, 이 진리의 보증은 보혜사 성령이시다. 성령의 영감으로 성경에 표현된 진리는 인류의 구원을 위한 교회의 진리일 뿐만 아니라, 우주 만물의 구원을 위한 세상의 진리이다. 부써에게 이 두 진리는 서로 구분되지만 분리되지 않는다. 나아가 두 진리가 대립적 갈등 관계는 더더욱 아니다. 오직 믿음으로만 의롭게 된다는 이신칭의(以信稱義) 혹은 이신득의(以信得義) 교리는 인간의 구원만을 위한 진리다.

오직 믿음으로만 의롭게 된다는 교리는 16세기 루터에게서 비로소 기독교 교리역사에 등장한 대표적인 종교개혁 원리인데, 스트라스부르 종교개혁자 부써 역시 루터의 칭의 교리를 확고하게 지지한다. 칭의 교리는 루터의 작센 종교개혁과 부써의 스트라스부르 종교개혁의 중심축이다. 하지만 두 종교개혁자 사이에는 믿음을 이해하는 방법의 차이 때문에 칭의 개념에 대한 정의도 다를 수밖에 없었는데, 이것은 당시 칭의 교리가 고정적이지 않았다는 증거다.3

---

1 이 글의 상당 부분은 다음 두 권의 책, 즉 스테이픈스와 루지오요의 저술에 빚진 것임을 밝힌다. Willam Peter Stephens, *The Holy Spirit in the Theolgy of Martin Bucer* (Cambridge: Cambridge University Press, 1970), 48-100; Brian Lugioyo, *Martin Bucer's Doctrine of Justification: Reformation Theology and Early Mordern Irenicism* (Oxford/New York: Oxford University Press, 2010). 이 글의 모든 번역은 필자의 것임을 밝힌다.

2 Lugioyo, *Martin Bucer's Doctrine of Justification*, 3.

종교개혁의 칭의 교리는 16세기 이후 발전 단계를 거친 후에, 루터교회와 개혁교회, 영국 성공회, 재세례파교회 등에서 각기 조금씩 다른 강조점을 가진 칭의론으로 정착했다고 평가할 수 있다. 그렇지만 개신교 모든 종파가 공통적으로 칭의 교리를 가지고 천주교의 공로사상을 전면 거부한 것만은 분명한 사실이다. 이런 점에서 부써의 신학도 역시 종교개혁 칭의론의 범주에서 벗어나지 않는다.

1540년경에 종교개혁 측과 천주교 측의 교회연합을 위해 천주교 신학자 그로퍼(Gropper)의 칭의 교리에 동의하는 것으로 보이지만 부써의 신학 어디에도 인간의 선행을 칭의와 구원의 원인으로 간주하는 천주교의 공로사상을 수용한 흔적은 없다. 왜냐하면 부써는 비록 "사랑으로써 역사하는 믿음"(갈 5:6)을 인정함에도 불구하고, 사랑과 같은 인간의 선행을 어떤 경우에도 결코 믿음의 원인이 아닌 오직 결과로만 간주하기 때문이다.

본 논문에서는 부써의 로마서주석을[4] 통해 칭의론을 살펴볼 것이며, 첫 각주에서 밝힌 대로 루지오요의 책을 주로 참고하여 논술할 계획이다. 부써는 자신의 종교개혁 도시 스트라스부르의 도미니코수도원에서 1524년부터 평신도를 대상으로 신약성경 강의를 시작했는데, 부써 연구가들은 그의 로마서주석 역시

---

3 Lugioyo, *Martin Bucer's Doctrine of Justification*, 4.

4 Martin Bucer, *Metaphrasis et enarrationes perpetvae D[octoris]. Pauli Apostoli... Tomvs primvs. Continens metaphrasim et enarrationem in Epistolam ad Romanos...* (Strasbourg: Wendelinus Rihelius, 1536). 이 주석은 1562년에 바젤(Basel)의 베드로 페르나(Petrus Perna) 출판사를 통해 다음과 같은 제목으로 재판되었다. *Metaphrasis et enarratio IN EPIST[OLA]. D. PAVLI Apostoli ad Romanos, in qvibvs singvlatim Apostoli omnia, cvm argumenta, tum sententiae & uerba, ad autoritatem diuinae scripturae, fidemque Ecclesiae Catholicae tam priscae quàm praesentis, religiosè ac paulò fusius excutiuntur. Et vt Apostolus praecipuos locos totius Theologiae tractauit quàm exactissimè & plenissimè, ita maxima pars totius, non tam Paulinae, quàm vniuersae sacrae Philosophiae explicata est.* Per D[octorem] Martinvm Bvcervm. ... Basileae apvd Petrvm Pernam M. D. LXII. 이후 부써의 로마서주석에 대한 인용 각주는 'Bucer, *Metaphrasis et enarratio*(1562)'으로 표기함.

그와 같은 강의의 산물일 것으로 추정한다.[5] 부써의 로마서주석(1536)은 부써와 루터 사이의 성찬론 합의문인 비텐베르크일치신조(1536) 이후의 출간물이다.

II. 로마서주석의 구조

1536년에 500쪽 정도의 분량으로 출간된 부써의 로마서주석은 모두 세 권, 즉 1-3장의 제1권, 4-11장의 제2권, 12-16장의 제3권으로 구성되어 있고 각권마다 부써 자신의 번역 본문을 제공한다. 각장에는 구역(sectio)이 나누어진다. 각 구역의 첫 자리에는 부써 자신의 '주석'(expositio)이 오고, 그 다음에는 바울의 문장과 단어에 대한 '해석'(interpretatio)이 따르는데, 이 '해석'에는 교부들의 다양한 해석들이 제공된 후에 일종의 신학적 관점을 제공하는 논평들이 뒤따른다.[6]

이러한 로마서주석의 특징을 이해하기 위해서는 그 주석 제목의 첫 두 단어, 즉 '메타프라시스'(metaphrasis)와 '에나라티오'(enarratio)가 어떤 의미로 사용되었는지 파악하는 일이 필수적이다. 부써는 두 번째 단어 '에나라티오'를 주석 즉 해설의 의미로 사용하고, 첫 번째 단어 '메타프라시스'를 "좀 더 자유로운 번역"(liberior conversatio)으로 활용한다. '메타프라시스'는 교부들의 글과 루터와 같은 동료 종교개혁자들의 글뿐만 아니라, 성경 원문조차도 자유롭

---

5 로마서주석의 구조가 강의 형태로 구성되었다는 주장에 대해서는 다음 참조. Bernard Roussel, "Bucer exégète," in Christian Kriger & Marc Lienhard, *Marin Bucer and Sixteenth Century Europe* I (Leiden: E. J. Brill, 1993), 47ff.

6 참고. Lugioyo, *Martin Bucer's Doctrine of Justification*, 41. 부써는 자신의 로마서주석에서 여러 가지 '질문들'(quaestiones)과 '화합들'(conciliationes)이라는 양식을 사용한다.

게 번역할 수 있다는 부써의 번역 원리를 반영한다.

부써의 모든 번역이 의역인 것은 아니지만 부써가 직역보다는 자신이 이해한 대로 번역하는 의역을 선호한 것만은 분명해 보인다. 이런 이유로 뷔르템베르크(Württemberg)의 루터파 종교개혁자 요하네스 브렌츠(Johannes Brenz)와 논쟁을 벌이기도 했는데, 그 이유는 성찬론과 관련한 루터의 글을 부써가 의역한 문제 때문이었다.7 부써와 브렌츠는 1518년에 벌어진 하이델베르크논쟁에서 루터의 십자가신학을 함께 듣고 전향한 동료 종교개혁자다.

두 번째 단어인 '에나라티오'는 '상세한 설명과 해설'이라는 의미다. 이 단어의 의미대로 부써는 자신의 로마서주석을 정말 상세하게 작성했다. 부써의 로마서주석이 얼마나 상세한 해설이었는지는 다음과 같은 칼빈의 평가를 통해 충분히 짐작할 수 있다. 제네바 종교개혁자는 자신의 로마서주석 서문에서 이미 출간된 주석서들의 저자 세 사람, 멜랑흐톤과 불링거, 그리고 부써 주석의 특징을 간략하게 소개한다.

> 마지막으로, 부써는 자신의 저작을 출간함으로써 마치 [로마서주석을] 완결한 것 같았다. 따라서 저 사람은 (우리가 아는 것처럼) 감추어진 학식 외에도 수많은 것들에 대한 풍부한 지식을 [가지고], 천부적인 통찰력 외에도 엄청난 독서를 [하며], 오늘날 거의 아무도 능가하지 못할 정도의 다른 수많은 다양한 능력들을 [갖춘 분이다]. 왜냐하면 그는 수많은 사람들을 능가하는 [극]소수에 속한 사람이기 때문이다. 그러므로 그가 이런 특별한 찬사를 받는 것은 성경 해석에 있어서 [그보다] 더 정확한 기억의 근면성실함을 능가할 [사람이] 아무도 없기 때문

---

7 부써는 1524년 즉 종교개혁자로 활동하기 시작한 초기에 이미 루터의 베드로전후서와 유다서 주석(Enarrationes)을 번역한 적이 있다. 참고. Heinrich Bornkamm & Robert Stupperich, *Martin Bucers Bedeutung für die europäische Reformationsgeschichte & Bibliographia Bucerana* (Gutersloh: C. Bertelsmann, 1952), 45.

이다.[8]

칼빈이 보기에 부써의 로마서주석은 더 이상의 주석이 필요하지 않다고 느낄 만큼 학문적으로 너무 완벽한 책이다. 물론 단점으로 보이는 평가도 있는데, 칼빈에 의하면 멜랑흐톤과 불링거와 달리 부써가 "너무 장황하게"(prolixior) 저술한 로마서주석은 바쁜 사람들에게는 읽기를 시도하기가 불가능하고, 학식을 제대로 갖추지 못한 사람이나 주의력이 부족한 사람들에게는 읽어도 이해하기가 불가능할 정도로 "너무 고매한"(sublimior) 책이다.

III. 이중적 칭의

이중적 칭의란 사실상 칭의의 원인이 두 가지라는 의미다. 두 원인은 그리스도의 외부적 의와 인간의 본성적 의이다. 죄인의 구원을 위해서는 전가적 칭의도 필요하지만 본성적 칭의도 필요하다는 주장이 이중적 칭의다. 이런 의미에서 부써는 결코 이중칭의론자가 아니다. 왜냐하면 부써는 그리스도의 의가 죄인에게 전가되는 방법 외에는 어떤 것도 칭의의 방법으로 인정하지 않기 때문이다. 또 다른 의미의 이중적 칭의는 칭의를 믿음에 의한 일차적 칭의와

---

8 T. H. L. Parker ed., *Iohannis Calvini commentarius in epistolam Pauli ad Romanos* (Leiden: E. J. Brill, 1981), 2: "Tandem Bucerus, lucubrationibus suis emissis, veluti colephonem imposuit. Siquidem vir ille (ut nosti) praeter reconditam eruditionem, copiosamque multarum rerum scientiam, praeter ingenii perspicaciam, multam lectionem, aliasque multas ac varias virtutes quibus a nemine fere hodie vincitur, cum paucis est conferendus, plurimos antecellit: hanc sibi propriam laudem habet, quod nullus hac memoria exactiore diligentia in Scripturae interpretatione versatus est." 한글 번역은 다음 참조, 『칼빈주석 로마서』, 박문재 역 (고양: 크리스챤다이제스트, 2013), 7.

행위에 의한 부차적 칭의로 구분하는 것인데, 칭의와 성화를 구분하지만 상호 불가분의 관계로 보는 칼빈의 칭의론에도, 믿음과 사랑의 조합을 선호하는 부써의 칭의론에도 적용될 수 있다.[9]

이와 같은 이중 칭의는 죄인을 의롭게 하는 은혜와 믿음의 효력을 전제할 뿐만 아니라, 신자의 믿음을 단회적인 사건이 아닌, 지속적인 과정으로 간주하는 것을 전제한다. 이처럼 개혁파 종교개혁자들의 신학은 17세기 개혁파 신학자들에게 전수되었고, 이 특징은 루터주의 신학과 다르게 발전한다. 따라서 개혁신학에서 "인간이 참으로 의롭게 되었음을 스스로 인식하도록 하는 신앙 보증의 바로 이 과정은 이제 후천적으로 새로운 칭의로 묘사되고, 따라서 죄인의 칭의와 의인의 칭의라는 이중적 칭의, 하나님의 이중적 심판이 가르쳐진다."[10]

중세 신학의 황제 신학자 토마스 아퀴나스(Thomas Aquinas)는 자신의 신학대전에서 "칭의는 이중적으로 드러난다."(iustificatio dupliciter dicitur)고 주장함으로써 이중적 칭의를 인정한다.[11] 부써가 에라스무스의 저술들을 탐독하기 전에 아퀴나스의 사상에 깊이 빠져 있었다는 사실은 이미 잘 알려져 있는데, 그렇다면 그의 이중 칭의론이 아퀴나스의 이중 칭의 개념의

---

9 칭의와 성화에 대한 부써와 칼빈의 견해를 비교 평가한 것에 대해서는 다음 참조. Eduard Ellwein, *Vom neuen Leben. De novitate vitae: Eine systematische und theologiegeschichtliche Untersuchung zur Lehre vom neuen Leben. Durchgeführt an einem Ausschnitt aus der Römerbrief=Exegese der Reformationszeit* (München: Chr. Kaiser Verlag, 1932), 63-66. 이 책에서 엘바인이 부써의 신학을 종교개혁의 신학적 원리와 다른 것이라고 평가한 결론은 부써 신학 전체를 이해하지 못한 그의 오판이다.

10 Maximilian Schneckenburger, *Vergleichende Darstellung des lutherischen und reformirten Lehrbegriffs* II (Stuttgart: Verlag der J. B. Metzler'schen Buchhandlung, 1855), 75-76: "Dieser nämlicher Prozess der Glaubensversicherung, durch welche man sich wahrhaft gerechtfertigt weiss, wird nun gerne von den Spätern als eine neue Justification dargestellt und daher eine doppelte Rechtfertigung, ein doppeltes Gericht Gottes gelehrt, [76] die justificatio peccatoris und die justificatio justi."

11 Lugioyo, *Martin Bucer's Doctrine of Justification*, 45, 각주46.

영향일까? 아니면 그가 아퀴나스의 추종자에서 에라스무스의 추종자로 변신한 후, 인간의 도덕성을 강조한 에라스무스의 윤리주의로부터 결정적인 영향을 받은 것일까?

오토 리츨의 주장에 의하면 중세 신학과 17세기 개혁신학에서 발견되는 이중적 칭의 개념은 에라스무스의 영향을 반영한 부써의 이중 칭의와 무관하지 않다.12 비록 부써가 중세 신학자 아퀴나스와 16세기 인문주의자 에라스무스에게 상당한 신학적 빚을 진 것이 사실일지라도 부써의 칭의론은 결코 루터의 칭의 개념을 벗어나지 않았으며 츠빙글리의 칭의 개념과 유사하다.13 리츨이 부써의 이중적 칭의 개념을 루터의 칭의론인 종교개혁의 가르침에서 벗어났다고 주장하는 것은14 정당한 평가가 아닌, 오해와 오판의 결과다.

부써 신학에서 이중적 칭의 개념이 때로는 삼중적 칭의로 구분되기도 한다는 사실은 유일회적 칭의 개념만 옳다고 인정하는 오늘날 개신교도들에게 분명 거부 반응부터 일으키는 이상한 것으로 보일 수밖에 없다. 하지만 그가 칭의를 이중적 혹은 삼중적으로 구분하여 정의한 내용을 제대로 이해한다면 일반화의 오류에 빠져 부써의 칭의론을 부당하게 비난하는 일은 반복되지 않을 수도 있다. 삼중 칭의에 대한 부써 자신의 주장을 살펴보자.

---

12 Otto Ritschl, *Dogmengeschichte des Protestantismus* III (Göttingen: Vandenhoek & Ruprecht, 1926), 148-152.

13 Walther Koehler, *Dogmengeschichte als Geschichte des christlichen Selbstbewusstseins. Das Zweitalter der Reformation* (Zürich: Max Niehans Verlag, 1951), 362: "Seiner ganzen theologischen Entwicklung entsprechend, ist *Martin Bucer* auch in seinem Bewusstsein von Rechtfertigung zunächst von Zwingli beeindruckt und hat ihn nie ganz ausgeschieden."

14 Ritschl, *Dogmengeschichte des Protestantismus* III, 150: "Darher konnte Bucer aber auch darauf verfallen, seine Ansicht von der justificatio secunda als den Abschluß seiner gesamten Lehre von der Rechtfertigung auszubilden. Doch hat er mit diesem Theologumenon dem Rechtfertigungsgedanken der Wittenberger Reformatoren geradezu seine charakteristische Spitze abgebrochen."

그러므로 우리의 칭의는 삼중적이다. 즉 하나님이 우리에게 영원한 생명을 삼중적으로 제공하신다는 것이다. 첫 번째 [칭의]는, 이것으로 그분이 우리를 위해 영생을 예정하시는 것이다. [왜냐하면] 특별히 그것이 오직 그분의 선하심에만, 그리고 그리스도의 공로를 존중함에[만] 있기 [때문이다]. [여기에] 스콜라주의자들은 공로들을 존중함을 추가하는데, [그 공로들은] 하나님이 자신의 미래들을 틀림없이 예견하시는 [미래적인] 것이다. 하지만 나는 묻는다. 그분이 스스로 주시지 않는다면 누구든 단 한 번도 갖지 못할 것들을 예견하시는 까닭은 무엇인가? 그리고 그분이 구원을 주시기로 결정하신 바로 그 순간에 [장차 구원을] 주실 것이라 결정하신 까닭은 무엇인가? 두 번째 [칭의]는 이것으로 그분이 지금 영생을 제공하시고 자신의 [성]령을 주심으로 그 [영생]을 즐기도록 하신다는 것인데, [그 성령] 안에서 우리가 '아바 아버지'를 소리쳐 부른다. 특히 이 칭의는 우리의 믿음 속에도 있는 것이지만, 하나님이 자신의 선하심으로 우리에게 거저 베푸시는 그것, 또한 베푸신 자신의 [성]령으로 말미암아 우리 속에 효력 있게 하시는 바로 그것이다. 세 번째 [칭의]는 우리가 이생에서 향유하는 영생이나 선한 것들을 그분이 실제로 온전히 제공하시는 바로 그 때인데, 믿음과 소망 속에만 있는 것이 아니다. [우리의] 행위들은 이 칭의에 의존적이지만 그 [행위들] 자체도 거저 베푸시는 하나님의 선하심의 선물과 사역이다.[15]

---

15 Bucer, *Metaphrasis et enarratio*(1562), 119: "Triplex itaque est nostri iustificatio, hoc est, trifariam nobis deus vitam aeternam adudicat. Prima est, qua vitam aeternam nobis destinat: ea constat vtique sola ipsius bonitate, & respectu meriti Christi. Scholastici addunt respectum meritorum, quae deus scilicet praeuidet in suis futura. Sed vnde, queso, ea praeuidet, quae nemo vnquam habuerit, nisi ipso donante, quae & eo ipso donaturum se statuit, cùm donare salutem statuit? Altera, qua vitam aeternam iam aliquo modo exhibet, & frui ea donat, donato sui spiritu, in quo clamamus Abba Pater. Haec iustificatio constat praeterea etiam fide nostra, sed quam ipsam quoque nobis deus ex sua gratuita bonitate donat, & suo in nobis spiritu efficit. Tertia, cùm iam re ipsa, & plene vitam aeternam, vel etiam bona, quibus in hac vita fruimur, exhibet, non iam fide tantùm & spe. Ad hanc iustificationem concurrunt facta, sed ea ipsa quoque gratuitae bonitatis dei dona

하나님의 초월적 시점이 아닌, 시공간적 현재 시점을 기준으로 말하자면 부써의 삼중적 칭의는 과거와 현재와 미래의 사건으로 구분된다. 과거 시점인 첫 번째 칭의 사건은 하나님이 자신의 선하심과 그리스도의 공로에 힘입어 우리에게 영생을 제공하시기로 작정하신 그분의 창세전 선택과 예정에서 발생한다. 현재 시점인 두 번째 칭의 사건은 우리가 사는 바로 여기서 발생하는 것으로써 성령으로 말미암아 하나님을 믿고 이 믿음으로 하나님이 주신 영생을 향유하는 일이다. 마지막 세 번째 칭의 사건은 하나님이 최종적으로 우리에게 완전한 영생을 주실 때 발생하는 미래의 일이다.

다른 용어로 요약하여 구분하자면 부써의 삼중 칭의는 '예정의 칭의'와 '믿음의 칭의'와 '영화의 칭의'를 의미한다. 여기서 주목해야 할 부분은 칭의와 선행의 관계에 대한 부써의 주장이다. 부써는 신자의 모든 선행을 상급과 보상으로 간주하여 마지막 영화의 칭의와 연결시킨다. 세 번째 칭의, 즉 영화 (glorificatio)의 단계에서 신자는 지상에서 제한적이고 불완전하게 누리던 영생과 선행을 완전하게 향유할 수 있게 되는 것이다. 물론 그와 같은 완전한 향유조차도 거저 베푸시는 하나님 자신의 선물과 사역이라고 결론내림으로써 부써는 인간의 공로가 구원과 영생을 위해 기여할 일말의 여지와 가능성을 남김없이 완전히 봉쇄하고 차단한다.

부써에 따르면 하나님은 행위 이후, 행위에 따라 우리가 누릴 수 있는 온전한 영생을 주신다는 것이요, 우리가 이것에 대한 소망을 얻을 수 있는 유일한 길은 복음을 믿는 믿음으로 하나님의 선하심과 그리스도의 공로에 대한 확신뿐

& opera sunt." 영어 번역과 한글 번역은 다음 참조. Stephens, *The Holy Spirit in the Theolgy of Martin Bucer*, 52-53; 최윤배, 『잊혀진 종교개혁자 마르틴 부처』 (서울: 대한기독교서회, 2012), 265-266.

이다. 또한 하나님은 오직 자신의 선하심에 의해서만, 그리스도의 공로 때문에 우리 속에 믿음과 소망을 효력 있게 하신다. 그러므로 칭의에 관한 모든 것의 최초 원인이자 모든 원인은 "오직 하나님의 선하심과 그리스도의 공로뿐이다."[16] 부써가 칭의를 태초의 신적 예정뿐만 아니라, 마지막 종말의 완성과도 연결하는 것은 분명 종교개혁 전통의 칭의론에서 낯선 개념이지만 교리적 이탈로 보이지 않는다.

부써의 삼중 칭의론의 핵심은 칭의와 영생에 관한 알파와 오메가는 오직 하나님 한 분이시라는 결론이다. 이러한 부써의 삼중 칭의 개념에서 우리는 종교개혁의 이신칭의 교리와 중세의 공로신학을 연결하려는 불순한 의도는커녕, 공로신학의 부스러기나 그림자조차 발견하기 어렵다. 따라서 부써의 칭의 개념을 공로신학의 범주에 넣으려는 어떤 시도도 성공적일 수 없다. 부써의 삼중 칭의론은 중세 로마가톨릭 교회의 공로신학과 아무런 유사성이 없다. 뿐만 아니라, 종교개혁 이후 발생한 아르미니우스주의자들의 예지적 구원론에 대한 암시를 부써의 삼중 칭의론에서 발견하는 것은 불가능하다.

삼중칭의(iustificatio triplex) 개념 외에도 부써는 칭의를 두 가지, 즉 불경건한 자들에 대한 칭의와 경건한 자들에 대한 칭의로 구분하는데, 이것이 이중칭의(iustificatio duplex)로 알려져 있다. 불경건한 자 즉 불신자의 칭의는 바울의 가르침에 충실하고 의존적인 것으로 죄 용서를 의미하는 반면에 경건한 자 즉 신자의 칭의는 야고보의 가르침에 충실하고 의존적인 것으로 신자의

---

16 Bucer, *Metaphrasis et enarratio*(1562), 119: "Iam sicut illud: Quod deus nobis post & secundum opera vitam aeternam plene fruendam exhibet, cum illo nihil pugnat, quod spem huius sola fiducia bonitatis dei & meriti Christi ex fide Euangelij concipimus, quas ipsas etiam, fidem dico & spem, Deus ex sola sua bonitate, & propter Christi meritum in nobis efficit, & vtrumque hoc, nihil ab eo dissidet, quod omnium istorum prima & per se totaque causa est sola dei bonitas, & Christi meritum:..."

선행을 의미한다.17 부써는 하나님의 은혜와 인간의 믿음, 그리고 하나님과 인간의 협력적 선행을 아름다운 조화의 관계로 본다. 시혜자이신 하나님의 은혜가 수혜자인 인간 없이는 죄인의 구원이라는 결과물을 생산할 수 없는 것처럼 인간의 믿음 역시 하나님의 은혜 없이는 작동 불가능하다. 무엇보다도 선행이라는 결과물은 주체이신 하나님과 객체인 인간 사이의 아름다운 조화를 가장 선명하게 보여준다.

부써 칭의론의 특징은 믿음과 사랑의 조화다. 그런데 이것을 이중칭의로 지칭하는 것이 정당한지 살펴볼 필요가 있다. 이중칭의 개념을 부써에게 적용하는 일은, 마레인 더 크로온(Marijn de Kroon)의 지적처럼, 실제로 오해의 소지가 다분하다. "엄밀하게 말하자면, 이중칭의 교리는 칭의의 두 가지 형식적 원인이 있다, 즉 의의 두 가지 유형인 전가된 [의]와 내재된 [의]가 있다고 주장하는 것이다. 이것은 기롤라모 세리판도(Girolamo Seripando)가 트렌토 공의회에 제출한 교리였다."18 이러한 이중칭의 개념을 부써신학에 적용하는 것은 문제가 있다. 하지만 만일 칭의와 성화를 서로 '구분해야 하지만 분리할 수 없다'(distinctio sed non separatio)는 칼빈의 주장을 이중칭의로 지칭할 수 있다면, 이러한 이중칭의 개념은 부써에게도 적용 가능할 것이다.

이탈리아 신학자 추기경 세리판도와 달리, 부써에게 인간의 선행은 구원과 영생을 위한 독립적 원인으로 작용할 가능성이 전혀 없다. 왜냐하면 하나님의 선행적인 은혜 즉 성령 하나님의 효과적인 역사에 의해서만 유의미한 선행이 가능한 것으로 부써는 보기 때문이다. "확실히 우리에 대한 칭의는 하나님

---

17 Stephens, *The Holy Spirit in the Theolgy of Martin Bucer*, 53.
18 Lugioyo, *Martin Bucer's Doctrine of Justification*, 43. 여기서 루지오요가 지적한 것처럼, 이중칭의 개념은 역사적으로 18세기 요한 웨슬리(John Wesley)의 자칭 계승자 요한 플레처(John Fletcher)가 믿음에 의한 회개에서의 일차 칭의를 하나님이 마지막에 수용하실 수 있는 근거로서의 행위에 의한 이차 칭의와 구분한 것에서 기원한다.

앞에서 우리에 대한 거저 받아들이심인데, 이 [받아들이심]으로 그분은 우리에게 죄들을 용서하시고 의를 전가하시며 영생을 주신다. [또한] 의와 선행의 경작자와 양육자 [성]령을 통해 그 [영생]을 지금 우리 안에서 시작하시고 날마다 [우리에게] 가져오신다."19

칭의의 내용으로 부써는 세 가지, 즉 죄 용서(remissio peccatorum)와 의의 전가(imputatio iustitiae)와 영생(vita aeterna)을 든다. 또한 이 세 요소는 성령의 은혜로우신 사역을 빼면 불가능한 일이기 때문에 성령을 하나님의 "의와 선행"(iustitia et bona opera)을 우리 안에 "심으시는 분이시자 관리하시는 분"(plantator et educator)으로 소개한다. 그렇다면 믿음의 칭의와 불가분의 관계로 보이는 선행의 칭의, 즉 신자에게 나타나는 선한 행위는 인간의 선행이라기보다 오히려 성령의 선행이다. 이러한 선행은 세상 사람들의 일반적인 선행이 아니라, 구원과 영생을 선물로 받은 신자의 신앙적인 선행, 즉 그리스도 안에서 하나님이 기뻐하실만한 신자다운 선행을 의미한다. 선행의 칭의란 의로우신 하나님께서 그리스도의 의(iustitia Christi)를 죄인인 우리에게 선물로서 전가하신 결과이지, 결코 전가의 원인일 수는 없다.

부써의 저술 어디에서도 신자의 선행은 죄 용서와 의의 전가 및 영생을 위한 원인이나 근거로 언급된 적이 없다. 루터가 말한 것처럼 죄인에게 전가된 의는 부써에게서도 낯선 의이다. 낯선 의는 하나님의 의이며 우리의 바깥에 (extra nos) 있고 그리스도 안에서(in Christo) 발견되는 것으로 참 하나님이신 동시에 참 인간이신 그리스도의 의다. 부써에 따르면, 오직 믿음으로만

---

19 Bucer, *Metaphrasis et enarratio*(1562), 14(praefata): "..., nempe nostri iustificationem, esse nostri apud Deum gratuitam acceptationem, qua ille nobis remittit peccata, imputat iustitiam, donat vitam aeternam, quam spiritu, iustitiae & bonorum operum plantatore & educatore hinc in nobis inchoat, & in dies prouehit."

우리는 하나님의 의로우심과 선하심을 소유할 수 있으며, 또한 하나님이 스스로 우리에게 나누시고 참여하시는 덕분에 우리는 그 의를 위한 열심을 낼 수 있다.[20] 여기서 부써는 하나님의 의가 조건 없이 우리에게 전가된다는 사실뿐만 아니라, 하나님이 우리에게 전가하신 자신의 의에 우리를 지속적으로 참여하게 하신다는 사실도 강조한다.

부써에게 하나님의 의는 죄인에게 한 번 전가된 것으로 끝나지 않고 계속해서 의롭게 되도록 반복적으로 주어진다. 이중칭의의 두 가지 내용으로서 유일회적인 의의 전가와 지속적인 의의 분여(imputatio iustitiae)는 둘 다 성령의 주체적 역사로, 즉 그분의 능력에 의해서만 발생한다. 성령은 그리스도의 의를 믿음을 통해 우리에게 전가하실 뿐만 아니라, 우리의 지속적인 변화를 위해 내주하신다. 부써에 따르면 하나님의 의를 이루시는 분은 성령 하나님이시다. 루지오요의 주장처럼, "성령은 하나님 자신의 의(iustitia)를 믿음으로 우리에게 보여주심으로써 우리에게 의(iustitia)를 추구하도록 강요하신다."[21] 하나님 앞에서 죄인을 의인이라 선포하시는 분도, 그를 하나님의 자녀다운 성도의 길로 계속해서 인도하시는 분도 성령이시다.

그러므로 부써에게 이중칭의란 법정적 혹은 선언적 칭의와 효과적 칭의로 구분될 수 있기 때문에 사실상 성령의 이중칭의를 의미한다.[22] 왜냐하면 믿음으로 죄인이 의롭게 되는 첫 번째 칭의와 그 죄인이 믿음의 길을 계속 걸어가는 두 번째 칭의는 모두 성령 사역의 결과이기 때문이다. 성령은 믿음으로 죄인이 의인이 되었다는 확실한 신분 변화를 하나님의 법정에서 공적으로 선언하시는

---

20 Bucer, *Metaphrasis et enarratio*(1562), 51: "..., quod fide illam dei iustitiam et bonitatem amplectimur, irradiat ea in nos, seque impertit ita nobis, ut nos quoque aliquo iustitiae studio impellamur."

21 Lugioyo, *Martin Bucer's Doctrine of Justification*, 49.

22 참고. Lugioyo, *Martin Bucer's Doctrine of Justification*, 50-53.

선포자이시며, 동시에 한 번의 선언으로 끝나지 않고 그를 진정한 믿음의 길로 계속 인도하시기 위해 신자 속에 거하시는 내주자이시다. 이러한 성령의 능력만이 죄인을 의인으로 만든다.

부써에게 이신칭의 즉 믿음으로 의롭게 되는 것은 "사랑으로써 역사하는 믿음"(fides caritate operata) 즉 사랑의 행위를 배제하지 않는다. 바울 사도가 갈라디아교인들에게 권면한 가르침에는 다음과 같은 내용도 있다, "그리스도 예수 안에는... 사랑으로써 역사하는 믿음뿐이니라."(갈 5:6) 로마가톨릭 신학자들은 이 성경구절로 믿음의 불완전성(imperfectio fidei)을 주장한다. 그들에 따르면 믿음은 그 자체로 불완전하며 사랑에 의해서만 완전해질 수 있다. 그들은 믿음을 완성하는 것이 사랑이기 때문에 인간의 공로와 선행인 사랑이 수반되지 않는 믿음만으로는 죄인이 의롭게 되는 것도, 구원에 이르는 것도 불가능하다는 결론을 도출하는데, 이것이 곧 중세 스콜라주의(Scholasticism)의 공로신학이다.

믿음은 결코 사랑을 배제하지 않는다. 부써는 하나님을 사랑하는 자들인 신자와 하나님을 사랑하지 않는 자들인 불신자로 구분하는데, 전자를 선함과 영생의 하나님께 속한 자들로, 후자를 악함과 멸망의 사탄에 속한 자들로 본다. "하나님을 사랑하는 자들에게는 모든 것이 합력하여 선을 이루는 것이 확실하듯이 하나님을 사랑하지 않는 자들에게는 의심의 여지없이 모든 것이 합력하여 멸망을 이루기 때문이다."[23] 하나님을 사랑하는 자는 이웃도 사랑한다. "부써에게는 하나님에 대한 신뢰와 이웃에 대한 사랑"(fiducia in DEVM atque dilectione erga proximos)이라는 것이 한 쌍을 이룬다.[24] 비록 부써가 중세

---

23 황대우, "하나님의 형상: 부써의 인간론", in 이신열 편, 『종교개혁과 인간』 (부산: 고신대학교 출판부, 2021), 68. 부써는 자신의 첫 출간물인 "나 아닌 남을 위하여"에서 이렇게 주장한다.
24 황대우, "믿음, 소망, 사랑의 성령: 부써의 성령론", in 이신열 편, 『종교개혁과 성령』 (부산: 고신대학교출판부, 2020), 75.

스콜라주의 신학에 영향을 받은 사실을 부인할 수는 없지만, 그렇다고 그의 신학이 중세의 공로신학과 유사하다고 보긴 어렵다. 왜냐하면 스트라스부르 종교개혁자는 다음과 같이 주장하기 때문이다. "하나님은 우리에게, 우리 자신의 공로와 무관하게 [오직] 우리 주 예수 그리스도 때문에 죄를 용서하시고 영생을 주신다."[25]

부써에게 구원은 전적으로 하나님의 선물이다. 그 구원은 로마서 8장 30절, "또 미리 정하신 그들을 또한 부르시고 부르신 그들을 또한 의롭다 하시고 의롭다 하신 그들을 또한 영화롭게 하셨느니라."는 말씀에서처럼 예정(praedestinatio)에서 시작하여 소명(vocatio)과 칭의(iustificatio)를 거쳐 결국 영화(glorificatio)에 도달하는 과정 전체를 의미하는데, 이것을 구원의 서정(ordo salutis)이라 부른다. 부써에게 구원의 서정도 이 네 과정에서 벗어나지 않는다. 로마서 8장 30절에서 주목해야 할 것은 예정과 소명과 칭의와 영화의 주체는 하나님이시고 그 대상은 인간이라는 사실인데, 부써도 구원의 주체로서 하나님과 구원의 대상으로서 인간을 구분하는 것에 대해 분명하게 인식하고 있다.[26]

신자가 지상에서 경험할 수 있는 구원의 과정은 소명과 칭의 둘뿐이다. 여기서 칭의는 사실상 성화를 내포한 개념이다. 바로 이것 때문에 칼빈처럼 부써도 칭의와 성화를 불가분리의 관계로 본다. 칭의의 주체, 불의한 죄인을 믿음으로 의롭게 하시는 분이 성령이신 것처럼 성화의 주체 역시 성령이시다. 성령의

---

25 Bucer, *Metaphrasis et enarratio*(1562), 18(praefata): "..., Deum nobis propter D[ominum] nostrum Iesum Christum, & nullius nostri meriti respectu, peccata condonare, & vitam aeternam largiri, ..." 영어 번역은 다음 참조. Lugioyo, *Martin Bucer's Doctrine of Justification*, 77.

26 구원의 서정에 대한 부써의 견해에 대해서는 다음 참조. Stephens, *The Holy Spirit in the Theolgy of Martin Bucer*, 21-22; 황대우, "믿음, 소망, 사랑의 성령: 부써의 성령론", 72-73; Lugioyo, *Martin Bucer's Doctrine of Justification*, 78.

사역은 칭의 개념보다는 성화 개념과 더 잘 어울린다. '거룩'이라는 공통점 때문이다. 즉 거룩하신 성령께서 죄인을 거룩한 자로 만드신다. 성령께서 죄인을 그리스도의 피로 씻어 거룩하게 만드시지 않고는 죄인이 의인이 되는 다른 길은 없다. 하나님이 구약 이스라엘 백성에게 끊임없이 요구하신 내용은 '여호와의 거룩하심'(레 11:44; 20:7)을 본받으라는 것이다. 즉 "내가 거룩하니 너희도 거룩하라!"(벧전 1:16)는 명령이다. 이 명령은 성화 개념과 직결된다. 이 성화가 부써에게는 구원의 목적이다.[27]

믿음으로 의롭게 된 신자에게 분여되는 것은 거룩하게 하시는 성령이시다. 성령은 죄인들의 죄를 용서해주실 뿐만 아니라, 그들을 하나님의 거룩한 백성으로 만들어 가시는데, 이것을 '성화'(sactificatio)라 부른다. 성화의 주체는 성령 하나님이시다. 칭의 즉 의화 없이 성화 없고 성화 없이 칭의도 없다. 성령은 불의한 자를 단지 의로운 자 즉 의인으로만 만드시지 않고, 또한 거룩한 자 즉 성도로도 만드신다. 이런 점에서 부써는 의로운 자가 되는 일이 단번에 이루어지지 않는다고 보기 때문에 이중칭의 개념을 도입한다. 반면에 칼빈은 거룩한 자가 되는 일이 단번에 이루어지지 않는다고 보기 때문에 단회적 칭의와 지속적 성화를 구분한다. 부써에게 이중칭의의 주체가 성령이신 것처럼 칼빈에게서도 칭의의 주체와 성화의 주체는 성령 한 분이시다. 신자의 선행과 공로를 칼빈이 어디에서도 칭의와 성화의 원인으로 간주하지 않듯이 부써 역시 이중칭의의 어떤 원인으로도 간주한 적이 없다.

스테이픈스의 주장처럼, 성령의 열매인 "사랑은 부써의 성화 이해를 특징짓는 표식이다. 사랑은 믿음에 의해 생성되는 것으로 '살아 있는 믿음'(fides viva)의 표현이다. 그것은 인간을 향한 하나님의 의도 전체를 표현한 것인데,

---

27 부써의 성화 개념에 대한 상세한 연구는 다음 참조. Stephens, *The Holy Spirit in the Theolgy of Martin Bucer*, 73-90.

사랑이 율법의 완성이기 때문이다. 그것은 인간의 일이 아니고 궁극적으로는 우리를 향하신 하나님의 사랑을 획득하는 길을 가리킨다. 반대로 그것은 내주하시는 성령의 열매이며 우리를 향하신 하나님의 사랑에서 발생하는 것으로 결코 우리가 획득할 수 있는 것이 아니다. 그리스도인의 삶을 특징짓는 사랑은 그를 자신의 밖으로 끌어내어 그의 이웃을 향해 돌아서도록 하는 사랑이다. 선행이란 우리가 스스로 생각해 내는 것들이 아니라, 하나님께서 우리를 위해 준비하신 것들이어야 한다."28

　이중칭의 즉 믿음의 칭의와 사랑의 칭의의 관계에서 믿음과 사랑은 태양의 빛과 열처럼 상호 불가분리의 관계이지만, 반드시 구분되어야 한다. 그래서 부써는 그것을 이중칭의로 구분한다. 사랑은 믿음의 근거나 원인도 아니며, 보완이나 완성도 아니다. 사랑은 언제나 믿음을 뒤따르는 결과물이다.29 믿음 후의 사랑 혹은 믿음에 의한 사랑만이 바른 관계다. 믿음은 사랑의 원인이자 출발점이며 사랑은 그 믿음의 가장 충실한 결과물이다. 사랑 후의 믿음이나 사랑에 의한 믿음은 모두 중세 스콜라신학의 공로주의에 불과하다. 부써의 이중칭의 개념은 결코 이와 같은 중세 공로주의와 무관하고 오히려 루터의 칭의론에 부합한다. 그것은 내용적으로 칭의와 성화를 구분한 칼빈의 신학과 다르지 않다. 부써의 이중칭의도, 칼빈의 칭의와 성화도 모두 성령의 열매로 간주된다는 점에서 두 종교개혁자의 칭의론은 일치한다. 부써가 두 번째 칭의라 부르는 내용을 칼빈은 성화로 규정한다는 것만 다를 뿐!

　부써의 삼중칭의에서 세 번째 칭의는 그의 이중칭의에서 두 번째 칭의에 속한 것으로 신자의 선행이 주요 내용이다. 특이하게도 부써는 그와 같은 신자

---

28 Stephens, *The Holy Spirit in the Theolgy of Martin Bucer*, 91.
29 믿음과 사랑의 관계에 대한 부써의 견해는 다음 참조. Lugioyo, *Martin Bucer's Doctrine of Justification*, 87-90.

의 선행을 미래 상급의 근거로 간주한다. 즉 신자는 자신의 선행에 따라 천국에서 상급을 받게 된다는 것이다. 부써의 이런 사상은 성경의 가르침에 근거한 전통적인 상급 개념과 다르지 않다. 신자가 지상에서 사는 동안 그 상급을 소망하는 것은 지극히 당연한 삶의 자세다. 믿음은 그와 같은 소망의 근거이며, 사랑은 그와 같은 소망의 내용이다. 부써 신학에서 믿음 없이는 소망도 사랑도 없다. 하지만 동시에 소망의 부족과 사랑의 부족은 믿음의 부족을 의미한다. 따라서 믿음 없는 소망, 믿음 없는 사랑, 소망 없는 믿음, 소망 없는 사랑, 사랑 없는 믿음, 사랑 없는 소망은 모두 그리스도인에게 성립 불가능하다.

부써가 믿음과 소망과 사랑의 상호 관계를 어떻게 규정하는지는 다음과 같은 인용에서 잘 파악할 수 있는데, 여기서 그는 그 셋이 서로 불가분의 관계이지만 믿음과 소망보다 사랑이 더 크고 또한 믿음으로 하나님의 자녀가 된 신자가 다른 사람에게 선을 베푸는 것, 즉 이웃 사랑으로 완성 된다는 사실을 분명하게 주장한다. 물론 그 사랑은 오직 믿음으로만 획득되는 것이지 본성적인 것도 내재적인 것도 아니다.

> 그러므로 믿음과 소망과 사랑, 이 세 가지는 이렇다. 즉 이 셋에 의해 성도의 현재 삶이 지속되고 끝나게 된다. 성도들이 믿음으로는 하나님을 만물을 감찰하실 아버지로 알고, 소망으로는 영혼뿐만 아니라 육신도 그리스도의 형상을 따라 재창조될 때까지 침착하게 기다린다. 마침내 사랑으로는 이웃에게 쏟아 붙는다. 그들은 신성의 일부로서의 그 사랑을 믿음으로 획득하고, 또한 그 사랑이 완성되기를 소망으로 기대한다. 그래서 바울은 이것이 믿음과 소망보다 더 크다고 선언하는데, [사랑이 믿음과 소망보다] 더 넓게 펼쳐지는 것이기 때문이다. 또한 사랑이 몰두하는 것 즉 다른 사람들에게 선을 베푸는 것이 믿음과 소망에 적합한 것 즉 선행을 받는 것보다 더 복된 것이기 때문이다. 분명한 것은 이 덕들

가운데 아무 것도 다른 것 없이는 가능하지 않지만 그럼에도 불구하고 하나님의 사람의 완성은 사랑에 있다. 바로 사랑 그것에 의해 그는 다른 사람들에게 하나님의 자녀로 드러나고, 모든 사람에게는 선행이 [나타나는 것은] 의심의 여지가 없다. 하나님의 사람은 믿음으로 하나님의 자녀가 되기 시작하여 소망으로 인내한다."30

IV. 결론

흔히 중재신학(Vermittlungstheologie)으로 알려진 마틴 부써의 신학이 종교개혁 신학의 핵심인 칭의론에서도 로마가톨릭과 종교개혁 사이의 중간 입장이었을 것이라는 상상은 심각한 오해다. 스트라스부르의 종교개혁자는 루터의 이신칭의 개념을 확고하게 지지한다. 즉 사랑의 선행과 같은 인간 편의 어떤 공로도 구원 받는 믿음의 동역으로 간주하지 않고, 오직 그 믿음의 결과물일 뿐이라는 입장이다. 구원과 칭의는 '오직 믿음으로만'(sola fide) 이루어진다.

하지만 믿음과 칭의를 이해하고 설명하는 방법에서 루터와 부써는 차이가

---

30 BEph (1527), 21recto: "Tria ergo haec fides, spes, charitas sunt, quibus praesens sanctorum uita constat, & peragitur. Fide Deum patrem sibi in omnibus prospecturum agnoscunt, spe expectant aequanimiter, dum animo & corpore, ad imaginem Christi reformentur. Dilectione demum, quam fide duinitatis portionem perceperunt, & spe consummandam praestolantur, ad proximos transfundunt. Quare fide & spe hanc maiorem Paulus pronunciat, quandoquidem latius patet, et benefacere alijs, quod studet dilectio, benatius est, quam beneficia recipere, quod fit fide & spe. Nulla quidem harum uirtutum sine alijs esse potest, consummatio tamen hominis Dei, dilectionis est, qua ille iam alijs se Dei filium, quod per fidem esse coepit, & spe perseuerat, re ipsa exhibet, nimirum beneficum in omnibus." 황대우, "믿음, 소망, 사랑의 성령: 부써의 성령론", 71에서 재인용.

있다. 이것은 강조점의 차이이기도 하다. 비텐베르크의 마틴은 죄인이 의롭게 되는 일에 있어서 어떤 인간적인 선행이나 공로가 개입하지 않는다는 사실을 강조하기 위해 선행을 완전히 배제하고 순수 믿음으로만의 구원을 강조한다. 반면에 스트라스부르의 마틴은 믿음으로만 의롭게 되고 구원 받는다는 이신칭의 교리가 인간의 선행을 완전히 배제하지 않는다는 사실을 강조한다.

부써에게 이신칭의 교리는 인간의 선행을 내포한다. 여기서 부써가 인정한 선행은 구원받는 믿음과 혼합되어 있어서 믿음과 사랑의 협동으로 구원 받는다는 중세 가톨릭교회의 공로신학과 유사한 의미로 간주될 수 없다. 가장 큰 차이는 '인간의 선행이 칭의와 구원을 위한 일종의 원인으로 작용하는가?'라는 질문에 대해 중세 가톨릭 신학이 '예'라고 대답하는 반면에 부써는 그것을 전적으로 부정하는 의미에서 '아니오'라고 분명하게 대답한다는 사실이다.

부써가 인정하는 선행은 오직 믿음으로 얻은 칭의와 구원의 결과일 뿐이다. 그 선행은 결코 칭의와 구원의 원인으로 작용하지 않는다. 하지만 믿음으로 의롭게 된 자는 반드시 선행이라는 열매를 맺게 된다. 앞서가는 믿음과 뒤따르는 선행이라는 위치는 결코 바뀔 수 없다. 오직 믿음으로만 의롭게 되고 구원을 받는다. 신자는 오직 믿음으로만 산다. 누구든 선행으로 의롭게 되는 일은 불가능하지만 자신의 믿음을 참된 것으로 증명하는 선행은 신자에게 필수적이다. 부써에게 신자의 대표적인 선행은 사랑이다.

루터의 칭의론뿐만 아니라, 부써의 칭의론도 초대교회 교부인 히포(Hippo)의 감독 아우구스티누스의 '오직 은혜'(sola gratia)라는 원리, 즉 오직 하나님의 은혜로만 구원 받는다는 가르침에서 벗어나지 않는다. 또한 부써는 구원받는 믿음에 인간 쪽의 어떤 것도 섞이지 않도록 원천봉쇄한다는 점에서 루터의 칭의론과 다르지 않다. 루터의 칭의론에 대한 오해, 즉 구원에서 인간의 선행을 완전히 배제한다는 오해는 실제로 신앙만능주의와 율법폐기론으로 귀결된다. 루터의 칭의론에서 신앙만능주의나 율법폐기론를 발견하려는 시도가 부당한 것처럼, 부써의 이중칭의 개념을 중세신학의 공로주의나 종교개혁 후기의 아르미니우스주의와 연결하려는 시도 역시 옳지 않다.

신학적으로 부써의 이중칭의와 가장 유사한 내용은 칼빈이 구분한 칭의와 성화의 개념이다. 장황한 내용과 모호한 서술 방식이 부써 신학의 전반적인 특징인데, 칼빈 신학에는 논지와 의미가 아주 명료하다는 점이 부써와 다르다. 부써의 이중칭의에서 두 번째 칭의와 칼빈의 성화는 모두 성령 사역의 결과물이라는 공통점이 있다. 부써와 칼빈 둘 다 인간의 선행을 강조하지만 그것은 인간적인 노력의 산물이라기보다, 신자 속에 내주하시는 성령이 베푸시는 은혜의 결과물이다. 두 종교개혁자 모두 율법의 완성으로서 사랑의 중요성을 간과하지 않고 강조한다. 하지만 그 중요성에 대한 강조와 비중이 칼빈 신학보다 부써 신학에서 더 세고 높게 나타나는 것은 사실이다.

〈참고문헌〉

Bornkamm, Heinrich & Stupperich, Robert. *Martin Bucers Bedeutung für die europäische Reformationsgeschichte & Bibliographia Bucerana.* Gutersloh: C. Bertelsmann, 1952.

Bucer, Martin. *Metaphrasis et enarrationes perpetvae D[octoris]. Pauli Apostoli... Tomvs primvs. Continens metaphrasim et enarrationem in Epistolam ad Romanos...* Strasbourg: Wendelinus Rihelius, 1536.

Ellwein, Eduard. *Vom neuen Leben. De novitate vitae: Eine systematische und theologiegeschichtliche Untersuchung zur Lehre vom neuen Leben. Durchgeführt an einem Ausschnitt aus der Römerbrief=Exegese der Reformationszeit.* München: Chr. Kaiser Verlag, 1932.

Koehler, Walther. *Dogmengeschichte als Geschichte des christlichen Selbstbewusstseins. Das Zweitalter der Reformation.* Zürich: Max Niehans Verlag, 1951.

Kriger, Christian & Lienhard, Marc. Eds. *Marin Bucer and Sixteenth Century Europe* I. Leiden: E. J. Brill, 1993.

Lugioyo, Brian. *Martin Bucer's Doctrine of Justification: Reformation Theology and Early Mordern Irenicism.* Oxford/New York: Oxford University Press, 2010.

Parker, T. H. L. Ed. *Iohannis Calvini commentarius in epistolam*

Pauli ad Romanos. Leiden: E. J. Brill, 1981.

Ritschl, Otto. *Dogmengeschichte des Protestantismus* III. Göttingen: Vandenhoek & Ruprecht, 1926.

Roussel, Bernard. "Bucer exégète," in Christian Kriger & Marc Lienhard eds., *Marin Bucer and Sixteenth Century Europe* I, 39-54.

Schneckenburger, Maximilian. *Vergleichende Darstellung des lutherischen und reformirten Lehrbegriffs* II. Stuttgart: Verlag der J. B. Metzler'schen Buchhandlung, 1855.

Stephens, William Peter. *The Holy Spirit in the Theolgy of Martin Bucer.* Cambridge: Cambridge University Press, 1970.

이신열 편. 『종교개혁과 성령』. 부산: 고신대학교출판부, 2020.
_____. 『종교개혁과 인간』. 부산: 고신대학교출판부, 2021.
최윤배. 『잊혀진 종교개혁자 마르틴 부처』. 서울: 대한기독교서회, 2012.
칼빈, 존. 『칼빈주석 로마서』. 박문재 역. 고양: 크리스챤다이제스트, 2013.
황대우. "믿음, 소망, 사랑의 성령: 부써의 성령론", in 이신열 편, 『종교개혁과 성령』, 67-92.
_____. "하나님의 형상: 부써의 인간론", in 이신열 편, 『종교개혁과 인간』, 53-78.

멜랑흐톤의 칭의론
신학총론(1521, 1553)과 논쟁을 중심으로

류성민

Philip Melanchthon(1497-1560)

서울대 산림자원학과를 졸업하고, 합동신학대학원대학교에서 M.Div 학위를 취득하였고, 독일 Kirchliche Hochschule Wuppertal/Bethel에서 고전어와 Magistergang을 수학하고, 네덜란드 Apeldoorn 신학대학에서 Th.M.과 Th.D. 학위를 취득하였다. 논문의 주제는 멜랑흐톤의 시편, 학개, 스가랴 주석연구였다. *Melanchthon Werke*(Bretten)의 편집위원이다.

아세아연합신학대학 신학연구소의 학술연구교수로서, 자유의지 논쟁을 통한 초기 개신교 윤리관의 발전을 연구하였고, 현재 예장 합신의 목사로 성가교회(합신)에 출석 중이며, 합동신학대학원대학교의 강사로 조직신학과 역사신학의 과목을 가르치고 있다.

류성민

I. 서론

멜랑흐톤에게 칭의론이란 종교개혁 신학의 가장 중요한 핵심이었다. 멜랑흐톤은 1529년 로마서 주석의 서론에서 다음과 같이 진술했다. "기독교 전체 교리는 우리가 어떻게 하나님 앞에서 의롭게 되는가 혹은 무엇이 그리스도인의 의인가의 주제를 둘러싸고 있다. 이 정의는 기독교 전체 교리의 핵심과 요약이다."[1] 또한 아우크스부르크 신앙고백(*Confessio Augustana*, CA 1530) 4조에서 이신칭의 교리에 대한 성경과 보편 교회의 교리를 다음과 같이 진술한다.

CA IV. 우리는 우리의 공로나 보속행위를 통해 죄 용서를 얻을 수 없다. 또한 우리의 공로 때문에 하나님 앞에서 의롭다고 평가 받을 수 없다. 오히려 우리는 그리스도로 인해 믿음을 통한 은혜로 죄 용서를 얻고, 하나님 앞에서 의롭게 된다. 그래서 양심은 그리스도의 약속에서 위로를 느끼고, 우리가 분명히 죄 용서를 받고, 하나님께서 우리에게 은혜 주시기를 원하시며, 우리를 의롭다고 여기시며, 영생을 그리스도로 인해 주신다는 것을 믿는다. 그리스도는 자신의 죽으심을 통해 하나님과 화해하시고, 죄를 위해 충분한 보속을 행하셨다.[2]

---

1 Philipp Melanchthon, ed. by Carl Gottlieb Brettschneider and Heinrich Ernst Bindseil, *Corpus Reformatorum: Philippi Melanchthonis opera quae supersunt omnia* (Halle, Braunschweig: 1834-1860) (= *CR*) 15, 445. (1529년 로마서 주석 서문) "Tota doctrina Christiana versatur circa hunc locum, quomodo coram Deo iustificemur, seu quid sit iusticia Christiana. Haec definitio caput et summa est universae doctrinae Christianae, quare hanc definitionem patefaciendam et illustrandam suscepit."

2 Irene Dingel ed., *Die Bekenntnisschriften der Evangelisch-Lutherischen Kirche* (Göttingen: V-R 2014) (= *BSELK*), 98, 9-27/99,5-20 "das wir durch unsere werck odder gnug thuung nicht können vergebung der sunden verdienen, Werden auch nicht von wegen unser werck gerecht geschetzt vor Gott, sonder wir erlangen vergebung der sunden und werden gerecht geschetzt vor Gott umb Christus willen aus gnaden durch den glauben, so das gewissen trost empfehet an der verheissung Christi und gleubet, das uns gewislich vergebung der sund geben wird und das

멜랑흐톤은 칭의 교리를 가장 높고 고귀한 주제라고 여겼다. 콜브(Robert Kolb)는 멜랑흐톤이 칭의에서 두가지를 질문한다고 정리한다. 첫째, 나는 어떻게 하나님 앞에 서는가? 둘째, 나는 어떻게 하나님의 호의를 얻는가?3 칭의에 대한 이 두 질문들의 논의는 멜랑흐톤의 칭의 교리를 분명하게 하고, 또한 그를 비판하는 사람들과의 차이를 만들었다.

본고는 멜랑흐톤의 칭의 교리에 대한 비판의 한 예를 소개하는 것으로 시작하려 한다. 이를 통해 당시 칭의 교리에서 논쟁점이 되었던 부분을 확인한다. 그리고 이어 멜랑흐톤의 가장 잘 알려지고 소개된 저작인 신학총론들(1521년 초판, 1553년 독일어판)에 나타난 칭의 교리를 정리하여, 멜랑흐톤의 칭의 교리를 논쟁이 아닌 멜랑흐톤 자신의 서술로서 살펴본다. 그리고 그의 칭의 교리를 비판한 논쟁점에 따라 다시 멜랑흐톤의 칭의론을 정리하는 방식으로 진행한다. 이를 통해 멜랑흐톤의 칭의 교리를 정리하고, 그것이 어떤 역사적 신학적 상황에서 다루어졌는지를 평가한다.

II. 역사적 예로 본 멜랑흐톤의 칭의 교리에 대한 비판 - 코르다 투스

종교개혁 진영 내부에서 생겨난 멜랑흐톤의 칭의 교리에 대한 비판은 멜랑흐

---

uns Gott wölle gnedig sein, uns gerecht schetzen und ewiges leben geben umb Christus willen, der durch seinen tod Gott versünet hat und fur die sund gnug gethan."

3 Robert Kolb, *Rechtfertigungslehre*, 349, in Günter Frank ed., *Philipp Melanchthon. Der Reformator zwischen Glauben und Wissen. Ein Handbuch* (Berlin: De Gruyter 2017).

톤이 처한 현실과 신학적 상황을 반영한다. 그중에서 다음에 소개될 사건은 1536-1537년에 있었던 칭의 교리에 대한 논쟁으로, 루터(Martin Luther, 1483-1546) 생전에 발생했고, 칭의 교리에 대한 논쟁점들을 잘 보여준다.[4]

1536년 7월 멜랑흐톤의 제자 크루키거(Caspar Cruciger, 1504-1548)는 디모데전서 강의를 통해 칭의 교리의 이해에 대해 이렇게 설명했다. "그리스도는 원인이시고, 그로 인해 우리는 의롭게 된다.(*causa propter quam*)" 하지만 믿음을 받아들이기 위해 사람이 해야 하는 것도 있기 때문에 참회(Reue)와 진지한 사람의 노력은 칭의의 꼭 필요한 원인(*causa sine qua non*)이라고 덧붙였다. 니멕크(Niemegk)의 목사 콘라드 코르다투스(Konrad Cordatus, 1480/83-1546)는 이 강의를 듣고 크루키거가 칭의에서 사람의 협력에 대한 강조했고, 이것은 심각한 오류라며 그에게 서신을 보내 비판했다. 이에 대해 크루키거는 자신의 주장이 멜랑흐톤에게 기원한 것이라고 변호했다.

9월 19일 코르다투스는 결국 크루키거와 멜랑흐톤에 대한 자신의 비판을 루터에게 알렸다. 그러자 루터는 비슷한 비판을 다른 사람들(예를 들면, 막데부르크의 암스도르프(Amsdorf aus Magdeburg), 홀츠도르프(Holzdorf)의 목사 미카엘 슈티펠(Michael Stifel)에게서도 들었다고 대답했다. 다만 루터는 그런 견해가 있다는 입장이었고, 코르다투스는 자신이 루터에게 긍정적 대답을 들었다고 여겼다. 이 대화 이후 논쟁은 몇 주 동안 잠잠했다. 그러나 코르다투스는 아무런 조치가 없다는 것을 깨닫고, 10월 말 다시 비텐베르크를 방문하여, 부겐하겐(Johannes Bugenhagen, 1485-1558)과 루터와 만나 이 문제를 이야기했다. 그리고 이 대화를 통해 그들이 멜랑흐톤과 크루키거의 견해가

---

4 논쟁의 진행에 대해 간략한 이야기는 다음을 참고. Beate Kobler, *Die Entstehung des negativen Melanchthonbildes. Protestantische Melanchthonkritik bis 1560* (Tübingen: Mohr Siebeck 2014), 294-299; Heinz Scheible, *Melanchthon. Vermitteler der Reformation. Eine Biographie* (München: C.H.Beck ²2016), 197-201.

에라스무스와 일치하고, 루터의 교리와 반대된다고 생각한다고 여기게 되었다. 물론 그것은 코르다투스의 판단이었다. 루터를 비롯한 비텐베르크 학자들은 이 논쟁점을 심각하게 다루기를 원치 않았기에 코르다투스의 반응에 소극적으로 대처했다.

코르다투스는 멜랑흐톤에 대한 직접 비판을 꺼려했다. 그러나 나중에 1535년 Loci의 선행에 대한 부분이 에라스무스의 영향을 부적절하게 받았다고 주장했다. 그리고 그는 크루키거를 고발했다. 한편 멜랑흐톤은 코르다투스의 공격을 경험했고, 또한 암스도르프의 비판도 받았지만, 이에 대해 반응하지 않았다.

결국 코르다투스는 11월까지 잠잠하다가, 12월 멜랑흐톤에게 비판을 가했고, 루터에게 *causa sine qua non*에 대한 새로운 비판을 전달하고, 오직 믿음(*sola fide*)에 대한 우려를 강조했다. 그리고 멜랑흐톤에게 편지를 보내어 칭의와 그의 잘못된 태도를 비판했다. 멜랑흐톤의 입장은 비텐베르크의 교리의 일치를 깨는 것이라고 주장했다. 그리고 12월 중순 당시 학장이던 요나스 (Justus Jonas, 1493-1555)에게도 같은 취지의 편지를 보내어 비텐베르크 대학의 결정을 요구했다.

새로운 해가 되어 몇 달 동안 코르다투스는 잠잠했다. 1537년 4월 중순 그는 요나스에게 다시 편지를 보내어 크루키거가 칭의에 반대하고 있으니, 그의 견해를 교정하거나 철회해야 한다고 주장했다. 그러나 요나스는 그 요구를 거절했고, 코르다투스에게 루터와 다른 사람들과 개인적으로 의논할 것을 권했다.

코르다투스는 동시에 멜랑흐톤에게 편지를 보냈고, 멜랑흐톤은 즉각 상세한 답변을 보냈다. 자신이 이 논의에 책임이 있다는 것을 인정했다. 그러나 또한 코르다투스가 이 문제를 다루는 방식에 실망했다고 전했다. 자신은 비텐베르크 신학자들과 더하여 개신교 제후들과 이 문제를 논의할 준비가 되어 있다고 밝혔다.

며칠 후 코르다투스는 결국 폭발했고, 요나스에게 다시 입장을 요구했다. 멜랑흐톤에게 답을 보내고, 부겐하겐에게도 비텐베르크 신학자 회의에서 논의할 것을 주장했다. 그리고 정치가 브뤽(Brück)에게도 보내어 작센 궁에 멜랑흐톤에 대한 비판을 보냈다.

결국 5월 말 혹은 6월 초 루터는 이 다툼에 개입했다. 루터는 중재를 위해 노력했다. 코르다투스에게 중상을 멈출 것을 말했고, 이를 박사학위방어의 논제로 정하여 자신의 입장을 분명하게 밝혔다. 코르다투스는 이 방어식에 참석하여 크루키거에 대한 비판을 분명하게 했다. 그리고 코르다투스의 비판은 잠잠해졌다. 물론 그를 만족시킨 것은 아니었다.

1536년과 1537년의 멜랑흐톤의 칭의론에 대한 코르다투스의 비판은 멜랑흐톤이 루터에게 벗어나는 칭의 교리를 가지는가의 문제였다. 이는 Loci 1535와 연결되었다. 코르다투스의 비판은 루터 자신도 그렇게 말했고, 다른 비판자들도 멜랑흐톤의 칭의 교리가 문제가 있다는 것을 인정했다는 것이다. 그러나 이것은 코르다투스의 개인적 판단이었다. 여기에서 주목할 것은 코르다투스의 다양한 비판과 끈기에도 불구하고 멜랑흐톤의 칭의 교리에 대한 어떤 공식적인 행동도 없었다는 점이다. 루터는 다만 이 다툼을 외적으로, 일시적으로 중재할 뿐이었다. 루터는 멜랑흐톤과 칭의 교리에서 차이가 없었고, 단지 그런 오해를 살 수 있는 애매함이 존재함을 인정했을 뿐이다. 그리고 이는 교리적 문제가 아니기 때문에, 상호간의 대화와 이해를 통해 해결되어야 한다고 보았다.[5]

---

5 Scheible는 루터와 멜랑흐톤의 상호 관계에서 보이는 역동성을 잘 설명한다. 두 개혁자는 다양성 가운데 항상 함께 있었다. 둘은 서로를 너무 잘 알고 있었고, 서로를 반대하지 않았다.

멜랑흐톤의 칭의 교리에 대한 개신교 내부의 비판은 코르다투스의 비판을 크게 벗어나지 않는다. 율법과 복음의 문제, 특히 회개에서 사람의 역할에 대한 논란이 있다. 이 문제는 선행의 의미에 대한 논란으로 이어진다. 선행이 구원에 끼치는 영향으로 논란이 이어지면서, 결국 '오직 믿음'에 대한 의심으로 나아가고, 루터의 칭의 교리에서 벗어난 것이 아니냐를 분쟁으로 이어진다. 이상의 논쟁점은 멜랑흐톤이 율법을 강조했다는 점에서 발생한 것이다. 다른 한편으로 멜랑흐톤의 복음에 대한 교훈이 충분하지 않다는 비판도 있었는데, 이는 오시안더(Andreas Osiander, 1498-1552)에 의해 제기된 것이다. 그러나 이 경우는 비록 개신교 내부에서 나온 것이기는 하나, 그 의미는 로마 가톨릭의 비판과 유사한 것이다.

III. 신학총론(1521, 1553)에서 드러난 멜랑흐톤의 칭의 교리

본고는 멜랑흐톤의 칭의 교리의 논쟁점을 살피기에 앞서, 우리에게 가장 잘 알려진 신학총론들에 드러난 그의 칭의 교리를 멜랑흐톤의 입장에서 긍정적으로 소개하려고 한다. 멜랑흐톤의 교훈은 멜랑흐톤 자신의 이야기로 듣는 것이 가장 확실하고 우선이기 때문이다. 먼저는 초판인 신학총론 1521년판이고, 이어서 신학총론 독일어판 1553년판의 칭의 교리를 소개한다.

1. 신학총론 1521년판의 칭의 교리

멜랑흐톤은 칭의에 대한 논의를 율법과 복음의 구분에서 시작한다.

개성이 다른 두 사람의 관계를 분해하려는 시도는 대부분 자신의 의도와 판단을 전제한 것일 뿐이다. 참고. Scheible, *Melanchthon*, 176-207.

그러므로 율법으로 죽음에 처해졌던 우리가 그리스도 안에서 약속된 은혜의 말씀으로 다시 살게 되었을 때 의롭다 함을 받는다. 복음은 우리의 죄들을 용서하며, 그래서 우리는 그리스도의 의가 우리의 의이고, 그리스도가 수행한 보속이 우리의 속죄이며, 그리스도의 부활이 우리의 부활이라는 것을 조금도 의심하지 않으면서 믿음으로 그리스도를 붙잡는다.[6]

멜랑흐톤은 칭의 논의를 믿음과 관련하여 다루고 있다. 칭의의 정의를 이론적으로 다루는 것에는 별로 관심이 없고, 칭의를 믿음으로 받아 누리는 구원에 자신의 초점을 둔다. 그의 실용적 신학의 한 측면을 볼 수 있다. "'믿음'만이 '의'이다"라는 진술은 그의 실용적 초점을 잘 보여준다.[7]

그는 칭의를 믿음과 관련하여, 특히 율법과 복음의 범주에서 설명한 다음, 믿음에 대한 잘못된 견해를 비판한다. 이 견해들을 주장하는 사람들을 멜랑흐톤은 궤변론자(Sophistes)라고 표현하며, 주로 토마스 아퀴나스의 견해를 비판의 대상으로 삼고 있다. 특히 이들이 믿음을 다양한 의미로 분류하고, 그에 대한 이상한 명칭을 발명했다고 지적한다. 그런데 이 정도는 사소한 것이었다.[8]

그들은 성경의 교훈(시 53:1, 고전 2:14, 겔 29:9 등)에 따르면 진리를 이해

---

6 Philipp Melanchthon, 이은선 역, "신학총론", 『멜란히톤과 부처』 (두란노아카데미: 서울, 2011) (기독교고전총서 17) (= *Loci* 1521), 139; Philipp Melanchthon, ed. Robert Stupperich, *Melanchthons Werke in Auswahl* (Gütersloher Verlagshaus Gerd Mohn: Gütersloh, 1951-) (= *MSA*) II/1, 88. "Iustificamur igitur, cum mortificati per legem resuscitamur verbo gratiae, quae in Christo promissa est, seu evangelio condonante peccata et illi fide adhaeremus, nihil dubitantes, quin Christi iustitia sit nostra iustitia, quin Christi satisfactio sit expiatio nostri, quin Christi resurrectio nostra sit."

7 *Loci* 1521, 139; *MSA* II/1, 88. "sed sola fides de misericordia et gratia dei in Iesu Christo iustitia est."

8 *Loci* 1521, 140; *MSA* II/1, 89.

하도록 도우시는 성령을 소유하지 않은 사람들이고, 그래서 하나님에 대해, 믿음에 대해 알지 못하고, 인식하지 못한다고 멜랑흐톤은 주장한다.[9] 더하여 그들은 하나님의 은혜와 자비를 믿지 않기 때문에 세상의 수단을 추구하는 것이라고 비판한다. 멜랑흐톤은 그들이 주장하는 불완전하고 획득된 믿음(*fides, quam tum informem tum acquisitam*)이란 진정한 믿음이 아니고,[10] 그저 사람의 의견일 뿐이라고 결론을 내린다.[11] 참된 믿음은 하나님의 모든 말씀에 지속적으로 동의하는 것이며, 이는 성령께서 우리의 마음을 새롭게 하고 조명하지 않는다면 일어날 수 없는 일이다.[12]

멜랑흐톤은 믿음과 관련하여 칭의를 설명하는 것을 다시 한번 율법과 복음의 범주를 정리하면서 마무리한다. 하나님의 말씀은 율법과 복음으로 구성되어 있다. 율법은 위협이며, 이를 믿는 것은 두려움이다. 그리고 복음, 즉 하나님의 약속을 믿는 것은 그것을 신뢰하는 것이다. 그러므로 믿음이 없는 두려움은 의롭게 하지 못한다. "오직 믿음만이 의롭게 한다."[13]

멜랑흐톤은 전체 하나님의 말씀을 율법과 복음으로 구분하고, 참된 믿음은 두려움과 신뢰가 함께 있는 것이라고 지적한다. 믿음의 대상은 율법과 복음으로 구성된 하나님의 말씀이고, 그것이 드러나는 양상은 두려움과 신뢰이며, 이 두 가지가 모두 있어야 참된 믿음으로 칭의를 이루는 것이다. 멜랑흐톤에게 이신칭의란 단순한 죄용서의 메시지를 수용하는 것이 아니라, 율법의 작용을 통한 마음의 두려움의 작용과 복음을 통한 하나님을 향한 전적인 신뢰가 동반

---

9 *Loci* 1521, 141; *MSA* II/1, 89f.
10 *Loci* 1521, 142; *MSA* II/1, 91.
11 *Loci* 1521, 143; *MSA* II/1, 92. "sed opinionem appello."
12 *Loci* 1521, 143; *MSA* II/1, 92. "Quid igitur fides? constanter assentiri omni verbo dei, id quod non fit nisi renovante et illuminante corda nostra spiritu dei."
13 *Loci* 1521, 143; *MSA* II/1, 92. "Iustificat igitur sola fides."

되는 성경을 통해서만 알려지는 성령의 사역이다.

멜랑흐톤은 믿음이 스콜라 학자들이 주장하는 것처럼 단순한 지적 동의가 아니라, 그리스도 안에 약속된 하나님의 자비에 대한 적극적인 신뢰(*fiducia*)임을 주장한다.[14] 이 신뢰는 사람의 심령을 움직이게 하는 것이다. "신뢰는 우리의 심령을 고요하게 만들고, 하나님의 자비에 대해 감사하게 만들고, 우리의 심령을 불붙여 율법을 즐겁고 자발적으로 지키게 만든다."[15] 그러므로 멜랑흐톤에게 칭의란 복음의 자발적 순종이라는 결과를 자연스럽게 만들어낸다.[16] 신뢰의 대상은 사람의 행위와 관계가 없는 하나님의 은혜로운 자비이다.[17] 스콜라 신학은 사람에 의한 행위와 보속을 가르치는데, 이는 생명을 주지 못하는 사람의 죽은 견해일 뿐이다. 궤변론자들은 믿음을 하나님의 존재와 심판자로서 인정하는 것이라고 생각하지만, 멜랑흐톤은 성경이 하나님의 말씀에 대한 신뢰가 믿음이라고 가르친다고 주장한다.[18]

믿음이 단순한 지적 동의가 아니라, 하나님에 대한 신뢰라는 사실은 신자의

---

14 *Loci* 1521, 144; *MSA* II/1, 92.

15 *Loci* 1521, 144; *MSA* II/1, 92. "Ea fiducia benevolentiae seu misericordiae dei cor primum pacificat, deinde et accendit velut gratiam acturos deo pro misericordia, ut legem sponte et hilariter faciamus."

16 에라스무스가 이신칭의 교리에 대한 비판으로 선의 추구를 하지 않도록 한다고 여겼다. 그러나 루터는 에라스무스의 주장은 이미 멜랑흐톤의 Loci 1521에서 완전히 반박된다고 지적했다. 다만 1521년 멜랑흐톤의 강조점은 칭의의 결과로서 율법의 강조에 있지 않았다. 훗날의 자유의지의 논쟁의 진행으로 역사적 맥락에 따른 논쟁 상대의 추가와 변경이라고 이야기할 수 있다. 자유의지 논쟁과 관련된 비텐베르크 신학과 에라스무스와 루터의 저작 분석과 멜랑흐톤의 대응에 대하여 참고. 류성민, "초기 비텐베르크 개신교의 인간론과 윤리," 「ACTS신학저널」42 (2019), 83-117; 류성민, "나는 결코 루터를 따르지 않는다. 에라스무스의 "자유의지에 대하여"의 분석(me numquam iurasse in verba Lutheri)," 「ACTS신학저널」46 (2020), 73-114; 류성민, "루터의 노예의지론에 대한 분석과 신학적 윤리적 평가," 「ACTS신학저널」50 (2021), 223-273; 류성민, "멜랑흐톤의 인간론," 『종교개혁과 인간』, (부산: 고신대학교 개혁주의학술원, 2021), 79-104.

17 *Loci* 1521, 145; *MSA* II/1, 93f.

18 *Loci* 1521, 146; *MSA* II/1, 95

삶의 실제적 경험이다. 신자는 삶에서 여러 시험을 경험한다. 시험의 어려운 상황에서도 신자는 하나님의 선하심을 신뢰하는 믿음을 가진다.[19] 신뢰하는 믿음은 공허하지 않다. 왜냐하면 하나님께서 약속을 주시기 때문이다. 이 약속에 하나님의 자비와 선에서 나오는 것으로 물질적 약속과 영적 약속이 모두 포함된다.[20] 그리고 이 약속들은 궁극적으로 구원으로 귀결된다. 그러므로 구원이 약속되었다는 사실을 믿지 않는다면, 그 믿음은 진짜가 아니다. 그리고 "하나님의 모든 말씀을 믿지 않거나, 죄 용서가 약속된 것을 믿을 수 없다면 이는 명확한 불경건이고, 불신앙이다."[21] 멜랑흐톤은 성경의 예를 들어 이스라엘 백성이 가졌던 '완성되지 않은 믿음'과 '획득된 믿음'을 지적하고, 그들이 하나님의 자비에 대한 신뢰가 없었다고 말한다.(신 1:31-33, 대상 5장, 대하 16:98, 왕하 20:1-7) 그들은 위선자들이다.

멜랑흐톤은 믿음을 단지 지적 동의 수준에서 받아들이는 사람들은 모든 일이 우연히 발생한다고 말하고, 창조의 사역을 부인하는 철학자들과 같다고 말한다.[22] 이는 성경의 교훈에 어긋나는 것이며, 하나님의 심판을 경멸하고, 심판을 두려워하지 않는 행위이다.[23] 오히려 하나님의 선하심을 믿는 사람들은 "심령이 강화된 사람들이고, 하나님께서 상주시는 분이심을 믿는다."[24] 멜랑흐톤은 그 예로, 노아와 아브라함과 모세의 부모를 언급한다. 그들의 믿음은 하나님의 약속에 대한 것으로, 이는 "일시적 약속이든, 영원한 약속이든 하나님의 자비와

---

19 *Loci* 1521, 149; *MSA* II/1, 97

20 *Loci* 1521, 149; *MSA* II/1, 97.

21 *Loci* 1521, 150; *MSA* II/1, 99. "Certa impietas et infidelitas est non omni verbo dei credere aut credere non posse, quod et tibi sit promissa remissio peccatorum."

22 *Loci* 1521, 152; *MSA* II/1, 100.

23 *Loci* 1521, 153; *MSA* II/1, 101.

24 *Loci* 1521, 153; *MSA* II/1, 101. "Quorum corda ad eum modum erecta sunt sensu bonitatis dei, quae credunt sibi eventura, quae promisit deus, ea demum vere credunt deum esse remuneratiorem."

은혜의 약속"이다.25 그들의 믿음은 결국 그리스도와 관계되고, 그리스도 안에
서 완성된다.26

멜랑흐톤은 이런 믿음의 영향이 피조물에게도 향한다고 말하고 있다. 하나
님의 자비와 선하심을 믿지 않는다면 우리는 불신앙으로 피조물을 남용하는
것이다.27 그러므로 "그리스도를 소유한 사람은 모든 것을 가지고, 모든 것을
할 수 있다."28 이처럼 하나님은 그리스도를 향한 자신의 호의에 기초하여
우리에게 호의를 베푸신다.29 그러나 스콜라 신학은 그리스도의 은혜를 모호하
게 만들었고, 그리스도를 자비의 근거가 아닌, 법을 세우는 자로, 강요하는
자로 만들어버렸다.30

멜랑흐톤은 하나님의 모든 약속이 하와에게 주셨던 첫 약속과 관계된다고
지적한다. 결국 아담과 하와에게 죄와 죄의 형벌이 사망이 사라질 것에 대한
약속인 것이다.31 그래서 약속의 다른 이름은 복음이다. 복음은 "그리스도를
통한 죄의 용서" 혹은 "은혜의 설교"를 가리킨다.32 그리고 성경에 드러난 여러
일시적 약속들의 의미도 궁극적으로 하나님의 선하신 뜻과 자비에 대한 증언이
다. 그러므로 약속을 신뢰하는 것은 하나님을 좋게 생각하고, 그의 친절과
선하심을 찬양하는 것으로 의로운 것이다. 복음이라는 하나님의 약속을 객관적

---

25 *Loci* 1521, 156; *MSA* II/1, 104. "Hic non vides discrimen promissionum divinarum,
sed simpliciter verbum fidei esse promissionem misericordiae et gratiae dei, sive
de rebus aeternis sive de rebus temporalibus agatur."

26 *Loci* 1521, 156; *MSA* II/1, 104.

27 *Loci* 1521, 157; *MSA* II/1, 105.

28 *Loci* 1521, 157; *MSA* II/1, 106. "Summa: Omnia habet, omnia potest, qui Christum
habet, hic iustitia, pax, vita, salus est."

29 *Loci* 1521, 158; *MSA* II/1, 106. "favorem erga nos pro favore erga Christum"

30 *Loci* 1521, 158; *MSA* II/1, 106.

31 *Loci* 1521, 159; *MSA* II/1, 106.

32 *Loci* 1521, 159; *MSA* II/1, 107. "quod est simpliciter condonatio peccati per
Christum seu praedicatio gratiae."

으로 인정하는 것에 더하여 그 사역이 "우리의 유익과 구원을 위해 행해진 것"임을 믿는 것은 축복받은 믿음이다.[33]

멜랑흐톤에게 믿음이란 단순한 사실에 대한 지식을 넘어서 자신의 구원과 관련된 매우 실제적인 구체적 행위이다. 특히 하나님의 구원 사역에 대한 전적인 신뢰와 의존은 믿음의 전인적 성격을 잘 보여준다.

그래서 복음을 믿음으로 사람은 의를 얻게 된다. 다른 표현으로 칭의를 얻게 된다. 복음이 하나님께서 행하시는 구원 사역에 대한 약속의 실현이기 때문에, 칭의는 "사람의 공로가 아니라, 하나님의 자비"에 속한다. 그러므로 "칭의는 하나님의 자비의 사역이고, 우리의 공로가 아니라 믿음에 귀속"되어야 한다. 그래서 멜랑흐톤은 "믿음을 통해서 우리는 하나님의 자비를 받는다"고 결론을 내린다.[34]

멜랑흐톤은 칭의가 하나님의 자비의 사역으로 믿음을 통해 얻는다는 결론에 반대하는 견해를 소개하고 반박한다. 첫째, 사람에게 자유의지(*arbitrium*)가 있다는 반대이다. 철학자들은 최고선(*summum bonum*)을 정의하지만, 이에 대해 멜랑흐톤은 "저주 받은 나무의 모든 것은 저주 받은 열매들"이라고 간단히 반박한다. 사람에게 있는 모든 선택과 행위는 더러운 육체에서 수행되기 때문에 그 자체로 불결한 것이 된다. 그러므로 칭의에 있어 사람의 공로를 위한 공간은 존재하지 않는다. 믿음은 칭의를 받은 사람의 행위가 죄로 간주되지 않을 수 있는 근거가 된다.[35] 멜랑흐톤은 우리가 선이라고 생각하며 행하는 모든 것이 사실 오염되었고, 그래서 하나님 앞에서 죄라는 점을 지적한다. 그리고 그것이 죄로 간주되지 않을 유일한 가능성은 믿음, 즉 칭의에 있다고

---

33 *Loci* 1521, 159; *MSA* II/1, 107. "Haec tu si credis, tuo bono, tui servandi gratia gesta esse, feliciter credis."
34 *Loci* 1521, 159; *MSA* II/1, 107.
35 *Loci* 1521, 160; *MSA* II/1, 108.

주장한다.36 둘째, 성경에서 언급되는 상급은 무엇인가라는 반대이다. 멜랑흐톤은 상급은 분명히 존재한다고 단언한다. 그러나 그것은 사람의 공로 때문이 아니라는 점은 분명하게 선언한다. "성경은 행위의 외적 측면에 더하여 행위의 총체성"을 언급하기 때문에, 상급이 사람의 공로의 필연성을 가리키지 않는다.37 멜랑흐톤은 오히려 상식에 맞게 성경을 사용할 것은 권하고 있다.38 성경의 여러 진술들(히 11:6; 마 25:35; 마 25:40 등)은 믿음의 행위에 대한 것이며, 이는 올바른 것이다. 사람들의 행위들을 하나님께서 받으시는가, 상 주시는가를 결정하는 차이는 그들의 행위에서 나오지 않고, 믿음에서 나온 것이다.39

　　마지막으로 멜랑흐톤은 믿음의 효과에 대해 다음과 같이 결론을 내리며 칭의 교리의 진술을 마무리하고 있다.

> 믿음으로 하나님의 선하심을 맛보고, 죄 용서를 받고, 은혜를 약속하시는 복음의 말씀을 통해 하나님의 선하심을 알면, 마음은 자연스럽게 하나님을 사랑하지 않을 수 없다.
> ... 믿음은 모든 선한 행위의 근원이고, 생명이며, 인도자이신 하나님의 자비에 대한 통찰이다.40

---

36 이 주장을 성화와 관계하여 이해한다면, 믿음으로 의롭게 된 사람의 행위, 즉 성화의 행위라도, 하나님께서 보시기에 완전하지 않다는 것이다. 그럼에도 불구하고 그런 부족한 행위를 하나님께서 받으시는 것은 믿음 덕분이다. 그런 점에서 칭의도 그리스도 덕분이요, 성화도 그리스도 덕분이다. 믿음이라는 원리는 칭의와 성화에서 동일하게 작용하고 있다. 칭의와 성화에서 믿음의 역할에 대하여 참고. 류성민, "멜란히톤의 시편 주석을 통하여 본 칭의와 성화의 관계,"「성경과신학」82 (2017), 425-452.
37 *Loci* 1521, 162; *MSA* II/1, 110. "Respondeo paucis scripturam non de specie tantum externa operis seu de fuco loqui, sed de toto opere"
38 *Loci* 1521, 163; *MSA* II/1, 110. "Communem sensum"
39 *Loci* 1521, 164; *MSA* II/1, 112.
40 *Loci* 1521, 165; *MSA* II/1, 112. "Nam ubi fide degustavimus misericordiam dei

멜랑흐톤에게 칭의는 구원하시는 하나님의 자비에 대한 믿음이다. 이 믿음은 단순한 지적 동의가 아니라 하나님에 대한 전인적 신뢰이다.

2. 신학총론 1553년판의 칭의

멜랑흐톤의 신학총론 1553년판은 멜랑흐톤 자신이 직접 독일어로 저술한 유일한 *Loci*이며, 자신의 가장 절친한 친구인 요아킴 카메라리우스(Joachim Camerarius, 1500-1574)의 아내 안나(Anna Camerarius)에게 헌정되었다.[41] 멜랑흐톤은 학자나, 목회자가 아니라 가정에서 일하며, 자녀를 양육하는 여인에게 필요한 교리문서를 작성한 것이다. 이 문서에서 멜랑흐톤은 칭의 교리를 구원과 관련하여 매우 실제적인 방식으로 기술하고 있다.

그는 "사람이 어떻게 하나님 앞에서 죄 용서를 받고, 의롭다 함을 얻는가"라는 질문을 던지고 이에 대해 답을 주고 있다. 이런 내용은 성경 전체에 명백하게 나타나있지만, 이성이 어두워진 사람들은 이를 이해하지 못하고, 자신의 공로와 칭의를 만들어내는 오류를 드러내었다.[42]

멜랑흐톤은 이 오류들을 먼저 다룬다. 첫째, 예배나 제사를 통해 죄 용서를 얻을 수 있다는 견해이다. 여러 종교의 제사 의식들이나, 예루살렘의 제사장들이 그 예이다. 둘째, 어떤 학식있는 사람들은 의를 "외적 도덕성의 용어"로

---

et cognovimus bonitatem divinam per verbum evangelii condonantis peccata, promittentis gratiam peccati, non potest animus non redamare deum ac gestire et velut gratitudinem suam muto aliquo officio pro tanta misericordia testari. "

41 Philipp Melanchthon, Ralf Jenett und Johannes Schilling ed., *Heubtartikel Christlicher Lere. Melanchthons deutsche Fassung seiner Loci Theologici, nach dem Autograph und dem Originaldruck von 1553*, (Leipzig: Evangelische Verlagsanstalt 2002). (= *Heubtartikel*) 한역본: 필립 멜란히톤, 이승구 역, 『신학총론』 (일산: 크리스챤다이제스트 2000). (세계기독교고전 39) (= *Loci* 1553)

42 *Loci* 1553, 291; *Heubtartikel*, 259.

이해하려는 시도를 한다. 의라는 것이 법에 일치한다는 것을 의미하기 때문이다. 셋째, 세례파를 비롯한 열광주의자들은 내적 조명으로 하나님을 기쁘시게 한다고 상상한다. 부도덕한 방식의 입신이나, 열광으로 그것이 가능하다고 여긴다. 초대교회 시절의 마르키온이나, 당시의 뮌처, 슈토르크(소위 츠비카우 선지자들 중 한 명)가 그런 예이다.[43]

이런 잘못된 오류들[44]의 공통적 특징은 외적 도덕성이 구원을 위한 공로와 칭의를 얻게 할 수 있다는 상상을 하는 것이다.[45] 하나님께서 중생한 사람이건, 중생하지 않은 사람이건 모두 외적 도덕에서 하나님의 계명을 따라 살라고 요구하시는 것은 맞다. 그리고 사람의 자연적 능력으로 어느 정도의 도덕성을 유지할 수 있는 것도 사실이다. 그러나 외적 도덕을 지키는 것은 세상적 의로움일 뿐이다.[46] 외적 도덕성으로 죄 용서를 위한 공로를 얻을 수는 없다. 이것으로 하나님을 기쁘시게 할 수 없기 때문이다. 외적 도덕성은 외적 강요의 산물이고, 내적 불결을 덮는 것일 뿐 하나님의 일이라고 할 수 없다.[47]

멜랑흐톤은 그런 이유에서 하나님의 율법과 복음에 대한 바른 이해를 배우고, 유지하는 것이 필요하다고 주장한다.[48] 특히 오시안더의 견해를 길게 진술한다. 중생은 그가 말하는 것처럼 우리 안의 변화를 고려하지 않고, 단순히 받는 것을 의미하는 것이 아니다. 구원으로 인한 유익은 현세적 유익에 더하여 영원한 것으로 우리에게 변화가 일어나는 것을 포함한다.

---

43 *Loci* 1553, 292; *Heubtartikel*, 259.

44 멜랑흐톤은 이런 오류를 가진 사람들을 나열하며, "바리새인, 펠라기우스주의자들, 수도사, 인터림주의자들"을 언급한다. *Loci* 1553, 293; *Heubtartikel*, 260.

45 멜랑흐톤은 *Confessio Saxonica*(1552)에서 이미 공로적 견해를 표명하는 Interim과 오시안더의 견해에 대한 반대를 분명히 했다는 것을 언급한다. Loci 1553, 293; *Heubtartikel*, 261.

46 *Loci* 1553, 294; *Heubtartikel*, 261.

47 *Loci* 1553, 295; *Heubtartikel*, 262.

48 *Loci* 1553, 296; *Heubtartikel*, 263.

우리는 하나님의 아들이 우리를 위하여 얻으셔서 우리에게 내려주시고, 우리 안에 만들어주신 모든 하나님의 선물, 즉 죄 용서와 하나님께서 은혜롭게 받아 주심, 의의 전가, 우리 안에 있는 신생, 곧 그 안에서 하나님 자신이 복음을 통하여 역사하시고 우리를 위로하시며, 성령을 주시고, 우리로 지금 영원한 복락의 상속자들이 되게 하시며, 현세가 지나면 영원한 복락을 주시는 그 신생을 말하는 것이다.[49]

구원에 대해 성경이 가르치는 바를 멜랑흐톤은 "복음의 선포"에서 다루고 있다. 하나님은 구원에 대한 약속을 처음부터 선포하셨다.(창 3:15; 롬 1:16) 선지자들은 이 선포의 직무를 받은 사람들이다.[50] 복음은 구체적으로 회개와 죄 용서를 포함한다. 이에 대한 설명은 필연적으로 죄가 무엇인가라는 질문에서 시작되어야 한다. 멜랑흐톤은 죄란 "하나님의 법에 반하는 모든 것"이라고 정의한다. 그리고 가장 보편적이고 깊은 죄는 "하나님의 아들을 믿지 않는 것"이다.[51] 복음의 선포는 그래서 하나님의 법을 선포하는 것을 포함한다. 하나님의 불변하는 영원한 지혜와 공의의 시행, 죄의 본성을 알리는 통치가 있다. 보통 이를 도덕법(Legem moralem)이라고 부르는데, 이 도덕법을 가장 충분하고 잘 가르치는 곳이 하나님의 참 교회이다.[52]

복음이 하나님의 법을 선포할 때, 우리는 죄에 대한 하나님의 진노를 인정하고, 하나님께 돌이키도록 간구해야 한다. 그리고 이 선포는 복음과 은혜와 축복까지 포함하여, 두려워하는 양심에 위로를 주어야 한다.[53] 하나님의 아들

---

49 *Loci* 1553, 297; *Heubtartikel*, 264.
50 *Loci* 1553, 297; *Heubtartikel*, 264.
51 *Loci* 1553, 297f.; *Heubtartikel*, 264f.
52 *Loci* 1553, 298; *Heubtartikel*, 265.
53 멜랑흐톤에게 위로라는 주제는 매우 중요하다. 이는 자연스럽게 하이델베르크 요리문답의

은 이 선포를 통해 영원한 교회를 불러 모으신다.

우리의 마음이 하나님의 진노 앞에 떨 때 그의 불변하는 의지와 최고의 명령은 우리의 화목자로 지정되신 그의 아들 예수 그리스도 때문에 하나님께서 은혜롭게, 즉 우리 편에서의 아무 공로 없이도 죄를 용서하시고, 칭의하시며, 성령과 영생을 주시리라는 것을 믿어야만 한다는 것이다. 바울이 "은혜와 선물"이라고 말하듯이 말이다. 그러므로 만일 우리가 하나님의 아들을 믿으면, 우리는 죄 용서를 받은 것이고, 그리스도의 의가 우리에게 전가되어서 우리가 칭의를 받고 그리스도 덕분에 하나님께 기쁨이 되는 것이다. 우리는 그리스도를 통해서 새롭게 태어나며, 그는 우리의 심정에 위로를 말씀하시고, 우리에게 성령을 주셔서 우리로 영원한 구원의 상속자가 되게 하신다. 그리고 우리는 이 모든 것을 오직 주 그리스도 때문에, 은혜로, 공로 없이, 오직 믿음을 통해서 얻게 되는 것이다.[54]

멜랑흐톤은 복음의 선포를 통해 전해지는 은혜의 약속은 확실하다는 것을 강력하게 주장한다. 만약 그렇지 않다면 위로는 아무 것도 아니고, 하나님의 교회와 이교도의 구분도 없을 것이다.[55]

그렇다면 복음으로 약속된 은혜는 어떤 것인가? 멜랑흐톤은 은혜란 "우리 편에서 그 어떤 공로 없이 주 그리스도 덕분에 은혜스럽게 죄를 용서해 주시고, 하나님께서 자비로 은혜롭게 받아주시는 것"이라고 설명한다. 달리 말하면, 죄 용서와 그리스도를 통해 성령께서 우리에게 주시는 마음의 평안이 은혜이다. 멜랑흐톤은 여기에서 다시 오시안더를 경계하며, 은혜를 받았다는 의미가

1문과 연결될 수 있다.
54 *Loci* 1553, 299; *Heubtartikel*, 266.
55 *Loci* 1553, 301; *Heubtartikel*, 267.

아무런 변화가 없다는 것을 의미하지 않는다는 것을 분명하게 강조했다.[56]

물론 은혜를 오용하는 사람들은 항상 있었다. 수도사들은 은혜가 사람을 거룩하게 만든다며, 은혜를 사람과 동일하게 여겼다. 그러나 우리 안에는 여전히 죄의 성품이 존재한다. 그들의 견해는 그래서 거짓이다.[57] 오히려 은혜 아래 우리는 아무런 공로 없이 주 그리스도 때문에 값없이 죄 용서를 받았고, 은혜롭게 받아들여졌으며, 하나님을 기쁘시게 한다. 이것이 위로를 준다. 그러므로 우리 안에 있는 본성의 성품이 우리를 이끌지 않고, 중보자 예수 그리스도께서 이끄신다.[58]

멜랑흐톤은 하나님의 말씀의 선포, 즉 율법과 복음의 선포를 통해 우리를 구원하시는 하나님의 사역을 본다. 이 부르심의 사역에 기초하여 칭의에 대해 설명한다.

멜랑흐톤은 먼저 의가 무엇인지 설명한다. "세속적 의미에서 의는 법을 따르는 것"이다. 더 구체적으로 "구원 받은 사람이 영원에서 가질 하나님 앞에서의 온전하고 완전한 의는 하나님과 하나님의 법에 일치하는 것"이다.[59] 하나님의 법이 우리에게 가르치는 것이 바로 이 의이다. 그러나 법이 가르치는 의는 우리에게서 나올 수 없다. 우리는 죄인이기 때문이다. 그래서 우리에게 필요한 의는 복음이 가르치는 의이다.

> 복음은 하나님과 우리 사이에 중보자이신 그리스도의 의를 우리에게 선포하며, 그리스도의 성육신에서 부활까지의 온전한 순종이 하나님을 기쁘시게 하는 참

---

56 *Loci* 1553, 306; *Heubtartikel*, 270. 멜랑흐톤이 윤리적 변화가 발생하지 않는 칭의를 말했다는 주장에 대해 그는 분명히 부인하고 있다.
57 *Loci* 1553, 306; *Heubtartikel*, 270.
58 *Loci* 1553, 307; *Heubtartikel*, 271.
59 *Loci* 1553, 308; *Heubtartikel*, 271.

된 의이고, 우리를 위한 공로가 된다고 말한다. ... 하나님의 우리에게 죄 용서를 주시고, 의를 전가해주신다.[60]

우리는 그리스도로 인한 이 전가된 의를 믿음으로 받아들여야 한다. 복음이 우리에게 가르치는 것은 우리에게 죄 용서가 주어지고, 의가 전가된다는 것이다. 그리고 이를 받아들이는 수단은 믿음이다.[61] 이 생에서 우리가 하나님을 기쁘시게 할 수 있는 것은 오직 우리에게 전가된 그리스도의 의뿐이다.[62] 하나님께 회심한 사람들에게 "새로운 순종의 빛"이 있다. 이 새로운 순종의 근거는 그리스도로 인한 죄 용서이고, 이 순종이 하나님께 기쁨이 되는 것에는 믿음이 선행되어야 한다. 그리고 "믿음은 하나님이시며 사람이신 그리스도의 순종에 근거해야 한다."[63]

멜랑흐톤의 칭의 교리에서 핵심은 사람이 하나님을 기쁘시게 하는 것이 아니라, 그리스도께서 기쁘시게 하는 것이라는 점이다.

멜랑흐톤은 이어 칭의 교리에 대한 반론들을 소개하고, 이를 반박한다. 첫째 반론은 '마귀도 믿음이 있는데, 어떻게 믿음으로 의롭다 할 수 있는가'라는 견해이다. 멜랑흐톤은 이에 대해 마귀의 믿음은 역사적 사실에 대한 것으로, 죄 용서를 믿지 못하고, 진노와 형벌만 보기 때문에 참된 믿음이라고 할 수

---

60 *Loci* 1553, 309; *Heubtartikel*, 271.

61 멜랑흐톤에게 그리스도의 능동적, 수동적 순종이라는 용어는 찾을 수 없다. 이는 분명 후대의 용어이고, 후대의 논쟁이다. 그러나 죄 용서에 해당하는 수동적 순종, 전가된 의에 해당하는 능동적 순종의 신학적 진술은 이미 분명하게 존재한다. 그리스도께서 하나님과 하나님의 법에 일치하심을 통해 온전하고 완전한 의를 얻으셨고, 복음의 약속대로 자기 백성들에게 이 의를 전가하셨다. 그래서 믿음으로 받는 의는 바로 그리스도의 완전한 순종의 결과인 완전한 의이다. 그리스도의 능동적 순종에 대한 작금의 논쟁에 대하여 참고. 김병훈 편, 『그리스도의 능동적 순종과 의의 전가』 (수원: 합신대학원출판부 2022).

62 *Loci* 1553, 309; *Heubtartikel*, 272.

63 *Loci* 1553, 310; *Heubtartikel*, 272.

없다고 지적한다.[64] 믿음은 지식에 머물지 않는다는 것이 멜랑흐톤의 핵심 견해이다.

이어지는 둘째 반론은 믿음이 지식에 머물지 않고, 의지와 마음과 생각에 연관된다면, 사람이 어떻게 믿음으로 의롭다 함을 받을 수 있는가 묻는다. 멜랑흐톤은 바울이 말하는 믿음은 분명 "지식과 생각, 의지와 마음의 문제"라고 밝힌다. 그리고 믿음은 사람이 스스로 만들어낸 지식이나 생각이 아니라, 하나님의 아들이 복음과 성령으로 주신 빛과 기쁨이라는 것을 강조한다.[65] 이는 성경이 가르치는 바(롬 8:15; 슥 12:10)이며, 아타나시우스와 나지안주스의 그레고리, 즉 교부의 지지를 받는 견해임을 밝힌다.[66]

셋째 반론은 '우리가 꼭 믿음을 통해서 죄 용서를 받고, 칭의를 받는가'를 묻는다. 믿음과 함께 다른 좋은 덕들이 동반되는데, 왜 믿음을 통해서만 의가 주어지는가라는 반론이다. 멜랑흐톤은 먼저 sola와 gratis가 충분히 주장되어야 한다는 것을 분명하게 밝히면서 답을 시작한다.[67] 먼저 하나님의 자녀는 그리스도를 인정하고 믿음으로 받아들이는 사람들이다. 여기에서 우리의 모든 공로는 배제된다. 그리스도의 은혜의 적용은 믿음을 통해서 일어나며, 이 믿음은 복음의 선포인 설교를 듣고 성찰하는 것과 성례를 통해 주어지는 것이라고 설명한다. 그리고 여기에서 믿음으로 인한 덕이 생겨난다는 점을 지적한다. 그러므로 이 덕들은 공로가 아니다. 칭의의 근거가 아니다. 오히려 믿음의 결과이다. 결과로 동반되는 덕들은 참된 믿음으로 나오는 것이다. "참된 믿음, 즉 하나님의 자비에 대한 인식이 있는 곳마다 사랑과 하나님께 기도함과 희망

---

64 *Loci* 1553, 312; *Heubtartikel*, 274.
65 *Loci* 1553, 313; *Heubtartikel*, 276.
66 *Loci* 1553, 314; *Heubtartikel*, 276.
67 *Loci* 1553, 314; *Heubtartikel*, 277.

과 자신을 자원하여 하나님께 복속시키고 순종하는 의지도 있다."68

멜랑흐톤은 여기에서 오직 믿음과 오직 은혜를 주장하는 다섯 가지 이유를 진술한다. 첫째, 그리스도의 순종만이 우리의 공로가 되어 그리스도께 영광을 돌리기 위함이다. 둘째, 하나님의 약속에서 주어진 은혜는 확고하고, 확실하며, 불변하기 때문이다. 셋째, 믿음이 아니면 그리스도와 그의 은혜를 인정하고 받을 수단이 없다. 넷째, 그리스도를 제외하고 하나님의 법을 누구도 행할 수 없고, 우리 편에서 그리스도 덕분에 하나님을 기쁘시게 한다는 복음으로 율법과 복음의 구분을 분명하게 할 수 있다. 다섯째, 중보자 하나님의 아들 없이 하나님께 나아갈 수 없기 때문이다.69

넷째 반론은 '결국 믿음도 행위 아니냐'라고 묻는다. 멜랑흐톤은 칭의의 의미는 우리의 행위나 덕이 아니라, 그리스도 때문에 죄 용서와 칭의가 이루어져 하나님을 기쁘시게 한다는 것이라고 반복하여 설명한다.70 우리가 그리스도를 받아들이는 수단이 믿음이지, 믿음이 행위는 아니다.

다섯째 반론은 '의가 율법의 완성이라면, 믿음뿐 아니라, 사랑과 다른 덕도 포함되어야 하는 것 아닌가'라고 묻는다. 멜랑흐톤은 이 생에서 누구도 온전한 의를 가지지 못하고, 하나님께 나아갈 의는 오직 '전가된 의'라는 것을 다시 강조한다. 여러 성경(시 143:2; 시 6; 단 9:18; 요 6:44; 마 11:28 등)을 인용하며, 그리스도 덕분에 은혜로 믿음을 통해 그리스도의 공로 때문에 죄 용서를 받고 하나님을 기쁘시게 하며, 칭의를 받았다는 사실을 확신해야 한다고 말한다. 여기에 오시안더에 대한 반대를 덧붙인다. 오시안더는 우리 안에 하나님의 본질적 의 때문에 칭의를 받았다는 황당한 소리를 하는데, 그것은 사실이 아니

---

68 *Loci* 1553, 315; *Heubtartikel*, 277.
69 *Loci* 1553, 316; *Heubtartikel*, 277.
70 *Loci* 1553, 316; *Heubtartikel*, 278.

다.[71] 성경에서 의롭다는 말은 하나님께 기쁨이 된다는 것이고, 이는 의인데, 바로 전가된 의이다. 그러므로 오시안더의 "의는 우리로 옳은 것을 행하도록 하는 것"이라는 주장은 우리에게 위로를 빼앗는 율법적 가르침이다. 우리 안에 있는 것은 온갖 죄와 범죄와 무지뿐이다.[72] 멜랑흐톤은 우리에게 필요한 의는 그리스도의 의임을 다시 강력하게 강조한다.

여섯 번째에서 여덟 번째 반론은 성경의 진술에 대한 것이다. 먼저 '사람의 행위가 모두 정직했다'(잠 21:2)는 솔로몬의 진술이다. 멜랑흐톤은 수도사들이 이 구절을 근거로 오류를 고집한다고 지적하면서, 트리엔트 공의회가 이 "악마적 오류"를 세웠다고 비판한다.[73] 하나님은 죄를 심판하신다. 그러므로 우리는 자기의 공로가 아니라 죄 용서와 믿음으로 주어진 은혜로 우리가 하나님께 받음이 된다는 것을 믿어야 한다. 교황의 교훈은 헛된 이교적 속임수이다.[74]

다음으로 고전 13:2와 요일 3:14이다. '내게 믿음이 있어도 사랑이 없으면 아무 것도 아니다'라는 말이다. 이것은 믿음과 반대되는 것으로 이해될 수 있다. 그러나 멜랑흐톤은 사랑과 새로운 순종은 우리 안에 반드시 있어야 한다고 말하는 것으로 간단히 답한다.[75] 사랑은 칭의의 원인이 아니라 결과이다. 마지막으로 고전 13장에서 사랑을 최고의 덕이라고 진술한 것이 언급된다. 사랑이 믿음보다 크다면, 사랑으로 칭의되는 것 아니냐는 반론이다. 멜랑흐톤은 먼저 죄 용서와 칭의는 오직 그리스도 때문에 생긴다고 전제한다. 그리고 덕들 중에 어느 것이 큰가의 문제는 믿음의 위로와 관계가 없다고 단언한다. 다만 우리는 그리스도의 순종을 통해 죄 용서를 받고, 하나님께 기쁨이 된다.

---

71 *Loci* 1553, 319; *Heubtartikel*, 279.
72 *Loci* 1553, 320; *Heubtartikel*, 280.
73 *Loci* 1553, 321; *Heubtartikel*, 280.
74 *Loci* 1553, 323; *Heubtartikel*, 282.
75 *Loci* 1553, 323; *Heubtartikel*, 282.

멜랑흐톤은 이런 반론을 주장하는 사람들의 견해를 세 가지로 정리한다. 첫째, 수도사들과 교황주의자들은 우리의 선행이 죄 용서를 얻을 공로가 있다고 주장함으로 율법의 성취로 의롭다 함을 얻는다고 말한다. 둘째, 율법의 성취는 아직 이루어진 것이 아니다. 즉 칭의는 아직 알 수 없다. 그러므로 자신의 죄 용서와 하나님께 기쁨이 되는지는 확신할 수 없고, 의심하게 된다. 셋째, 이들은 사람이 하나님의 법을 행할 능력이 있다고 여긴다. 그래서 율법의 성취는 의가 된다.[76]

멜랑흐톤은 이런 세 가지 주장을 단호하게 거부한다. 첫째, 복음의 참된 교리는 우리 편에서 공로없이, 믿음을 통해 그리스도 덕분에 죄 용서를 받고, 칭의를 받는다. 둘째, 우리는 의심 가운데 있지 않다. 복음은 아들의 역사와 성령의 주심으로 확실한 것이다. 셋째, 모든 선지자들과 사도들의 글에 따르면, 하나님은 우리의 외적 모습뿐 아니라, 마음까지도 바르고 순결하며 죄 없고 진지하고 불변하게 만드시길 원하시는 것이 분명하다.[77] 즉 율법의 성취가 의가 되는 것이 아니라, 의를 받은 사람이 법을 지키는 것이다.

의롭게 된 사람이 가지는 하나님에 대한 사랑은 그의 계명을 지키는 것이며, 그리스도를 믿는 것이며, 하나님을 기뻐하는 것이다. 믿음은 항상 길을 인도해야 하고, 신적 엄위에 계신 삼위하나님을 성찰해야 한다. 각 위께서 다 우리 죄를 용서하시고, 은혜롭게 우리를 받으시고, 복을 우리에게 주신다.[78] 영원한 말씀이신 그리스도께서 우리에게 오셨고, 그를 통해 피조물이 존재하고, 복음이 있다. 이 복음 안에서 그리스도는 아버지와 그의 뜻을 보여주신다. 성령은 사랑과 하나님을 기뻐함과 기도와 다른 덕을 생성시키신다.[79]

---

76 *Loci* 1553, 325; *Heubtartikel*, 284.
77 *Loci* 1553, 325; *Heubtartikel*, 284.
78 *Loci* 1553, 326; *Heubtartikel*, 285.

3. 신학총론에서 드러난 멜랑흐톤의 칭의 정리

콜브는 멜랑흐톤의 칭의 교리의 핵심을 다섯 가지로 정리한다. 첫째, 사람의 죄성에 대한 이해이다. 둘째, 복음은 회개하는 사람에게 새로운 생명을 준다. 셋째, 복음은 약속이다. 넷째, 칭의는 믿음과 신뢰로 정의된다. 다섯째, 믿음은 선행이라는 결과를 낳는다.[80] 이 다섯 핵심은 앞서 살펴본 두 신학총론에도 공통적으로 적용된다. 다섯 핵심 중에서 복음은 약속이라는 주제는 중복되기 때문에 생략하고 네 가지 핵심으로 정리한다.

(1) 사람의 죄성

첫째, 사람의 죄성이다. 모든 사람은 본성상 하나님을 두려워하지도, 사랑하지도 않고, 신뢰하지도 않는다. 그래서 모두 하나님의 심판 앞에 서 있다. 특히 신학총론 1553년판에서 멜랑흐톤은 죄가 "하나님의 법을 반대하는 모든 것"을 포함한다고 설명한다. 그리고 가장 크고 비밀스럽고 깊은 죄는 "사람들이 하나님의 아들을 믿지 않는 것이다."[81] 그러므로 죄인은 죽어야 한다. 그러나 "사람의 이성은 눈이 멀어, 태양이신 주 그리스도를 보지 못하고, 항상 자기 공로를 만들고 자기 의를 만들고 있다. 그래서 처음부터 우상숭배를 했다."[82] 그들이 생각하는 의는 외적인 것이고, 열광주의자들이나 재세례파와 같이 스스로 만든 것을 의롭다고 여겼고, 하나님께서 기뻐하신다고 생각했다. 이런 그들의 모습은 죄인의 교만을 잘 보여준다.[83] 반면 하나님의 의는 불변하고 죄인을 정죄하

---

79 *Loci* 1553, 327; *Heubtartikel*, 285.
80 Kolb, *Rechtfertigungslehre*, 348f.
81 *Loci* 1553, 296; *Heubtartikel*, 264.
82 Kolb, *Rechtfertigungslehre*, 350.
83 *Loci* 1553, 291; *Heubtartikel*, 259.

며 처벌한다. 하나님의 의는 죄인에게 자신의 진노를 경험하게 한다. 그래서 죄인은 단지 "나는 죄를 지었습니다. 그래서 나는 처벌을 당합니다"라고 고백할 뿐이다.[84]

(2) 죄인을 의롭게 하시는 하나님의 말씀

둘째, 하나님의 말씀이 죄인을 의롭게 한다. 죄인은 하나님의 진노 아래 죽어야 한다. 그가 살기 위해서는 하나님의 창조적인 사역이 필요하다. 이 창조적 사역을 통해 죄인은 새로운 피조물이 되고, 의롭게 된다.[85] 멜랑흐톤은 사회적 의(*iustitia politica* 혹은 *civilis*)와 하나님 앞에서의 의를 구분한다. 사람의 이성은 사회적 의를 행하면서, 하나님께 갈 수 있다고 생각한다. 이는 하나님께서 순전한 마음의 요구를 알지 못한 것이다. 사람은 자신의 행위로 하나님께 갈 수 없고, 오직 하나님의 아들에 대한 믿음을 통해서만, 죄 용서를 통해서만 갈 수 있다. 이 믿음과 신뢰가 사람을 의로 이끈다. 이 의를 통해 사람은 다시 하나님과 바른 관계를 맺게 된다.[86] 그러므로 새로운 순종과 사랑의 행위는 회심의 결과이다. 이것은 하나님 앞에서 사람의 지위에 어떤 영향도 주지 못한다.[87] 이 주제는 1553년 오시안더의 칭의 논쟁과 관련되어 다시 진술된다.

같은 중보자의 전체 순종, 그의 사람되심부터 부활까지의 (순종은) 고귀하고 진실한 의이다. 이 의는 하나님의 마음에 합한 것이고, 우리를 위한 공로이다. 이로인해 하나님은 우리에게 우리의 죄를 용서하시고, 우리를 받아들이신다.

---

84 *CR* 15, 799-800 (1556년 로마서 주석)
85 Kolb, *Rechtfertigungslehre*, 351.
86 *CR* 15, 443-445; Kolb, *Rechtfertigungslehre*, 351.
87 *CR* 15, 806. (1556년 로마서 주석)

그는 자신의 아들로 인해 우리를 의롭다 여기신다. 우리가 여전히 연약하고 죄인이지만, 우리는 전가된 의를 믿음으로 받아들여진다.[88]

멜랑흐톤의 칭의 교리는 전가이고, 이는 법정의 표현이다. 법정적 (forensisch)라는 표현에서 멜랑흐톤이 의도한 것은 하나님의 말씀이 법적 소설을 만드는 것이 아니라, 하나의 창조적 말씀으로 새로운 실제를 만들어 낸다는 것이다. 전가된 의를 통해 의롭다 선언된 사람은 하나님 앞에서 의롭다. 이것이 하나의 실제이다.[89] 그런 의미에서 하나님의 말씀은 하나님께서 세상에서 활동하시는 도구이고, 복음은 그의 능력이다. 말씀의 선포를 통해 복음을 믿도록 하시고, 그 믿음을 하나님은 사람들에게 의로 여겨주신다.[90]

(3) 신뢰하는 믿음

멜랑흐톤은 자신의 전공대로 헬라어 $\pi\iota\sigma\tau\iota\varsigma$를 분석하여 하나님의 말씀에 대한 신뢰로 새롭게 정의하였다.[91] 믿음은 다름 아니라 그리스도 안에서 약속된 하나님의 자비에 대한 신뢰이다. 하나님의 호의나 자비에 대한 신뢰는 우선 마음의 평화를 가져오고, 이어 동시에 하나님의 자비에 감사하게 하며, 우리로 법을 자발적이며 즐겁게 행하도록 하신다. 특히 믿음은 멜랑흐톤에게 관계적 용어이다. 사랑(amor)은 그가 사랑하는 사람에 대한 관계를 가리킨다. 신뢰 (fiducia)는 그가 믿는 사람에 대한 관계이다.[92] 믿음은 화해에 대한 설명과 약속으로서 하나님의 전체 말씀에 동의하는 것이다. 이 화해는 중보자 그리스

---

88 *Loci* 1553, 306; *Heubtartikel*, 271.
89 Kolb, *Rechtfertigungslehre*, 352.
90 *MBW.* T1802, 1-16 (1536년 1월 11일 평가문)
91 Kolb, *Rechtfertigungslehre*, 353.
92 *CR* 15, 815-816. (1556년 로마서 주석)

도로 인하여 공짜로 선물받은 것이다. 그래서 믿음은 중보자 그리스도로 인해 약속하신 하나님의 자비에 대한 신뢰이다.

이 신뢰는 의지의 움직임이다. 의지는 필연적으로 동의로 대응한다. 그리스도 안에서 쉼을 얻은 의지는 그래서 그것이 발생했을 때, 성령을 통해, 그리고 새로운 빛을 통해 불붙여진다. 그러므로 믿음은 단순한 지식이나 사고보다 더 높은 것이다. 믿음은 하나님의 아들에 대한 타오르는 신뢰이다. 이는 진실하고 애타는 의지와 열망으로 고귀한 보물, 죄 용서와 은혜를 받아들이고 하나님께 부르짖는다. 그리고 그런 믿음만이 성령께서 사람의 마음에 보내시는 참된 위로를 찾는다.[93] 그런 의미에서 믿음은 하나님의 뜻이 이루어지는 수단이다.

믿는 사람은 하나님의 신실하심을 신뢰하고, 희망과 확신이 그 위에 세워진다. 이 진술이 멜랑흐톤에게 목양의 시작이고, 신자들에게 큰 위로를 주는 것이었다.[94]

> 여러분은 '그러나 나는 구원이 약속되었으나, 이것이 다른 사람들에게 갈 것이라고 믿는다'고 말할 것이다. 육신은 이런 방식으로 생각하기 때문이다. 그러나 경청하라! 이러한 약속들은 역시 여러분들에게 이루어진 것이 아닌가? 복음이 모든 민족들에게 선포되지 않았는가? 그러므로 당신은 구원이 당신에게도 약속되었다는 것을 믿지 않는다면, 당신은 실질적으로 믿지 않는 것이다.[95]

(4) 믿음은 선한 열매를 가져온다

---

93 *Loci* 1553, 313; *Heubtartikel*, 274.

94 Kolb, *Rechtfertigungslehre*, 356.

95 *Loci* 1521, 150; *MSA* II/1, 99. "At, dices, credo promissam salutem, sed allis obventuram. Sic enim sentit caro. Sed audi. Annon hace tibi quoque promissa sunt? Annon in omnes gentes praedicatum est evangelium? Non credis igitur, ni tibi quoque salutem promissam credas."

살아있는 믿음은 선한 열매를 또한 가져온다.[96] 의롭게 된 사람은 하나님과 화해의 확신 가운데 살고, 또한 그의 행함은 성령의 선물이다. 더하여 믿는 사람은 그리스도께서 자신의 교회를 다스리시며, 의를 연습하는 것, 마귀의 일을 없애는 것, 다른 신자들을 위해 싸우는 것, 그들을 돕고 봉사하는 것이 자신의 사명임을 안다. 그런 의미에서 의롭게 된 사람은 자신의 생애가 항상 하나님과 마귀의 종말론적 전쟁의 한 가운데 있다는 것을 안다.[97]

IV. 멜랑흐톤의 칭의론의 논쟁점에 대하여

1. 율법과 복음 - 칭의에서 회개의 역할

멜랑흐톤의 칭의 이해에서 율법과 복음의 분류는 중요하다. 둘은 엄격하게 구분되는 동시에 긴밀한 관계를 가지고 있다. 율법은 하나님께서 사람에게 요구하시는 존재와 행위에 대해 주어진 명령이다. 보편적 도덕법이라고 부를 수 있다. 이 명령에 합한 것이 '의'이다. 그러나 죄인인 사람은 도덕법을 지킬 수 없고, 그래서 '의'를 이룰 수 없다. 그래서 우리에게 율법은 외적 의미에서만 유효하다. 이런 외적 의미는 윤리와 관계되고 사회적 용법(*usus civilis*)으로 분류된다. 이는 사회에서 사람이 살아가는 원리에 대한 교훈을 담고 있다. 율법은 더하여 신학적 의미(*usus theologicus* 혹은 *elenchticus*)를 가진다. 법의 요구를 깨닫고 죄를 알려주는 기능을 한다. 율법의 신학적 용법은 자연스럽게 복음과 연결된다. 복음은 그리스도께서 우리의 죄를 용서하시며, 하나님과 우리를 화해하게 하신다는 약속이다. 율법과 복음이 엄격하게 구분되어야

---

96 *Loci* 1521, 165; *MSA* II/1, 112.
97 Kolb, *Rechtfertigungslehre*, 360.

한다고 주장한다. 법을 행함으로 구원을 얻는 것이 아니라, 그리스도의 복음으로 구원을 얻는 것이기 때문이다.[98]

멜랑흐톤은 율법과 복음의 긴밀한 관계 강조할 필요가 있음을 느꼈다. 에라스무스와 자유의지 논쟁과 작센 교회의 시찰을 통해 죄 용서를 강조하면서, 회개를 강조하지 않는 모습들이 지적되었고, 이는 방종의 문제를 야기했다. 멜랑흐톤은 이런 상황에서 회개 설교가 꼭 필요하고, 회개는 믿음의 전제가 되고, 율법은 이를 위해 중요한 것이라고 가르쳤다.[99]

이런 멜랑흐톤의 율법에 대한 강조를 통해 반율법주의 논쟁이 발생했다.[100] 특히 아그리콜라(Johannes Agricola)는 율법 설교와 믿음에 앞선 회개를 반대했다. 이와 유사한 입장으로 위에서 언급한 역사적 사례와 마찬가지로 코르다투스가 크루키거와 멜랑흐톤의 회개 이해를 반대했다. 크루키거가 우리가 그리스도로 말미암아(*causa propter quam*) 의롭게 되지만, 칭의의 필수적 원인(*causa sine qua non*)으로서 참회와 진실한 노력이 필요하다고 주장한 것에 대한 반대였다. 이는 훗날 순수루터파(Gnesiolutheraner)의 비판과 맞닿아 있다.

2. 새로운 순종 – 선행의 의미와 율법의 제3용법

멜랑흐톤의 율법에 대한 강조는 1535년 *Loci*에서 더욱 분명하게 드러났다. 이때부터 멜랑흐톤은 선행이 칭의의 결과와 열매로 영생을 위해 필연적이고, 율법의 제3용법(tertius usus legis)의 의미에서 신자들에게 요구된다는 주장

---

98 Kobler, *Die Entstehung des negativen Melanchthonbildes*, 456

99 Kobler, *Die Entstehung des negativen Melanchthonbildes*, 457

100 반율법주의 논쟁에 대하여 참고. Timothy J. Wengert, *Law and Gospel. Philip Melanchthon's Debate with John Agricola of Eisleben over Poenitentia* (Grand Rapids MI: Baker Book 1997).

을 하게 되었다. 이 주장은 1520년대 작센의 시찰 경험에서 나온 회개 교리와
비슷하게, 루터의 이신칭의 교리가 윤리적 방종을 낳는다는 로마 가톨릭의
주장 때문에 생겨난 것이었다.

> 믿음으로 의롭게 된 사람들 가운데 율법의 제3용법은 하나님께 기쁨이 되는
> 선행에 대해 그들을 가르치고, 또한 그들이 하나님께 대한 순종을 연습하는
> 확실한 행위들을 명령하기 위한 것이다.101
> 그래서 선행은 영생을 위해 꼭 필요하다. 왜냐하면 선행이 필연적으로 화해
> 뒤에 따라오기 때문이다.102

그러나 이 주장은 아그리콜라의 공격을 받았고, 암스도르프와 코르다투스도
이를 공격했다. 멜랑흐톤이 선행의 필연성을 강조했기 때문이다. 1550년대가
되자 플라키우스가 이 비판에 가담했다. 멜랑흐톤의 진술은 칭의가 믿음과
사랑으로부터 발생한다는 인상을 준다는 이유였다.103 멜랑흐톤의 비판자들의
입장은 멜랑흐톤의 입장이 그들이 보기에 충분히 강력하지 않다는 것이었다.
복음이나 이신칭의를 그들이 원하는 만큼 강조하지 않았기 때문에 복음이나
이신칭의를 버린 것이라고 비판했다. 그러나 반대로 멜랑흐톤의 입장에서 그들
은 율법을 과도하게 버리고, 이신칭의의 결과인 선행을 과도하게 무시했다.
멜랑흐톤은 이런 비판에도 불구하고, 평생 선행의 중요성을 강조했고, 선행

---

101 *Loci* 1535, *CR* 21, 406. "Tertium officium legis in his, qui sunt fide iusti, est,
ut et doceat eos de bonis operibus, quaenam opera Deo placeant, et praecipiat
certa opera, in quibus obdedientiam erga Deum exerceant ⋯ Tertius usus repetetur
in loci de operibus"
102 *Loci* 1535, *CR* 21, 429. "bona opera ita necessaria sunt ad vitam aeternam, quia
sequi reconciliationem necessario debent."
103 Kobler, *Die Entstehung des negativen Melanchthonbildes*, 459.

이 필연적이라는 주장을 확신했다. 그러나 과도한 오해를 피하기 위해 강한 표현은 자제하고, 부드럽게 설명하려고 노력했다.[104]

3. 오직 믿음의 의미

멜랑흐톤은 자신의 율법과 선행에 대한 강조 때문에 오직 믿음(*sola fide*)을 부인한다는 비판을 받았다. 그가 오직 믿음을 부인하거나 충분히 명시적으로 주장하지 않는다는 것이었다. 이 비판은 종교개혁 진영에서 나온 것이었다. 한편 멜랑흐톤은 오직 믿음이란 구호가 로마 가톨릭의 반감을 얼마나 크게 불러일으키는지 알고 있었다. 이 구호가 사람의 자유의지를 없애고, 무비판적 방종주의로 이끄는 것 아니냐는 우려가 로마 가톨릭에서 나왔기 때문이다.[105]

물론 루터의 이신칭의 교리가 종교개혁의 핵심이었고, 멜랑흐톤이 그 교리를 떠난 적이 없다는 것은 분명한 사실이다.[106] 다만 멜랑흐톤은 오해를 피하기 위해 오직 믿음이라는 용어보다는 은혜(*gratis*)라는 용어를 같은 의미에서 자주 사용했다. 이로 인해 이미 1530년 아우크스부르크 신앙고백(*Confessio Augustana*, 1530)을 작성할 때 부써의 비판을 받기도 했고, 브렌츠, 루터, 작센의 선제후 요한 프리드리히의 부동의가 있기도 했다. 또한 1540년 아우크스부르크 신앙고백 변경판(*Confessio Augustana Variata*, 1540)에 대해 슈팔라틴(Georg Spalatin)은 오직 믿음의 분명한 입장이 부족하다는 경고를 하기도 했다. 훗날 순수루터파들은 멜랑흐톤이 오직 믿음을 대체하는 것에 반발했고, 루터의 칭의 교리를 벗어나 교황의 교리에 찬성한 것이라는 비판을 하기도 했다.[107] 물론 멜랑흐톤은 이 교리에서 물러난 적이 없었다. 다만 정치

---

104 Kobler, *Die Entstehung des negativen Melanchthonbildes*, 459.
105 Kobler, *Die Entstehung des negativen Melanchthonbildes*, 460
106 *MBW* 6031. (1551년 3월 25일 *CR* 7, 757. "Rem ipsam semper retinui")

적으로 종교적으로 복잡한 상황에서 로마 가톨릭 교회와 마찰이 좀더 적은 방향으로 일을 진행하고자 했을 뿐이었다. 그런 모습이 종교개혁 내부에서는 반발을 살 수 있었다.

4. 칭의를 위한 효과적 의 – 오시안더

종교개혁 진영 내부에서 오시안더 논쟁은 순수루터파와 멜랑흐톤의 칭의 논쟁의 반대편에서 발생한 것이다. 오시안더는 멜랑흐톤이 신자들 가운데 그리스도의 신적 본성이 거주한다는 요한의 진술을 경시했다고 비판했다. 그래서 멜랑흐톤의 칭의에는 갱신이 없다고 주장했다.

멜랑흐톤은 1531년 이래 칭의를 하나님의 판단으로 이해했다. 하나님의 판단을 통해 그리스도의 의는 참회하는 죄인에게 전가된다. 이것이 칭의의 전가 혹은 법정적 칭의이다. 오시안더는 멜랑흐톤의 칭의 교리가 법정적 허구이고, 사람 안에 어떤 변화도 만들어내지 못한다고 비판했다. 멜랑흐톤은 오시안더에 반대하여 하나님께서 죄를 용서하시고, 죄인을 은혜롭게 받으시는 것은 믿음 안에서 다시 태어남을 포함한다고 주장했다.[108]

오시안더에게 의란 우리를 의롭게 행하도록 만드는 것이다. 그러나 멜랑흐톤은 이를 비판하며, 그 견해는 율법의 말이요, 위로를 버리는 것이라고 지적했다.[109] 오시안더가 그리스도의 두 본성을 자신의 칭의 교리에서 매우 엄격하게 구분하고 있음을 비판하면서, 죄인의 칭의는 그리스도의 대속제물의 죽음을 통해 믿음의 이해는 죄 용서의 약속에 대한 신뢰로, 메시아의 죽음과 부활에 기초한다는 것을 강조했다.[110]

---

107 Kobler, *Die Entstehung des negativen Melanchthonbildes*, 461.
108 *Loci* 1553, 297; *Heubtartikel*, 264.
109 *Loci* 1553, 324; *Heubtartikel*, 280.

5. 중생과 칭의

멜랑흐톤은 한 사람의 중생은 회심의 전체 과정으로 하나로 볼 수도 있지만, 또한 둘로 구분하여, 좁은 의미로 회심은 참회(*contritio*)와 죽음(*mortificatio*)과 동일시하고, 중생은 살려냄(*vivificatio*)과 믿음과 동일시했다.[111] 후자의 의미에서 멜랑흐톤은 1546년 요한복음 주해에서 기독교 공동체에서 아직 새롭게 태어나지 않은 사람들이 발견된다고 가르쳤다. 그러나 오시안더는 이 진술을 반대하며, 멜랑흐톤이 이를 통해 재세례파를 옹호한다고 비난했다. 오시안더는 딛 3:5를 근거로 중생은 세례와 동의어이기 때문에, 멜랑흐톤의 진술이 열광주의자들의 것과 일치한다고 이해했다. 기독교 공동체에 들어온 사람들은 세례를 받는다. 그러나 멜랑흐톤에 따르면 이 공동체 안에 아직 중생하지 않은 사람들이 있으니, 다시 세례가 필요하다는 결론에 이르게 된다. 오시안더는 그래서 멜랑흐톤이 재세례파적이고, 정죄받아야 한다고 주장했다. 물론 이런 견해는 멜랑흐톤의 다양한 중생의 이해를 잘못 이해한 것일 뿐이었다.[112]

V. 결론

멜랑흐톤의 칭의 교리는 종교개혁 신학의 핵심에 있다. 그리고 동시에 종교개혁 내외로 많은 논쟁점을 낳았다. 칭의 교리의 이해에서 중요한 점은 사람의

---

110 Kolb, *Rechtfertigungslehre*, 365.
111 Kobler, *Die Entstehung des negativen Melanchthonbildes*, 463.
112 Kobler, *Die Entstehung des negativen Melanchthonbildes*, 463.

자유의지를 어떻게 이해하고, 그것을 칭의와 어떻게 연결하는가이다. 결국 칭의에서 사람의 역할이 얼마나 큰가가 논쟁의 핵심이었다. 특히 종교개혁 내부의 비판은 멜랑흐톤이 로마 가톨릭의 주장에 경도되어 신인협력을 주장한다는 것이 주요점이었다.

멜랑흐톤의 칭의 교리는 다만 핵심에 있어 변화는 없었다. 그러나 맥락에 따른 설명 방식과 상황에 대한 발전은 있었다. 칭의가 종교개혁 신학의 핵심이기 때문에, 이에 대해 공격하는 사람들도 많고, 오해하는 사람들도 많았기 때문이다. 그들을 설득하고, 그들에게 적절한 이해를 전달하는 것이 멜랑흐톤의 칭의 교리 진술의 큰 현실적 목적이었다.

그런 의미에서 칭의 교리에 대한 멜랑흐톤의 입장은 너무 과도하게 비판받았다. 루터와 멜랑흐톤의 차이점은 존재하고, 여러 신학적 논쟁점들이 존재하지만, 그 차이점이나 논쟁점이 과연 본질적인 것인지, 주변적인 것인지, 아니면 단지 표현에 따른 것인지는 역사적 신학적 맥락에 따라 평가해보아야 한다. 그리고 차이점과 논쟁점을 멜랑흐톤의 교리의 오염이나 타락으로 보아야 할지, 신학의 일치 가운데 보이는 다양한 강조점이라고 할지 판단해야 한다. 그리고 여기에서 반드시 왜 루터가 공적으로 단 한번도 멜랑흐톤의 칭의 교리를 비판적으로 언급하지 않았는가의 문제도 다루어야 한다.[113] 결론적으로 멜랑흐톤의 칭의교리가 루터와 다르다는 주장, 즉 종교개혁의 핵심 교리에서 멜랑흐톤이 벗어났다는 주장은 사실상 상상에 가깝다. 그는 구원에 있어 신인협력을 주장하지 않는다. 멜랑흐톤은 종교개혁 신학의 칭의 교리를 세우고, 그 위에 있던 개혁자였다.

---

113 Kobler, *Die Entstehung des negativen Melanchthonbildes*, 464.

〈참고문헌〉

김병훈 편. 『그리스도의 능동적 순종과 의의 전가』. 수원: 합신대학원출판부 2022.

류성민. "나는 결코 루터를 따르지 않는다. 에라스무스의 "자유의지에 대하여"의 분석 (*me numquam iurasse in verba Lutheri*)." 「ACTS 신학저널」 46(2020), 73-114.

_____. "초기 비텐베르크 개신교의 인간론과 윤리." 「ACTS 신학저널」 42(2010), 83-117.

_____. "루터의 노예의지론에 대한 분석과 신학적 윤리적 평가." 「ACTS신학 저널」50 (2021), 223-273.

_____. "멜랑흐톤의 인간론." 『종교개혁과 인간』. 부산: 고신대학교 개혁주의 학술원 2021, 79-104.

_____. "멜란히톤의 시편 주석을 통하여 본 칭의와 성화의 관계." 「성경과신 학」82 (2017), 425-452.

Dingel, Irene ed. *Die Bekenntnisschriften der Evangelisch-Lutherischen Kirche*. Göttingen: V-R, 2014. (= *BSELK*).

Kobler, Beate. *Die Entstehung des negativen Melanchthonbildes. Protestantische Melanchthonkritik bis 1560*. Tübingen: Mohr Siebeck 2014.

Kolb, Robert. *Rechtfertigungslehre*. In Günter Frank ed. *Philipp Melanchthon. Der Reformator zwischen Glauben und Wissen*.

Ein Handbuch. Berlin: De Gruyter 2017: 347-362.

Melanchthon, Philipp. Ed. Stupperich, Robert. *Melanchthons Werke in Auswahl.* Gütersloher Verlagshaus Gerd Mohn: Gütersloh, 1951-. (= *MSA*)

_____. "신학총론". 『멜란히톤과 부처』 이은선 역. 두란노 아카데미: 서울, 2011 (기독교고전총서 17), 34-218. (= *Loci* 1521)

_____. Ed. Carl Gottlieb Brettschneider and Heinrich Ernst Bindseil. *Corpus Reformatorum: Philippi Melanchthonis opera quae supersunt omnia.* Halle, Braunschweig: 1834-1860. (= *CR*)

_____. Ed. Ralf Jenett und Johannes Schilling. *Heubtartikel Christlicher Lere. Melanchthons deutsche Fassung seiner Loci Theologici, nach dem Autograph und dem Originaldruck von 1553.* Leipzig: Evangelische Verlagsanstalt 2002. (= Heubtartikel) 한역본: 필립 멜란히톤, 이승구 역, 『신학총론』 일산: 크리스챤다이제스트 2000. (세계기독교고전 39) (= *Loci* 1553)

Scheible, Heinz. *Melanchthon. Vermittler der Reformation. Eine Biographie.* München: C.H.Beck ²2016.

Wengert, Timothy J. *Law and Gospel: Philip Melanchthon's Debate with John Agricola of Eisleben Over Poenitentia.* Grand Rapids, Michigan: BakerBooks, 1997.

버미글리의 삼중적 칭의론

김진흥

Peter Martyr Vermigli(1499-1562)

서울대학교(B.A.)와 대학원(수료)에서 서양사학을 6년간 공부하였고, 고려신학대학원에서 신학을 전공하였다(M.Div.). 그후 네덜란드 개혁교회(GKV) 캄펜신학교에서 종교개혁사를 전공으로 신학석사(Drs.) 및 신학박사(Th.D) 학위를 취득하였다. 현재 시드니신학대학(Sydney College of Divinity) 직영 한국신학부(Korean School of Theology)의 senior lecturer로서, 교회사와 조직신학을 가르치고 있다. 주요 저서로는 Jin Heung Kim, *Scripturae et patrum testimoniis* (Apeldoorn: Instituut voor Reformatieonderzoek, 2009), 『오직 하나님의 메시지만 전파하라』(팜트리, 2011), 『교리문답으로 배우는 장로교신앙』(생명의 양식, 2017), 『마르틴 루터의 95개 논제와 하이델베르크 명제』(성약, 2017), 『피터 마터 버미글리:신학적 평전』(고신대 개혁주의학술원, 2018)이 있고, 주요 역서로는 피터마터 버미글리, 『거룩한 기도들: 버미글리의 시편 기도문』(고신대 개혁주의학술원, 2022), 얀 판 브뤼헌, 『네덜란드 신앙고백서 해설』(성약, 2021), 프란시스 쉐퍼, 『그리스도인의 선언』(생명의 말씀사, 1995), 『환경오염과 인간의 죽음』(생명의 말씀사, 1995), 『예술과 성경』(생명의 말씀사, 1995), 데이빗 베빙톤, 『역사관의 유형들』(조호연 공역, IVP, 1990) 등이 있으며, 다수의 신학 논문이 있다.

김진홍

Ⅰ. 들어가는 말

불혹이 넘도록 이탈리아에서 로마 가톨릭 교회의 수도원장이자 신학자로서 사역하던 버미글리가 종교개혁의 핵심적인 이신칭의 교리를 받아들이고, 나아가 알프스를 넘어 프로테스탄트의 중심 도시들에서 개혁주의 신학자로 변모한 과정은 참으로 하나님의 은혜로 말미암은 드라마이다. 버미글리의 칭의론은 법정적 칭의와 중생과 성화의 세 요소를 구별하지만 결코 분리하지 않는 '삼중적 칭의론'으로 알려져 있는데, 이것은 종교개혁의 개혁주의 신학의 성경적 특징을 잘 보여주는 사례이다. 본고는 당대 칼빈과 더불어 개혁주의 신학의 양대 산맥으로 높이 평가되었던 버미글리의 칭의론을 소개하고, 그 역사적 의의를 살펴보는 것이 목적이다.

본고는 다음 세 단락으로 구성되어 있다. 첫째, 버미글리의 칭의론을 알 수 있는 주요한 자료들인 고린도전서 주석 및 로마서 주석의 '칭의론 논의들'(loci on Justification)을 통하여 그의 칭의론의 개요를 제시한다. 둘째, 버미글리 칭의론의 '개혁주의적 성격'을 잘 보여주는 '삼중적 칭의론'이 무엇인지 소개하고 그 사상의 기원을 레겐스부르크 회담과 관련하여 특히 개혁파 신학자 마틴 부써의 칭의론과 비교하여 설명한다. 셋째, 버미글리의 개혁주의적인 삼중적 칭의론의 의의를 그 당대의 상황과 관련하여 소개한다. 마무리에서는 버미글리의 성경적이고 개혁주의적인 칭의론 논의가 오늘날 우리에게 어떤 도움이 되는지, 특히 새관점 학파와 관련하여 간략하게 제시할 것이다.

Ⅱ. 버미글리 '칭의론 논의'(Loci on Justification)

버미글리의 칭의론을 잘 보여주는 대표적인 두 자료는 그의 로마서 주석과 고린도전서 주석에 있는 '칭의론 논의들'(loci on Justification)이다. 고린도전서 주석의 칭의론 논의는 상대적으로 간략하게 제시되어 있지만, 그럼에도 버미글리의 개혁주의적 칭의론의 특징을 뚜렷하게 드러내고 있다. 고린도전서 주석의 경우 '예수는 하나님으로부터 나와서 우리에게 지혜와 의로움과 거룩함과 구원함이 되셨으니'(고전 1:30)라는 구절과 관련하여 1장 주석 다음에 칭의론 논의가 제시되어 있다. 분량에서나 그 서술의 깊이에서나 로마서 주석의 칭의론 논의가 버미글리의 칭의론을 가장 잘 보여주는데, 11장에 관한 주석 다음에 칭의론 논의가 상세하게 다루어진다.1 우선 이 두 칭의론 논의들을 요약적으로 제시하여 버미글리의 칭의론의 개요를 파악하고, 그 개혁주의적 특징을 살펴본다.

1. 고린도전서 주석의 칭의론 논의

버미글리는 '의'(*iustitia*)라는 용어의 성경적 개념을 소개하는 것으로 칭의론 논의를 시작한다.2 버미글리는 이 라틴어 단어의 구약적 원천을 '차디

---

1 로마서 주석(1558)의 칭의론 논의는 버미글리의 신학총론(*The Common Places*) III.4.에 실려 있는데, 그의 예정론 논의와 함께 단행본으로도 출간되었다. Peter Martyr Vermigli, *Predestination and Justification: Two Theological Loci* (Kirksville: Sixteenth Century Essays & Studies, 2003). 한편, 고린도전서 주석(1551)의 칭의론 논의는 J.P. Donnelly, S.J., F.A. James III, J.C. McLelland eds, *The Peter Martyr Reader* (Kirksville: Truman State University Press, 1999)에 8장 '칭의와 믿음'(Justification and Faith, 133-150)이라는 제목으로 수록되어 있다.

2 버미글리가 자신의 칭의론 논의를 이러한 어원 분석으로 시작한 것은 상당히 의미 있는 일이다. 왜냐하면, 트렌트 공의회가 종교개혁의 칭의론을 정죄한 지 20년 후에, 루터파 신학자 켐니츠 (Martin Chemnitz, 1522-1586)는 로마 가톨릭과 프로테스탄트 칭의론의 근본적인 차이를, 트렌트 공의회의 신학자들이 '칭의하다'(justify)라는 용어를 라틴어 방식으로 '의롭게 하다'라는 뜻으로 이해한 반면, 루터파는 그 단어를 히브리적 방식으로, 즉 '그리스도의 의의 전가로

크'(*tsadiq*)에서 찾았는데, 그 단어는 구약의 사사들에게 무죄한 자를 '의롭다고 선포'(*hitsdiq*)하게 하신 하나님의 명령과 연결된다. 즉 구약의 '의' 개념은 이런 시민적 정의와 관련된 말이다. 그 반대말인 '정죄하다'(*hirshia*) 역시 '누구를 유죄하고 악한 자라고 선포하는 것'이라는 의미인데, 두 용어 모두 재판과 관련된 법정적 용어이다. 로마서 주석의 칭의론 논의의 세 명제들에서도 분명하게 나타나듯이, 버미글리의 칭의론은 '전가에 근거한 법정적 개념'을 칭의에 관한 성경의 용어 분석을 통해서 우선 확인하고 시작한다.3

법정적 칭의 개념의 성경적 근거를 명확하게 제시한 다음, 버미글리는 '하나님이 자신의 의를 우리에게 넘겨주실 때 구별되는 세 가지 측면'에 관하여 집중적으로 논의한다. 첫째, 죄의 용서; 둘째, 은혜와 성령으로 말미암은 중생; 셋째, 선행의 습관을 통한 삶의 성화.

첫째 측면인 죄의 용서는, 우리의 죄책이 우리를 죽음으로 넘기지 않고 오히려 그 반대로 그리스도의 순종과 그분의 의가 우리에게 전가된다는 복음의 메시지를 설명한다. 우리 자신의 행위들로는 결코 도달할 수 없었던 완전하고 충분한 의로움이 그 이중적인 전가에 의하여 가능해진다. 우리에게 전가된 그리스도의 의가 영생에 들어갈 권리를 우리에게 수여한다. 둘째, 바로 그런 구원의 은혜에 의하여, 그리고 그리스도의 성령에 의하여, 우리는 영육간에

말미암은 죄의 사면'이라는 뜻으로 받아들인 데 있다고 지적하였기 때문이다. 켐니츠는 고대 그리스어에서도 성경이든 성경 밖의 문헌들이건 그 용어는 일관되게 법정적인 의미로 사용되며, 트렌트 공의회의 결정을 옹호하는 자들도 그 사실을 부인할 수 없다고 주장하였다. Korey D. Maas, "Justification by Faith Alone", Matthew Barrett ed., *Reformation Theology* (Wheaton: Crossway, 2017), 536-537.

3 앤더슨(Marvin W. Anderson)은 버미글리의 고린도전서 주석의 열한 페이지에 걸친 이런 논의를 '성경 본문의 일차적인 권위에 대한 주의 깊은 어원학적 분석, 그리고 교부 크리소스토무스를 그 해석의 주요한 안내자로 삼은 점, 그리고 오직 믿음과 사죄 사이의 관계를 밝힌 점'에서 중요하다고 평가한다. Marvin W. Anderson, *Peter Martyr, A Reformer in Exile* (1542-1562) (Nieuwkoop: B. De Graaf, 1975). 323.

우리의 모든 능력이 갱신되며, 그 결과 비록 우리의 현재의 삶이 연약하지만 그럼에도 올곧고 거룩한 삶을 살아가는데 적합한 사람이 된다. 셋째, 올곧고 거룩한 삶, 곧 선행의 습관으로부터 특정한 의로움이 우리의 영혼에 내재화되며, 그에 의하여 우리의 행위도 또한 의롭다고 여겨진다. 이처럼 우리의 선한 행위와 그로 말미암아 획득된 의를 하나님은 배격하지 않으신다. 왜냐하면 그것은 이미 중생한 영혼으로부터 나온 것이기 때문이다.4 여기서 버미글리의 '삼중적' 칭의론, 곧 '중생과 칭의와 성화는 개념상 구별될 수 있지만, 실제로 구원의 적용에서는 결코 분리되지 않는다'는 그의 개혁주의적 칭의론의 특징을 발견한다.5

하나님이 우리에게 의를 넘겨주실 때 구별되는 첫 번째 측면, 곧 그리스도의 순종과 의의 전가에 근거한 죄사함과 관련하여, 버미글리는 이신칭의 교리에서 말하는 '믿음'이 무엇인지 히브리어, 헬라어, 그리고 라틴어의 어원학적 의미를 분석하여 분명한 정의를 제시한다. 믿음이란, '하나님의 말씀들에 대한 영혼의 확고하고 변치 않는 동의'이며 또한 '믿는 자들의 구원을 위하여 성령이 우리에게 불어넣으신 동의'이다. 따라서 믿음은 '의견'과는 차원이 다른 것으로, 확고하고 변치 않는 것이다. 버미글리는 성경이 말하는 믿음, 곧 하나님의 의를 얻는 믿음의 이런 굳건한 성격을 강조하기 위하여 아리스토텔레스의 4중적 원인들을 적용하여 강조한다. '하나님의 말씀'(물질적 원인), '하나님의 말씀에 동의하는 행위'(형식적 원인), '우리를 설득시키는 성령의 사역'(효과적 원인), '우리의 구원'(최종적 원인).6 버미글리가 로마 가톨릭 신학자들의 무기로 간주

---

4 *The Peter Martyr Reader*, 135-136.

5 Jin Heung Kim, "Locus on Justification in Vermigli's Commentary on Romans", Peter G. Bolt, James R. Harrison eds., *Romans and the Legacy of St. Paul: Historical, Theological, and Social Perspectives* (Sydney: SCD Press, 2019), 530.

6 *The Peter Martyr Reader*, 136.

되었던 아리스토텔레스의 원인론을 동원하여 이처럼 믿음을 강조한 까닭은, 아마도 선행의 공로에 비하여 '오직 믿음'이 가볍게 여겨지고 무시되는 편견을 바로잡기 위한 것이라고 생각된다. 이신칭의의 믿음이 '성령 하나님에게 철저하게 의존적'이라고 버미글리가 강조한 까닭도 역시 그와 같은 맥락에서 이해될 수 있다: 신앙의 세 가지 이유에서 성령에게 의존해야만 한다. 첫째, 믿음으로 말미암아 우리가 동의해야 할 하나님의 메시지는 성령에 의하여 계시되지 않았다면 존재하지 않았을 것이다. 둘째, 우리의 영혼이 조명되어 거룩한 문서들 안에서 우리 앞에 놓여진 바를 이해할 수 있는 것 역시 성령의 사역이다. 그 사역이 없이는 자연인은 하나님의 일들을 인식할 수 없다. 셋째, 우리가 이제 이해할 수 있도록 해 준 그 빛은 의지와 감정을 일깨우는 일을 수반해야 한다. 그럼으로써 육신의 지혜와 삶의 위로들에 대한 욕구가 억제되어 하나님의 말씀에 대한 확고한 동의를 방해하지 않게 된다. 이런 모든 일은 우리 안에서 성령의 영감에 의하여 일어난다는 것은 전혀 의심할 여지가 없다.[7]

삼중적 칭의에 관한 간명한 설명 다음에 버미글리는 성경적 칭의론을 바르게 이해하지 못한 세 가지 오류들을 논박한다. 첫 번째 범주는 율법에 의한 의를 주장하는 유대인들이 빠진 오류인데, 버미글리는 바울의 로마서 및 갈라디아서의 논의를 근거로 하여 율법을 의의 원인으로 간주할 수 없다는 성경의 교훈을 강조한다. 율법이 없는 이방인들이 율법 외에 나타난 그리스도의 의로 하나님의 의로운 백성으로 선언되었다는 사도적 교훈, 그리고 율법에 근거하여 우리자신의 의를 주장할 때 오히려 그리스도로부터 멀어지고 은혜에서 떨어질 것이라고 경고하는 바울의 메시지가 제시된다. 특히, 사도 바울이 '육신의 연약으로 율법이 이루지 못한 일을 그리스도께서 이루신다'고 일관되게 주장한다는 사실

---

7 *The Peter Martyr Reader*, 136-137.

을 버미글리는 핵심적인 논박의 증거로 가리켜 보인다.[8] 두 번째 범주 역시 율법과 관련이 있는데, 율법을 순종하는 행위들에 의하여 의롭게 된다고 주장하는 오류이다. 버미글리는 율법의 도덕법에 근거한 의를 주장하는 견해와 율법의 의식법에 호소하여 의를 주장하는 견해를 각각 다루는데, 여기서는 도덕법에 속한 행위들을 의의 근거로 내세우는 주장을 반박한다. 이에 대한 버미글리의 논박은 네 가지 요지로 제시된다: 첫째, 그리스도 밖에 있는 사람들 곧 중생하기 이전의 자연인들의 경우에 그들의 행위들로써 구원 얻을 수 있는 사람은 아무도 없다고 확언한 로마서 3장의 논의에서, 바울은 '율법을 받은 유대인들조차 도덕적 행위로 의롭게 여겨질 수 없다'고 선언한다. 둘째, '전가'라는 성경적 개념, 곧 창세기 15장에서 아브라함의 의에 관하여, 그리고 시편 32편에서 다윗에 관하여 사용된 이 단어는 도덕적 선행에 의하여 의롭게 될 수 있다는 사람들의 입을 막는다. 셋째, 우리의 칭의는 성령을 통하여 가능하게 되는데, 우리는 성령을 우리의 행위들과는 무관하게 자유로운 은혜로 받으며, 따라서 우리가 칭의되는 것도 우리의 행위와는 별개로 하나님의 자유로운 은혜로 이루어진다. 넷째, 만일 의로움이 우리의 행위의 결과라면 하나님에게 돌려질 모든 영광이 삭감될 것이고, 인간은 스스로 자랑할 충분한 근거를 갖게 될 것이다. 이것은 바울이 분명하게 부인하는 사상이며, 은혜에 의한 칭의 사상과 너무나 대조되는 견해이므로, 서로 양립할 수 없다.[9] 율법의 의식법에 따른 거룩한 예전들을 통하여 의롭게 될 수 있다는 주장이 세 번째 범주의 오류로서, 버미글리는 '아브라함의 믿음과 할례'에 관한 바울의 논의를 들어 논박한다. 로마서 4장의 논의에 따르면, 아브라함은 할례를 받기 이전에 믿음

---

8 *The Peter Martyr Reader*, 137-138.
9 *The Peter Martyr Reader*, 139-140.

에 의하여 의롭다 하심을 받았다. 심지어 구약에서도 거룩한 예전들이 오히려 '하나님에게 가증하고 불쾌한' 것으로 묘사되었다(사 1:11-12; 암 5장; 시 50-51편)는 사실들을 언급하면서, 버미글리는 특히 신약의 히브리서에서 그런 거룩한 예전들이 칭의의 기원으로 간주될 수 없다는 사실을 잘 가르친다고 평가한다.[10] 버미글리는 칭의론 논의의 뒷부분에서 다시 한 번 모세의 율법이 명한 예전들을 통하여 의롭게 될 수 없다는 사도 바울의 논박을 소개하는데, 특히 초대교회에 등장한 거짓 교사들의 오류와 연결하여 강조한다. 그들은 초창기 기독교회에 여전히 구약의 예식법들이 필수적으로 남아 있다고 주장하였으나, 바울은 그런 주장을 명백하게 논박하였다는 것이다. 이런 맥락에서 버미글리는 '율법으로는 죄를 깨닫는다'는 바울의 가르침은 단지 모세의 예식법뿐 아니라 도덕법에 근거해서도 의를 얻지 못한다고 분명하게 선언하는 것이라고 해석한다. '십계명의 왼쪽 돌판에 기록된 의식법이 구약 시대에 의로움을 가져다 주지 못하였는데, 오른쪽 돌판의 도덕법이 의롭게 만들지 못한다는 것은 당연하다.'[11]

종교개혁의 '이신칭의'(Justification by Faith) 교리를 확고하게 지지하는 입장에서, 버미글리는 율법을 준수함으로써 의롭게 되는 길은 타락한 인간의 연약함 때문에 이룰 수 없는 것이라고 단언한다. '의롭게 되는 두 가지 방법'(*duplex ratio iustificandi*) 중 첫 번째로 언급되는 이 길은 하나님의 율법을 완벽하게 지켜야 가능하기 때문이다. 그래서 두 번째 방법인 믿음이 의롭게 되는 유일한 길인데, 즉 그리스도께서 우리의 의라는 사실을 믿음으로 붙잡는 것이다. 그 믿음은 인간의 죄악된 본성에서 일어나는 타고난 교만을 제거할

---

10 *The Peter Martyr Reader*, 141.
11 *The Peter Martyr Reader*, 148-149.

강력한 능력을 가지고 있다. 이런 맥락에서 버미글리는 우리의 칭의의 원인들의 '순서'를 주의 깊게 설명하고 주목한다: 첫째, 하나님은 그 긍휼하심으로 우리에게 자비와 약속을 주셨다. 둘째, 그리스도께서 오셔서 우리의 의를 위한 공로를 이루셨다. 셋째, 우리의 믿음은 그리스도 및 그분과 함께 하나님의 긍휼과 구원의 약속들을 붙잡는 수단과 도구이다. 넷째, 믿음을 통하여 의롭게 된 그리스도인들은 선행의 열매를 맺는다.12 여기에서 '믿음'은 공로나 원인이 아니라 '통로, 수단, 도구'로 적절하게 이해되는데, 그것을 통하여 우리가 붙잡는 것은 우리를 의롭게 만들기에 충분한 하나님의 긍휼과 그리스도의 공로이다. 버미글리는 이런 도구이자 통로로서의 믿음을 '우리를 의롭게 만드는 행위'라고 말하는 것은 대단히 부적절하다고 지적한다. 칭의의 원천은 첫째와 둘째, 곧 하나님 긍휼하심과 약속들 및 그리스도에서 찾아야 한다. 칭의를 '죄의 용서와 그리스도의 의의 전가'라는 개념으로 요약할 때, 버미글리는 우리의 믿음 역시 은혜의 산물이며 따라서 믿음 자체에 공로를 부여하는 생각을 경계한다.13

그 믿음으로 의롭다고 여겨진 그리스도인은 반드시 선행의 열매를 맺는다. 믿음과 선행의 순서에 대한 버미글리의 강조는 '믿음보다 사랑이 의의 근거가 되어야 한다'고 주장하는 로마 가톨릭의 반론을 적절하게 논박하는 것과 밀접하게 연결된다. 믿음과 사랑이라는 두 가지 기독교적 덕목을 나란히 비교하면 사랑이 더 탁월한 것은 분명한 사실이지만, 하나님의 약속과 긍휼 그리고 무엇보다도 그리스도 자신을 우리 영혼에 처음으로 받아들이게 하는 것은 믿음의

---

12 *The Peter Martyr Reader*, 143-144.

13 *The Peter Martyr Reader*, 145. 여기서 버미글리는 '이중적 전가'를 말한다. 우리가 의롭게 될 때, 우리의 죄들이 우리에게 전가되지 않고, 그 반대로 그리스도의 의로움이 우리에게 전가된다. 즉, 전가에는 죄의 용서뿐 아니라 그리스도의 의로움의 전가가 포함된다.

역할이다. 또한 사랑을 비롯한 다른 모든 덕목들은 중생과 칭의 이후에, 곧 성령으로 거듭나서 하나님의 자녀로 입양되고 난 이후에 그리스도인의 삶에서 열매 맺는다. 그러므로 사랑이 더 높고 탁월한 은사이지만, 우리가 하나님 앞에서 의롭게 되는 일에서 믿음이 사랑을 앞선다.[14] 종교개혁 당대에 이미 제기된 유명한 반론, 곧 칭의되었으나 여전히 악하게 살아가는 사람들의 경우에 관한 논란에 대하여, 버미글리는 단호한 답변을 제시한다: 악한 사람이 믿음으로 의롭게 된다는 말은, 악에서 물러나고 악을 혐오하는 사람에게 적용된다. 왜냐하면 참된 믿음은 결코 참회 없이 존재하기 않기 때문이다. 의롭게 된 사람들은 항상 새로운 삶을 시작하며 거룩한 일을 행한다. 이런 일은 칭의를 앞서지는 않지만 반드시 칭의를 뒤따른다.[15] 버미글리의 이런 견해를 좀더 직설적으로 표현하자면, '참된 회개의 열매가 없는 칭의는 거짓이며 위선'이라는 말이다. 이런 맥락에서 버미글리는 '오직' 믿음으로(*sola fide*)라는 원리가 우리의 칭의에서 '공로, 가치, 선행'이라는 원인을 배제한다는 첫 번째 의미를 내포하면서도, '선행을 수반하지 않고 믿음만으로'라고 해석되는 것은 성경을 잘못 이해하는 것이라고 분명하게 지적한다. 참된 믿음의 영구적인 동반자로서 거룩하고 선한 행위들을 결코 무시할 수 없다.[16] 선행(Good Works)을 다루는 그 다음 단락은 이런 맥락에서 주목할 만한데, 여기서 버미글리는 중생을 통하여 얻게 되는 내재적 의, 곧 선행을 통하여 우리의 것이 되는 의에 관하여 논의한다. 인간은 하나님의 형상으로 거룩하게 지음 받았으나, 원죄와 자범죄에 의하여 그 본래의 형상은 끊임없이 손상되고 훼손되었다. 중생으로 말미암

---

14 *The Peter Martyr Reader*, 144.

15 *The Peter Martyr Reader*, 145.

16 *The Peter Martyr Reader*, 146. 결론에서 버미글리는 '행위와 믿음 사이에는 필수적인 연결이 있다'는 표현으로 이 강조점을 반복하여 제시한다. *The Peter Martyr Reader*, 149.

아 율법을 순종하는 거룩한 삶의 가능성이 열린 그리스도인은 이제 습관적인 덕목들을 통하여 하나님의 형상으로 올바르게 살아가는 삶을 회복할 의무가 있다. 하나님이 그러한 선한 삶을 우리에게 요구하시므로, 우리는 각자 최선의 능력을 다하여 의로운 삶의 열매를 맺어야 한다. 버미글리에 따르면, 전가에 근거한 '법정적 의'(forensic righteousness) 개념과는 구별되는 이런 '내재적 의'(inherent righteousness)는 우리가 그리스도의 의에 힘입어 의롭게 된 사람들이라는 사실을 입증해주는 역할을 한다. 물론 우리의 선행을 통하여 우리에게 부착된 이런 내재적 의가 그 자체로는 하나님의 심판 앞에서 우리를 굳건하게 세워줄 수 없다. 그렇지만 이웃에 베푼 선행들은 마지막 심판에서 우리가 그리스도로 말미암아 의롭게 된 사람이라는 사실을 증거해줄 것이다. "우리는 선행들에 대한 기억에 의하여 마지막 심판에서 그리스도에 의하여 의롭게 될 것이다. 즉, 우리의 이웃들에게 보여준 긍휼의 증언들에 근거하여 우리는 의롭다고 선언될 것이다."[17]

2. 로마서 주석의 칭의론 논의

버미글리는 로마서 11장까지 바울이 가르쳐 온 모든 것의 초점이자 목적이 칭의론이라고 말하며, '사람들이 의롭게 되는 것은 행위에 의한 것인가 아니면 믿음에 의한 것인가?'라는 질문으로 요약한다.[18] 이 질문을 체계적으로 논의하기 전에, 고린도전서 주석의 칭의론 논의에서와 마찬가지로, 버미글리는 '칭의'(Justification)와 '믿음'(Faith) 그리고 '행위'(Works)라는 개념을 상세하게 분석한다. 칭의와 믿음을 의미하는 여러 히브리어 단어들에 대한 어원적

---

17 *The Peter Martyr Reader*, 147.

18 Peter Martyr Vermigli, *Predestination and Justification: Two Theological Loci* (Kirksville: Sixteenth Century Essays & Studies, 2003), 87.

연구를 통하여 버미글리는 종교개혁의 '이신칭의' 개념을 뒷받침하는 성경적 근거를 확인한다. 하나님은 죄를 사하심으로써, 그리고 의로움을 전가하심으로써 의롭게 하신다. 따라서 '의롭게하다'(*hitsdiq*)라는 단어는 '법정적인 동사'(forensic verb)이다.[19] 즉 실제로 어떤 사람을 의롭게 만든다는 의미가 아니라, 그를 의롭다고 평가하거나 혹은 판결을 통하여 의를 부여하는 것을 뜻한다. 이런 점에서 '믿음'을 뜻하는 구약의 여러 단어들도 어떤 사람들의 선언이나 약속을 실제로 확실하고 굳건하게 만드는 것이 아니라, 그것들이 그렇다고 생각하고 간주한다는 의미이다. 이런 점에서 칭의와 믿음이라는 단어는 유사한 성격을 가지고 있는데,[20] 그것은 모두 하나님의 은혜에 근거한 의로움이라는 종교개혁의 칭의론을 부각시킨다. 한편, '행위'라는 단어에 관한 짧은 논의에서 버미글리는 내적인 행위들과 외적인 행위들을 구별하고, '행위가 우리를 의롭게 하는가' 여부와 관련하여 '믿는다, 사랑한다, 총애한다, 두려워한다, 불쌍히 여긴다'와 같은 내적인 행위들을 집중하여 다룬다. 왜냐하면, 칭의에 뒤따르는 외적인 행위들은 이미 의롭게 된 사람에게 의를 가져다 주지 않으므로, 논의의 대상이 되지 않는다고 여기기 때문이다. 즉 논의의 대상이 되는 질문은, '믿음을 우리를 의롭게 하는 행위로 여길 것인가' 여부이다.[21]

로마서 주석의 칭의론 논의의 본론은 버미글리가 제시한 세 가지 명제들(Propositions)을 논의하면서 그 자신의 견해를 뒷받침하고 반대자들의 주장을 논박하는 방식으로 진행된다. 그 세 가지 명제들은 첫째, '칭의는 행위들에 의한 것이 아니다'(Justification is not by works), 둘째, '칭의는 믿음에

---

19 *Predestination and Justification*, 87.
20 J.P. Donnelly, S.J., *Calvinism and Scholasticism in Vermigli's Doctrine of Man and Grace* (Leiden: Brill, 1976), 150.
21 *Predestination and Justification*, 95-96.

의하여 획득된다'(Justification is by faith), 그리고 셋째, '칭의는 오직 믿음에 의해 주어진다'(Justification is by faith alone)는 명제들이다.[22] 버미글리는 첫째 명제를 통하여 자신이 주장하는 바에 관하여 간결하고 명확한 진술을 제시한 다음, 그 명제를 입증하는 성경적 증거들을 로마서를 비롯한 바울 서신들, 복음서들, 그리고 구약성경에서 광범위하게 찾아 제시한다. 그런 다음, 핵심적인 쟁점이 될 몇 가지 주장들과 관련하여 교부적 증거들을 제시하는데, '칭의 이전의 모든 행위들은 죄'이며, '칭의는 은혜로 말미암으며', '선행은 칭의의 열매'라는 중요한 논점들을 아우구스티누스, 나지안주스의 그레고리우스, 암브로시우스, 키프리아누스, 크리소스토무스, 바실리우스, 오리게네스, 히에로니무스 등의 증언들로 뒷받침한다. 이와 관련하여 버미글리는 성경의 증거보다 교부들의 주장을 앞세우는 논적들을 '신학자들이라기보다는 교부학자들'이라고 조롱한다.[23] 또한 그 논적들이 교부들을 그 원래 문맥과 관계없이 선택적으로 인용하여 이신칭의 교리를 반대하기 때문에, 버미글리는 정확한 교부 인용을 통하여 그들을 효과적으로 논박하고 있다. 한편, 펠라기우스주의를 정죄하였던 초기의 공의회들의 결정과 로마 가톨릭의 트렌트 공의회의 결정을 비교하여, 반동종교개혁의 칭의 교리가 사실상 펠라기우스주의에 경도되었다는 사실을 폭로한다.[24] 한편, 첫째 명제에 대한 다양한 반론들을 논의하는 부분은 고린도전서 주석의 칭의론 논의와 비교할 때, 그 종류와 분량에 있어서

---

22 이 세 가지 주장들에 관한 버미글리의 논의에 관한 자세한 소개는, 김진홍, 『피터 마터 버미글리: 신학적 평전』 (부산: 개혁주의학술원, 2018), 193-209에서 찾아볼 수 있다. 또한 Jin Heung Kim, "Locus on Justification in Vermigli's Commentary on Romans", 525-528에 요약적으로 제시되어 있다.

23 *Predestination and Justification*, 143. 또한, J.P. Donnelly, S.J., *Calvinism and Scholasticism in Vermigli's Doctrine of Man and Grace*, 152.

24 *Predestination and Justification*, 158.

훨씬 더 자세하고 깊이가 있다. 버미글리는 모두 여덟 가지 범주들로써 '행위가 우리를 의롭게 하지 못한다'는 첫째 명제를 반대하는 로마 가톨릭 신학자들의 다양한 논거들을 소개한다: 1) 율법의 도덕적이고 의식적인 선행을 통한 칭의; 2) 타락한 신자들의 선행의 사례; 3) 불신자들의 선행; 4) 선행과 일반은총; 5) 선행과 공로; 6) 예비적 선행; 7) 선행과 율법의 기능; 8) 기타 성경에서 가져온 반론들.[25]

두 번째 명제에 관한 버미글리의 논의는 곧바로 로마서를 필두로 한 성경적 증거를 제시하는 것으로 시작된다. 로마서 5장에 근거하여 버미글리는 주목할 만한 두 요점을 제시하는데, 하나는 우리는 믿음에 의하여 하나님의 은혜로 말미암아 구원을 얻는다는 것이며, 다른 하나는 이 은혜에 들어가는 것은 우리의 행위들의 사전 준비들이나 분배에 의한 것이 아니라, 오직 믿음에 의한 것이다. 또한 로마서 8장 29-30절에 요약된 구원의 단계를 버미글리는 예지, 예정, 소명, 칭의, 영화의 다섯 단계로 해석하며, 소명과 칭의 사이에 믿음이 개재될 수 있다고 설명한다. 믿음 이외에 칭의를 위한 다른 예비적인 단계는 없다. 소명을 받은 사람은 하나님의 구원 약속을 대면하게 되며, 그 약속을 믿음으로써 구원을 붙잡는다.[26] 로마서의 핵심적 신학적 주제를 칭의론과 예정론 두 개로 평가했던 버미글리는 이신칭의 교리에 관한 이 명제를 뒷받침하는 성경적 증거를 압도적으로 로마서에서 이끌어 낸다. 11장에 이르기까지 로마서의 거의 모든 장들에서 이 명제를 뒷받침하는 거의 서른 개의 성경구절들을 제시한다. 그런 다음 갈라디아서를 중심으로 바울의 다른 서신들, 다른 사도들의 서신들, 복음서들, 그리고 구약의 증거들이 상대적으로 간략하게 제시된다.

---

25 *Predestination and Justification*, 115-143. 이 반론들에 대한 버미글리의 논박은 『피터 마터 버미글리: 신학적 평전』, 119-201쪽 참조.

26 *Predestination and Justification*, 165.

모두 50개가 넘는 성경본문들을 동원하여 버미글리는 이신칭의 교리의 성경적 기초를 확증한다.27 이신칭의 교리에 대한 반론에 관한 방대한 논의가 이 둘째 명제를 다루는 단락에서 단연 두드러지는데, 여기서 버미글리는 두 사람의 로마 가톨릭 신학자들을 논박한다. 한 사람은 옥스포드 시절 그의 전임자였던 스미스(Richard Smith)이며, 다른 한 사람은 당대 로마 가톨릭 신학자들 가운데 가장 돋보이는 인물이라고 버미글리가 평가한 네덜란드 캄펜 출신의 신학자 피기우스(Albert Pighius)이다. 거의 30페이지에 걸친 이 방대한 반론들에 대한 논박은 둘째 명제뿐 아니라 로마서 주석 칭의론 전체에서도 단연 두드러지는데, 스미스에 대한 세 페이지 가량의 분량을 제외하고는 모두 피기우스의 견해를 대단히 자세하게 논박하고 있다.28 한편 이 두 번째 명제 곧 종교개혁의 핵심적인 교리라고 할 수 있는 이신칭의 교리를 뒷받침하는 교부적 증거들도 상당한 분량으로 모두 열 두 페이지에 걸쳐 소개되는데, 이 부분에서도 펠라기우스주의에 경도된 피기우스의 견해를 논박하는 언급들이 곳곳에서 나타난다. 둘째 명제를 뒷받침해 줄 공의회의 증거 역시 펠라기우스주의 논박과 관련된 고대 북아프리카 교회의 밀레비움(Milevium) 공의회와 세미-펠라기우스주의를 정죄한 오랑주(Orange) 공의회가 언급되며, 샤를마뉴 치하의 프랑크 제국에서 소집된 마인츠(Mainz) 공의회에서 인용된 교황 그레고리우스의 신행의 일체에 관한 교훈도 언급하고 지나간다.29

셋째 명제는 성경 본문에 없는 '오직'(*sola*)이라는 단어를 추가한 것이 정당

---

27 J.P. Donnelly, S.J., *Calvinism and Scholasticism in Vermigli's Doctrine of Man and Grace* (Leiden: Brill, 1976), 153.

28 *Predestination and Justification*, 172-205. 이것은 버미글리의 칭의론의 성격을 이해하는 데 상당히 중요한데, 본고의 뒷부분에서 레겐스부르크 회담과 관련하여 다시 언급할 것이다.

29 *Predestination and Justification*, 217-218. "자신이 믿는 바를 실제로 실천하는 사람이 참으로 믿는 자이다."

한가 여부에 관한 논의이다. 우리의 칭의에 있어서 믿음의 필요성을 인정하면서도, 그에 덧붙여 공로적 선행이 요구된다는 옥스포드의 로마 가톨릭 신학자 스미스의 주장을 논박하는 것이 주된 요지이다. 버미글리는 앞서 이신칭의 교리를 뒷받침하는 모든 성경구절들이, 비록 '오직'이라는 단어가 본문에 없음에도 불구하고, 우리는 오직 믿음으로 의롭게 된다는 사실을 참으로 입증한다고 단언한다.[30] 성경의 '은혜'(*gratis*) 개념은 '이유 없어'(without cause) 혹은 '보답이나 값 없이'(without reward and price)라는 뜻이므로, 칭의는 '오직 믿음으로'(*sola fide*) 주어진다고 합당하게 주장할 수 있다는 것이 버미글리의 핵심 논점이다.[31] 스미스의 주장을 다루는 열 페이지에 가까운 상세한 논박에 이어, 교부적 증거를 제시하는 비교적 간략한 부분으로 끝을 맺는다.

III. 버미글리의 개혁주의 칭의론

칭의에 관한 성경적 용어 분석에서 알 수 있듯이, 버미글리는 전가 개념을 핵심으로 하는 종교개혁의 법정적 칭의 개념을 분명하게 지지한다. 칭의란 '선택된 죄인들에게 하나님의 의를 수여하는 것'인데, 이런 법정적 개념은 버미글리의 칭의 이해의 중요한 기초를 이루며, 따라서 그의 칭의론이 종교개혁 칭의론의 주류에 속한다는 사실을 증거한다.[32] 이와 관련하여, 루터의 이신칭의 교리를 칼빈과 부써를 비롯한 개혁파 종교개혁자들이 전적으로 공감한다는

---

30 *Predestination and Justification*, 218.

31 *Predestination and Justification*, 219.

32 Frank A. James III, "The Complex of Justification: Peter Martyr Vermigli versus Albert Pighius", Emidio Campi ed., *Peter Martyr Vermigli, Humanism, Republicanism, Reformation* (Gevene: Droz, 2002), 49.

사실은 이미 잘 알려져 있다.33 그런데, 버미글리가 루터의 유명한 '의인이면서 동시에 죄인'(*simul iustus et peccator*)라는 표현을 결코 사용하지 않았다는 사실을 지적하면서, 법정적 칭의 개념에 대한 두 사람의 이해에 차이가 있다고 주장하는 일부 견해가 있다. 그렇지만, 우리가 앞에서 살펴본 고린도전서 주석 및 로마서 주석의 칭의론 논의에서 버미글리가 제시한 '칭의' 개념의 어원학적 분석은 내용적으로 루터의 그 사상을 분명하게 긍정한다.34

그런데, 종교개혁 칭의론의 정통적 입장에 서 있는 버미글리의 칭의론의 '개혁주의적' 성격을 잘 드러내는 것은 그의 '삼중적 칭의론'(Threefold Justification)이라고 할 수 있다. 버미글리는 로마서 3장의 '율법 외에 하나님의 한 의가 나타났다'는 구절에 대한 주석에서 자신의 삼중적 칭의론을 다음과 같이 요약한다: 첫 번째 종류의 의는 죄를 사하셨고 그 자신의 의로움을 전가하신 '그리스도에 의한 우리의 수용'(reception by Christ, 그리스도께서 우리를 받아주심)이며, 두 번째 종류의 의는 성령의 도움으로 우리의 지성(mind)을 개혁한 것인데, 성령 하나님은 은혜로써 신자를 내적으로 갱신하신다. 세 번째 종류의 의는 거룩하고 경건한 행실들을 뒤따르는 것인데, 왜냐하면 이렇게 한 번 찾아온 그것들은 아주 열정적이고 바람직한 올바른 행함이기 때문이다.'35 칭의론에서 전가 사상에 기초한 법정적 칭의와 의롭게 받아들여진 그리스

---

33 예를 들어, Stanford Reid, "Justification by Faith according to John Calvin", *The Westminster Theological Journal* 42 no 2 (Spring 1980), 290-307. 리드 교수는 "만일 이신칭의가 특별히 루터파 교리라면, 우리는 칼빈을 개혁파 진영이 아니라 루터파 진영에 두어야 한다"고 강조한다. 296쪽. 이런 근본적 일치에 관한 비교적 최근의 연구로는, Korey D. Maas, "Justification by Faith Alone", 511-547를 참조하라.

34 이런 근거에서 프랭크 제임스 3세는 버미글리의 칭의론에서 로마 가톨릭의 유산을 발견할 수 있다고 주장하는 Klaus Sturm과 J.P. Donnelly의 견해를 논박한다. 제임스 3세는 칼빈 역시 1559년판 기독교강요에서 루터의 그 표현을 한번도 사용하지 않지만, 칼빈 역시 그 개념을 포용한 것은 틀림없다고 강조한다. Frank A. James III, "The Complex of Justification: Peter Martyr Vermigli versus Albert Pighius", 51-52.

도인의 거룩한 삶 사이의 균형 잡힌 강조가 초창기 개혁주의 종교개혁자들에게서 공통적으로 발견할 수 있는 특징이라는 것을 고려할 때, 버미글리의 삼중적 칭의론은 뚜렷하게 개혁주의적 입장을 보여준다.

1. 버미글리의 삼중적 칭의론

버미글리의 삼중적 칭의론은, 앞서 언급한 대로, 우선 고린도전서 주석의 칭의론 논의에서 '하나님이 그 자신의 의를 우리에게 넘겨주실 때 구별할 수 있는 세 가지 측면'에 관한 설명에서 그 모습을 드러낸다. 로마서 주석에서는 한층 더 명확하게 삼중적 칭의의 개념을 설명하는데, '이중전가'와 '중생' 그리고 '성화의 삶'이라는 세 가지 측면들의 구별되지만 분리될 수 없는 성격이 강조된다.[36] 첫 번째 의는 그리스도로 말미암아 우리가 하나님의 은혜 안으로 받아들여진 것인데 우리의 죄가 사함을 받고 그리스도의 의가 우리에게 전가되는 것이다. 두 번째 의는 성령의 도우심으로 우리의 마음이 개혁되고 우리가 내적으로 은혜에 의하여 새롭게 되는 것이다. 세 번째 의는 거룩하고 경건한 행실들이 뒤따르는 것이다.[37] 버미글리에 따르면 하나님이 우리에게 주시는 의의 이 세 부분들은 서로 밀접히 연결되어 있다. "오직 그리스도의 전가된 의에 기초한 법정적 칭의는 불가피하게 성령의 중생케 하시는 사역을 수반하는데, 그것이 죄인 안에 도덕적 변혁을 일으키며, 그것은 다시 불가피하게 성화

---

35 M.W. Anderson, *Peter Martyr, A Reformer in Exile* (1542-1562), 336-337.

36 Peter Martyr Vermigli, *In Epistola S. Pauli Apostoli ad Romanos commentarii doctissimi* ⋯ (Basel: P. Perna, 1558), 49. F.A. James III, "Romans Commentary: Justification and Sanctification", T. Kirby, E. Campi, F.A. James III eds., *A Companion to Peter Martyr Vermigli* (Leiden: Brill, 2009), 312에서 재인용.

37 F.A. James III, "Romans Commentary: Justification and Sanctification", T. Kirby, E. Campi, F.A. James III eds., *A Companion to Peter Martyr Vermigli* (Leiden: Brill, 2009), 312.

혹은 선행을 열매 맺는다."[38]

　버미글리의 칭의론을 '개혁주의적 가톨릭'이라고 평가하는 쉬투름이나 도널리 등의 견해와 관련하여, 칭의에 대한 이런 삼중적인 강조가 로마 가톨릭의 공로 사상과 뚜렷이 구별되는 것은 율법에 대한 그의 깊은 이해에서 잘 나타난다. 고린도전서 주석에서 버미글리는, 인간이 하나님의 율법을 그 자신의 자연적 힘만으로 성취할 수 있는가 여부에 대하여 단호하게 반대하는 견해를 표명한다. 하나님의 은혜의 선물인 믿음 없이는 아무도 율법을 온전히 이룰 수 없다. 그 믿음이 없이는 하나님에 대한 사랑도 불가능하다. 따라서 하나님의 은혜 없이는 그 누구도 율법을 성취할 수 없다. 그런데, 타락한 인간 본성으로는 불가능한 율법을 주신 까닭은 우리로 하여금 무릎을 꿇고 하나님의 은혜를 간구하도록 하기 위함이다. 기도 없이는 율법을 이루는데 필요한 하나님의 도움을 얻을 수 없기 때문이다. "기도의 필요성은 버미글리의 은혜의 신학의 저변을 흐르는 상수이며, 그는 그것을 펠라기우스주의자들에게 반대하는 아우구스티누스의 가장 중요한 원리들 가운데 하나로 강조한다."[39] 그러므로, 버미글리의 삼중적 칭의론은 로마 가톨릭적 색채를 띠고 있는 것이 아니라, 오히려 종교개혁의 칭의 교리의 성경적 성격을 한층 더 분명하게 제시하려는 초기 개혁주의 신학자들의 노력의 일환으로 평가되어야 한다.

2. 버미글리의 삼중적 칭의론의 뿌리

　스티븐스(W.P. Stephens)는 부써의 칭의론에 관하여 평가하면서, '전가를

---

38 F.A. James III, "Romans Commentary: Justification and Sanctification", 314.

39 Simon J.G. Burton, "Peter Martyr Vermigli on grace and free choice: Thomist and Augustinian perspectives", *Reformation & Renaissance Review*, Vol. 15 No.1 (April, 2013), 43.

통한 법정적 칭의'와 '성령의 거룩하게 하시는 사역'을 함께 강조하는 견해를 강조한다.[40] 주지하듯이, 알프스를 넘어 종교개혁의 진영으로 온 버미글리의 첫 사역지는 스트라스부르(1542-1547)였고, 이 시절에 그는 부써와 긴밀하고 풍성한 신앙적 신학적 교제를 나누면서 사역하였다. 그러므로 버미글리의 삼중 적 칭의론을 부써의 칭의론과 연결하여 그 기원을 고려하는 것은 당연한 일이 라고 할 수 있다. 이미 이탈리아 시절에 버미글리는 부써의 칭의론을 두 가지 경로를 통하여 접하였다고 여겨진다. 우선 나폴리의 수도원장 시절 (1537-1540)에 버미글리는 가명으로 출판된 종교개혁자들의 저작들을 통해 이신칭의 교리를 받아들였 때, 그 저서들 가운데 부써의 복음서 주석들과 시편 강해가 포함되어 있었다.[41] 둘째는 부써가 참여하였던 레겐스부르크 회담(The Colloquy of Regensburg)[42]에 관하여, 추기경 콘타리니(Gasparo

---

40 W.P. Stephens, *The Holy Spirit in the Theology of Martin Bucer* (Cambridge: Cambridge University Press, 1970), 49. "하나님은 의로움을 나누어 주시는(imparting) 일 없이는 결코 전가하지(impute) 않으신다. 하나님은 그분의 목전에 인간의 지위(standing)를 단순히 변혁시키지 않으시고, 하나님과 사람의 목전에 그의 인간의 삶(life)을 변혁시키신다. 그와 동시에, 그 어떤 인간도 하나님의 공로 없이 주시는 사죄의 필요성을 항상 느끼는 그런 방식이 아니고서는 … 그는 의롭게 되지 않는다."

41 Josia Simler, "Oration on the Life and Death of the Good Man and Outstanding Theologian, Doctor Peter Martyr Vermilig", in J.P. Donnelly ed., *Life, Letters, and Sermons* (Kirksville: Sixteenth Century Essays & Studies, 1999), 20. "그(버미글리)는 부써의 복음서 주석들을 확보하였고 주의 깊게 연구하였다."

42 1541년 레겐스부르크 회담에서 로마 가톨릭 신학자 그로퍼(Johann Gropper, 1503-1559) 의 지도 아래, 로마 가톨릭과 프로테스탄트 신학자들이 칭의론에 대한 상당한 의견 접근을 이루었다. 여기서 로마 가톨릭 신학자들은 '살아 있는 능동적 믿음을 통하여 죄인이 의롭게 된다는 의미에서 '이신칭의'를 수용할 수 있다'고 선언하였다. Jaroslav Pelikan, *The Christian Tradition: A History of the Development of Doctrine, 4 Reformation of Church and Dogma* (1300-1700) (Chicago: University of Chicago Press, 1984), 285. 이 회담에 양측을 대표하여 참석한 여섯 명의 신학자들은 멜랑흐톤, 부써, 피스토리우스 (Pistorius)와 그로퍼, 요한 에크, 그리고 플룩(Pflug)이다. 한편, 교황의 사절로 그 회담에 참여 한 콘타리니와 더불어, 칼빈과 피기우스도 이 회담에 참관하였다. Cf. Anthony N.S. Lane, *Regensburg Article 5 on Justification, Inconsistent Patchwork or Substance of True Doctrine* (Oxford: Oxford University Press, 2019), 3. 안토니 레인의 책은 이 회담의

Contarini, 1483-1542)가 당시 루까의 수도원장으로 사역하고 있던 버미글리에게 그 회담의 내용과 결과를 알려준 일이다.[43] 특히 버미글리의 삼중적 칭의론과 관련하여, 그의 견해의 기원을 한편으로는 로마 가톨릭적 배경에서 찾는 견해와 다른 한편으로는 부써의 영향으로 보는 견해가 있으므로, 레겐스부르크 회담이라는 공통분모를 통하여 그런 견해들을 평가해 보는 것이 필요할 것이다.

(1) '개혁주의적 가톨릭'(*Reformkatholik*)[44] 칭의론?

예수회 신부인 도널리는 칭의론에 있어서 버미글리가 '루터와 칼빈이 내버려 두고 떠난 많은 가톨릭적 뉘앙스를 그의 교리에서 유지하였다'는 쉬투름(Klaus Sturm)의 평가에 동의하는데, 그것은 버미글리가 이탈리아 시절에 교제하였던 로마 가톨릭 친구들 사이에 '이중적 칭의'(double justification) 이론들이 유행하였고, 그것이 버미글리의 스트르스부르 시절 칭의론에 지속적으로 영향을 주었기 때문이라고 주장한다.[45] 이런 해석에 따르면, 버미글리의

칭의론에 관한 최근의 아주 상세한 연구로서, 이중적 혹은 삼중적 칭의론의 다양한 기원들과 레겐스부르크 회담의 제5조항에 관한 뛰어난 분석과 평가를 제공한다.

43 Mariano Di Gangi, *Peter Martyr Vermigli 1499-1562: Renaissance Man, Reformation Master* (Lanham: University Press of America, 1993), 52. 디 강기는, 교황청으로부터 회담의 성과를 배척당한 콘타리니가 산 프레디아노 수도원에서 버미글리와 함께 지내면서 레겐스부르크에서 논의된 내용들과 그 좌절된 결과들을 심도 있게 나누었을 것이라고 주장한다.

44 이 용어는 쉬투름의 표현이다. Klaus Sturm, *Die Theologie Peter Martyr Vermiglis während seines ersten Aufenthalts in Strassburg 1542-1547* (Neukirchener: Neukirchener Verlag, 1971), 69. "마터는 칭의교리에 있어서도 개혁파 교회의 아버지들 가운데 개혁주의적 가톨릭이다"(Martyr ist – auch in der Rechtfertigungslehre – ein Reformkatholik unter den Vätern der reformierten Kirke).

45 J.P. Donnelly, *Calvinism and Scholasticism in Vermigli's Doctrine of Man and Grace* (Leiden: Brill, 1976), 154.

삼중적 칭의론은 레겐스부르크 회담에서 채택된 '이중칭의론'과 근본적으로 조화되며, 따라서 그의 칭의론의 중요한 원천을 로마 가톨릭의 성화에 관한 견해라고 말할 수 있을 것이다. 쉬투름의 이런 평가는 버미글리의 칭의론에서 법정적 칭의와 중생이 아주 밀접하게 연결되어 강조된 사실에 주목한 것이다.[46] 이런 맥락에서 버미글리의 삼중적 칭의론은 레겐스부르크 회담에 참여한 로마 가톨릭측 인사들, 즉 추기경 콘타리니와 그로퍼, 그리고 누구보다도 피기우스의 칭의론과 아주 유사한 것으로 평가된다. 그러나 이런 평가는 버미글리 자신의 논박에 의하여 도전 받는데, 앞에서 살펴본 대로 그의 로마서 주석의 칭의론 논의에서 가장 중요하게 다루어진 반론이 바로 레겐스부르크 회담에서 로마 가톨릭의 이중 칭의론을 대표하였던 피기우스에 대한 것이기 때문이다. 따라서 버미글리의 삼중적 칭의론을 피기우스나 그로퍼를 비롯한 로마 가톨릭 신학자들에게서 찾는 해석은 바로 그 당사자에 의하여 난처한 지경에 빠지게 된다.[47]

무엇보다도 버미글리는 자신의 칭의론을 통하여 로마 가톨릭 교회의 펠라기우스적 경향을 반대하는 일에 주된 관심을 기울였는데, 트렌트 공의회에서도 높이 평가된 피기우스는 바로 그런 경향을 대표하는 인물이었다. 그는 인간의

---

[46] F.A. James III, "The Complex of Justification: Peter Martyr Vermigli versus Albert Pighius", 52. 맥그라스에 따르면, 특별히 중생과 법정적 칭의 사이의 관계에 대한 이해가 로마 가톨릭 칭의론과 프로테스탄트 칭의론을 구별하는데 결정적인데, 버미글리의 경우 오히려 그 둘 사이의 밀접한 연결을 강조하기 때문이다. 참조, Alister E. McGrath, *Iustitia Dei: A History of the Christian Doctrine of Justification* (Cambridge, 1986), vol 2. 186. "종교개혁의 칭의 교리들의 필수불가결한 특징은 칭의와 중생 사이에 의도적이고 조직적인 구분이 가해진 것이다."

[47] F.A. James III, "The Complex of Justification: Peter Martyr Vermigli versus Albert Pighius", 47. "버미글리의 칭의 교리를 좀더 깊이 이해하려면, 칭의 교리에 대한 그의 가장 성숙하고 완전히 발전된 이해는 신학적으로 좀더 동정적인 가톨릭 신학자들에 대한 그의 의식적인 반대에서 표현되어 있다는 당혹스런 사실을 인정해야만 한다."

도덕적 능력을 긍정적으로 평가하는 입장이었고, 인간이 원죄를 가지고 태어난다는 사상을 부인하였다.[48] 버미글리는 의롭게 하는 선행의 능력을 주장하면서 이신칭의 교리를 반대하는 피기우스의 견해를 성경의 가르침으로 반박하며,[49] 바울의 가르침을 부정하는 그를 바울을 조롱하는 태도라고 날카롭게 비판한다.[50] 따라서 피기우스의 이중적 칭의론이 '외견상' 버미글리의 삼중적 칭의론과 유사하게 보일 수 있어도, 두 신학자의 칭의론은 근본적으로 그 궤를 달리하는 것이었다.

한편, 레겐스부르크 회담에서 잠정적으로 합의된 칭의론이 버미글리의 삼중적 칭의론에 어떤 영향을 주었는지 분명하게 확인할 수는 없다. 이중적 칭의를 말하는 그 회담의 제5조항은 '전가된 의'와 '내재적 의'라는 두 가지 종류의 의를 인정하며, 종교개혁자들이 강조하는 전가된 의가 요청되는 까닭은 내재적 의의 불완전함, 즉 내재적 의가 우리를 하나님에게 받아들여지게 하는데 충분하지 못하기 때문이라고 평가된다.[51] 의로움(righteousness)의 세 가지 유형

---

48 F.A. James III, "The Complex of Justification: Peter Martyr Vermigli versus Albert Pighius", 55. 또한, F.A. James III, *De Justificatione: The Evolution of Peter Martyr Vermigli's Doctrine of Justification* (Westminster Theological Seminary, Doctor Dissertation, 2000), 285. 제임스 3세는 아우구스티누스의 인간론이 버미글리의 칭의론에 핵심적인 역할을 하고 있다고 일관되게 주장한다. 이런 기초 위에서 버미글리는 당대 가톨릭교회 내의 온건-진보적 당파를 대표한다고 평가되는 피기우스를 대여섯 차례에 걸쳐 직설적으로 펠라기우스주의자라고 비판하였다.

49 Vermigli, *Predestination and Justification*, 183. "피기우스는 왜 우리가 선행으로부터 의롭게 하는 능력을 빼앗는지 이유를 제시하라고 요구한다. 우리는 이것을 몇 마디 말로 설명할 수 있다: 우리가 그렇게 하는 것은 성령께서 참으로 인간은 행위 없이 믿음으로 의롭게 된다고 성경에서 가르치기 때문이다."

50 Vermigli, *Predestination and Justification*, 181. "그(피기우스)는 할 수 있는 한, 인간은 그리스도에 대한 그리고 사죄에 대한 믿음에 의하여 의롭게 될 수 없다고 주장한다. 왜냐하면 아브라함이 의롭게 된 그 믿음은 이런 일들에 적용되지 않았기 때문이라고 그가 주장하기 때문이다… 이 주장으로 피기우스는 의기양양하게 진리를 모욕하고 우리의 의견을 비웃는다. 이것은 바울 자신을 조롱하는 짓에 다를 바 없는데, 왜냐하면 가장 유창한 말로 바울은 우리가 그리스도에 대한 믿음에 의하여 그리고 사죄에 의하여 의롭게 된다고 확언하기 때문이다."

들과 관련하여, 제5조항이 첫째, 성령의 변혁시키는 사역으로 초래된 내적인 의로서 '분여된 혹은 내재적인 의로움'(infused, imparted or inherent righteousness), 둘째, 행위의 의, 곧 첫 번째 의로움에서 그 열매로 흘러나오는 '획득된 혹은 실제적 의로움'(acquired or actual righteousness), 그리고 셋째로 그리스도로 말미암아 우리의 것으로 간주된 의로서 '전가된 의'(imputed righteousness)로 설명한 것[52]은 버미글리의 삼중적 칭의론이 말하는 칭의, 중생, 성화의 세 측면과 상당히 유사하다고 평가할 수 있다. 그런데, 단순히 이런 유사성에 근거하여 레겐스부르크 회담의 칭의론이 버미글리의 삼중적 칭의론에 어떤 역할을 하였는지 평가하기란 쉽지 않다. 이탈리아 시절 콘타리니 추기경과의 대화 그리고 나중에 스트라스부르 시절 부써와의 교류를 통하여, 버미글리가 이 역사적인 그러나 결국 실패로 끝난 칭의론 합의에 관하여 상당히 자세히 알고 있었다고 미루어 짐작할 수 있지만, '성경과 교부들의 증언들로써' 자신의 칭의 교리를 뒷받침하는 버미글리의 두 칭의론 논의들에서 레겐스부르크 회담의 제5조항은 한 번도 명시적으로 언급되지 않기 때문이다.

(2) 부써의 삼중적 칭의론의 영향

---

51 Anthony N.S. Lane, *Regensburg Article 5 on Justification*, 89. 이와 관련하여, Brian Lugioyo의 책 231-233쪽에 실린 제5조항의 본문을 참조하라. 제5조항의 4항에서, "그럼에도 불구하고 우리가 의롭게 되는 것은 (즉, 하나님에게 받아들여지고 화해되는 것은) 이 믿음에 의해서라고 말하는 것은 여전히 진실인데, 그것은 그리스도 안에서 우리에게 분여된 [*communicaae*] 의로움의 가치 혹은 완전함 때문이 아니라, 그리스도와 그의 공로 때문에 우리에게 전가된 긍휼과 의로움을 전유하는 한에 있어서 그러하다." 그리고 5항에서, "비록 칭의된 사람은 의로움을 받으며 또한 그리스도를 통하여 내재적인 의로움도 받지만… 그럼에도 불구하고 신실한 영혼은 이것에 의존하지 않고 오히려 선물로 주어지는 그리스도의 의로움에만 의지한다. 그것이 없이는 아무런 의로움도 존재할 수 없다. 따라서 그리스도를 믿는 믿음으로써 우리는 칭의되며 혹은 의롭다고 간주되는데, 즉 우리 자신의 가치나 행위들 때문이 아니라 그리스도의 공로로 말미암아 우리가 받아들여지는 것이다."
52 Anthony N.S. Lane, *Regensburg Article 5 on Justification*, 90-91.

부써를 '그리스도의 교회 안에 현존하는 참으로 거룩한 주교'로 높이 평가한 버미글리를, 부써 또한 대단히 존중하여 '우선 버미글리와 상의하지 않고서는 아무런 결정을 내리지 않았다'고 묘사될 정도로 두 사람의 스트라스부르 사역은 긴밀하였다.53 따라서 종교개혁의 핵심적 교리인 칭의론에 관하여 두 개혁주의 신학자들이 깊은 대화를 나누었고 또 서로 영향을 주고 받았을 것이라는 것은 의심할 여지가 없다. 삼중적인 칭의 개념, 곧 중생과 칭의와 성화를 구별되지만 분리할 수 없는 구성요소들로 보는 버미글리의 견해가 처음으로 나타난 것은 스트라스부르 신학교에서 행한 '창세기 해설'(1543)이며, 그것이 옥스포드 시절의 고린도전서 강해(1548-49)와 로마서 강해(1550-1553)에서 계속 이어졌다. 5년간의 제1차 스트라스부르 시절에 부써와의 동역과 교제가 버미글리의 삼중적 칭의론의 기원을 보여준다는 것은 의심할 여지가 없다.54 한편, 부써의 캠브리지 대학의 왕립신학석좌교수(regius professor) 시절, 같은 대학의 로마 가톨릭 신학자 영(John Young, 1514-1580)이 칭의론에 관하여 공개적인 토론(1550)을 요청하였을 때, 부써는 버미글리에게 그 준비를 위하여 조언을 구하였다. 버미글리는 그 토론의 논제와 관련하여 여러 가지 구체적인 이슈를 조언하였으며, 또한 일차 토론을 통하여 이미 영예로운 승리를 거둔 부써에게 두 번째의 공개적 토론을 하지 않는 것이 좋다고 권유하기도 하였다.55

---

53 부써와 버미글리의 관계에 관해서는 김진흥, 『피터 마터 버미글리: 신학적 평전』, 44-49를 참조하라.

54 F.A. James III, "Romans Commentary: Justification and Sanctification", 313-314. 제임스 3세는 칭의, 중생, 그리고 성화를 나란히 제시하는 버미글리 자신의 독특한 입장이 특별히 부써의 견해와 일치한다고 평가한다.

55 토론의 논제들과 관련하여, 버미글리는 첫째, 영 박사가 제기한 '불의한 상태와 칭의 사이의 중간상태'(middle state)에 관하여, 부써가 온 힘을 기울여 공격할 것을 충고하였고, 둘째, 백부장 고넬료가 칭의 이전에 선행을 하였다는 주장과 관련하여 교부 아우구스티누스에 호소하

부써의 칭의론에 대한 포괄적인 연구에서 루지오요(Brian Lugioyo)는 부써가 '로마서 주석'(1536)에서 그 자신의 칭의론을 '삼중적 칭의'(*triplex iustificatio*)라는 개념으로 설명한 것을 소개한다. 부써에 따르면, '삼중적 칭의'란 하나님이 세 가지 방법으로 영생을 그리스도인들에게 부여하신다는 의미이다: "그 첫째는 그[하나님]가 우리를 영생으로 예정하심에 의한 것이며 그것은 그의 선하심에 의한 것이며 그리스도의 공로를 고려한 것이다… 둘째 방법은 그가 이미 어떤 방법으로 영생을 계시하시고 그것을 누릴 자에게 수여하심으로써, 즉 우리가 '아바 아버지'라고 부르짖을 수 있는 그의 성령의 선물에 의해서이다. 이 칭의는 부가적으로 우리의 신앙에 의한 것이지만, 그것 역시 하나님이 그의 자유로운 선하심으로 우리에게 주시는 선물이며, 그의 성령으로 우리 속에서 생겨나는 것이다. 세 번째 방법은 이제 그가 그 영생 혹은 심지어 우리가 누리는 축복들을 실제적으로 그리고 풍성하게 계시할 때인데, 그것은 더 이상 오직 믿음과 소망에 의한 것이 아니다. 우리의 행위가 이 칭의에 기여하는데, 그러나 그것들 역시 하나님의 자유로운 선하심의 선물들이며 사역들이다."⁵⁶ 이런 설명으로 부써는 예정으로 표현된 하나님의 은총만이 구원의 일차적이고 유일한 원인이라고 강조하면서, 동시에 그 예정이 이차적인 원인들로 작용하는 선행을 가능하게 만들어준다고 설명한다. 선행은 구원의 이차적 원인일 뿐만 아니라, 그 구원 자체를 가시적으로 만들어주는

는 영 박사의 입장에 관하여 상세한 논박 자료를 제시하였는데, 이 교부의 저서들을 폭넓게 읽고 적절하게 해석하면 선행이 '칭의를 앞서는 것이 아니라 그 뒤를 따르는 것'이라는 아우구스티누스의 결론에 도달하게 된다고 지적하였다. F.A. James III, *De Justificatione: The Evolution of Peter Martyr Vermigli's Doctrine of Justification* 267-268.

56 Brian Lugioyo, *Martin Bucer's Doctrine of Justification* (Oxford: Oxford University Press, 2010), 98. 루지오요는 부써의 삼중적 칭의론에 관한 이런 설명을 다음과 같이 요약한다: "첫째 칭의는 사죄, 하나님의 은혜, 그리고 성부 및 성자 하나님과의 교제로 이해된다; 둘째 칭의는 사랑과 덕으로 살아가는 신자의 새로운 삶에 대응한다; 셋째 의는 확증되고 보답 받는 선행에 의한 칭의이다."

표지이다. 부써에 따르면, 선행이 예정의 증거를 제시한다. 선행은 믿음이라는 선물이 내어놓는 열매인데, 신자들은 참된 신앙으로부터 자동적으로 산출되는 그 선행들에 의하여 구원받는다. 그 참된 신앙은, 부써에 따르면, '사랑으로 역사하는 믿음'이다.[57] 무엇보다도 구원의 토대를 하나님의 선하신 뜻에 굳건하게 기초하고 있는 부써의 칭의론은 '신앙과 행위' 그리고 '전가와 분여'라는 이중성이 '오직 믿음'이라는 가르침과 일관되는 방식으로 온전하게 결합되어 있다고 평가된다.[58]

부써와 버미글리의 칭의론의 유사성은 접근방법과 그 내용에서 뚜렷하게 나타난다. 우선, 부써가 바울의 칭의 개념의 범위를 정하는 일에서 결정적으로 고려하였던 사항이, 신학적 전통에서 의(iustitia)라는 고전적 개념들의 논의보다는 오히려 구약성경의 의(righteousness)에 대한 히브리적 이해에 기초를 두었다[59]는 점을 지적할 수 있다. 따라서 부써가 이해하기에 칭의는 우선적으로 하나님이 죄인을 용납하시는 행위인데, 그 칭의의 행위는 우리의 '죄를 용서하시는 일'과 우리에게 '의로움을 전가하는 일' 그리고 우리에게 '영원한 생명을 수여하는 일'로 이루어진다.[60] 1536년 로마서 주석에서 찾아볼 수 있는 이런 삼중적 측면들은, 비록 '그리스도의 의의 전가'라는 뚜렷한 표현으로는 아직 나타나지 않았지만, 버미글리의 삼중적 칭의론의 구성에 분명히 영향을 주었을 것이다. 이 주석에서 부써는 자신의 칭의 개념의 핵심적 측면이 '사죄',

---

57 Brian Lugioyo, *Martin Bucer's Doctrine of Justification*, 100.

58 Brian Lugioyo, *Martin Bucer's Doctrine of Justification*, 102.

59 David C. Fink, "'The Doers of the Law will be justified': The Exegetical Origins of Martin Bucer's *Triplex Iustificatio*", *Journal of Theological Studies*, NS, Vol. 58, Pt 2 (October 2007), 505. "부써가 그 용어의 일차적인 바울적 의미(primary Pauline sense) 라고 간주한 바라고 제시한 것은 바로 이런 히브리적 배경에 근거한 것이다." 507.

60 David C. Fink, "The Doers of the Law will be justified", 509-510.

곧 '죄를 우리에게 전가하지 않는 것'이라고 아주 분명하게 밝히고, 그런 의미
의 칭의를 '우리의 구원 전체의 근원이자 머리'라고 표현하였는데, 버미글리는
이런 표현을 자신의 로마서 주석 칭의론 논쟁에서 그대로 반복한다.[61] 또한
부써가 칭의에서 '하나님의 사죄 선언'과 '성령을 선물로 주심'을 구분하지
않으려고 한 관점은, 버미글리의 삼중적 칭의론에서 중생과 성화가 '성령의
사역'으로 제시되는 것에 그대로 반영된다.[62] 또한 두 신학자 모두 칭의를 '사
건이자 또한 과정'(event and process)으로 이해하였던 아우구스티누스의
견해를 반영하고 있다는 점에서 그 신학적 토대의 동질성을 보여준다. 하나님
이 은혜롭게 죄인을 용납하시는 그 사건은 사죄와 더불어 성령의 선물뿐만
아니라, 또한 영생으로 이어지는 선행을 포함한다.[63] 히포의 주교는 전가를
통한 '칭의'를 분명히 강조하면서도 성령의 사역을 통한 그리스도인의 '의화'를
균형 있게 강조하였는데, 부써와 버미글리는 바로 그런 아우구스티누스의 노선
을 충실하게 반영하고 있다. 또한 삼중적 칭의론이 자칫 펠라기우스주의적으로
오해되지 않도록 특별한 주의를 기울인 점도 부써와 버미글리에게서 동일하게

---

61 David C. Fink, "'The Doers of the Law will be justified', 511. 그리고 Vermigli, *Predestination & Justification*, xxxv. '칭의 교리는 '모든 경건의 머리이자 원천이며 최고봉' 이므로, 다른 무엇보다도 칭의에 대하여 확실해야 한다.'

62 David C. Fink, "'The Doers of the Law will be justified', 512. 비교, F.A. James III, "Romans Commentary: Justification and Sanctification", 312. "하나님의 의는 삼중 적이다… 두 번째 의는 그 뒤를 따라온다. 즉 성령의 도우심을 통하여 우리의 마음이 개혁되고 …"

63 David C. Fink, "The Doers of the Law will be justified", 523. 버미글리의 칭의론에 대한 아우구스티누스의 영향력에 관해서는, 김진흥, 『피터 마터 버미글리: 신학적 평전』, 189-190을 보라. "버미글리는 '신학총론'에서 하나님의 은혜가 어떻게 인간의 자유 의지와 조화롭게 작용하는지 다시 한 번 아우구스티누스의 견해를 들어 설명한다… 첫 번째 단계에서는 신인협력(synergism)이 전혀 없지만, 그러나 두 번째 단계에서는 분명한 협력(cooperation)이 있다." 이와 관련하여, Simon J.G. Burton, "Peter Martyr Vermigli on grace and choice", 49-50 참조.

나타나는데, 이 사실에서 우리는 버미글리가 한편으로는 레겐스부르크 회담의 로마 가톨릭 측 주요한 참석자였던 피기우스의 칭의론을 맹렬하게 공격하면서도, 그 회담의 제5조항의 중요한 원천으로 간주되는 부써의 칭의론은 아무런 어려움 없이 받아들일 수 있었던 까닭을 이해할 수 있다.

다른 한편, 부써와 버미글리의 칭의론에서 강조점의 차이도 찾아볼 수 있다. 부써는 자신의 삼중적 칭의론에서 '예정'을 칭의와 긴밀하게 연결시키는데, 그것이 그의 로마서 주석 칭의론의 혁신적인 측면이라고 평가된다.[64] 앞서 살펴보았듯이, 부써의 삼중적 칭의론은 '하나님이 우리에게 '영생'을 수여하시는 세 가지 방법들로서, 그 첫 번째 방법에 의하여 '영생을 우리에게 예정하시는 것'이라고 설명한다. 한편으로 이것은 칭의 전체의 기초를 우리를 향하신 하나님의 선하신 뜻에 둠으로써 모든 펠라기우스적 혹은 세미-펠라기우스적 요소들을 배격하는 종교개혁의 정통적 입장을 확고하게 보여주는 것이다. 그와 동시에, 다른 한편으로 '삼중적'이라는 용어는 법정적 칭의 개념과 성화의 개념을 분리하지 않고 연결시키려는 균형 잡힌 이해를 보여준다. 그런데, 버미글리의 삼중적 칭의론 역시 부써와 마찬가지로 법정적 칭의와 실제적 의화를 강조하되, 로마 가톨릭의 공로 사상에 대해서 철저하게 배격하는 점에서 일관되지만, 그러나 버미글리는 '예정'을 칭의론과 연결하여 다루기보다는 칭의론 논의와 더불어 로마서 주석의 또 다른 중요한 신학적 주제로서 한층 더 깊이 있게 논의한다.[65] 버미글리의 예정론 논의는 그 내용에서 그의 삼중적 칭의론과

---

64 David C. Fink, "The Doers of the Law will be justified", 521. "만일 부써의 로마서 2:13 주석에서 혁신적인 것이 있다면, 그것은 그가 삼중적 칭의(*triplex iustificatio*)의 공식에서 칭의를 예정과 연결시키는 방식이다."

65 Vermigli, *Predestination & Justification: Two Theological Loci*. 맥그라스는 예정론에 관한 후기 칼빈주의 논의에서 버미글리와 그의 제자인 잔키우스의 영향력이 칼빈의 영향력을 능가하였다고 평가한다. Alister E. McGrath, *A Life of Calvin: A Study in the Shaping*

연결될 수 있는 주제들이 많이 있음에도 불구하고, 버미글리는 자신의 칭의론 논의에서 '예정'이라는 단어와 개념을 강조하지 않는다. 이것은 로마서에서 핵심적인 두 신학적 주제들에 대한 그의 접근방법이 부써와는 조금 달랐다는 점을 보여주는데, 칭의를 미래의 영생과 연결시키는 것이 불러일으킬 수 있는 오해를 염려한 것이 아닌가 생각된다. 또한 법정적 칭의와 그에 뒤따르는 성화의 관계를 설명하는 방식에서 버미글리는 부써의 개념보다 더 세심한 관점을 보여주는데, 고린도전서 주석에서 버미글리는 '전가된 의'(imputed righteousness)와 우리 안의 '고유한 의'(inherent righteousness)를 구별하면서, 그리스도의 의의 전가를 칭의의 유일한 근거로 간주하고 고유한 의를 '주입된 것이 아니라 획득된 성향'으로 정의하는 것을 대표적인 사례로 들 수 있다. 이런 설명으로 버미글리는 아퀴나스를 위시한 스콜라주의의 칭의론에서 '고유한 의' 혹은 '성향적 의'를 은혜의 주입으로 설명하는 관점을 배격하며 그럼으로써 고유한 의가 하나님 앞에서 우리의 공로로 간주될 수 있다는 주장을 차단한 것이다.[66]

IV. 버미글리의 삼중적 칭의론의 의의

버미글리의 (그리고 부써의) 삼중적 칭의론의 의의를 종교개혁 당대의 상황에서 살펴보면, 가장 두드러지는 특징은 소위 '종교개혁의 돌파'로 평가되는

---

of Western Culture (Oxford: Blackwell Publishing, 1990), 207.

66 김진홍, 『피터 마터 버미글리: 신학적 평전』, 224-225 참조. 또한 Luca Baschera, "Independent Yet Harmonious: Some Remarks on the Relationship between the Theology of Peter Martyr Vermigli (1499-1562) and John Calvin", *Church History and Religious Culture* 91.1-2 (2011), 54.

루터의 '법정적 칭의' 교리에 대한 광범위한 오해를 불식시키려는 관심이다. 칭의의 근본적인 본질과 수단에 관하여 종교개혁자들은 루터파와 개혁파를 막론하고 비교적 신속하게 합의에 도달하였는데, 그것을 단적으로 보여주는 사례는 마르부르크 회담(1529)에서 루터와 츠빙글리로 대표되는 두 진영이 이신칭의 교리에 전적으로 공감한 사실이다. 더구나 칭의와 성화의 '구별되지만 불가분리한' 관계에 대한 루터의 견해 역시 본질적으로 버미글리와 칼빈과 같은 개혁주의 신학자들의 견해와 동일하다.[67] 그러나, 루터의 이신칭의 교리에 대한 오해와 반대는 종교개혁의 초창기부터 강력하게 제기되었다. '루터의 교리는 죽는 데는 유익하지만, 사는 데에는 해롭다'는 작센의 공작 게오르그의 (로마 가톨릭의 상식적인 이해 혹은 오해를 반영하는) 평가에서부터 '루터교도들은 실생활에서 경건에 힘쓰지 않고 이신칭의 교리에 호소하여 위선적인 삶을 살아간다'는 재세례파 신학자 메노 시몬스(Monno Simons)의 뼈아픈 비난에 이르기까지, 칭의에 대한 법정적 이해는 그리스도인의 선행과 경건한 삶을 저해한다는 비판이 좌우에서 쏟아졌다. 이런 비판은, 비록 오해에 근거한 경우가 훨씬 더 많았지만, 율법폐기론보다는 율법주의를 더욱 경계하였던 루터의 입장에서도 그 원인을 일부 찾을 수 있다. 루터는 '아우구스티누스가 바울의 칭의론을 완벽하게 이해하지 못하였다'고 평가하였는데, 그것은 '하나님의 의'에 관한 법정적 이해를 발견한 루터 자신의 종교개혁적 돌파를 강조하는 말이었다.[68] 그런데 이런 표현은 루터의 칭의론을 율법폐기론으로 오해하게 만들

---

67 Korey D. Maas, "Justification by Faith Alone", 530-531. 루터의 '그리스도인의 자유'(1520)에 이미 이런 이해가 뚜렷하게 나타난다.

68 Timothy George, *Theology of the Reformers* (Broadman Press, 1988). 이영선, 피영민 역, 『개혁자들의 신학』(서울: 요단출판사, 2000), 81. "아우구스티누스는 모든 스콜라신학자들보다 바울이 의미하는 바에 더 가까이 다가갔지만, 그러나 바울에게 도달하지는 못하였다. 처음에 나는 아우구스티누스를 탐독하였지만, 바울에게 들어가는 문이 활짝 열렸을 때 나는 이신칭의가 실제로 의미하는 바를 알았고, 그때 그것은 그(아우구스티누스)를 능가하였다(then it

위험을 내포하였는데, "많은 일을 행하는 자가 의로운 것이 아니라, 행위가 없어도 그리스도를 많이 믿는 자가 의롭다"[69]는 루터의 모순적인 어법과 강렬한 대조법적 표현 역시 그런 인상을 강력하게 심어주었다.

버미글리가 루터의 '의인이면서 동시에 죄인'(simul iustus et peccator)이라는 개념에 내용상으로는 동의하면서도 신중하게 그 표현을 피하여 자신의 삼중적 칭의론에서 한 번도 사용하지 않은 것은, 종교개혁의 성경적 칭의론을 율법폐기론으로 혹은 완전주의로 오해하는 당대의 로마 가톨릭 및 재세례파의 견해를 고려한 태도라고 생각할 수 있다. 버미글리의 삼중적 칭의론은 율법주의와 율법폐기론이라는 양극단의 오류를 적절하게 논박하고, 칭의에 관한 성경의 포괄적인 가르침에 근거하여 하나님의 은혜에 근거한 '법정적 및 관계적 의' 개념을 분명하게 제시한다. 또한 아우구스티누스의 깊이 있는 성경적 인간론에 근거하여, 버미글리는 선행과 거룩한 행실에 의하여 획득된 '고유한 의'에 관해서도, '이제 시작하는 순종'으로 표현하여, 또 하나의 오류인 완전주의적 견해를 경계하였다.[70] 버미글리의 삼중적 칭의론의 이런 관심사들은 개혁주의 신학자들의 칭의론에서 공통적으로 나타나는 특징적 성격이라고 할 수 있다. 버미글리와 밀접한 부써의 칭의론에서도 그런 내용은 중요한 관심사로 다루어

---

was out with him)."

69 루터의 하이델베르크 테제(1518) 명제 25. 루터는 이 명제로써 '자주 반복되는 행위들에 의하여 의로움을 획득할 수 있다'는 아리스토텔레스의 가르침에 근거한 스콜라주의 칭의론을 배격하고, 그리스도의 의의 전가에 근거한 칭의를 강조하려고 하였다. 여기서도 루터는 은혜와 믿음이 주어진 다음에 뒤따르는 의로운 행위들을 가르치지만, 그 행위들을 신자들 자신의 공로적인 행위로 이해하여서는 안된다고 조심스럽게 구별한다. 한편 "율법은 '이것을 하라'하고 말하지만, 그것은 결코 이루어지지 않는다. 은혜는 '나는 이것을 믿는다'라고 말하는데, 모든 것이 이미 이루어져 있다"(명제 26)는 표현은 루터의 이신칭의 개념을 자칫 율법폐기론으로 오해할 소지가 있다. 참조, 김진홍, 『마르틴 루터의 95개 논제와 하이델베르크 명제』(서울: 성약, 2017), 124-127.

70 하이델베르크 교리문답 114문답이 이런 버미글리의 사상을 잘 반영한다. 김진홍, 『피터 마터 버미글리: 신학적 평전』, 225.

지는데, 부써는 스콜라주의의 '미성숙한 신앙'(unformed faith) 개념을 배격할 뿐만 아니라, 동시에 복음주의를 곡해한 '율법폐기론'도 비판한다. 또한 참된 신자는 하나님의 긍휼하신 의의 전가와 실제적인 믿음의 수여를 통하여 그 이웃을 섬기는 '하나님의 동역자'가 되지만, 그러나 죄는 여전히 신자들 안에 잔존하므로 성화는 이 땅에서 완성될 수 없다고 주장하여 '완전주의' 역시 비성경적 사상으로 배격한다.[71]

트렌트 이후의 루터파 진영의 칭의론 논쟁을 살펴보면, 버미글리의 삼중적 칭의론으로 살펴본 개혁주의 칭의론은 '바울의 칭의론 이해에서 아우구스티누스를 넘어섰다'는 루터의 자평은 오히려 개혁주의 칭의론에 적용하는 것이 더 적절하다고 생각된다. 버미글리는 아우구스티누스의 인간론의 토대 위에서 하나님과의 관계의 회복이라는 좀더 포괄적이고도 균형 잡힌 성경적인 칭의론을 남겨주었다.[72]

V. 맺는 말

소위 바울에 대한 새 관점 학파는, 바울의 칭의론을 근본적으로 오해한 것은 교부 아우구스티누스에 의하여 의도적으로 시작되었고, 그것이 특히 루터를 비롯한 개신교 종교개혁자들에 의하여 다시 주장되어 한층 더 큰 결과를 가져왔다고 주장한다.[73] 이들의 비판은 '바울과 그 당대의 유대주의 사이의 간격은

---

71 Ian Hazlett, "Bucer", David Bagchi & David C. Steinmetz eds. *Reformation Theology* (Cambridge: Cambridge University Press, 2003), 109.

72 김진홍, 『피터 마터 버미글리: 신학적 평전』, 225-227. 또한, Jin Heung Kim, "Locus on Justification of Vermigli's Commenary on Romans", 532.

좁히고, 반면에 바울과 종교개혁 사이의 차이는 넓히고 있다.'[74] 이들은 종교개혁의 칭의론은 개인주의적으로 경도된 오류이며, 교회론적으로 재구성되어야 한다고 주장한다.[75] 그러나 우리가 버미글리의 삼중적 칭의론을 통하여 살펴본 것처럼, 이런 주장은 종교개혁자들의 실제적인 관심사를 제대로 이해하지 못한 것이며, 그들에 의하여 성경적 근거 위에서 주의 깊게 제시된 바울의 칭의론 역시 크게 오해한 것이다. 버미글리의 고린도전서 주석 및 로마서 주석의 칭의론 논의는, 관심을 가지고 읽어본 사람이라면 누구라도 인정하게 되듯이, 그리스도의 복음에 관한 사도 바울의 교훈을 올바르고 풍성하게 제시하려는 탁월한 노력이다. 단적인 예로서, 앞서 언급한 것처럼, 로마서 주석의 칭의론 논의에서 버미글리는 사도 바울의 이신칭의 교리는 구약의 의식법뿐만 아니라 도덕법에 관한 내용이라는 점을 성경적으로 증명하였다.

온고지신(溫故知新)은 역사 연구의 변함없는 목적이자 효용 가운데 하나이다. 버미글리의 삼중적 칭의론은 개혁주의 종교개혁자들이 공통적으로 강조한 균형 잡힌 성경적 칭의론을 잘 보여주는 대표적인 사례이다. 철저히 성경에 근거한, 그리고 풍성한 교부적 증거들로 뒷받침되는 버미글리의 삼중적 칭의론이 오늘날 성화에 대한 정당한 강조에서 비롯되었으나 하나님의 은혜에 관한 성경적 이해를 무너뜨리는 새로운 도전에 좋은 해독제의 역할을 하기를 기대한다.

---

73 Korey D. Maas, "Jsutification by Faith Alone", 543.

74 Richard B. Gaffin, "Paul the Theologian", *Westminster Theological Journal* 62 (2000), 121. K.D. Maas의 논문 544쪽에서 재인용.

75 특히 N.T. Wright가 그러하다. 이와 관련하여, 전통적인 종교개혁의 칭의 교리가 의와 칭의 사이의 관계에 대한 적절한 개념을 표현한다는 페스코(Fesko)의 논박은 버미글리의 삼중적 칭의론에 대한 의미 있는 평가라고 할 수 있다. J.V. Fesko, "Personal Righteousness and Justification," *Hapshin Theological Review* 5, (2016. 12), 38.

〈참고문헌〉

1차문헌

Vermigli, Peter Martyr. *Life, Letters, and Sermons*. Kirksville: Sixteenth Century Essays & Studies, 1999.

_____. *Predestination and Justification: Two Theological Loci*. Kirksville: Sixteenth Century Essays & Studies, 2003.

_____. "Justification and Faith" in J.P. Donnelly, S.J., F.A. James III, J.C. McLelland eds, *The Peter Martyr Reader*. Kirksville: Truman State University Press, 1999. 133-150

2차문헌

김진흥. 『마르틴 루터의 95개 논제와 하이델베르크 명제』 서울: 성약, 2017.

_____. 『피터 마터 버미글리: 신학적 평전』 부산: 개혁주의학술원, 2018.

Anderson, M.A. *Peter Martyr, A Reformer in Exile* (1542-1562). Nieuwkoop: B. De Graaf, 1975.

Donnelly, J. P., S.J. *Calvinism and Scholasticism in Vermigli's Doctrine of Man and Grace*. Leiden: Brill, 1976.

Gangi, M.D. *Peter Martyr Vermigli 1499-1562: Renaissance Man, Reformation Master*. Lanham: University Press of America, 1993.

George, T. *Theology of the Reformers*. Broadman Press, 1988.

James III, F.A. *De Justificatione: The Evolution of Peter Martyr Vermigli's Doctrine of Justification*. Westminster Theological Seminary, Doctor Dissertation, 2000.

Lane, A.N.S. *Regensburg Article 5 on Justification, Inconsistent Patchwork or Substance of True Doctrine*. Oxford: Oxford University Press, 2019.

Lugioyo, B. *Martin Bucer's Doctrine of Justification*. Oxford: Oxford University Press, 2010.

McGrath, A.E. *A Life of Calvin: A Study in the Shaping of Western Culture*. Oxford: Blackwell Publishing, 1990.

_____. *Iustitia Dei: A History of the Christian Doctrine of Justification*. Cambridge, 1986.

Pelikan, J. *The Christian Tradition: A History of the Development of Doctrine, 4 Reformation of Church and Dogma (1300-1700)*. Chicago: University of Chicago Press, 1984.

Stephens, W.P. *The Holy Spirit in the Theology of Martin Bucer*. Cambridge: Cambridge University Press, 1970.

Sturm, K. *Die Theologie Peter Martyr Vermiglis während seines ersten Aufenthalts in Strassburg 1542-1547*. Neukirchener: Neukirchener Verlag, 1971.

Baschera, L. "Independent Yet Harmonious: Some Remarks on the Relationship between the Theology of Peter Martyr Vermigli

(1499-1562) and John Calvin" in *Church History and Religious Culture* 91.1-2 (2011). 43-57.

Burton, S.J.G. "Peter Martyr Vermigli on grace and free choice: Thomist and Augustinian perspectives" in *Reformation & Renaissance Review*, Vol. 15 No.1 (April, 2013). 37-52.

Fesko, J.V. "Personal Righteousness and Justification" in *Hapshin Theological Review* 5 (2016. 12). 37-54.

Fink, D.C. "'The Doers of the Law will be justified': The Exegetical Origins of Martin Bucer's *Triplex Iustificatio*" in *Journal of Theological Studies*, NS, Vol. 58, Pt 2 (October 2007), 485-524.

Hazlett, I. "Bucer" in David Bagchi & David C. Steinmetz eds. *Reformation Theology*. Cambridge: Cambridge University Press, 2003. 100-112.

James III, F.A. "The Complex of Justification: Peter Martyr Vermigli versus Albert Pighius" in Emidio Campi ed. *Peter Martyr Vermigli, Humanism, Republicanism, Reformation*. Gevene: Droz, 2002. 45-58.

_____. "Romans Commentary: Justification and Sanctification" in T. Kirby, E. Campi, F.A. James III eds. *A Companion to Peter Martyr Vermigli*. Leiden: Brill, 2009. 305-317.

Kim, J.H. "Locus on Justification in Vermigli's Commentary on Romans" in Peter G. Bolt, James R. Harrison eds., *Romans* and the Legacy of St. Paul: Historical, Theological, and Social Perspectives. Sydney: SCD Press, 2019. 519-545.

Maas, K.D. "Justification by Faith Alone" in Matthew Barrett ed., Reformation Theology. Wheaton: Crossway, 2017. 511-547.

Reid, S. "Justification by Faith according to John Calvin" in The Westminster Theological Journal 42 no 2 (Spring 1980). 290-307.

Simler, J. "Oration on the Life and Death of the Good Man and Outstanding Theologian, Doctor Peter Martyr Vermilig" in J.P. Donnelly ed., Life, Letters, and Sermons. Kirksville: Sixteenth Century Essays & Studies, 1999. 7-62.

하인리히 불링거의 하나님의 은혜와 신자의 칭의
1550년대 서술된 네 권의 신앙교육서를 중심으로

박상봉

Heinrich Bullinger(1504-1575)

스위스 취리히 대학교 신학부에서 종교개혁사를 전공했는데, 취리히 종교개혁자 하인리히 불링거(Heinrich Bullinger)의 신앙교육서에 대한 연구로 박사학위(Dr. Theol.)를 받았다. 현재 수원에 있는 합동신학대학원대학교에서 역사신학 교수로 재직 중이다. 16세기 스위스 종교개혁, 하인리히 불링거, 종교개혁의 다양한 주제 등에 관한 연구와 번역에 집중하고 있다. 최근 저서로 『하인리히 불링거의 교회와 신앙고백』, 에미디오 캄피 공저 (수원: 합신대원출판부, 2021), 『불링거』(서울: 익투스, 2021) 등이 있으며, 역서로 『하인리히 불링거의 교회론』, 강승완 공저 (수원: 합신대원출판부, 2019) 등이 있다.

박상봉

1550년대 서술된 네 권의 신앙교육서들에서[1] 하인리히 불링거는 구원론의 중심에 속해 있을 뿐 아니라, '오직 은혜'(sola gratia), '그리스도 때문에'(propter Christum) 그리고 '오직 믿음'(sola fide)에 근거한 믿음의 원리 안에서 칭의(Rechtfertigung)를 다루었다. 당연히, 이 칭의는 오직 하나님의 은혜, 예정 그리고 예수 그리스도를 통한 은택들의 제공이 논의되어 있는 구원의 은혜와 분리되지 않는다. 이 신앙교육서들에서 구원론은 하나님의 주권적인 사역과 기독론과 연결된 신론의 틀 안에서 논의된 것이다. 이는 구원의 역사가 처음부터 끝까지 오직 유일하신 하나님의 사역임을 분명히 알려주고 있다. 율법에 근거한 선을 행하기에 무능력한 인간은 구원의 역사와 관련해 기여하는 것이 전혀 없다. 이러한 이유로부터 구원론의 핵심은 불링거에게 인간은 모세의 율법을 통해 의롭게 되거나 구원을 얻는 것이 아니라, 예수 그리스도 안에서

---

[1] 1550년대 하인리히 불링거는 각기 고유한 특징을 가진 네 권의 신앙교육서를 집필했다:
- 『헝가리 교회와 목사들에게 쓴 목회서신』(1551) - 라틴어 원본: *Brevis ac pia institutio Christianae religionis ad dispersos in Hungaria Ecclesiarum Christi Ministros et alios Dei servos scripta, per Heinrycum Bullingerum Tigurinae Ecclesiae Ministrum.* Ovarini M.D.LIX, (이하, *Epistola*).
- 『기독교 신앙 요해』 (1556) - 독일어 원본: *Summa Christenlicher Religion. Darin vß dem wort Gottes / one alles zancken vnd schaelten / richtig vnd Kurtz / anzeigt wirt / was einem yetlichen Christen notwendig sye zů wüssen / zů glouben / zů thůn / vnd zů lassen / ouch zů lyden / vnd saeligklich abzůsterben: in x. Artickel gestelt / durch Heinrychen Bullingern,* (이하, *Summa*); 라틴어 원본: *COMPENDIVM CHRISTIANAE RELIGIONIS DECEM Libris comprehenſum, Heinrycho Bullingero auchtore* ⋯ TIGVRI APVD FROSCH. Anno domini, M.D.LVI., (이하, *Compendium*).
- 『박해받는 사람들을 위한 신앙답변서』 (1559) - 독일어 원본: *Bericht, Wie die / ſo von waegen vnser Herren Jeſu Chriſti vn ſines heiligen Euangeliums / ires glaubens erſůcht / vnd mit allerley fragen verſůcht werdend / antworten vnd ſich halten moegind: beſchribē durch Heinrychē Bullingern,* (이하, *Bericht*).
- 『성인들을 위한 신앙교육서』(1559) - 라틴어 원본: *CATECHESIS PRO ADVLTIORIBUS SCRIPTA, DE his potissimum capitibus. De Principijs religionis Christianę, scriptura sancta. De Deo uero, unio et ęterno. De Foedere dei & uero dei cultu. De Lege dei & Decalogo mandatorum domini. De Fide Christiana, & Symbolo apostolico. De Inuocatione dei & Oratione dominica, & De Sacramentis ecclesię Christi,* authore Heinrycho Bullinero, (이하, *Catechesis*).

하나님의 은혜를 통해 의롭게 되거나 구원을 얻는다고 확신되었다.[2] 칭의와 구원의 원인은 예수 그리스도 안에서 베풀어지는 하나님의 은혜이다. 구원의 역사 속에서 하나님의 은혜는 예수 그리스도와 결코 분리될 수 없다. 하지만 불링거에게, 칼빈에게 확인되는 것처럼, 지식-사변적으로 하나님의 은혜는 '효과적인 원인'(causa effisiens)이고 또 예수 그리스도는 '도구적인 원인'(causa materialis)으로 이해되지 않았다.[3] 예수 그리스도 안에 있는 하나님의 은혜는 자신의 영원한 작정에서 계획된 것이며, 그래서 이 때문에 구원의 은혜와 예수 그리스도는 결코 분리되지 않게 서로 긴밀하게 연결되어 있다. 예수 그리스도 안에서 하나님의 은혜는 불링거의 구원론의 근거로서 인간의 구원을 위한 유일한 원인이다. 그리고 불링거의 신앙교육서들 안에서 구원에 관한 이해는 직접적으로 예정론과 관련이 있다. 이 예정론은 기독론적이고 또 구원론으로 구성되었는데, 즉 예정론의 핵심은 예수 그리스도 안에서 선택이다. 일반적으로 개혁주의 신학의 전통에서 '후택론적으로'(infralapsarisch) 이해되는 예정론과 관련해 불링거는 논쟁의 여지 없이 바울의 가르침과 어거스틴의 신학을 따르고 있다. 물론, 불링거가 자신의 예정론을 목회적인 측면에서 신학적으로 의도하며 논의했다는 사실을 간과할 수는 없다. 신자들을 불안하게 하거나 혼란스럽게 하지 않는 것이 목회자로서 불링거에는 매우 중요했기 때문이다. 그밖에 불링거의 신앙교육서들 안에서 알려진 칭의론의 이해를 위해 취리히 대학교 역사신학 교수인 페터 오피츠(Peter Opitz)가 『50편 설교집』의 분석 안에서 다음과 같이 제시한 것을 고려할 필요가 있다: "츠빙글리의 속죄교리에 근거하여 불링거는 의도적으로 루터의 입장

---

2 *Compendium*, 62v: „Homines uero non iustificari ac saluari lege Mosis, sed gratia Dei in Christo ... ."

3 Heribert Schützeichel, *Die Glaubenslehre Calvins, München 1972*, 201-202.

에 무엇보다도 멜랑흐톤의 입장을 묶었으며, 또한 동시에 특징적으로 어거스틴을 의존한 것이다. 이와 함께 이 확신은 다양한 진술에도 불구하고 모든 복음주의자들의 실제적인 동의로부터 이러한 중심점에 도달한 것이다."[4] 칭의론의 설명과 관련해 불링거에게 비텐베르크(Wittenberg)에 있는 두 종교개혁자들과 신학적인 일치를 이룬 동기는 특별히 트리엔트 종교회의(Konzil von Trient)을 통해 다시 힘을 얻게 된 교황주의의 실체적인 위협을 고려할 때 매우 의미가 있다.[5]

『헝가리 교회들과 목사들에게 쓴 목회서신』에서 구원의 은혜와 칭의는 그리스도의 인격과 사역이 직접적인 원인이 되는 칭의를 다룬 장에서 논의되었다. 특별히, 여기에서 앞서 제시되었던 세 가지 믿음의 원리에 근거해 있는 칭의는 "구원의 서정"(ordo salutis nostrae)에 속해 있는 것으로서[6] 인간이 자유로운 은혜로부터 선택되고, 그리스도를 통해 받아들여지며, 그리스도와 연합함으로 의롭게 되는 하나님의 구원계획 안에서 설명된 것이다. 흥미롭게도 다른 세 신앙교육서들에서도 칭의론은 이 동일한 구조로 서술되었다. 구원의 은혜와 칭의가 『기독교 신앙 요해』에서는 하나님의 은혜와 칭의에 대한 고유한 장에서 논의되었다. 여기에는 하나님의 영원한 작정으로서 예정론이 강조되어 있다. 물론, 다른 세 신앙교육서들에는 예정론이 전혀 다루어지지 않았다. 다른 두 신앙교육서인 『박해받는 사람들을 위한 신앙답변서』와 『성인을 위한 신앙교

---

4 Peter Opitz, *Heinrich Bullinger als Theologie*, 268: "Auf der Grundlage der Versöhnungslehre Zwinglis knüpft er bewusst an Motive Luthers, vor allem aber Melanchthons, an und greift zugleich ausdrücklich auf Augustin zurück. Leitend ist dabei die Überzeugung von der sachlichen Übereinstimmung aller Evangelischen in diesem zentralen Punkt, trotz unterschiedlicher Aussagegestalten."

5 Christoph Strohm, *Frontstellungen, Entwicklungen, Eigenart der Rechtfertigungslehre bei Bullinger*, in: Heinrich Bullinger. Life-Thought-Influence, Bd. II, 560

6 *Epistola*, 25.

육서』에는 구원의 은혜와 칭의를 다룬 고유한 장이 없다. 그렇지만 구원의 은혜와 칭의는 『박해받는 사람들을 위한 신앙답변서』에서 믿음과 선한 행위의 장에서 또 『성인을 위한 신앙교육서』에서 사도신경의 해설에서 부분적으로 설명되었다.

I. 하나님의 구원은혜

1. 오직 하나님의 은혜(sola gratia Dei)

종교개혁 신앙의 원리로서 '오직 하나님의 은혜'는 불링거에게 구원의 출발점일 뿐 아니라, 하나님의 심판 앞에 있는 타락한 인간이 율법의 정죄와 영원한 형벌로부터 자유롭게 될 수 있는 근거이다.[7] 하나님의 은혜는 구원의 역사가 완벽한 방식으로 실현되게 하는 하나님의 주권적인 행위이다. 하나님의 은혜와 관련해 신앙교육서들에는 특별히 불링거의 두 가지 명제가 명백히 제시되어 있다. 첫 번째로, 구원의 역사를 위해 모든 인간적인 기여가 거절된 것과 관련이 있다. 모든 것에 선하시고 긍휼이 많으신 하나님은[8] 자유로운 은혜로부터 죄와 사망 가운데 있는 인간을 선택하셨으며 또 어떤 인간적인 기여의 고려도 없이 인간을 사랑하셨다고 밝혔다.[9] 인간이 율법에 근거하여 행하는 모든 선한 일은 인간을 의롭게 하지도 못할 뿐 아니라 영원한 삶에도 참여시킬 수도 없다. 불링거의 입장은 1547년 1월 13일에 개최된 트리엔트 종교회의(6차)에서 결정된 칭의에 관한 규정과 명확히 구별되는데, 즉 이 회의에서 교황주의자들은

---

7 *Summa*, 75v; *Bericht*, 75.
8 *Summa*, 76v
9 *Epistola*, 25f.

하나님의 은혜를 통하여 능력을 얻은 인간은 자신의 구원에 협력할 수 있고 또 이를 통해 은혜의 확장과 영원한 공로에 기여할 수 있다고 주장했기 때문이다.[10] 선한 행위는 불링거에게 죄인이 구원을 얻는 조건이 아니고, 오히려 믿음 안에서 의롭게 사는 삶을 위한 열매이다. 이와 관련해 『기독교 신앙 요해』에서 이렇게 밝히고 있다:

> 하나님은 자발적으로, 즉 순전한 선과 자비로 사람의 어떤 공로도 없이 죄인을 은혜로 받아들이시고, 그의 죄를 용서해 주시며 그리고 그를 영원한 삶의 상속자로 삼아주셨습니다.[11]

구원과 영원한 삶의 모든 토대로서 하나님의 은혜는 불링거에게 선택, 칭의, 믿음 그리고 선한 행위의 직접적인 원인이다. 그리고 이와 동시에 하나님의 은혜와 관련해 잊지 않아야 할 중요한 사실은, 하나님은 오직 예수 그리스도 안에서 죄인에게 은혜로우시고 또 자비로우시다는 것이다.[12] 구원사역 안에서 하나님의 은혜는 오직 예수 그리스도를 통해 효과를 미친다. 주님은 율법의 마침이 되시고, 유일하신 구원주이시며 그리고 교회의 유일하신 머리이시다. 죄와 사망 아래 있는 인간은 예수 그리스도 안에서 하나님의 긍휼을 통하여

---

10 Konzil von Trient, Dekret über die Rechtfertigung, Kanon 32. (André Birmelé, Kirchengemeinschaft: Ökumenische Fortschritte und methodologische Konsequenzen, Berlin-Hamburg-Münster 2003, 49: Das Dekret bezieht sich bereits im Vorwort auf den Sachverhalt, dass in der Gegenwart eine irrige Lehre über die Rechtfertigung geäussert wurde, bietet eine umfassende Darlegung der päpstlichen Rechtfertigungslehre und endet mit 33 Canones, welche überwiegend die evangelische Rechtfertigungslehre verdammen.).

11 *Compendium*, 61v: "… Deus sua sponte, hoc est ex mera bonitate et misericordia, absque ullis meritis hominum, peccatores in gratiam recipit, peccata illis condonat, atque aeternae uitae haeredes facit."

12 *Summa*, 77v.

구원을 받을 수 있다. 성령을 통하여 하나님의 은혜는 인간에게 제공된다.[13] "그리스도 밖에서"(Extra Christum) 하나님의 은혜는 결코 기대할 수 없다. 신자가 의롭게 되는 것은 오직 하나님의 은혜에 근거하며, 예수 그리스도와 연합함으로 이루어지는 것이다. 하나님께서 영원전에 우리를 위해 어떤 정해진 시간에 하나님의 아들 예수 그리스도를 보내시고, 그를 통하여 구원을 위한 은혜를 베푸시고 또 영원한 생명을 주시겠다고 결정하신 영원한 작정에 근거할 때[14] 은혜, 하나님 그리고 그리스도는 불링거를 위해 결코 분리될 수 없는 구원의 원인들이다.

2. 하나님의 영원한 예정

하나님의 영원한 예정은 신앙교육서들에서 중심적 위치도 아니고 상세하게 다루어지지도 않았다. 이 주제는 특징적으로 불링거의 목회적인 관심사 속에서 설명되었다. 성경에 제시된 사실을 언급했을 뿐 일체의 지식-사변적인 논의는 허락되지 않았다. 제네바의 볼섹 논쟁에서 첨예하게 대두되었던 "하나님을 죄의 원작자로 만든다."라는 입장을 경계하며 매우 조심스럽게 하나님의 영원한 예정을 핵심적으로 제시했다. 불링거는 일체의 호기심을 거절하고 성경에 계시된 경계를 넘지 않기 위해서 매우 신중히 다루었다. 그래서 그의 예정론은 매우 단순하면서도 또 모든 신자에게 이해되기 쉽게 언급되었을 뿐 아니라, 하나님의 모든 구원사역의 요소로서 강조되었다. 이러한 목회적인 시각과 함께 불링거는 근본적으로 일부는 구원하시고 또 나머지는 유기하시는 하나님의 두 가지 목적이 제시되어 있는 어거스틴의 전통 안에 서 있다.[15] 논쟁의 여지

---

13 *Summa*, 87r; *Bericht*, 75.
14 *Summa*, 74v.
15 Venema, *Heinrich Bullinger and the Doctrine of Prädestination*, 53-56.

없이, 이는 불링거가 개혁주의 전통 안에서 "타락후선택설"(die infralapsarische Prädestination)[16]을 주장하는 대표주자임을 간주하게 하는데, 즉 "창조되고 타락한 인간이 하나님의 영원한 작정 안에서 선택되었다."는 것을 말한다.[17] "하나님의 자유로운 은혜로부터 이루어진 인간의 선택"[18]은 『헝가리 교회들과 신자들에게 쓴 목회서신』의 구원론에서 그리스도와 그분의 사역 안에서 인간에게 계시된 하나님의 은혜에 대한 적용으로서 또 하나님의 인간 사랑에 대한 표현으로서 제시되었다. 이 주제는 『기독교 신앙 요해』 안에서 예정론의 핵심이기도 하다. 불링거는 이 저술에서 예정론을 에베소서 1장 3-8절에 기록된 바울의 가르침에 근거할 뿐 아니라,[19] 그리스도가 '치

---

[16] Herman Bavinck, *Gereformeerde Dogmatiek*, Bd. II, Kampen 1998, 320: "Er waren er altijd, die de leer der praedestinatie, uit vrees voor misbruik behandelden 'a posteriori, van beneden op'. Ze hielden meer van de methode, om op te klimmen uit het gevolg tot de oorzaak, uit de vrucht tot den wortel, en om uit het geloof en de bekeering tot de verkiezing te besluiten en deze dan aan te wenden tot troost en verzekering, dan dat zij apriori uit de idee Gods de praedestinatie en electie afleidden. Daartoe behoorden vooral Bullinger, Ursinus, Olevianus, Boquinus, Hyperius, Sohnius e. a.." Im Hinblick auf die Prädestinationslehre ist die infralapsarische Definition in der reformierten Kirche die herrschende Meinung, während die supralapsarische Definition nur als Privatansicht einzelner Theologen anzusehen ist. Ohne Zweifel sprechen sich im 16. und 17. Jahrhundert die überwiegende Mehrzahl der reformierten Theologen und die meisten Bekenntnisschriften der reformierten Kirche für die infralapsarische Theorie der Prädestination aus. (Heppe, *Die Dogmatik der evangelisch-reformierten Kirche*, 133).

[17] Nach Berkhof wird die geschichtliche Abfolge von Gottes Entscheidungen im Rahmen der infralapsarischen Theorie in der reformierten Tradition in folgender Form weitergehend entwicklt: "a) The decree to create man in holiness and blessedness. b) The decree to permit man to fall by the self-determination of his own will. c) The decree to save a certain number out of this guilty aggregate. d) The decree to leave the remainder in their selfdetermination in sin, and to subject them to the righteous punishment which their sin deserves." (Berkhof, *Systematic Theology*, 120.)

[18] *Epistola*, 25: "Ante omnia docet inspicere Deum Patrem misericordiarum, qui gratis homines elegit et gratia sua iustificat."

[19] *Summa*, 77r-v (DLB, Eph. 1,3-8: "Gelobet sei Gott und der Vater unsers HERRN

료'(remedia)로서 간주되어 있는 어거스틴의 입장에서도 묘사한 것이다.[20]

하나님은 자신의 은혜가 자신으로부터 정해진 확실한 시간에 예수 그리스도를
통해 세상에 드러나도록 자신의 영원한 작정 안에서 결정하셨다. 왜냐하면 하나
님은 영원으로부터 인간의 타락을 예지하셨고, 그래서 그분은 영원으로부터
타락한 세상을 새롭게 하실 수 있는 구원의 방도를 예비하셨기 때문이다. 즉,
하나님은 인간의 본성을 취하신 자신의 아들을 세상에 보내셔서, 그 아들을
통해 인간의 죄가 회복되고 제거되도록 예정하신 것이다.[21]

여기에서 불링거는 유기에 대해서는 구체적으로 언급하지 않았고, 오직 선
택에 대해서만 언급했다. 선택은 예수 그리스도 안에서 베푸신 죄인된 인간의
구원을 위한 하나님의 은혜로운 조치일 뿐 아니라, 하나님의 주권적 은혜의
완전한 실현이기도 한데, "하나님의 모든 약속은 역사의 시작에서부터 항상
그리스도를 가리키고 있기 때문이다."[22] 하나님은 영원으로부터 오직 그리스

Jesu Christi, der uns gesegnet hat mit allerlei geistlichem Segen in himmlischen
Gütern durch Christum; wie er uns denn erwählt hat durch denselben, ehe der
Welt Grund gelegt war, dass wir sollten sein heilig und unsträflich vor ihm in der
Liebe; und hat uns verordnet zur Kindschaft gegen sich selbst durch Jesum Christum
nach dem Wohlgefallen seines Willens, zu Lob seiner herrlichen Gnade, durch
welche er uns hat angenehm gemacht in dem Geliebten, an welchem wir haben
die Erlösung durch sein Blut, die Vergebung der Sünden, nach dem Reichtum seiner
Gnade, welche uns reichlich widerfahren ist durch allerlei Weisheit und Klugheit
… .").

20 Venema, *Heinrich Bullinger and the Doctrine of Predestination*, 52.

21 *Compendium*, 64r: "Gratiam suam Deus aeterno consilio destinauit in Christo
mundo declare temporibus certis à se constitutis. Nam quemadmodum ab aeterno
hominis lapsum praeuidit, ita etiam ab aeterno remedia praeparauit quibus mundus
perditus reparetur, ac constituit filium suum, qui humanā assumeret naturā, in
mundū mittere, per quem lapsus hominis restituatur ac reparetur."

22 *Compendium*, 64r: "Etenim omnes Dei promißiones à mundo conditio in Christum
respiciunt."

도 안에서 하나님께 창조되고 또 사단의 유혹과 자유의지적인 불순종을 통해 타락한 모든 인간의 일부를 은혜로 선택하셨다. 이렇게 볼 때, 인간의 선택은 불링거에게 신적인 은혜로부터 선택이고 또 그리스도 안에서 선택이다. 특별히, "그리스도 안에서 선택"은 그분이 오직 유일한 중보자로서 죄인된 인간을 하나님의 은혜 안에서 용서받을 수 있게 하고, 하나님이 그분 아니라 인간을 자녀로서 받아들이게 하며 그리고 인간이 그분을 통해 구원을 받고, 깨끗하게 되며 또 새롭게 된다는 의미 안에 있는 구원을 알게 한다.[23] 선택된 사람들은 그리스도와 연합하며 또 그분 안에서 항상 살고, 그리고 이로부터 그리스도는 자기 교회의 기초와 자기 몸 – 자기 공동체(지체)의 머리가 되신다. 불링거는, 참되고 살아계신 하나님의 아들, 우리의 주님이신 그리스도 안에 모든 은혜와 모든 하늘의 보화가 보존되어 있다고 밝혔다.[24]

『기독교 신앙 요해』 안에서 확인되는 예정론의 설명과 관련해 우리는 매우 어려운 질문 앞에 서게 되는데, 즉 이 저술에서 "왜 선택의 다른 측면에 있는 유기는 논의되지 않았는가?"이다. 여기에는, 선택과 유기에 대한 이중예정에 대해 명확히 제시하고 있는 『50편 설교집』[25]과 비교하여, 이중예정에 대한 명확한 개념이 빠져 있다. 『기독교 신앙 요해』의 예정론에서 영원한 작정이 유기와 관련은 없고, 오직 선택만 서술되어 있는 것은 당시 교회의 현실과 관련된 불링거의 의도와 깊이 연관되어 있다. 『기독교 신앙 요해』의 서문에서 확인할 수 있는 것처럼, 1550년 대에 많은 신자들은 루터파 교회와 개혁파

---

23 *Summa*, 77v-78r.

24 *Summa*, 78r.

25 *Predigt* 4, *Dekade* 4, 451: "Die Vorherbestimmung aber ist der ewige Ratschluss Gottes, durch den er beschlossen hat, die Menschen entweder zu retten oder zu verderben, gemäss dem unverrückbaren und festgelegten Zeitpunkt des Lebens und des Todes." (참고, Hollweg, *Heinrich Bullingers Hausbuch*, 440; Strohm, *Bullingers Dekaden und Calvins Institutio. Gemeinsamkeiten und Eigenartigen*, 239.)

교회가 분열된 이래로 서로 갈등하고 비난하는 것을 보고 심각한 혼란을 겪었다. 루터파 목회자들과 신학자들이든 혹은 개혁파 목회자들과 신학자들이든 오직 자신들의 신학적 입장만 옳다고 주장하며 첨예하게 논쟁했기 때문이다. 종교개혁을 지지하는 신자들은 어떤 신앙의 입장이 성경적인지에 대한 분명한 이해를 필요로 했다. 사실, 『기독교 신앙 요해』는 이러한 배경 속에서 많은 신자들의 요청으로 쓰여진 것이다. 불링거는 교육을 받지 못했지만 순수한 믿음으로 교회를 섬기길 원하는 신자들에 대한 목회적인 책임에 따라 신학적인 논쟁 없이 성경적인 진리를 정통신학의 입장에서 제시한 것이다. 불링거가 여기에서 유기의 개념을 다루지 않은 것은, 이 주제를 신학적으로 거부한 것이 아니라, 이 저술의 집필 의도에 따라 하나님의 영원한 선택만을 강조한 것뿐이다. 하지만 『기독교 신앙 요해』 안에 유기가 선택과 함께 설명되지 않았다고 해도, 불링거의 유기에 대한 입장은 고유한 의미를 가지고 있는데, 즉 유기는 아담의 타락에 근거하여 정죄받고 또 영원한 죽음 아래 있는 인간의 비참한 상태로서 이해된다.[26] 선택된 사람들의 반대편에서 유기된 사람들은 죄와 저주에서 결코 자유롭게 되지 못하며 또 영원한 생명의 유업을 받을 수 없다.[27] 이러한 사실로부터 불링거에게 유기는 아담의 타락에 근거한 영원한 죽음의 형벌과 동일시 된다는 결론이다. 그리고 이와 함께 유기는 이 저술에서 "그리스도 밖에"(Extra Christum)라는 개념으로도 이해되었다.[28] 그리스도의 구속사

---

26 In der Sündenlehre der Summa wird der ewige Tod des Menschen als eine Wirkung der Erbsünde geschildert. Bei Bullinger wird deutlich, dass der ewige Tod durch die Sünde auf die Menschheit gefallen ist, aber er auf den Vertrauenslosen bleibt, während er den Vertrauenden weggenommen wird. Summa, 40r. (참고, De peccato origins im dritten Kapitel von Mensch und Sünde im III. Teil, 3.3.2.).

27 *Compendium*, 62v: "Quamobrem nulla legis opera possunt homines iustificare, hoc est à peccato, ab accusatione et damnatione legis, in diuino iudicio absoluere, Deo reconciliare, & iusto ac perfecte probos & beatos facere."

28 *Summa*, 78v.

역에 근거하여 "그리스도 밖에" 개념은 불링거에게 인간이 율법을 충족시키고, 의롭다함을 받으며 그리고 영원한 생명을 얻는 것은 그리스도 밖에서 이루어질 수 없다는 것을 의미한다.[29] "그리스도 밖에는 구원도 없고 생명도 없다."(Extra Christum non est salus vel vita)는 것이다.[30] 유기된 사람들은 타락한 사람들의 다른 부류로서 영원으로부터 그리스도 안에서 선택되지 못하고 또 그리스도에 대한 믿음을 통해 의롭게 되지 못한 것을 말한다. 『스위스 제2 신앙고백서』에서 제시된 유기의 개념도 "그리스도 밖에"와 동의어로 이해되었다.[31] 이 사실로부터 증명되는 것은, 선택은 "그리스도 안에" 있는 것이며 또 유기는 "그리스도 밖에" 이는 것으로 간주된다. 결론적으로 유기는 불링거에게 하나님이 영원으로부터 그리스도 안에서 선택하지 않은 죄인된 인간이 영원히 "그리스도 밖에"라는 아담의 타락으로 결과로서 정죄와 사망의 비참한 상태에 머물러 있는 것으로 정리된다.[32] 이러한 유기의 언급을 통해 선택의 관심사가 매우 높이 평가되었을 뿐 아니라, 또한 유기가 선택과 반대적인 개념으로 설명되었다는 사실로부터 분명하게 확인된 것은 불링거의 예정론은 어거스틴의 전통 안에 서 있다는 점이다.[33]

물론, 『기독교 신앙 요해』 안에서 확인되는 불링거의 예정론은 칼빈의 이해와 구별된다. 이미 볼섹 논쟁으로 알려진 것과 관련해 불링거는 칼빈에게 1551-52년에 세 가지 공적인 서신들과 세 가지 사적인 서신들 그리고 1553년 3월 말과 1555년 11월 2일에 다른 사적인 서신들을 썼다. 이 서신들 안에서

---

29 *Summa*, 78r-v.
30 *Epistola*, 28.
31 *Confessio*, 11v (The. X). (Jacobs, *Theologie reformierter Bekenntnisschriften*, 94).
32 *Summa*, 79v; *Confessio*, 12r (The. X). (Venema, *Heinrich Bullinger und the Doctrine of Predestination*, 68).
33 Jacobs, *Theologie reformierter Bekenntnisschriften*, 97.

취리히 신학자는 하나님의 주권 안에서 동시적으로 구원과 유기가 결정되었다는 주장 아래서 칼빈의 이중예정이 하나님을 죄의 원작자로서 오해하게 할 수 있다는 염려와 관련해 다소 경계를 한 것이 사실이다.[34] 불링거는 칼빈의 예정론을 다 거부한 것은 아니지만, 하나님으로부터 구원의 은혜가 결정된 동일한 신적인 작정으로부터 저주가 결정되었다는 것에 대해 매우 신중한 입장을 취한 것이다. 하나님의 주권을 거부한 것이 아니라 죄와 관련해 하나님이 오해될 수 있는 것을 예방하길 원했기 때문이다.

네 가지 신앙교육서들 안에서 선택과 유기에 대한 이해는 결과적으로 신적인 작정의 동일한 원인(Causa)으로부터 결과된다는 것이 유보되어 있다. 영원한 작정과 관련된 선택과 유기에 대한 칼빈의 개념은 불링거로부터, 칼 바르트가 밝힌 것처럼, 쉽게 동의될 수 없는 "난감한 평행"(fatale Parallelität)으로 간주되었다.[35] 결론적으로, 불링거에게 정죄와 사망선고 아래 있는 비참한 죄인에 대한 그리스도 안에 있는 영원한 작정으로서 선택은 호의, 긍휼 그리고 선하심으로서 하나님의 은혜에 기초해 있으며, 다른 편에서 유기는 낙원에서 하나님의 명령을 자유의지 안에서 불순종하여 하나님의 진노에 이른 아담의 타락으로부터 결과된 정죄와 영원한 죽음 아래서 "그리스도 밖에"(Extra Christum) 있는 비참한 상태에 있는 것을 말한다.[36] 이러한 이해와 함께 불링거는 무엇보다도 하나님은 인간을 사랑하시고 또 그분에게는 어떤 악한 의도도 없다는 것을 강조하고 싶어 했다.

---

34 Walser, *Die Prädestination bei Heinrich Bullinger*, 169.
35 Karl Barth, *Kirche Dogmatik*, Bd. II/2, Zollikon-Zürich 1959, 16 (Strohm, *Bullingers Dekaden und Calvins Institutio. Gemeinsamkeiten und Eigenartigen*, 241).
36 *Summa*, 40r, 79r-v.

II. 구원은혜의 충만 - 오직 그리스도(Solus Christus)

네 권의 신앙교육서에서 불링거는 그리스도의 인격과 사역과 기독론과 구원론을 신학적으로 구분하지 않았다. 그리스도의 인격은 하나님의 아들이 인간이 되시고, 십자가에서 죽으시고 그리고 부활하신 그분의 사역의 본질적인 이해와 구분지어 생각될 수 없기 때문이다. 이와 마찬가지로, 그리스도의 사역은 왜 그분이 하나님의 아들로서 인간이 되셔야 했는지를 분명히 하기 위해서 그분의 두 본성에 대한 정당한 이해를 확증하기 때문이다. 그리스도의 인격은 구원의 전제인데, 그리스도의 인격에 대한 인식 없이 인간의 구원에 대한 질문은 답변할 수 없다. 하나님의 아들 예수 그리스도는 구원사역의 중심에 서 있다. 그리스도의 인격과 사역에 대한 불링거의 이해는 신론, 율법, 구원론, 교회론, 성례론 등과 직접적으로 연결되어 있다. 선택, 칭의 그리고 믿음과 관련된 구원은 의심의 여지 없이 '그리스도 안에서, 의해서 그리고 통해서' 실행되는 신적인 구원사역이다. 하나님의 은혜는 그리스도 안에서 성취되었는데, 하나님은 그리스도 안에서 생명과 구원에 속해 있는 모든 은택을 우리에게 선물하신다.[37] 참된 믿음을 통해 그리스도와 연합한 사람은 생명과 구원을 위해 다른 어떤 것도 필요하지 않다. 신자들은 오직 그리스도 안에서 구약 시대에 율법, 제사장 직분, 희생제사 그리고 모든 의식들 안에 예표되어 있는 구원에 관한 모든 것을 소유한다.[38] 그러므로 그리스도는 불링거에게 구원의 실재성에 대한 기초, 방식 그리고 목적으로 간주되었다.[39]

---

[37] *Epistola*, 22; *Summa*, 77v-78r.

[38] *Compendium*, 65r: "… in ipso inquam uno omnia habere quae lege, sacerdotio, sacrificijs, & omnibus cerimonijs praefigurata fuerunt …".

[39] "Hans C. Brandy, Die späte Christologie des Johannes Brenz, hg. von Johannes

그리스도를 통한 하나님의 은혜의 성취와 관련해 불링거는 구원사역과 그것의 효과를 명백히 드러냈는데, 이때 그리스도는 무엇보다도 하나님과 인간을 연결시키고 중재하는 유일한 중보자로 이해되었다.[40] 그리스도의 성육신은 하나님과 인간 사이의 실제적인 화해를 나타낸다. 이와 관련해 그리스도가 인간의 구원을 완전하게 만들었다는 것이 강조되었다. 구원은 한편으로 그리스도 안에서 이루어진 영원한 선택과 관련한 하나님의 주권적인 사역이다. 그리고 구원은 다른 한편에서 하나님과 인간 사이의 화해를 결과시키는 그리스도의 중보적인 사역이다. 불링거는 교회의 중보자, 구원자, 왕, 대제사장, 인도자, 머리로 표현되는 직무를 통해 그리스도의 중보적인 용무에 대해 증명했다.[41] 하지만 그리스도의 개별 직분이 의미하는 것은 설명되지는 않고, 오히려 구원과 생명은 오직 유일하신 위로자와 구원자로서 그리스도께만 속해 있다는 것이 강조되었다. 그리스도는 하늘과 땅의 모든 권세를 가지신 분이다. 그래서 인간은 중생되기 위해, 구원을 얻기 위해 그리고 거룩하게 되기 위해 그리스도에게 와야 한다. 그리스도에게 참여함 없이 어느 누구도 영적인 빈곤을 해소할 수 없으며 또 참 평안을 얻을 수 없다. 인간은 영원한 생명을 얻게 하는 하늘의 양식으로서 그리스도를 먹어야 한다. 이러한 이해와 함께 불링거에게서 하나님의 요구에 절대적인 순종을 나타내 보이신 그리스도의 두 가지 사역이 강조되었다. 첫 번째는 이미 하나님이 율법에서 강조된 것처럼 율법의 성취이다. 그리스도는 율법을 성취하시고 그리고 하나님의 구원은혜를 합법적으로 제공받을 수 있는 법적 권리를 주신 것이다.[42] 하나님이 인간에게 그리스도의 율법

Wallmann", *Beiträge zur Historischen Theologie* (80), Tübingen 1991, 99.

40 *Compendium*, 64r: "… mediatoris enim Christi perspicua mentio omnino facienda est."; *Catechesis*, 36r: "… Iesum Christum meditatorem hūc inter deum & hominem …".

41 *Summa*, 78r.

에 대한 성취를 전가하고 무죄임을 선고하신 것이다. 두 번째는 인간의 죄를 위해 십자가에서 돌아가시고 또 인간을 위해 속전을 대신 지불하신 그리스도의 대속죽음이다.[43] 그리스도는 죄에 대해 진노하시는 하나님의 공의 때문에 죄 아래 있는 인간은 결코 형벌을 피할 수 없다. 하지만 하나님은 인간의 죄를 무죄하신 그리스도에게 담당시키셨다. 이 때문에 그리스도는 인간의 죄과를 위해 십자가에서 죽으셨으며, 그리고 그리스도의 죄 없으신 죽음이 인간의 죄를 위해 만족이 되었다. 그리스도의 순종과 죽음을 통해 영원한 형벌의 심판이 해결되었다.[44] 그리스도의 대속사역은 하늘과 땅에서 죄의 용서를 위해 다른 근거가 없을 정도로 단회적이고 또 영원하다. 이와 관련해 불링거는 돈으로 면죄부를 판매한 교황주의 교회를 신랄하게 비판했다.[45]

불링거는 그리스도의 중보적 사역의 효과에 관한 주제도 다루었다. 이와 관련해 어떻게 인간이 의롭게 되고 또 자신의 죄를 용서받을 수 있는지에 대한 질문이 이루어졌는데, 불링거는 모든 신자가 그리스도의 의를 전가 받음으로 의롭게 된다고 답변했다. 이를 통해 더 이상 그리스도를 믿는 신자에게 죄의 책임이 주어지지 않는다. 불링거는 『기독교 신앙 요해』 안에서 다음과 같이 서술하고 있다:

---

42 *Epistola*, S. 23; *Compendium*, 65r: "Quemadmodum uero Christus consummate nostra perfectio est, ita etiam diuinae legi satisfecit, eamque nostra causa impleuit, eiusque iustitia & impletio nostra fit, ex gratia eius per fidē."

43 *Catechesis*, 49r: "Ille ergo es mera sua misericordia, filium tradidit in mortem, propter cuius sanguinem fusum nobis iam condonat, aut non imputat peccata nostra ad cōdemnationem. Recipit enim innoxium sanguinem pro dignißima & plenißima satisfactione omnium peccatorum nostrorum."

44 *Compendium*, 66r: "Haec autem paßio & immerita innocētis Christi mors atque obedientia, est reconciliatio pro peccatis nostris, pretiū redēptionis, quod à Deo acceptatur, quodque Christus in cruce persoluit. Ide oque Deus captious morti & damnationi iam adiudicatos absque omni noxa liberos dimisit, & denuo in filios ac haeredes adobtauit."

45 *Summa*, 80v.

예수 그리스도는 우리의 유일하고 영원한 의이다. 그분은 우리를 위해 죽으셨고, 죽음으로부터 다시 부활하셨으며, 이와 함께 우리의 죄는 우리에게서 멀어졌고, 하나님은 더 이상 우리의 죄를 계산하지 않는다. 우리는 평화를 얻고, 그리스도의 의가 우리에게 전가되었다. 즉, 믿음은 예수 그리스도를 받아들이는 것인데, 우리에게 그분 자신과 그분의 의가 제공되는 것이다.[46]

결과적으로, 하나님의 심판대 앞에서 믿음이 없는 모든 사람이 죄와 영벌을 받고 고발을 당하여 정죄를 받지만, 그러나 신자들은 죄로부터 깨끗해지고, 모든 죄책과 형벌로부터 자유하고, 하나님의 경건한 자녀들로 받아들여지고 그리고 영원한 생명의 유업을 받는다.[47]

III. 칭의에 관하여

『기독교 신앙 요해』 안에 설명된 예정론과 다르게 칭의론은 모든 신앙교육서들 안에서 확인된다. 이 주제는 하나님의 공의로부터 인간이 죄와 형벌에서 자유롭게 된 것 뿐 아니라, 하나님의 자녀로서 영원한 삶의 유업을 받는다는

---

46 *Summa*, 82v: "dann Christus Jesus vnsere einige ewige gerächtigkeit ist / als der für vns gestorben vnd widerumb von todten vferstanden ist / vnd hiemit vnsere Sünd vns abgenommen hat / das vns die Gott nit mee rächnen / sunder mit vns zuofriden / vns die gerächtigkeit Christi vfrächnen wil: vnnd aber der gloub Christum Jesum annimpt / vnd vns sin vnd siner gerächtigkeit ja alles heils teilhafft macht." (참고, *Epistola*, 29: "Fides enim illud est organum, quo participamus Christo, vel quo Christum percipimus, ut iustitia et vita Christi nostra et in nobis sit, adeoque nobis imputetur propria, non aliena.")
47 *Bericht*, 74.

것으로 요약될 수 있다.[48] 불링거에게 칭의는 하나님의 영원한 예정의 증거인데, 하나님은 인간에게 칭의 안에서 자신의 과거, 현재 그리고 미래의 죄를 용서하시며 또 죄인들의 칭의를 통해 이 죄인이 영원한 생명의 유산에 대한 권리를 가질 뿐 아니라, 영원한 생명의 보증 아래서 하나님의 자녀로서 입양되었다는 것을 말한다. 그러므로 칭의는 법적인 의미에서 하나님의 판결과 함께 동일하게 취급된다. 하나님은 그리스도의 대속사역과 관련하여 인간을 죄로부터 자유롭게 하셨으며 또 그분의 은혜 안에서 또 자신의 상속자로서 받아들인 것이다.[49] 그리고 칭의는 하나님의 의가 사람에게 주입되는 것과 관련되지 않고, 오히려 하나님이 사람을 의롭고 기쁘시게 여기신다고 선언하는 공의로운 행위이다. 칭의에 근거하여 인간은 더 이상 죄인으로 간주되는 것이 아니라, 오히려 의인과 하나님의 자녀로서 간주된다.

칭의의 이러한 본질적인 정의를 설명한 이후에 불링거는 『헝가리 교회들과 신자들에게 쓴 목회서신』 안에서 구원의 서정(ordo salutis), 즉 오직 은혜(sola gratia) – 그리스도 때문에(propter Christum) – 오직 믿음(sola fide)을 다루었다.[50] 이것은 어떤 믿음의 원리에서 인간이 의롭게 되는지를 나타낸

---

48 *Epistola*, 25: "… propter quid absoluti a peccatis et liberati a poenis inferorum commeritis filii Dei efficiamur haeredesque omnium bonorum Dei et vitae aeternae."; *Compendium, 62v.* Iustificandi uero nomen significat in iudicio Dei à legis accusatione, à peccato & damnatione absolui, sic ut peccata non ad damnationem imputentur, iustitia autem Christi imputetur, & sic homo iustus ac saluus fiat."; *Institutio, 24r.* "… quid sit iustificari coram deo: id autem est coram tribunali dei, coram quo omnes homines peccati & aeternae condemnationis rei peraguntur & conuincuntur, à peccato expiari, à poena et culpa absolui, & haberi atque recipi in numerum filiorum dei & haeredum uitae aeternae."; *Catechesis, 36v-37v.* "Iustificare per significationem actiuam refertur ad ipsum deum, & est proprium dei opus, ac significat, remittere uel non imputare peccata, sed iustitiam potius Christi imputare, atque adeo absoluere a iudicio condemnationis, & pro iusto aut filio dei haeredesque uitae aeternae habere."

49 *Epistola*, 25; *Summa*, 81v; *Bericht*, 74; *Catechesis*, 37r.

50 *Epistola*, 25, 28: Die Ordnung des Heils in Bezug auf die Grundbestimmung von

것이다. 물론, 다른 신앙교육서들 안에서는 칭의가 더 이상 구원의 서정에 대한 규정에 엄격히 정렬되어 있지는 않다. 그럼에도 불구하고 세 가지 요소인 오직 은혜, 그리스도 때문에 그리고 오직 믿음을 통해 공감할 수 있는 구조는 이 신앙교육서들 안에서 발견할 수 있다. 불링거는 하나님의 은혜 안에 있는 구원의 원인에서 출발하여, 다음으로 그리스도를 통한 구원의 중개를 말하고, 마침내 그리스도 안에서 계시된 하나님의 은혜와 관련된 합당한 인간적인 태도로서 믿음을 설명했다. 세 권의 신앙교육서들에는 칭의와 관련된 『헝가리 교회들과 신자들에게 쓴 목회서신』의 모든 중요한 언급이 수용되어 있다. 첫 번째 원리인 "오직 은혜"와 관련해 불링거는 하나님께서는 자신의 은혜로우신 긍휼을 통해 인간을 의롭게 하셨는데, 즉 죄를 용서하시고 구원을 이르게 하셨다고 밝혔다.[51] 칭의는 하나님의 영원한 선택으로부터 결과된 하나님의 은혜의 직접적인 효력이다. 하나님은 인간의 행위에 대한 고려 없이 비참한 죄인들을 사랑하시고, 죄로부터 깨끗게 하셨으며 그리고 자신의 자녀와 상속자로 삼아주셨다.[52] 두 번째 원리인 "그리스도 때문에"는 그리스도의 구속사역과 연결된 것이다. 하나님이 그리스도 때문에 인간을 의롭게 하셨다는 것은 그리스도께서 대속사역을 통해 하나님으로부터 획득하신 의를 죄인에게 전가하셨다는 것을 의미한다. 그러므로 칭의는 인간의 공로 없이 오직 그리스도의 순종과 그분의 죽음에 근거하고 있다. 그리스도는 인간의 구원을 위한 근거인데, 그분은 인간을 위해 율법의 모든 요구를 성취하셨고, 죄인을 대신해 십자가에서 죽으셨으

---

der Rechtfertigung heisst: 1. sola gratia: "Ante omnia docet inspicere Deum Patrum misericordiarum, qui gratis homi nes elegit et gratia sua iustificat." 2. propter Christum: "Occurrit autem secundo loco ipse Christus Dominus, propter quem Pater coelestis nobis est misericors, et in quo nos complectitur." 3. sola fide: "Succedit ergo iam tertio loco in ordine salutis fides in Christum."

51 *Epistola*, 25: „… gratia sua iustificat."
52 *Summa*, 76r-v; *Bericht*, 75; *Catechesis*, 37r

며 그리고 죽음으로부터 부활하셨기 때문이다. 하나님께서 그리스도의 십자가 죽음을 인간이 하신 것처럼 간주하셨을 뿐 아니라, 그것을 통해 인간과 화평을 이루시고 또 그리스도께서 이루신 율법의 성취를 인간이 이루신 것처럼 간주하실 정도로 그리스도의 대속사역을 통해 인간은 죄와 사망으로부터 자유롭게 되었다.[53] "그리스도 때문에" 의롭게 됨은 죄로부터 깨끗하게 되었을 뿐 아니라, 인간이 의롭게 되기 위한 의무로부터 자유롭게 되었다는 것이다. 하나님은 그리스도께서 친히 고난 당하고 또 행하신 모든 것을 신적인 은혜를 통해 그리스도 안에서 선택된 인간이 친히 행한 것처럼 여주신다. 이와 관련해 특별히 주목되는 점은, 불링거가 하나님의 은혜와 그리스도의 대속사역을 칭의를 위한 조건으로서 동일하게 간주했다는 사실이다. 『박해받는 사람들을 위한 신앙답변서』에는 양면의 관계가 다음과 같이 언급되어 있다:

> 그러므로 그 이유는 실제로 하나님의 은혜와 긍휼로 말미암은 것인데, 즉 하나님께서 사람의 모습을 취하시고, 우리를 위해 죽으시고 또 우리를 위해 자신의 피를 흘리신 그분의 독생자를 우리에게 주셨기 때문이다. 이와 관련해 우리는 죄로부터 깨끗함을 받고, 영원한 사망과 정죄에서 건짐을 받았으며, 하나님의 심판대 앞에서 모든 고발로부터 면제되었다. 참으로 우리는 그리스도 때문에 의롭게 되었으며, (즉 그분의 의가 우리의 의로 우리에게 전가됨으로써) 영생의 상속자가 된 것이다. 그러므로 하나님의 은혜, 그리스도의 피와 죽으심, 그리스도의 순결과 의가 곧 하나님의 은혜인데, 우리가 하나님으로부터 정죄되지 않고, 오히려 하나님으로부터 그분의 자녀로 상속자로 받아들여지며 또 영원한 생명을 얻는 것이다.[54]

---

53 *Bericht*, 76; *Catechesis*, 37v (*Compendium*, 68r-v: "Quandoquidem igitur Christus Dominus unica et perpetur nostra iustitia est, ut qui pro nobis mortuus ac denuo à mortuis resuscitatus est, ac ita peccata nostra abstulit, ut in posterum nobis à Deo non imputentur, sed is reconciliatus nobis, iustitiam Christi nobis imputet.").

이러한 이해와 관련해 신앙교육서들 안에서 불링거는 "그리스도 안에 있는 하나님의 은혜"(Gnade Gottes in Christus)라는 표현을 사용했다. 이는 불링거에게 구원론의 중심 개념으로서 구원론과 기독론이 불가분의 관계에 놓여 있음을 알려준다. 마지막 원리인 "오직 믿음"과 관련된 것은, "그리스도의 의가 사람에게 어떻게 주어지는가?"라는 질문이다. 이 질문에 답하면서 불링거는, 앞서 이미 언급한 것처럼, 인간은 그리스도를 믿음으로 말미암아 그분의 의를 전가 받는다는 것을 강조한다. 사람에게서 난 것이 아니라 성령을 통해 하나님이 값없이 주시는 선물인 믿음은[55] 예수 그리스도를 붙들고 인간으로 하여금 그분과 구원의 모든 은택에 참여하는 것이다. 이렇게 볼 때, 믿음은 칭의에 이르게 하는 한 수단이다.[56] 인간은 오직 믿음을 통해 하나님 앞에서 의롭게 된다. 칭의는 믿음의 실제적인 효력인데, 인간은 그리스도의 대속사역에 근거한 하나님의 은혜에 참여함을 통해 구원을 얻고, 하나님과 연합하며 그리고 죄로부터 깨끗해 진다.[57] 인간의 칭의는 오직 그리스도를 믿는 믿음으로 말미암아 얻을 수 있으며, 결코 인간의 선한 행위로 얻을 수 없다. 『기독교 신앙

---

54 *Institutio*, 24v: "Causa itaque huius rei proprie est gratia & misericordia dei, per quam deus nobis unicū suū filium donauit, qui humanam naturam assumpsit, & se morti nostra causa exposuit, ac suum sanguinem pro nobis effudit, ut nos à peccatis expiati, ab aeterna morte & damnatione liberati, & liberi ab omni accusatione ad tribunal dei absoluamur: imò ut per Christum iusti (quoniam eius iustitia nobis imputatur pro nostra) haeredes fiamus aeterne uitae. Quamobrem gratia dei, sanguis & mors Christi, eiusque innocentia & iustitia, illud ipsum sunt cuius gratia non damnatur à deo, sed ab ipso in filios & haeredes adoptamur, et donamur uita aeterna."

55 *Summa*, 87r; *Bericht*, 24-5.

56 *Epistola*, 29: "Oportet itaque organum aut instrumentum esse hominum, quo recipiant iustificationem. Id dicimus atque testamur esse fidem."; *Compendium*, 67v: "Fidem uero medium esse quo gratiae Dei participes reddimur."

57 *Summa*, 81v.

요해』에서 다음과 같은 문장을 확인할 수 있다: *"유일하고, 순수하며 그리고 완전한 구원은 오직 그리스도 안에 있는 하나님의 은혜에 근거하여 믿음으로 말미암아 주어진다."*[58]

IV. 정리하며

믿음의 원리인 오직 은혜, 그리스도 때문에 그리고 오직 믿음과 관련하여 불링거는 구원의 핵심으로서 칭의가 전체 구원론의 중심에 있다고 말한다. 그의 칭의론은 근본적으로 죄와 정죄로부터 자유와 하나님의 자녀로서 입양과 관련해 바울과 요한의 가르침에만 기초하는 것은 아니다.[59] 이와 함께 오피츠의 연구는 불링거의 칭의론이 어거스틴과 츠빙글리와 연결되어 있을 뿐만 아니라, 위의 세 가지 믿음의 원리에 기초하여 루터와 멜랑흐톤과도 가깝게 연결되었다는 것을 확인시켜 준다.[60] 츠빙글리가 "하나님에 대한 무조건적인 신뢰를 위한 영적 사역의 구원으로서 믿음의 성령적 이해"를 특징짓는 동안에, 불링거는 어거스틴을 다시 언급하면서 "은혜"(Gratia)라는 전통적인 용어를 사용했다.[61] "그리스도 때문에"(propter Christum)와 "믿음으로"(per fidem)에 대한 루터-멜랑흐톤적 칭의론과의 구성적 관계는 고유한 특징과 함께 불링거의 칭의론의 맥락 안에서 이해되었다.[62] 여기에서 불링거가 트리엔트 공의회의

---

58 *Summa*, 83r: "Einmal aber sol vnuermischt luter vnd rein alles heil allein der gnad Gottes in Christo durch den glouben zuogäben werden."

59 *Bericht*, 74-5.

60 Opitz, *Heinrich Bullinger als Theologe*, 280.

61 Opitz, *Heinrich Bullinger als Theologe*, 282.

62 Ernst Koch, *Die Heilslehre*, in: Glauben und Bekennen, 284; Opitz, *Heinrich Bullinger als Theologe*, 268-78.

칭의론에 대해 비판하면서 루터 교회와 공통점을 강조한 것은 매우 흥미롭다.[63] 절대적으로 그는 로마가톨릭교회의 칭의론에 대해 경계했다. 반동종교개혁적인 가톨릭주의의 위협에 근거하여 취리히 신학자는 칭의론이 개혁 교회와 루터 교회의 공통 종교개혁적인 기초로서 강조되기를 원했다. 불링거의 칭의론은 신앙교육서들 안에서 광범위하게 칭의가 부분적으로 믿음에 의해 또 부분적으로 사람의 선행에 근거하고 있다는 트리엔트 공의회의 결정에 대해 반박했다. 칭의를 부분적으로 인간의 선행으로 돌리는 것은 칭의의 전제 조건으로서 간주되는 오직 은혜, 그리스도 때문에 그리고 오직 믿음에 대한 믿음의 원리를 벗어나는 입장이다. 불링거는 기독교 교리의 근본적인 중요성 안에서 칭의론을 강조한 『50편 설교집』 안에서도 트리엔트 공의회의 반종교 개혁적인 가톨릭주의의 칭의론을 정면으로 비판했다.[64] 특별히, 이와 관련해 불링거는 1554년 덴마크 왕 크리스틴안(Christian)에게 헌정한 자신의 저작 『의롭게 하시는 하나님의 은혜에 관하여』 (De gratia Dei iustificante) 안에서 칭의론에 관련된 이전까지의 고민을 체계화할 뿐 아니라 개혁적인 카톨릭주의의 도전에 비추어 더욱 예리하게 만들었다.[65] 이러한 이해 속에서 우리는 다음과 같은 결론에 이를 수 있다: "선한 행실은 의롭게 하는 믿음에서 나오고, 그리스도인의 자유 안에서 흘러나오며, 결코 칭의의 조건으로서 간주되지 않는다."[66] 당연히, 불링

---

63 Strohm, *Frontstellungen, Entwicklungen, Eigenart der Rechtfertigungslehre bei Bullinger*, 561.

64 Strohm, *Frontstellungen, Entwicklungen, Eigenart der Rechtfertigungslehre bei Bullinger*, 558.

65 Origialtitel: *De GRATIA DEI IVSTIFICANTE NOS PROPTER CHRISTVM; PER solam fidem absque operibus bonis, fide interim exuberante in opera bona, Libri III. an Sereniss. ⋯ ⋯ EX OFFICINA FROSCHOVIANA TIGVRI, M.D.LIIII.* (ZBZ, 5. 1021; HBBibl I, 276-7).

66 Strohm, *Frontstellungen, Entwicklungen, Eigenart der Rechtfertigungslehre bei Bullinger*, 563: "... aus dem rechtfertigenden Glauben gute Werke hervorströmen, und zwar in christlicher Freiheit und keineswegs als Voraussetzung der

거는 의인의 선행은 믿음에서 나오는 것이며, 성령의 능력으로 행하는 것임을 강조했다.[67]

Rechtfertigung."
67 *Summa*, 85r.

〈참고문헌〉

1차문헌

『헝가리 교회와 목사들에게 쓴 목회서신』 (1551) - 라틴어 원본: *Brevis ac pia institutio Christianae religionis ad dispersos in Hungaria Ecclesiarum Christi Ministros et alios Dei servos scripta, per Heinrycum Bullingerum Tigurinae Ecclesiae Ministrum.* Ovarini M.D.LIX,

『기독교 신앙 요해』 (1556) - 독일어 원본: *Summa Christenlicher Religion. Darin vß dem wort Gottes / one alles zancken vnd schaelten / richtig vnd Kurtz / anzeigt wirt / was einem yetlichen Christen notwendig sye zů wüssen / zů glouben / zů thůn / vnd zů l assen / ouch zů lyden / vnd saeligklich abzůsterben: in x. Artickel gestelt / durch Heinrychen Bullingern*; 라틴어 원본: *COMPENDIVM CHRISTIANAE RELIGIONIS DECEM Libris comprehenſum, Heinrycho Bullingero auchtore* ··· TIGVRI APVD FROSCH. Anno domini, M.D.LVI.,

『박해받는 사람들을 위한 신앙답변서』 (1559) - 독일어 원본: *Bericht, Wie die / ſo von waegen vnser Herren Jeſu Chriſti vn ſines heiligen Euangeliums / ires glaubens erſůcht / vnnd mit allerley fragen verſůcht werdend / antworten vnd ſich halten moegind: beſchribē durch Heinrychē Bullingern,*

『성인들을 위한 신앙교육서』(1559) - 라틴어 원본: *CATECHESIS PRO ADVLTIORIBUS SCRIPTA, DE his potissimum capitibus. De Principijs religionis Christianę, scriptura sancta. De Deo uero, unio et ęterno. De Foedere dei & uero dei cultu. De Lege dei & Decalogo mandatorum domini. De Fide Christiana, & Symbolo apostolico. De Inuocatione dei & Oratione dominica, & De Sacramentis ecclesię Christi, authore Heinrycho Bullinero.*
De GRATIA DEI IVSTIFICANTE NOS PROPTER CHRISTVM: PER solam fidem absque operibus bonis, fide interim exuberante in opera bona, Libri III. an Sereniss. ⋯ ⋯ EX OFFICINA FROSCHOVIANA TIGVRI, M.D.LIIII.

2차문헌

Barth, Karl. *Kirche Dogmatik*, Bd. II/2. Zollikon-Zürich, 1959.

Bavinck, Herman. *Gereformeerde Dogmatiek*. Bd. II, Kampen, 1998.

Berkhof, Louis. *Systematic Theology*, Michigan 1988.

Birmelé, André. *Kirchengemeinschaft: Ökumenische Fortschritte und methodologische Konsequenzen*, Berlin-Hamburg-Münster 2003.

Hollweg, Walter. *Heinrich Bullingers Hausbuch*, in BGLRK. Bd. VIII, Neukirchen, 1956.

Koch, Ernst. *Theologie der Confessio Helvetica Posterior*, Beiträge zur Geschichte und Lehre der Reformierten Kirche, Bd. XXVII, Neukirchen-Vluyn 1968.

Opitz, Peter. *Heinrich Bullinger als Theologe, Eine Studie zu den «Dekaden»*. Zürich, 2004.

Schützeichel, Heribert. *Die Glaubenslehre Calvins*. München, 1972.

Strohm, Christoph. *Bullingers Dekaden und Calvins Institutio. Gemeinsamkeiten und Eigenarten*, in: Calvin im Kontext der Schweizer Reformation, Historische und theologische Beiträge zur Calvinforschung. Zürich, 2003.

_____. *Frontstellungen, Entwicklungen, Eigenart der Rechtfertigungslehre bei Bullinger*, in: Heinrich Bullinger. Life-Thought-Influence, Bd. II, Zürich 2004.

Venema, Cornelis P. *Heinrich Bullinger and the Doctrine of Predestination*, Grand Rapids 2002.

Wallmann, Johannes. *Beiträge zur Historischen Theologie* (80). Tübingen, 1991.

Walser, Peter. *Die Prädestination bei Heinrich Bullinger im Zusammenhang mit seiner Gotteslehre*, Zürich 1957.

존 낙스의 칭의론

박재은

John Knox(1513-1572)

총신대학교(B.A. 신학과)와 총신대학교 신학대학원(M.Div.)을 졸업하고, 미국 칼빈 신학교(Calvin Theological Seminary)에서 조직신학 전공으로 신학석사(기독론, Th.M.)와 철학박사(구원론, Ph.D.) 학위를 취득했다. 박사논문 출판본은 네덜란드 개혁신학 전통의 칭의론과 성화론을 논구한 *Driven by God: Active Justification and Definitive Sanctification in the Soteriology of Bavinck, Comrie, Witsius, and Kuyper*(Vandenhoeck & Ruprecht, 2018)이다. 지은 책은 『삼위일체가 알고 싶다』(넥서스CROSS, 2018), 『질문하는 성도, 대답하는 신학자』(디다스코, 2018), 『칭의, 균형 있게 이해하기』(부흥과개혁사, 2016), 『성화, 균형 있게 이해하기』(부흥과개혁사, 2017)가 있으며, 번역과 해제를 담당한 책은 헤르만 바빙크, 『계시 철학』(다함, 2019), 번역한 책은 헤르만 바빙크, 『찬송의 제사』(다함, 2020)와 웨인 그루뎀, 『성경 핵심 교리』(솔로몬, 2018) 등이 있다. 한국복음주의신학회 신진학자상(2018년)을 수상한 바 있으며, 국내외 주요 저널에 다양한 신학 주제로 다수의 소논문을 게재했다. 출판된 소논문들은 https://calvinseminary.academia.edu/JaeEunPark에서 전문을 읽을 수 있다. 현재 총신대학교 신학대학원 조교수(조직신학 및 기독교윤리)로 예장합동 교단 목사를 길러내고 있다.

박재은

I. 들어가며

스코틀랜드의 종교개혁자 존 낙스(John Knox, ca.1514-1572)[1]의 생애, 역사적 배경, 유럽 대륙의 종교개혁과의 관계성에 대해서는 역사 신학적으로 많은 연구가 되어 있다.[2] 그의 전기(傳記) 역시 다양한 형태로 여러 시대와 장소에 걸쳐 꾸준히 출간되었다.[3] 낙스에 대한 종교개혁사적 이해 및 그의 생애와 사상 사이의 관계성은 전문적으로, 또한 대중적으로도 많은 자료가 존재한다.

---

1 낙스의 출생 연도는 정확하게 알 수 없다. 사료에 따라 1505년, 1513년 등으로 출생년도를 표기하기도 하지만 중론은 출생 연도 미상 혹은 1514년 어간이다.

2 다음과 같은 연구들을 살펴보라. Crawford Gribben, "John Knox, Reformation History and National Self-fashioning," *Reformation & Renaissance Review*, 8.1 (April 2006), 48-66; James Begg, "John Knox and the Reformation," *The Confessional Presbyterian*, 7 (2011), 25-40; David B. Calhoun, "John Knox (1514-1572) After Five Hundred Years," *Presbyterion*, 40.1-2 (Fall 2014), 1-13.

3 19세기 초반에 출간된 낙스에 대한 전기적 사료로는 James Melville, *The Autobiography and Diary of Mr. James Melville*, ed. Robert Pitcairn (Edinburgh: Wodrow Society, 1841); Richard Bannatyne, *Memorials of Transactions in Scotland* (Edinburgh: Edinburgh Printing Company, 1836)을 참고하라. 20세기에 출간된 낙스 전기로는 Eustace Percy Baron, *John Knox* (Richmond: John Knox Press, 1965); Jasper Ridley, *John Knox* (Oxford: Oxford University Press, 1968); W. Stanford Reid, *Trumpeter of God: A Biography of John Knox* (New York: Scribner, 1974), 『하나님의 나팔수: 존 낙스의 생애와 사상』, 서영일 역 (서울: 기독교문서선교회, 1984) 등이 있다. 낙스의 신학적 입장을 분석하는 논조로 집필된 21세기에 출간된 낙스 전기로는 Richard G. Kyle & Dale Walden Johnson, *John Knox: An Introduction to His Life and Works* (Eugene: Wipf & Stock, 2009); Richard G. Kyle, *The Ministry of John Knox: Pastor, Preacher, and Prophet* (Lewiston: E. Mellen Press, 2002)을 참고하라. 최근에 출간된 낙스 전기로는 Jane E. A. Dawson, *John Knox* (New Haven : Yale University Press, 2015)을 참고하라. 한글로 된 전기적 자료로는 김요섭, 『존 녹스: 하나님과 역사 앞에 살았던 진리의 나팔수』 (서울: 익투스, 2019); 황봉환, 『스코틀랜드 종교개혁과 존 낙스의 신학』 (서울: 예영커뮤니케이션, 2001)을 참고하라. 좀 더 역사적으로 존 낙스와 종교개혁 역사를 살펴보려면 김중락, 『스코틀랜드 종교개혁사』 (안산: 흑곰북스, 2017)을 참고하라. 좀 더 대중적으로 존 녹스에 대해 기술한 마틴 로이드 존스·이안 머리, 『존 녹스와 종교개혁』, 조계광 역 (서울: 지평서원, 2011); 데이비드 캠벨, 『존 녹스와 떠나는 여행』 (서울: 부흥과개혁사, 2006); G. 바넷트 스미스·도로시 마틴, 『존 녹스와 종교개혁: 스코틀랜드의 위대한 종교 개혁자』, 편집주 역 (서울: 보이스사, 1988) 등도 살펴보라.

하지만 낙스의 '신학'에 집중해 연구하는 자료들은 상대적으로 부족하다. 본고는 이런 학문적 부족함의 간극을 메우려는 시도이다. 특별히 이 간극을 낙스의 칭의론(the doctrine of justification)으로 메꿀 것이다. 물론 낙스의 신학에 대해 논구했던 연구가 아예 없었던 것은 아니다. 특별히 리처드 카일 (Richard G. Kyle) 같은 경우에는 낙스의 구약 성경관,4 낙스의 성경 해석학,5 낙스의 신론,6 낙스의 종교관,7 낙스의 세례관,8 낙스의 국가관9 등 굵직굵직한 신학 주제들을 낙스의 빛 아래서 해석해 내었다. 이뿐만 아니라 낙스의 예정론10도 많은 학자들의 눈길을 끌었으며11 낙스의 성경관 역시 마찬가지였다.12

---

4 Richard G. Kyle, "John Knox: A Man of the Old Testament," *The Westminster Theological Journal*, 54.1 (Spring 1992), 65-78.

5 Richard G. Kyle, "John Knox's Methods of Biblical Interpretation: An Important Source of His Intellectual Radicalness," *Journal of Religious Studies*, 12.2 (1986), 57-70.

6 Richard G. Kyle, "The Divine Attributes in John Knox's Concept of God," *The Westminster Theological Journal*, 48.1 (Spring 1986), 161-172.

7 Richard G. Kyle, "John Knox and the Purification of Religion: the Intellectual Aspects of His Crusade Against Idolatry," *Archiv für Reformationsgeschichte*, 77 (1986), 265-280.

8 Richard G. Kyle, "The Major Concepts in John Knox's Baptismal Thought," *Fides et historia*, 21.1 (January 1989), 20-31.

9 Richard G. Kyle, "The Christian Commonwealth: John Knox's Vision for Scotland," *The Journal of Religious History*, 16.3 (June 1991), 247-259.

10 낙스의 예정론을 직간접적으로 언급한 자료들은 다음과 같다. James S. McEwen, The *Faith of John Knox: The Croall lectures for 1960* (Richmond: John Knox Press, 1961), 64; V. E. D'Assonville, *John Knox and the Institutes of Calvin: A Few Points of Contact in Their Theology* (Durban: Drakensberg, 1969), 42-47; W. Stanford Reid, "John Knox, Pastor of Souls," *Westminster Theological Journal*, 40.1 (Fall 1977), 1-21; Richard L. Greaves, *Theology and Revolution in the Scottish Reformation: Studies in the Thought of John Knox* (Grand Rapids: Christian University Press, 1980), 29; Richard G. Kyle, "John Knox: the Main Themes of His Thought," *Princeton Seminary Bulletin*, 4.2 (1983), 101; Richard G. Kyle, *The Mind of John Knox* (Kansas: Coronado Press, 1984), 111, idem, "John Knox Confronts the Anabaptists: The Intellectual Aspects of His Encounter," *Mennonite Quarterly Review*, 75.4 (October 2001), 503-504, 505.

11 필자도 일찍이 낙스의 예정론과 교회론이 얼마나 실천적으로 서로 연결되는지에 대해 논구했

이런 상황 가운데서, 한 가지 놀라운 사실은 그 누구도 낙스의 구원론, 특히 본고의 구체적인 주제인 낙스의 '칭의론'에 대해 깊은 연구를 하지 않았다는 사실이다. 이신칭의(以信稱義, justification through faith) 교리가 종교개혁 교리에 있어 핵심적인 위치를 차지한다는 사실[13]을 염두할 때 이런 상황은 우리에게 당혹감까지도 다소 허락한다. 즉 낙스의 칭의론은 낙스 연구계에 있어서 '빠진 이빨'과 같은 형국을 취하고 있는 형편이다. 본고는 왜 칭의론이라는 귀중한 이빨이 낙스 연구계 속에서 빠졌는지를 가늠해보고 그 빠진 형국을 메꾸려는 시도의 일환이다.

본고의 연구 방향성은 다음과 같다. 먼저 낙스의 칭의론을 연구할 때 즉각적으로 당면할 수밖에 없는 자료 부족의 한계성에 대해 논한 후, 스코틀랜드에서의 루터와 칼빈의 영향을 가늠해볼 것이다. 이런 일련의 작업을 통해 낙스의 칭의론 형성의 기저에 깔린 배경이 구축될 것이다. 그다음, 이신칭의 교리의 핵심인 '믿음'에 대한 낙스의 이해를 스코틀랜드 최초의 순교자 패트릭 해밀턴(Patrick Hamilton, 1504-1528)[14]의 글을 통해 가늠해본 후, 낙스와 동시대를 살았던 스코틀랜드의 유력 귀족이자 법학자, 동시에 종교개혁자였던 헨리 발네이브즈(Henry Balnaves, ca.1512-1570)의 신앙고백에 대한 낙스의 요약문을 통해 낙스의 칭의론을 넌지시 가늠해 볼 것이다. 그 후 "스코틀랜드 신앙고백서"(the Scottish Confession, 1560) 내용 속에서 낙스의 칭의론적

다. Jae-Eun Park, "John Knox's Doctrine of Predestination and Its Practical Application for His Ecclesiology," *Puritan Reformed Journal*, 5.2 (July 2013), 65-90.

12 Cf. 황봉환, 『스코틀랜드 종교개혁과 존 낙스의 신학』, 45-62.

13 이신칭의 교리에 있어 믿음의 역할을 주목하며 반율법주의와 신율법주의 사이에서 균형을 맞추고자 노력했던 연구물인 필자의 박재은, 『칭의, 균형 있게 이해하기: 하나님의 주권 대 인간의 역할, 그 사이에서 바라본 칭의』(서울: 부흥과개혁사, 2016)도 참고하라.

14 Cf. Bruce W. Adams, "Patrick Hamilton (1503-1528): A Scottish Reformer with a Timeless Confession," *Logia*, 5.4 (1996), 45-46.

영향력을 고찰한 후 글을 마무리 짓도록 하겠다.

이런 일련의 연구 방향성을 통해 낙스의 칭의론이 넌지시 가늠될 것이며 낙스의 칭의론의 큰 틀과 거시적인 조망이 가능할 것으로 기대한다.[15]

II. 낙스의 칭의론

1. 자료 부족의 한계성과 낙스의 칭의론 연구 동향

낙스는 칭의론에 대한 직접적인 글을 저술하지 않았다. 『녹스의 전집』(*The Works of John Knox*, 1864, 이후부터는 *Works*로 표기)[16]에도 칭의와 직접적으로 관련된 부분은 일부분에 지나지 않는다. *Works*에는 크게 세 부분 정도에 칭의론에 대한 낙스의 이해가 녹아 들어가 있다.

첫째는 *Works* 제1권에 『스코틀랜드 종교개혁의 역사』(*The History of the Reformation in Scotland*)[17]가 수록되어 있는데 이 부분은 또 1부(스코틀랜드 영역 내의 종교개혁 역사에 대한 첫 번째 책[The First Book of the History of the Reformation of Religion within the Realm of Scotland])[18]와 2부(스코틀랜드에서 일어난 일들에 대한 역사 두 번째 책[The Second Book of the History of Things Done in Scotland])[19]으로 나뉜

---

15 낙스의 칭의론이 넌지시 가늠될 것이며 구체적인 조망이 아닌 거시적인 조망이 가능할 것이라는 다소 소극적인 표현을 사용한 이유는 낙스가 칭의론에 대한 구체적이고도 적극적인 사료를 남기지 않았기 때문이며 이를 충분히 인식한 채 연구가 진행되었음을 적시하기 위함이다.

16 John Knox, *The Works of John Knox*, ed. David Laing, 6 vols. (Edinburgh: Thomas George Stevenson, 1864). 이후부터 낙스의 전집을 인용할 때는 Laing판을 인용할 것이며 철자는 현대 영어 표기법으로 수정하지 않고 1864년판 그대로를 인용할 것이다.

17 *Works*, 1:3-473.

18 *Works*, 1:3-294.

19 *Works*, 1:297-473.

다. 이 중 1부에서 낙스는 해밀턴의 글을 요약하며 칭의론의 핵심이라고 볼 수 있는 '믿음'에 대해서 다루고 있다.[20] 즉 낙스가 해밀턴이 전개한 믿음에 대한 교리(The Doctrine of Faith)[21]를 간략하게 소개하고 있는 부분에서 이신칭의 교리에 대한 낙스의 이해를 넌지시 살펴볼 수 있다. 낙스는 해밀턴이 전개한 믿음에 대한 교리를 믿음 자체에 대한 본성적 이해,[22] 믿음을 통한 이신칭의,[23] 그리고 그리스도를 믿음에 대한 내용[24]을 차례로 논하고 있다. 물론 이 자료는 낙스 자신의 직접적 글이 아니긴 하지만, 믿음에 대해 전개하는 해밀턴의 논지를 향해 낙스 자신도 긍정했기 때문에 페이지를 할애해 소개했다는 가정은 합리적 가정이라 생각된다.

둘째는 이신칭의 교리에 대한 발네이브즈의 저술을 요약한 낙스의 요약문을 통해 낙스의 칭의론의 형태를 가늠해 볼 수 있다. *Works* 제3권에는 발네이브즈의 저술이 세 가지 형태로 수록되어 있는데, 하나는 낙스에 의해 요약된 발네이브즈의 글[25]이며, 또 하나는 낙스에 의해 개정된 발네이브즈의 글[26]이고, 또 다른 하나는 발네이브즈의 『신앙고백』(*The Confession of Faith*) 전문[27]이다. 물론 이 자료도 칭의론에 대한 낙스의 직접적인 글이 아니기 때문에 이 자료를 통해서 낙스의 칭의론을 직접적으로 이끌어 내는 것은 사실 사료적

---

20 *Works*, 1:19ff(A BRIEF TREATISE OF MR. PATRIKE HAMELTON).

21 *Works*, 1:25ff.

22 *Works*, 1:25-27([THE DOCTRINE] OFF FAITH).

23 *Works*, 1:27(A MAN IS JUSTIFIED BE FAITH).

24 *Works*, 1:27-28(OF THE FAITH OF CHRIST).

25 *Works*, 3:1-28(An Epistle to the Congregation of the Castle of St. Andrews, Prefixed to the Treatise by Henry Balnaves on Justification by Faith; With a Brief Summary of the Work).

26 *Works*, 3:403-430(The Treatise by Balnaves on Justification by Faith, As Revised by Knox).

27 *Works*, 3:431-542(The Confession of Faith … by M. Henry Balnaves).

으로 불가능하다. 그 이유는 낙스는 칭의론에 대해 직접적으로 1차 자료를 작성한 것이 아니라 발네이브즈의 글을 기반으로 2차 자료를 생산해 낸 것이기 때문이다. 그럼에도 불구하고 발네이브즈의 『신앙고백』(*The Confession of Faith*)에 서려 있는 칭의론을 낙스가 나름대로 주체적으로 요약·평가하고 있기 때문에 이 요약문과 요약문 전에 실려 있는 소개글을 통해 칭의에 대한 낙스의 관점을 일견 간접적으로나마 가늠해 볼 수 있다.

셋째는 스코틀랜드 신앙고백서를 통해 낙스의 칭의론을 일부 이끌어 낼 수 있다. 사실 스코틀랜드 신앙고백서는 칭의론 자체에 대해 직접적으로 다루고 있지 않으며, 낙스의 저작설에 대해서도 다소 분분한 논의가 있었고,[28] 깊이 있는 숙고에 의해 신앙고백서가 만들어졌다기보다는 4일 만에 신속하게 작성된 경향이 있으므로 스코틀랜드 신앙고백서는 모든 신학적 주제들이 포괄적으로 포함된 신앙고백서는 아니라는 사실이 주지되어야 한다.[29] 그럼에도 불구하고 스코틀랜드 신앙고백서의 내용 면면 속에서 칭의에 대한 낙스의 이해를 일견 가늠해 볼 수 있다.

이처럼 낙스의 칭의론을 직접적으로 규명해 줄 수 있는 1차 자료는 결코 풍성하지 않다. 그 결과 낙스의 칭의론을 다룬 2차 자료 역시 자료 부족의 한계에 부딪히고 있는 형편이다. 낙스의 칭의론에 대한 국내 자료는 거의 전무하다시피 하며, 외국 역시 대단히 간헐적이다. 일찍이 T. F. 토랜스(Torrance)

---

28 그러나 스코틀랜드 신앙고백서를 작성할 때 낙스가 중요한 역할을 감당했다는 사실은 이제 큰 이견이 없는 사실이다. Ian Hazlett, "The Scots Confession 1560: Context, Complexion and Critique," *Archiv für Reformationsgeschichte*, 78 (1987), 287-288.

29 Hazlett, "The Scots Confession 1560," 287-320; David F. Wright, "The Scottish Reformation: Theology and Theologians," in *Cambridge Companion of Reformation Theology*, eds. David Bagchi and David C. Steinmetz (Cambridge: Cambridge University Press, 2004), 174-193; Michael Owen, "The Structure of the Scots Confession of 1560," *Colloquium*, 36.1 (May 2004), 33-58.

는 낙스의 칭의론을 다루었지만 깊이 있게 다루었다기보다는 그리스도의 능동적 순종(active obedience)[30]과 관련시켜 단순화하여 다루었고,[31] 이안 토랜스(Iain R. Torrance)와 윌리엄 클럼파(William Klempa)는 스코틀랜드 종교개혁 역사 속에서 최초로 순교를 당했던 해밀턴과 낙스를 비교하면서 칭의론에 대해 다루었다.[32] 스튜어트 보닝턴(Stuart M. Bonnington)은 헨리 발네이브즈의 『신앙고백』과 독일의 종교개혁자 마르틴 루터(Martin Luther, 1483-1546)의 영향력의 관계에 대해 논하며 낙스의 칭의론에 대해서 살짝 다루었다.[33] 그러나 이런 2차 자료들도 낙스의 칭의론을 직접적으로 구체화시켜 다루지 않았으므로 여전히 낙스의 칭의론에 대한 연구는 지극히 부족한 형편이다.

이런 연구 동향과 상황은 오히려 자연스러운 현상이라고도 느껴진다. 그 이유는 일단 칭의론에 대한 낙스 자신의 글이 사료적으로 부족하기 때문에 파생되어 나오는 2-3차 자료들도 자연스럽게 제한적일 수밖에 없기 때문이다. 그러므로 본고는 이런 상황을 충분히 인지하는 가운데 도처에 산재되어 있는 칭의에 대한 낙스의 생각과 이해를 재구성해보는 방식을 취할 것이다.

2. 스코틀랜드에서의 루터와 칼빈의 영향

낙스가 태어나기 약 30년 전에 마르틴 루터가 태어났고, 5년 전에는 존

---

30 Cf. 박재은, 『칭의, 균형 있게 이해하기』, 66.

31 T. F. Torrance, "Justification: Its Radical Nature and Place in Reformed Doctrine and Life," *Scottish Journal of Theology*, 13.3 (September 1960), 225-246.

32 Iain R. Torrance, "Patrick Hamilton and John Knox: A Study in the Doctrine of Justification by Faith," *Archiv für Reformationsgeschichte*, 65 (1974), 171-184; William Klempa, "Patrick Hamilton and John Knox on 'The Pith of All Divinity,'" *Touchstone*, 24.1 (January 2006), 34-45.

33 Stuart M. Bonnington, "Henry Balnaves' *Confession of Faith*: Luther's Influence in Scotland?," *The Reformed Theological Review*, 76 (2017), 171-197.

칼빈(John Calvin, 1509-1564)이 태어났다. 루터와 칼빈을 통해 촉발되고 발전된 종교개혁 정신은 유럽 대륙에만 건조하게 정적으로 머물지 않았다.34 오히려 이들의 종교개혁 정신은 바다 건너 스코틀랜드에도 다각도로 영향을 끼쳤다.35 특별히 루터와 칼빈의 이신칭의 교리는 그 당시 스코틀랜드 지역의 설교자들, 특별히 해밀턴,36 알렉산더 세톤(Alexander Seton), 토마스 길리엄(Thomas Guylliame), 존 러프(John Rough) 등의 설교를 통해 1520-1530년대에 걸쳐 꾸준히 선포되어왔기 때문에37 낙스도 이들의 설교에 직간접적으로 영향을 입었다.38

이미 1525년부터 루터와 그의 신학이 스코틀랜드에 영향력을 끼치고 있었는데 그 근거는 1525년 스코틀랜드 의회가 루터의 저술에 대한 수입과 유포를 금하는 법을 제정한 것으로 볼 때 자명한 사실이다.39 루터와 낙스가 직접적으로 만났다는 증거는 없지만,40 낙스는 루터를 *Works*에서 총 9번을 인용함을 통해 루터와 그의 사상에 대해 뚜렷이 인지하고 있음이 드러난다(낙스는 루터를 *Works* 제3권에서 1번, 제4권에서 1번, 제5권에서 6번, 제6권에서 1번 인용한다).41 물론 낙스는 칼빈과 비교해서 루터를 많이 인용하지는 않는다.

---

34 Cf. Alec Ryrie, *The Origins of the Scottish Reformation* (Manchester: Manchester University Press, 2006); Ian Borthwick Cowan, *The Scottish Reformation: Church and Society in Sixteenth Century Scotland* (New York: St. Martin's Press, 1982).
35 Bonnington, "Henry Balnaves' *Confession of Faith*," 173; 김중락, 『스코틀랜드 종교개혁사』, 59; 김요섭, 『존 녹스』, 51.
36 James E. McGoldrick, "Patrick Hamilton, Luther's Scottish Discipline," *Sixteenth Century Journal* 28 (1987), 81-88.
37 Richard G. Kyle, *God's Watchman: John Knox's Faith and Vocation* (Eugene: Pickwick, 2014), 16-17.
38 Klempa, "Patrick Hamilton and John Knox on 'The Pith of All Divinity,'" 41-42.
39 김중락, 『스코틀랜드 종교개혁사』, 59.
40 Bonnington, "Henry Balnaves' *Confession of Faith*," 173.
41 *Works*, 3:308, 4:563, 5:423-424, 433, 446, 448, 452, 6:163.

그럼에도 불구하고 학자들은 루터와 그의 사상이 스코틀랜드 종교개혁에 큰 영향을 끼쳤다고 확증한다.[42] 이런 배경 속에서 루터의 이신칭의 교리도 스코틀랜드 땅에 심겨져 뿌리를 내리기 시작했다.

낙스는 루터보다도 칼빈과 훨씬 더 깊은 관계를 맺었다. 낙스는 직접 제네바에 방문해 칼빈을 만나 여러 가지 당면한 종교개혁 사안들에 대해 대화를 나누기도 했으며, 칼빈의 주선으로 스위스 종교개혁자 하인리히 불링거(Heinrich Bullinger, 1504-1575)와 삐에르 비레(Pierre Viret, 1511-1517)를 만나 의견 교환을 하기도 했다.[43] 낙스는 제네바를 훈련 장소로 선택해 칼빈과 지속적으로 교제를 나누었고 칼빈은 낙스에게 프랑크푸르트 지역에 있는 잉글랜드 피난민 교회 목회를 적극적으로 권유하기도 했다.[44] 이런 개인적인 관계의 결과 낙스는 *Works*에서 루터보다도 칼빈을 훨씬 더 많이 인용하는데 총 약 48번 정도 인용한다(제3권에서 2번, 제4권에서 19번, 제5권에서 16번, 제6권에서 11번 정도 인용한다).[45] 루터를 약 9번 인용한 것과 비교해서는 약 5배 정도 더 많은 인용량을 자랑한다. 그만큼 낙스에게 있어 칼빈과 그의 신학은 낙스와 스코틀랜드 종교개혁에 굳건한 토대와도 같은 역할을 감당했다고 평가할 수 있다.

물론 스코틀랜드 종교개혁이 루터주의의 아류작이라거나 혹은 칼빈주의의 복제본으로 이해해서는 안 된다. 지금까지 살펴본 것처럼, 스코틀랜드 종교개혁이 이전 시대 유럽의 종교개혁자들과 밀접한 관련이 있는 것은 사실이나

---

42 Bonnington, "Henry Balnaves' *Confession of Faith*," 173.
43 Dawson, *John Knox*, 85.
44 김요섭, 『존 녹스』, 147-148.
45 *Works*, 3:201, 219, 4:4, 21, 27-28, 31, 35-36, 41, 51, 53-55, 58, 153, 155, 161, 245, 258, 356-359, 544, 551, 5:11-12, 24, 31, 32, 37-39, 124, 126, 168, 178, 180-182, 216-217, 229, 310, 326, 6:9-10, 75, 94, 101, 119, 123, 277, 341, 639, 641.

마치 스코틀랜드 고유의 독특성이 거세당한 채 아류작에 그치고 말았다는 평가는 시대와 역사, 신학적 계승과 발전이라는 거시적인 틀 속에서 바라보았을 때 너무나도 역사를 단순화시키는 평가가 아닐 수 없다. 오히려 루터와 칼빈의 종교개혁 정신과 1500년대 초반 스코틀랜드의 설교자들과 낙스 같은 이후 스코틀랜드 종교개혁자들의 정신이 각각의 독특성을 유지하며 서로가 서로에게 영향을 끼치는 가운데 상호 계승, 발전되었다고 보는 것이 더 옳다.[46]

낙스의 칭의론은 하늘에서 뚝 떨어지지 않았다. 오히려 낙스의 칭의론은 일찍이 스코틀랜드 땅에 뿌려진 루터와 칼빈으로 대변되는 유럽 종교개혁자들의 이신칭의 교리의 씨앗이 아름답게 열매를 맺은 결과물이라고 볼 수 있다. 배경과 문맥이 없는 역사란 존재하지 않는다. 낙스의 칭의론의 배경과 문맥을 역추적해 거슬러 올라가다 보면 루터와 칼빈이란 이름이 등장하는 이유가 바로 여기에 있다.

3. 믿음에 대한 이해

칭의론을 형성함에 있어 '믿음'을 어떻게 이해하느냐는 관건 중 관건이다.[47] 그 이유는 종교개혁 이신칭의론은 중세 로마 가톨릭교회의 믿음 이해에 대한 전면적인 개혁적 도전이었기 때문이다. 로마 가톨릭교회는 믿음에 인간의 준비, 즉 성향(*habitudo*)의 준비와 행위(*acta*)의 준비를 첨가시켰다. 인간이 주체적으로, 혹은 반(半) 펠라기우스주의적으로 믿음을 이끌어 가는 이런 구도는 단순히 로마 가톨릭뿐만 아니라 17세기 유럽을 주름잡았던 아르미니우스주의[48]와 잉글랜드의 지역의 신율법주의[49] 등에서도 쉽게 찾아볼 수 있다. 아르

---

46 보닝턴 같은 경우에는 루터, 칼빈, 낙스 속에서 같은 칭의 교리가 흘러나오는 이유에 대해 "같은 신적인 본류"(the same Divine original)로부터 흘러나왔기 때문이라고 평가한다. Bonnington, "Henry Balnaves' *Confession of Faith*," 196.

47 박재은, 『칭의, 균형 있게 이해하기』, passim.

미니우스주의나 신율법주의 모두 인간의 자유 선택 의지(*liberum arbitrium voluntatis*)를 지극히 존중했고, 이 존중의 결과 인간의 믿음 '때문에(혹은 덕분에)' 칭의될 수 있다는 식, 혹은 인간의 순종이 믿음에 결합되어야 칭의될 수 있다는 식의 인간 중심적 논리 구조를 남겼다.[50]

믿음에 대한 바른 이해가 무너져가는 이런 전반적인 상황 속에서 낙스는 믿음에 대한 교리를 정확히 적시할 필요성을 느꼈다. 이런 필요성은 *Works*, 1:25-28에 포함된 '믿음의 교리'에 대한 해밀턴의 진술을 소개하려고 하는 낙스의 의도에서 뚜렷하게 드러난다. 낙스는 해밀턴의 진술을 통해 믿음에 대한 교리를 믿음의 본성 자체에 대한 이해, 믿음을 통한 이신칭의, 그리고 그리스도를 믿음에 대한 내용을 중심으로 차례로 논한다. 하나씩 살펴보도록 하겠다.

첫째, 낙스는 믿음을 가리켜 하나님을 믿는 것(Faith is to beleve God)[51]이라고 말한 해밀턴의 생각을 소개한다. 이는 '믿음의 대상'을 적시한 것이다. 중세 로마 가톨릭교회는 믿음의 대상이 흔들리는 전통이었다. 로마 가톨릭교회는 교회를 믿었고, 면벌부를 믿었으며, 죄 사함의 도구인 고해성사를 믿었다. 하지만 해밀턴을 위시한 스코틀랜드의 종교개혁 설교자들은 믿음의 바른 대상을 '하나님'으로만 규정했다. 그 이유는 믿음의 대상을 정확히 규정하는 것으로부터 바른 이신칭의 교리가 시작되기 때문이다. 이신칭의 교리는 말씀을 들음을 통해 믿음이 나서(롬 10:17)[52] 그 믿음으로 하나님 앞에 의롭다 인정받는

---

48 박재은, 『칭의, 균형 있게 이해하기』, 18-26.
49 박재은, 『칭의, 균형 있게 이해하기』, 33-36.
50 박재은, 『칭의, 균형 있게 이해하기』, 46-48.
51 *Works*, 1:25.
52 "그러므로 믿음은 들음에서 나며 들음은 그리스도의 말씀으로 말미암았느니라"(특별한 명시가 없는 한 본고에서의 성경 인용은 개역개정역 인용임을 밝힌다).

교리이다. 해밀턴의 '믿음의 교리'는 이를 다음과 같이 말한다. "하나님을 믿는 다는 것은 그의 말씀을 믿는 것이다"(To beleve in him, is to beleve his word).[53] 그다음 문장 속에는 하나님을 믿지 않는 사람들은 어떤 사람들인지가 적시되어 있다.

> 하나님의 말씀을 믿지 않는 자는 하나님 자신을 믿지 않는 것이며, 하나님의
> 말씀을 믿지 않는 자는 하나님을 틀리게 여기는 자다. [그럼 사람은] 거짓말하는
> 자이고 하나님의 말씀이 성취될 것에 대해 믿지 않는 자이다. 그러므로 이런
> 사람은 하나님의 능력과 하나님 자신 둘 다를 거부한다.[54]

결국 믿음의 대상은 하나님과 하나님의 본성으로부터 흘러나오는 하나님의 말씀, 즉 예수 그리스도시다. 하나님과 하나님의 말씀을 믿음의 대상으로 여길 때 비로소 하나님으로부터 믿음이란 선물을 받게 된다(믿음의 교리 IX. Faith is the gift of God).[55] 그러므로 믿음은 우리의 능력이 아니다(X. Faith is not in our power).[56] 이런 해밀턴의 생각을 소개하는 낙스의 의도는 명확하다. 믿음을 받기 위해 인간이 선행적으로 준비하는 전통인 중세 로마 가톨릭교회의 믿음 이해에 대한 전면적인 거부 및 반대 의사를 표명한 것이다.

이신칭의 교리에서 믿음이 중요한 이유는 믿음 안에서 행한 일만 하나님을 기쁘시게 만들기 때문이다(XII. All that is done in fayth, pleaseth God).[57]

---

53 *Works*, 1:25.

54 "He that belevith nott Goddis word, beleveth not himself. He that belevith nott Goddis word, he compteth him fals, and ane lyar, and beleveth not that he may and will fulfill his word; and so he denyeth both the myght of God and him self." *Works*, 1:25 (특별한 명시가 없는 한 본고에서의 블록 인용은 16세기 스코틀랜드 영어 철자 그대로를 수정 없이 인용할 것임을 밝힌다).

55 *Works*, 1:25.

56 *Works*, 1:25.

믿음으로 행한 일로만 하나님을 기쁘시게 만들 수 있는 이유는 믿음을 가진 자는 하나님 앞에서 공의롭고 선한 자이기 때문이다(XIII. He that hath the faith, is just and good).[58] 믿음은 확신이다(XV. Faith is a suirness).[59] 해밀턴은 믿음의 확신을 논하며 히브리서 11장 1절[60]과 로마서 8장 14절[61]을 인용한다. 즉 믿음은 보이지 않는 것들을 향한 확신에 찬 증거이며, 이 증거는 하나님의 영인 성령 하나님께서 우리에게 친히 증언하시는 증거이다.

둘째, 낙스는 해밀턴의 그다음 논지인 이신칭의(A MAN IS JUSTIFIED BE FAITH)[62]에 대한 논지를 소개한다. 이 부분은 신학적 진술보다는 관련 성경 구절들을 나열하는 형식으로 구성된다. 특별히 창세기 15장 6절("아브람이 여호와를 믿으니 여호와께서 이를 그의 의로 여기시고"), 로마서 4장 5절("일을 아니할지라도 경건하지 아니한 자를 의롭다 하시는 이를 믿는 자에게는 그의 믿음을 의로 여기시나니"), 갈라디아서 4장의 맥락이 소개된다.[63] 핵심은 온전하고도 참된 믿음의 대상인 하나님께서는 죄인을 의로 여기실 때는 율법의 행위로서가 아닌 믿음으로만 의로 여기신다는 내용이다. 이런 이신칭의 복음은 스코틀랜드 종교개혁 역사 초창기 설교자들에 의해 꾸준히 선포되었던 바이며[64] 이런 이신칭의 복음을 해밀턴의 글을 통해 『스코틀랜드 종교개혁의 역사』에 담은 낙스도 이신칭의 교리에 내포된 믿음의 이해에 대해 동의했기 때문에 담았던 것으로 가늠해볼 수 있다.

---

57 *Works*, 1:26.
58 *Works*, 1:26.
59 *Works*, 1:26.
60 "믿음은 바라는 것들의 실상이요 보이지 않는 것들의 증거니."
61 "무릇 하나님의 영으로 인도함을 받는 사람은 곧 하나님의 아들이라."
62 *Works*, 1:27.
63 *Works*, 1:27.
64 Kyle, *God's Watchman*, 16-17.

셋째, 낙스는 해밀턴의 그다음 논지인 그리스도를 믿는 믿음에 대해 소개한다. 그리스도를 믿는다는 것은 그리스도께서 악으로부터 우리를 구원해주실 분이라는 사실(… deliver thee frome evill)을 믿는 것이다.[65] 이것이야말로 바로 복음(The Gospell)이다.[66]

해밀턴은 하나님을 믿는 자는 복음을 믿는 자라고 생각했다(XVI. He that belevith God, belevith the Gospell).[67] 복음은 그리스도의 말씀이다(the Gospell is his Word). 그리스도는 자신의 피로 우리를 씻어주셨고(Christ woushe us with his blood), 우리를 위해 자신을 바쳐 주셨다(Christ offerred him self for us).[68] 낙스는 해밀턴의 다음 논지인 복음을 믿지 않는 자는 하나님을 믿는 자가 아니라는 논지를 소개한다(XVII. He that belevith nott the Gospell, belevith not God).[69] 마지막으로 복음을 믿는 자는 구원을 받을 것이라고 선포한다(XVIII. He that belevith the Gospell, shalbe saved).[70] 낙스는 복음에 대한 해밀턴의 이해를 소개하면서 그리스도를 믿음과 복음을 믿음, 그리고 이 믿음의 결과인 구원을 밀접하게 연결시키고 있다.

해밀턴의 믿음에 대한 교리를 『스코틀랜드 종교개혁의 역사』에 담은 낙스의 의도가 분명히 드러난다. 낙스도 믿음에 대한 해밀턴의 생각에 동의를 표했을 것이며, 지금까지 조망해보았듯이 믿음에 대한 해밀턴과 낙스의 생각은 이신칭의 교리의 핵심 정수를 잘 녹여낸 생각임은 분명하다.[71] 물론 믿음에 대한

---

65 *Works*, 1:27.
66 *Works*, 1:27.
67 *Works*, 1:28.
68 *Works*, 1:28.
69 *Works*, 1:28.
70 *Works*, 1:28.
71 토랜스 같은 경우에는 그리스도의 의에 대한 해밀턴의 입장이 다소 추상적이고 영적이며 사변적이라고 평가한다. 그러나 해밀턴은 엄밀한 신학자였다기보다는 설교자에 가까웠기 때문에 특정 신학 개념에 대해 엄밀한 신학적 잣대를 그대로 대기에는 다소 무리가 있다고 생각한다.

낙스의 생각을 해밀턴의 생각의 흐름을 한 단계 거쳐 간접적으로 유추해본 것은 그 자체로 한계가 있다. 그러나 자료 부족의 한계 내에서 최소한 *Works*, 1:25-28에 기술된 믿음에 대한 해밀턴의 입장 소개의 빛 아래서 제한적으로나마 믿음에 대한 낙스의 이해를 가늠해 본 것은 그 자체로 어느 정도의 의의와 한계 모두가 동시에 존재한다고도 볼 수 있다.

4. 헨리 발네이브즈의 『신앙고백』(*Confession of Faith*)에 대한 낙스의 요약

발네이브즈에 대해 연구했던 보닝턴(Bonnington)은 이미 젊었던 시절부터 발네이브즈는 유럽과 잉글랜드 사이에 활발했던 무역으로 인해 루터의 주요 저서들과 틴데일 신약 성경(Tyndale's New Testament)을 접할 수 있었다고 지적했다.[72] 발네이브즈는 법을 전공했던 법학자였고, 1530년대 말에는 에딘버러의 최고 민사 법원(Court of Session)에 임명되기까지 했지만 여전히 복음에 큰 관심을 가졌던 소위 '법정 전도사'(court evangelicals)였다.[73] 발네이브즈는 패트릭 해밀턴의 설교 사역과 순교 사건에 큰 감명을 받았다.[74]

발네이브즈는 1543년에 장관이 되었고 장관의 신분으로 공개적으로 종교개혁자로 자처해 활동했다.[75] 하지만 꼬여있던 정치·종교적 상황 때문에 발네이브즈는 1544년에 투옥되었고 결국 1546년에 직을 잃게 되었다. 발브네이즈는 1547년에 낙스를 만났고 낙스도 발네이브즈에게 깊은 감명을 느꼈다.[76] 발네

Torrance, "Patrick Hamilton and John Knox," 175.

[72] Bonnington, "Henry Balnaves' *Confession of Faith*," 174.

[73] Bonnington, "Henry Balnaves' *Confession of Faith*," 174.

[74] Bonnington, "Henry Balnaves' *Confession of Faith*," 174.

[75] "[He] showed himself openly as a reformer and a keen supporter of the alliance with England." Hugh Watt, "Henry Balnaves and the Scottish Reformation," *Record of the Scottish Church History Society* 5 (1935), 23에서 재인용.

이브즈는 프랑스 북부 지역의 루앙(Rouen)에 소재한 감옥으로 보내졌고 그곳에서 『신앙고백』을 작성해 낙스에게 보냈다. 낙스는 발네이브즈가 보내온 『신앙고백』을 "칭의에 대한 가장 유익이 되는 논문"(a most profitable Treatise of Justification)[77]이라고 평가했다.

낙스는 발네이브즈의 동의하에 『신앙고백』을 요약했고 재구성했다. 제스퍼 리들리(Jasper Ridley) 같은 경우에는 비록 낙스의 요약본이 발네이브즈의 "기본적인 생각들"(basic ideas)을 유지하긴 했지만, 첨가 및 삭제를 동반한 편집 과정 때문에 발네이브즈의 강조점들이 바뀌기도 했다고 다소 비판적으로 평가했다.[78] 그럼에도 불구하고 *Works*, 3:431-542에 실린 발네이브즈의 『신앙고백』 전문과 낙스의 요약본을 비교해볼 때 발네이브즈가 전달하고자 하는 내용들의 핵심 논지들은 크게 변경되지 않았음이 드러난다.

낙스는 발네이브즈를 대단히 긍정적으로 묘사했다. 『신앙고백』 요약문 앞에 발네이브즈를 향한 낙스의 평가가 짧게 포함되어 있는데, 이곳에서 낙스는 발네이브즈를 "훌륭한 사람"(an honourable man)이라는 표현과 더불어 "신실한 그리스도인 형제"(faithfull Christian brother)라는 긍정적인 표현으로 소개했다.[79] 그뿐만 아니라 낙스는 현재 루앙의 감옥에 있는 발네이브즈를 가리켜 "부당하게"(unjustly) 갇혀 있다고 토로하기도 했다. 낙스는 부당하게 감옥살이를 하고 있는 발네이브즈가 자신에게 보내준 『신앙고백』을 대단히 좋게 평가했는데 이 글을 읽고 난 직후 "영혼의 큰 안심과 위로"(the great

---

76 Bonnington, "Henry Balnaves' *Confession of Faith*," 175.
77 *Works*, 1:226. 흥미로운 사실은 발네이브즈의 글은 '신앙고백'에 방점을 찍고 있었지만, 낙스는 끊임없이 '칭의'로 발네이브즈의 글을 치환시킨다는 점이다. 이런 사실에서 가늠할 수 있는 것은 낙스에게 있어 신앙고백의 핵심은 바로 다름 아닌 '칭의'였다는 사실이다.
78 Ridley, *John Knox*, 77.
79 *Works*, 3:8.

confort and consolation of my spirite)를 얻게 되었고 이런 안심과 위로는 "앞에서 언급했던 귀하고 신실한 사람의 조언과 충고"(by counsell and advise of the foresaid noble and faithfull man)[80] 덕분이라고 기록했다. 낙스는 칭의에 대한 신앙고백이 "사변적인 신학이 아니라고"(no speculative Theolog) 명시했다.[81] 오히려 낙스는 칭의에 대한 신앙고백은 우리 모든 그리스도인 형제들에게 "용기"(courage)를 줄 수 있는 신학이라고 외쳤다.[82]

낙스는 발네이브즈의 『신앙고백』이 품고 있는 가치를 금방 파악했고 "독자들이 더 잘 기억할 수 있도록"(to the better memory of the Reader) 각각의 장들을 빨리 요약해야만 한다는 사실을 깨달았다(I thought expedient it should be digested in chapters).[83] 낙스는 모든 장들이 짧게 요약될 필요가 있다고 생각했으며, "일부의 설명"(certaine annotations)과 더불어 책의 여백에 간단한 교훈 등이 포함될 필요가 있다고 생각했다.[84]

이런 생각과 과정 가운데 탄생된 작품이 바로 "칭의에 대한 발네이브즈의 작품의 짧은 요약"(A BRIEFE SOMMARIE OF THE WORK BY BALNAVES ON JUSTIFICATION)[85]이다. 물론 이 요약문은 낙스 자신의 직접적인 글은 아니지만 그럼에도 불구하고 앞에서 살펴봤던 발네이브즈 개인을 향한 낙스의 신뢰, 발네이브즈의 『신앙고백』을 향한 낙스의 긍정적인 평가 등을 고려해볼 때 이 요약문의 내용을 통해 낙스가 생각하는 칭의의 핵심을 간접적으로나마 살펴볼 수 있다.

---

80 *Works*, 3:8.
81 *Works*, 3:10.
82 *Works*, 3:10.
83 *Works*, 3:8.
84 *Works*, 3:8-9.
85 *Works*, 3:13ff.

발네이브즈의 『신앙고백』은 총 28장으로 구성되어 있다. 낙스는 각 장을 1페이지 정도로 요약해 핵심적인 내용을 간추려 소개했다. 지금부터 칭의와 직접적인 관련이 있는 부분만을 살펴보며 낙스가 생각하는 칭의의 핵심 내용을 가늠해보도록 하겠다.

첫째, 낙스는 『신앙고백』의 2장을 요약하면서 믿음이 무엇인지에 대해 소개하려는 의도를 품고 있다. "우리는 믿음을 통해 하나님에 대한 지식을 가진다"(By Faith have we knowledge of God).[86] 하나님에 대한 지식은 "그의 [하나님의] 말씀"(in his Scriptures)에서 찾을 수 있는데, 성경을 통해 드러난 하나님은 "수호자, 보호자, 피난처, 그리고 아버지"(a Defender, Protector, Refuge, and Father)[87]이시다. 결국 2장 내용의 요약은 '믿음의 대상'에 대한 고백인데 성경을 통해 드러난 하나님의 존재와 본질에 대한 지식을 믿는 것이 믿음이라는 사실을 적시하고 있다.

둘째, 『신앙고백』의 4장 내용의 요약을 통해 믿음의 대상인 '예수 그리스도'에 대해 구체적으로 설명하고 있다. "예수 그리스도를 믿는 믿음은 우리를 우리 아버지의 은혜의 보좌로 이끈다"(Faith in Jesus Christ leadeth us to the throne of our Father's grace).[88] 낙스는 그리스도를 믿음을 통해 아버지의 은혜의 보좌로 나아가야 하는 이유에 대해 그 은혜의 보좌에서 아버지의 "선하심, 자비, 그리고 정의"(goodnes, mercy, and justice)[89]를 찾을 수 있기 때문이라고 적시한다. 발네이브즈의 전체 원문에서는 이 부분을 설명할 때 첫째 아담과 둘째 아담 예수 그리스도 사이를 구체적으로 비교하며 설명

---

86 *Works*, 3:13(THE SOMMARIE OF THE SECOND CHAPTER).
87 *Works*, 3:13.
88 *Works*, 3:14(THE SOMMARIE OF THE FOURTH CHAPTER).
89 *Works*, 3:14.

하지만, 낙스의 요약문에서는 비교적 짧게 진술된다. 아버지의 선하심, 자비, 정의는 "아담에게도 주어졌지만"(they were given to Adam) 아담에게 주어진 것들은 실패를 경험했기 때문에 최종적으로 아담에게 주어진 모든 것들은 예수 그리스도 안에서 성취된다. "예수 그리스도를 통해 자유롭게 우리에게 주어졌다"(given to us freely by Jesus Christ).[90]

셋째, 낙스는 발네이브즈의 『신앙고백』 6장을 요약하며 본격적으로 칭의론에 대해 논하고 있다. 발네이브즈는 "칭의론에 대한 다양한 의견들이 다양한 사람들 가운데 존재한다"(in diverse men there be diverse opinions of Justification)라고 말하며 그 당시 어지러운 칭의론 지형도를 정확히 인식하는 모습을 보여준다.[91] 하지만 "칭의의 본질"(the substance of Justification)은 "우리 스스로가 아닌, 우리의 행위도 아닌, 예수 그리스도를 통하는 것"(by Jesus Christ, and not by our selfe, nor yet by our workes)[92]이라는 진리를 정확히 지적하면서 어지러운 칭의 지형도에 참된 진리의 빛을 비추고 있다. 『신앙고백』 6장은 이런 진리에 대한 지식 없이는 "그 어떤 행위도 하나님 앞에서 [하나님께] 즐거움이 될 수 없다"(no workes are pleasant before God)[93]라고 못 박는다.

넷째, 낙스는 『신앙고백』 7장을 9줄 정도로 비교적 짧게 요약하고 마친다. 핵심은 단순하다. "오직 믿음만 하나님과 인간 사이를 화해시킨다"(Faith alone reconcileth man to God)[94]라는 진리이다. 이는 이신칭의의 핵심 원리로서 하나님께서는 인간의 행위가 아닌 믿음으로만 기뻐하신다는 진리가

---

90 *Works*, 3:14.
91 *Works*, 3:15(THE SOMMARIE OF THE SIXTH CHAPTER).
92 *Works*, 3:15.
93 *Works*, 3:15.
94 *Works*, 3:16(THE SOMMARIE OF THE SEVINTH CHAPTER).

잘 드러난 문장이다.

다섯째, 낙스는 발네이브즈의 『신앙고백』 10장을 요약하며 이신칭의의 핵심 진리를 또다시 확증한다. "그 어떤 행위 없이 믿음으로 의롭다 여김을 받는다"(by Faith, without all Workes, man is reckoned just).[95] 발네이브즈는 "자신들의 어리석은 행위들을 자기 칭의의 한 부분으로 생각"(thinking to make their foolishe workes a part of their Justification)하는 사람들을 "악한 자"(the wicked)라고 불렀다.[96]

여섯째, 낙스는 『신앙고백』 11장을 요약하며 "악행들은 온전한 믿음의 결과를 폐지한다"(pestilent workes so hath abolished the effect of perfite Faith)[97]라는 사실을 일깨워준다. 발네이브는 특별히 『신앙고백』의 7, 10, 11장을 통해서 믿음과 행위 사이의 관계성을 고찰하고 있으며 이에 대해 낙스도 무게 중심을 두어 핵심을 잘 요약하고 있음을 살펴볼 수 있다.

일곱째, 낙스는 발네이브즈의 『신앙고백』 12장을 요약하면서 이신칭의와 율법 사이의 관계성을 소개하고 있다. "율법의 행위로 의롭다 함을 얻을 사람은 없다. 그 이유는 예수 그리스도를 제외한 모든 사람들 속에서 죄가 발견되기 때문이다"(there is no man justified by the workes of the Law; for in all man (Jesus Christ excepted) is found sinne).[98] 발네이브즈는 율법으로는 죄를 발견할 뿐 의로움을 발견할 수 없다는 사실을 적시하고 있으며 이런 적시에 대해 낙스도 동의하며 핵심을 요약하고 있다.

여덟째, 낙스는 『신앙고백』 13장을 요약하면서 하나님의 은혜와 우리의 공

---

95 *Works*, 3:17(THE SOMMARIE OF THE TENTH CHAPTER).
96 *Works*, 3:17.
97 *Works*, 3:17(THE SOMMARIE OF THE ELEVINTH CHAPTER).
98 *Works*, 3:18(THE SOMMARIE OF THE TWELFTH CHAPTER).

로 사이의 관계성에 대해 논하고 있다. "우리가 믿는 믿음 안에서 우리는 하나님의 호의를 얻어 우리의 공로나 자격 없이 의롭다 인정을 받게 된다"(In whom if we beleeve, we ar receaved in the favour of God, accepted as just without our merits or deservinges).[99] 발네이브즈와 낙스는 하나님의 은혜와 인간의 공로는 동일선상에서 공존할 수 없음을 옳게 깨달았다. 그러므로 "우리의 공로나 자격 없이"라는 표현은 이신칭의 교리에 있어 핵심이다. 그 이유는 이 핵심적인 표현의 결과 "하나님의 호의" 즉 하나님의 은혜는 더욱더 커질 것이기 때문이다.

아홉째, 발네이브즈는 『신앙고백』 15장에서 도덕법과 칭의 사이의 관계를 논했으며 낙스를 이를 다음과 같이 간결하게 요약하고 있다. "모든 사람들은 도덕법 아래 있다. 그러므로 도덕법에 대해 바울이 말한 것처럼 도덕법은 예수 그리스도 외에 모든 사람을 정죄한다."(all men is under the Law morall; and therefore Paull speaketh of the Lawe morall, which condemneth al men, Jesus Christ excepted).[100] 무한하게 거룩하고 공의로우신 하나님께서 만드신 도덕법 밖에 위치한 사람은 없기 때문에 도덕법 아래 있는 사람은 절대로 의롭다 인정 받을 수 없다. 발네이브즈는 이런 사실 앞에 놓인 인간들의 비참함을 지적하고 싶어했다.

열 번째, 낙스는 『신앙고백』 16장을 요약하며 "하나님의 정의"(the Justice of God)에 대해 다루고 있다.[101] 발네이브즈는 하나님의 정의를 만족시키는 수단을 믿음으로 봤고(Faith is the instrument)[102], 수단으로서의 믿음은

---

99 *Works*, 3:18(THE SOMMARIE OF THE THIRTEINTH CHAPTER).
100 *Works*, 3:19(THE SOMMARIE OF THE FIFTEINTH CHAPTER).
101 *Works*, 3:19(THE SOMMARIE OF THE SIXTEINTH CHAPTER).
102 *Works*, 3:19.

그리스도 안에서 우리의 공로 없이 자유롭게 주어진다고 생각했으며(by Faith I Christ, it is given us freely without our deservinges), 하나님의 정의는 믿음으로부터 믿음으로 우리의 삶 속에서 반드시 지속되어야 한다(this Justice is … from faith to faith … should continue in this faith all our life)라고 기록했다.[103]

열한 번째, 낙스는 발네이브즈의 『신앙고백』 18장을 요약하며 이신칭의 핵심에 다가가고 있다. "참된 믿음"(true faith)을 통해 그리스도의 영의 능력으로 포도나무의 뿌리에 잘 붙게 되어 선한 열매들을 맺게 될 것이라고 발네이브즈는 고백했다.[104] 이런 열매들은 부작용이 없는데 그 이유는 이 열매들은 "우리의 행위가 아니라 예수 그리스도의 행위"(they are the works of Jesus Christ, and not ours)이기 때문이다.[105]

열두 번째, 낙스는 『신앙고백』 19장을 요약하며 칭의와 성화의 관계성을 정확히 묘사하고 있다. "좋은 나무가 좋은 열매를 맺는 것처럼, 의인이 선한 일을 행한다. 하지만 열매가 좋은 나무를 만들 수 없으며 행위가 의인을 만들 수 없다"(As the good tree beareth good fruites, so the just man worketh good workes; but neither maketh the fruite the tree good, nor yet the workes the man just).[106] 발네이브즈의 이런 고백와 낙스의 요약은 종교개혁 이신칭의론이 믿음만을 강조해서 성화와 윤리의 삶을 잃게 만들었다는 식의 비판적 시각을 근본부터 교정할 수 있는 귀한 시각이다.[107]

---

[103] *Works*, 3:19-20.

[104] *Works*, 3:21(THE SOMMARIE OF THE EIGHTEINTH CHAPTER).

[105] *Works*, 3:21.

[106] *Works*, 3:21(THE SOMMARIE OF THE NINETEINTH CHAPTER). 칭의와 성화의 바른 관계성에 대해 논구한 필자의 논문도 참고하라. 박재은, "정훈택의 『열매로 알리라』와 실천적 삼단논법," 「신학지남」 83.4 (2016), 291-316.

[107] 박재은, 『칭의, 균형 있게 이해하기』, passim.

열세 번째, 낙스는 『신앙고백』 20장을 요약하며 19장에서 논의했던 칭의와 성화의 관계성을 좀 더 구체적으로 부연 설명한다. "행위들은 의인의 열매이며, 행위들로 인해 참된 믿음을 증언한다"(they[works] are the fruites of a justified man, wrought to testifie his true Faith).[108] 참된 믿음의 증거는 참된 믿음으로부터 나오는 참된 선행의 열매라는 사실을 발네이브즈와 낙스는 고백하고 있다.

열네 번째, 낙스는 발네이브즈의 『신앙고백』 21장을 요약하며 얼마나 인간 중심적인 칭의론이 하나님의 영광을 폄훼하는가에 대해 경고하고 있다. "자기 고유의 행위로 하는 악인은 자기 고유의 구원의 한 부분이다. 그 이유는 그들은 서기관과 바리새인들처럼 자기의 영광을 추구하고 하나님의 영광을 추구하지 않기 때문이다"(The wicked, by works of their own invention, would be a part of their owne salvation, because they seek their own glorie (as did the Scribes and Pharisies) and not the glory of God).[109]

열다섯 번째, 낙스는 발네이브즈의 『신앙고백』을 다음과 같은 글귀로 마무리하며 요약을 마치고 있다. "모든 그리스도인들은 하나님의 영광을 위해 반드시 이를[이 신앙고백을] 훈련해야 하며 이웃들에게 행해야 한다"(every Christian should be exercised, to the glory of God, and utilitie of his neighbour).[110] 이 문장 가운데 발네이브즈와 낙스의 관심이 뚜렷하게 드러난다. 스코틀랜드 종교개혁자들의 갈망은 오로지 이신칭의 교리를 통해 하나님의 영광만이 드러나는 것이며 이 교리가 세간에서 올바로 활용되는 것이었다.

---

108 *Works*, 3:21(THE SOMMARIE OF THE TWENTIETH CHAPTER).
109 *Works*, 3:22(THE SOMMARIE OF THE TWENTIE-FIRST CHAPTER).
110 *Works*, 3:28(FINIS).

논의를 요약해보자. 물론 낙스 자신이 칭의에 대한 자신의 고유한 의견을 구체적으로 피력한 자료는 현재 남아있지 않지만, 발네이브즈의 『신앙고백』을 요약한 낙스의 요약문 속에서 종교개혁 이신칭의론을 대하는 낙스의 신학적 태도와 자세를 넌지시 가늠할 수 있다. 낙스는 발네이브즈 개인과 그의 글을 진심으로 존중하면서 『신앙고백』을 요약했고 그 요약문 속에는 칭의 자체에 대한 낙스의 이해, 칭의와 성화의 관계성, 칭의와 율법의 관계성, 칭의와 행위의 관계성, 칭의에 있어 그리스도의 역할 등에 대한 낙스의 관점이 여실히 드러나 있다고 평가할 수 있다.

5. 스코틀랜드 신앙고백서(1560)

낙스가 주도적으로 작성했다고 평가받는 스코틀랜드 신앙고백서[111] 속에는 놀랍게도 '칭의'에 대한 독립적인 장이 존재하지 않는다.[112] 특히 1560년대를 로마 가톨릭 칭의론에서 종교개혁 칭의론으로 칭의론의 방점이 급격히 선회하는 신학적 변화가 있었던 때라는 사실을 인지할 때 이런 사실은 더 큰 의문으로 다가온다. 하지만 학자들은 스코틀랜드 신앙고백서의 내용 속에서도 칭의론의 토대가 되는 신학적 근거들을 수차례 직간접적으로 발견했다. 특별히 T. F. 토랜스 같은 경우에는 스코틀랜드 신앙고백서 8장(선택), 10장(부활), 11장(승천)에서 칭의론의 신학적 근거를 찾았고,[113] I. R. 토랜스 같은 경우에는 스코틀랜드 신앙고백서 8장(선택)과 더불어 15장(율법의 완전함과 인간의 불완전함)

---

111 스코틀랜드 신앙고백서에 대한 전체적인 개괄을 위해서라면 다음을 참고하라. 김요섭, "스코틀랜드 신앙고백 교회론의 구조적 특징과 신학적 의미 연구," 「성경과신학」 68 (2013), 181-216; 권태경, "1560년 스코틀랜드 신앙고백의 성격," 「總神大論叢」 29 (2009), 343-366.
112 스코틀랜드 신앙고백서에 칭의에 대한 장이 독립적으로 존재하지 않는 이유에 대해서는 구체적으로 알려진 바가 없다. 그러므로 이 사안에 대한 독립적인 연구가 추후 필요해 보인다.
113 Torrance, "Justification," 226, 228.

에서 칭의론의 신학적 근거를 찾았다.[114] 하지만 스코틀랜드 신앙고백서에는 칭의에 대한 독립적인 장이 없기 때문에 스코틀랜드 신앙고백서가 명시적으로 말하는 칭의론을 구체적으로 찾기 힘들다는 점은 자명한 사실이다.

그럼에도 불구하고 이번 장을 통해서 스코틀랜드 신앙고백서가 간접적으로 나마 진술하고 있는 칭의론에 대한 신학적 근거들을 살펴봄을 통해 스코틀랜드 신앙고백서 '주저자'(a main author)라고 평가할 수 있는 낙스의 칭의론의 신학적 뼈대가 간접적으로나마 드러나게 될 것으로 기대한다. 논의 순서는 스코틀랜드 신앙고백서 8장, 10장, 11장, 15장을 각각 살펴보면서 칭의론의 신학적 근거를 찾아보도록 하겠다.

첫째, 스코틀랜드 신앙고백서 8장은 선택(Election)에 대해 다루는 장이다. 8장은 "하나님의 정의"(the justice of God)와 "우리의 죄"(our sins) 사이에 존재하는 "반대"(opposition)을 지적하며 이 반대를 해결할 분으로 주 예수 그리스도가 필요하다는 사실을 적시하고 있다. 그리스도는 하나님의 정의와 우리의 죄 사이에서 구원을 베풀어 주시는 "중보자"(the Mediator)이신데, 이 중보자의 역할을 통해 죄인인 우리는 하나님 아버지를 "아버지"(Father)라고 담대히 부를 수 있게 되었다고 신앙고백서 8장은 고백한다.[115] 이 모든 중보 사역은 창세 전부터 이미 작정되었고 선택된 자들에게 미치게 되는데 중보 사역의 결과 우리는 "삶, 자유, 그리고 영원한 승리"(life, liberty, and

---

114 Torrance, "Patrick Hamilton and John Knox," 184.

115 T. F. 토랜스 같은 경우에는 스코틀랜드 신앙고백서 8장의 내용을 근거로 소위 객관적 칭의 (objective justification) 개념과 주관적 칭의(subjective justification) 개념을 전개하고 있는데 이는 다소 자의적인 해석인 듯 보인다. 그 이유는 (1) 스코틀랜드 신앙고백서 8장 내용 자체는 선택을 다루고 있는 것이지 객관적/주관적 칭의 개념을 1차적으로 염두에 두고 선택 개념을 다루는 것이 아니기 때문이며 (2) 1560년에 만들어진 신앙고백서를 지나치게 현대적 신학 개념의 앵글 속에서 보려는 시도는 다소 신학적 무리가 될 수 있기 때문이다. Cf. Torrance, "Justification," 228.

perpetual victory)를 누릴 수 있게 된다.[116]

특별히 스코틀랜드 신앙고백서 8장에서 주목할 신학적 구도는 하나님의 정의, 선택, 그리스도를 서로 연결시키고 있는 포괄적 구도이다. 칭의론은 하나님의 정의와 공의와 밀접한 관련이 있는 교리이다. 죄인은 의가 없으므로 의로 우신 하나님과 '적대적 관계' 속에 있는 자다. 하지만 중보자 그리스도를 통해 창세 전부터 선택된 사람들에게 하나님의 정의가 세워져서 죄인이 의롭다 인정받는다. 이처럼 하나님의 정의와 죄 사이에 존재하는 '반대'가 중보자 그리스도를 통해 해소되기 때문에 많은 학자들이 주장하듯이 스코틀랜드 신앙고백서가 말하는 칭의론은 '그리스도 중심적'(Christ-centered) 칭의론이다.[117]

둘째, 스코틀랜드 신앙고백서 10장은 예수 그리스도의 부활(Resurrection)에 대해 다루는 장이다. 이 장에서 특별히 주목할 표현은 다음과 같다. "우리 주 예수께서 십자가에 못 박히셨고, 죽으셨고, 묻히셨으며, 지옥에 내려가셨고, 우리의 칭의를 위해 다시 살아나셨다"(our Lord Jesus crucified, dead, and buried, who descended into hell, did rise again for our justification). 이 문장은 그리스도의 낮아지심 즉 비하(卑下, humiliation)와 높아지심 즉 승귀(昇貴, exaltation)를 고백하는 문장이다. 그리스도의 비하는 4중 비하로 이해할 수 있는데 성육신, 고난, 십자가에서 죽으심, 장사이며, 4중 승귀는 부활, 승천, 하나님 보좌 우편에 앉으심, 재림으로 이해할 수 있다. 스코틀랜드 신앙고백서 10장의 이 문장 안에는 그리스도의 고난, 죽으심, 장사, 부활의 개념만 내포되어 있는데 이 중에서도 특별한 개념은 그리스도의 부활의 목적과

---

[116] 스코틀랜드 신앙고백서를 현대적 영어 표현으로 전문을 확인하려면 https://www.apuritansmind.com/creeds-and-confessions/the-scottish-confession-by-john-knox/을 참고하라. 앞으로 인용되는 스코틀랜드 신앙고백서 문장 및 문구들은 이 사이트로부터 참고해 인용했음을 밝힌다.

[117] Torrance, "Patrick Hamilton and John Knox," 180; Torrance, "Justification," 226, 225.

의미를 신자의 '칭의'와 연결시킨 부분이다.[118]

스코틀랜드 신앙고백서 10장은 그리스도의 부활 전 맥락을 "죽음의 슬픔"(the sorrows of death)이나 "속박"(bondage)의 상태로 묘사한다. 바로 이 지점이 그리스도의 부활과 신자의 칭의가 연결되는 지점이다. 신자들도 칭의 전에는 죽음의 슬픔과 속박 가운데 빠져 살아가는 비참한 존재이다. 이런 비참한 존재야말로 옛 자아의 상태이며 중생(거듭남)과 회심 전 죄인의 모습이다. 하지만 그리스도의 부활과 더불어 우리의 옛 자아는 십자가에 못 박히고, 다시금 부활하신 그리스도와 함께 우리의 새 자아가 새롭게 태어나게 된다. 죄인이었던 존재가 새로운 자아로 거듭날 수 있는 유일한 이유는 죽음으로부터 일어나 부활하신 예수 그리스도의 부활 때문이다. 그러므로 신자의 칭의의 신학적 근거와 원동력은 그리스도의 부활 사건이다. 바로 이 지점을 스코틀랜드 신앙고백서 10장은 효과적으로 잘 진술하고 있다.

셋째, 스코틀랜드 신앙고백서 11장은 예수 그리스도의 승천(ascension)에 대해 고백하는 부분이다. 특별히 11장은 그리스도의 승천을 종말론적으로 논하고 있는데 이 종말론적인 조망이 칭의론과 연결된다. "최후 심판"(the Last Judgment)이 있을 것인데, 이날은 반드시 기억되어야만 하며 최후의 심판은 반드시 불의한 자들 속에서 실행될 것이다(to be executed). 최후의 심판을 하러 다시 오실 그분이 바로 부활 후 승천하신 주 예수 그리스도시다. 그리스도는 승천하셔서 온 세상 만물을 통치하고 계시며 때가 차면 재림하셔서 의로운 자와 불의한 자를 분별해 심판하실 것이다.

이를 기독론적으로 조망하면, 그리스도의 승천, 보좌 우편에 앉으심, 재림은 밀접하게 연결되어 있는 승귀 사건이다. 이 각각의 승귀 사건들은 신자의 칭의

---

118 Cf. Klempa, "Patrick Hamilton and John Knox," 44.

와 밀접한 관련이 있다. 부활하신 그리스도께서 승천하셔서 신자의 머리가 되셨으며 칭의된 모든 자들의 왕이 되셨다. 승천하신 그리스도께서는 현재 하늘 보좌 우편에 앉으셔서 칭의된 신자들을 다스리고 계시며, 앞으로 칭의의 온전한 완성인 영화(榮化, glorification)라는 선물을 칭의된 모든 신자들에게 주실 것이다. 스코틀랜드 신앙고백서 11장은 이런 전반적인 기독론적 조망에 대해 논하고 있으며 그 중심에는 칭의론이 위치한다고 볼 수 있다.

넷째, 스코틀랜드 신앙고백서 15장은 율법의 온전함과 죄인의 불완전함에 대해 비교하면서 율법의 완성이요 성취자인 그리스도를 효과적으로 강조하고 있다. 스코틀랜드 신앙고백서 15장은 "우리의 본성은 너무나도 더럽고, 약하며, 불완전하므로, 우리는 절대로 율법의 행위를 완전하게 성취할 능력이 없다"(our nature is so corrupt, weak, and imperfect, that we are never able perfectly to fulfill the works of the law)라고 옳게 고백한다. 그러므로 율법 앞에 선 사람은 의인이 아니라 죄인이다. 그러므로 율법 앞에 선 자에게는 "의로움"(righteousness)이 필요하다. 그러므로 스코틀랜드 신앙고백서 15장은 그리스도의 의로움과 속죄 사역이 반드시 필요하다고 말하며 그 이유를 그리스도께서 모든 율법을 성취하셨기 때문이라고 진술한다(It is therefore essential for us to lay hold on Christ Jesus, in his righteousness and his atonement, since he is the end and consummation of the Law). 과연 '의'가 어디로부터 오는가라는 질문에 대한 답을 어떻게 하느냐에 따라 칭의론의 성격이 완전히 달라진다. 만약 그 의가 율법을 지키는 행위로부터 오면 유대주의가 되며, 만약 그 의가 은혜를 미리 준비하는 나의 행위와 공로로부터 오면 로마 가톨릭 의화론이 된다. 만약 그 의가 심지어 은혜 없이 순전히 자신의 자유선택의지로부터 오면 펠라기우스주의가 되며, 만약 그 의가 복음을 따르는 순종으로부터 오면 신율법주의 칭의론이 된다. 하지만 스코틀랜드 신앙고백서 15장이 정확히 고백하는 것처럼, 우리의 의가 오로지 예수 그리스도로부터만 온다면(그리스도의 의의 전가) 그 의는 하나님 앞에서 온전하고 완벽한 의기 때문에 우리의 칭의도 절대로 흔들릴 수 없는 굳건한 칭의가 될 수밖에 없다. 바로 이 점을 스코틀랜드 신앙고백서 15장이 견실히 고백하고 있다.

지금까지 논의를 요약해보도록 하자. 스코틀랜드 신앙고백서는 칭의론을 명시적으로 다루지 않는다. 하지만 선택, 그리스도의 부활, 승천, 율법과 죄인의 관계에 대해 다루는 스코틀랜드 신앙고백서 8장, 10장, 11장, 15장의 내용을 통해 살펴볼 때 칭의의 신학적 근거를 적실하게 찾을 수 있다. 스코틀랜드 신앙고백서의 주요 핵심 논지들이 낙스의 신학적 조망으로부터 주로 형성되었다는 합리적 가정하에 평가해 볼 때 낙스의 칭의론은 그리스도의 부활과 승천, 율법의 성취자로서의 그리스도에 인격과 사역에 기반한 기독론 중심적 칭의론으로 볼 수 있다.[119]

III. 나가며

자료의 한계로 인해 존 낙스의 칭의론을 구체적으로 이끌어 내기란 참으로 쉽지 않다. 오히려 본고가 취한 연구 방향성처럼 주변 글들을 활용해서 낙스의

---

119 그러므로 I. R. 토랜스가 낙스의 칭의론을 기독론 중심적으로 해석한 것에 대해서 긍정적인 평가를 할 수 있다. Cf. Torrance, "Patrick Hamilton and John Knox," 180. 그럼에도 불구하고 토랜스는 지나치게 해밀턴과 낙스의 칭의론을 신학적으로 구별해 각 사이에 존재하는 신학적 연속성보다는 불연속성에 주목하려는 경향을 가지고 있는데 이 지점에 대해서는 비판의 여지가 있다.

칭의론을 넌지시 유추해보고 평가해보는 것으로 만족할 수밖에 없다. 그러므로 본고의 연구 방향성은 그 자체로 의의와 한계가 동시에 존재한다고 평가할 수 있다.

스코틀랜드 초기 종교개혁 역사에 미친 루터와 칼빈의 신학적 영향, 해밀턴의 믿음 교리에 대한 낙스의 소개, 발네이브즈의 『신앙고백』에 대한 낙스의 요약, 스코틀랜드 신앙고백서의 내용 등을 통해 간접적으로 드러난 것처럼, 낙스의 칭의론은 여타 다른 나라의 종교개혁 칭의론과 완전한 차별점을 가진 독특한 칭의론이라기보다는 오히려 가장 근본적이며, 가장 핵심적인 이신칭의론 사상을 충실하게 드러낸 단단한 알맹이 같은 *기본에 충실한 칭의론*이라고 평가할 수 있겠다.

진리는 화려하거나 복잡하지 않다. 오히려 진리는 단순하고 단단하다. 이처럼 단순하고 단단한 진리의 속성이 낙스의 글 가운데 서려 있음이 발견된다. 하나님 앞에 의롭다 칭함을 받는 칭의는 행위가 아닌 믿음으로 받으며, 참된 믿음이라면 참된 열매인 바른 행위가 산출될 수밖에 없으며, 인간의 의가 아닌 그리스도의 의에 근거해야만 온전한 칭의를 누리게 되고, 그리스도의 비하와 승귀 사건이야말로 신자의 칭의의 근거요 토대라는 단순하고도 단단한 진리의 사실에 대해 낙스는 외치고 또 외쳤다.

스코틀랜드 종교개혁사 속에서 대단히 의미 있는 위치를 차지하고 있는 낙스의 이런 외침은 스코틀랜드 종교개혁 신학의 신학적 색과 결을 창출해냈으며 이런 신학적 색과 결은 단순히 스코틀랜드 내에서뿐만 아니라 전 유럽, 전 세계에 인간의 영광이 아닌 하나님의 영광을 추구하는 개혁파 신학으로 한껏 확장적으로 꽃을 피우게 되었다.

이제 우리가 추구해야 할 것은 개혁파 칭의론의 꽃이 단순히 겉으로 보기에만 좋은 감상용 꽃으로 남지 않고 아름다운 열매와 결실을 가득 맺어 많은 사람들의 영혼을 살찌우고 많은 교회들의 체질을 개선하는 실천적인 꽃으로 거듭나는 순간을 경험하는 것이다. 이 일을 위해 본 연구가 작은 마중물이 되길 소망하며 글을 마친다.[120]

---

120 국내에서 구하기 어려운 자료를 손수 구해 연구에 도움을 주신 미국 칼빈신학교에서 박사과정을 밟고 계신 이준청 목사님께 이 자리를 빌어 감사를 표한다.

〈참고문헌〉

김요섭. 『존 녹스: 하나님과 역사 앞에 살았던 진리의 나팔수』. 서울: 익투스, 2019.

____. "스코틀랜드 신앙고백 교회론의 구조적 특징과 신학적 의미 연구." 「성경과신학」 68 (2013), 181-216.

김중락. 『스코틀랜드 종교개혁사』. 안산: 흑곰북스, 2017.

권태경. "1560년 스코틀랜드 신앙고백의 성격." 「總神大論叢」 29 (2009), 343-366.

박재은. 『칭의, 균형 있게 이해하기: 하나님의 주권 대 인간의 역할, 그 사이에서 바라본 칭의』. 서울: 부흥과개혁사, 2016.

____. "정훈택의 『열매로 알리라』와 실천적 삼단논법." 「신학지남」 83.4 (2016), 291-316.

황봉환. 『스코틀랜드 종교개혁과 존 낙스의 신학』. 서울: 예영커뮤니케이션, 2001.

Adams, Bruce W. "Patrick Hamilton (1503-1528): A Scottish Reformer with a Timeless Confession." *Logia*, 5.4 (1996), 45-46.

Bannatyne, Richard. *Memorials of Transactions in Scotland*. Edinburgh: Edinburgh Printing Company, 1836.

Baron, Eustace Percy. *John Knox*. Richmond: John Knox Press, 1965.

Begg, James. "John Knox and the Reformation." *The Confessional*

Presbyterian, 7 (2011), 25-40.

Bonnington, Stuart M. "Henry Balnaves' *Confession of Faith*: Luther's Influence in Scotland?." *The Reformed Theological Review*, 76 (2017), 171-197.

Calhoun, David B. "John Knox (1514-1572) After Five Hundred Years." *Presbyterion*, 40.1-2 (Fall 2014), 1-13.

Campbell, David. 『존 녹스와 떠나는 여행』. 이용중 역. 서울: 부흥과개혁사, 2006.

Cowan, Ian Borthwick. *The Scottish Reformation: Church and Society in Sixteenth Century Scotland*. New York: St. Martin's Press, 1982.

Dawson, Jane E. A. *John Knox*. New Haven: Yale University Press, 2015.

D'Assonville, V. E. *John Knox and the Institutes of Calvin: A Few Points of Contact in Their Theology*. Durban: Drakensberg, 1969.

Greaves, Richard L. *Theology and Revolution in the Scottish Reformation: Studies in the Thought of John Knox*. Grand Rapids: Christian University Press, 1980.

Gribben, Crawford. "John Knox, Reformation History and National Self-fashioning." *Reformation & Renaissance Review*, 8.1 (April 2006), 48-66.

Hazlett, Ian. "The Scots Confession 1560: Context, Complexion and

Critique." *Archiv für Reformationsgeschichte*, 78 (1987), 287-288.

Klempa, William. "Patrick Hamilton and John Knox on 'The Pith of All Divinity.'" *Touchstone*, 24.1 (January 2006), 34-45.

Knox, John. *The Works of John Knox*. Edited by David Laing. 6 Vols. Edinburgh: Thomas George Stevenson, 1864.

Kyle, Richard G. *God's Watchman: John Knox's Faith and Vocation*. Eugene: Pickwick, 2014.

_____. *The Ministry of John Knox: Pastor, Preacher, and Prophet*. Lewiston: E. Mellen Press, 2002.

_____. "John Knox Confronts the Anabaptists: The Intellectual Aspects of His Encounter." *Mennonite Quarterly Review*, 75.4 (October 2001), 493-515.

_____. "John Knox: A Man of the Old Testament." *The Westminster Theological Journal*, 54.1 (Spring 1992), 65-78.

_____. "The Christian Commonwealth: John Knox's Vision for Scotland." *The Journal of Religious History*, 16.3 (June 1991), 247-259.

_____. "The Major Concepts in John Knox's Baptismal Thought." *Fides et historia*, 21.1 (January 1989), 20-31.

_____. "John Knox's Methods of Biblical Interpretation: An Important Source of His Intellectual Radicalness." *Journal of Religious Studies*, 12.2 (1986), 57-70.

_____. "The Divine Attributes in John Knox's Concept of God." *The Westminster Theological Journal*, 48.1 (Spring 1986), 161-172.

_____. "John Knox and the Purification of Religion: the Intellectual Aspects of His Crusade Against Idolatry." *Archiv für Reformationsgeschichte*, 77 (1986), 265-280.

_____. *The Mind of John Knox*. Kansas: Coronado Press, 1984.

Kyle, Richard G. & Dale Walden Johnson. *John Knox: An Introduction to His Life and Works*. Eugene: Wipf & Stock, 2009.

Lloyd-Jones, David Martyn & Iain H. Murray. 『존 녹스와 종교개혁』. 조계광 역. 서울: 지평서원, 2011.

McEwen, James S. The *Faith of John Knox: The Croall lectures for 1960*. Richmond: John Knox Press, 1961.

McGoldrick, James E. "Patrick Hamilton, Luther's Scottish Discipline." *Sixteenth Century Journal* 28 (1987), 81-88.

Melville, James. *The Autobiography and Diary of Mr. James Melville*. Edited by Robert Pitcairn. Edinburgh: Wodrow Society, 1841.

Owen, Michael. "The Structure of the Scots Confession of 1560." *Colloquium*, 36.1 (May 2004), 33-58.

Park, Jae-Eun. "John Knox's Doctrine of Predestination and Its Practical Application for His Ecclesiology." *Puritan Reformed Journal*, 5.2 (July 2013), 65-90.

Reid, W. Stanford. 『하나님의 나팔수: 존 낙스의 생애와 사상』. 서영일 역. 서울: 기독교문서선교회, 1984.

_____. "John Knox, Pastor of Souls." *Westminster Theological Journal*, 40.1 (Fall 1977), 1-21.

Ridley, Jasper. *John Knox*. Oxford: Oxford University Press, 1968.

Ryrie, Alec. *The Origins of the Scottish Reformation*. Manchester: Manchester University Press, 2006.

Torrance, Iain R. "Patrick Hamilton and John Knox: A Study in the Doctrine of Justification by Faith." *Archiv für Reformationsgeschichte*, 65 (1974), 171-184.

Torrance, T. F. "Justification: Its Radical Nature and Place in Reformed Doctrine and Life." *Scottish Journal of Theology*, 13.3 (September 1960), 225-246.

Watt, Hugh. "Henry Balnaves and the Scottish Reformation." *Record of the Scottish Church History Society* 5 (1935), 23-39.

Wright, David F. "The Scottish Reformation: Theology and Theologians," in *Cambridge Companion of Reformation Theology*. Edited by David Bagchi and David C. Steinmetz. Cambridge: Cambridge University Press, 2004.

베자의 칭의에 대한 이해
그리스도와의 연합과 칭의의 관계에서

양신혜

Theodore de Beze(1519-1605)

총신대학에서 신학을 공부하고, 서강대에서 종교학(M.A)을 전공하였다. 이후 독일 베를린에 있는 훔볼트 대학에서 공부하였다. 지금은 당진동일교회를 섬기고 있으며, 합동신학대학원대학교에서 외래교수로 교회사를 가르치고 있다. 저서로 『칼빈과 성경해석』과 『베자, 교회를 위해 길 위에 서다』와 다수의 논문이 있다.

양신혜

Ⅰ. 들어가는 말

종교개혁자 마틴 루터(M. Luther)의 칭의 교리의 발견은 역사의 대전환을 낳은 획기적 사건이다. 그러하기에 그의 칭의에 대한 신학적 이해는 로마 가톨릭교회와 구별되는 프로테스탄트의 특징으로 자리매김하게 되었다. 중세의 로마 가톨릭교회와 구별되는 루터의 칭의 발견은 이후 교회를 개혁해 가는 과정에서 어떻게 발전했는지는 종교개혁의 정신을 잇는 계승자로서 던져야만 하는 질문이다.

> 일반적으로 칭의 교리야말로 종교개혁의 주요 화두라고 할 수 있다. 이 말에는 질문이 필요 없는 커다란 진실이 담겨 있지만, 역사적 증거에 부합하는 세심한 수정이 요구된다. … 개혁교회의 기원이 루터의 칭의에 관한 통찰력에 빚지고 있는 것 같지는 않다. … 루터의 새로운 통찰력을 근본적인 요인으로 하여 종교개혁이 하나의 운동으로 시작되었다는 주장이 있다. 그러나 이 주장이 역사적 또는 신학적으로 정확하다고 단정하는 일은 이제 불가능하다는 점이 강조되어야 한다.[1]

맥그래스는 그의 책 『하나님의 칭의론』에서 루터가 발견한 칭의 교리가 종교개혁의 화두라는 자명한 사실에 역사적 증거를 세심하게 살펴야 한다고 주장한다. 개혁교회의 기원이 루터의 칭의에 대한 통찰력에 빚지고 있는지 의미스럽기 때문이다. 그러니 루터의 새로운 통찰력이 하나의 운동으로 종교개혁이 시작되었다는 주장에 대하여 '역사적 또는 신학적으로 정확하다고 단정'하는 일이 불가능하다. 그러하기에 이에 대한 논의를 진지하게 그리고 심도있게

---

[1] Alister E. McGrath, 한성진 옮김, 『하나님의 칭의론』 (서울: CLC, 2008), 283.

전개해야 할 필요가 있다.

맥그래스는 자신의 문제제기에도 불구하고 개혁신학의 칭의 이해가 루터 이후의 루터주의자들보다 오히려 루터의 칭의 이해를 계승하고 있다고 사실에 주목한다.[2] 개혁신학은 우선, 예수 그리스도의 십자가 사건으로 성취한 의는 우리 밖에 있으며 우리의 것이 아니라 그리스도의 것이라는 루터의 이해를 계승한다. 이는 개혁신학의 토대를 마련한 칼빈의 칭의 이해에서 분명하게 드러난다. 우리 밖에서 성취한 그리스도의 의가 어떻게 우리에게 전가되는지를 묻는다. 루터의 의의 전가의 이해를 계승하면서도 그리스도와의 연합에서 이루어지는 전가를 전개함으로써 개혁신학의 독특한 신학적 특징을 이루어내었다. 칼빈은 『기독교강요』3권에서 믿음이 주는 '그리스도에게 접붙임'이 어떻게 인간을 의롭게 하는지, 그리고 그리스도와 신자의 친밀한 인격적 관계를 통해서 이 땅에서의 삶을 살게 하고, 고난을 견디게 하는지를, 그리고 한 걸음 더 나아가 어떻게 마지막 때까지 그리스도인을 보호하고 인도하는지를 설명한다. 이렇게 그리스도와의 연합은 칼빈의 칭의 이해의 핵심으로 자리 잡고 있음을 보게 된다.[3]

개혁신학의 특징으로 자리잡은 그리스도와의 연합과 칭의 관계는 이후 정통

---

2 McGrath, 『하나님의 칭의론』, 340.
3 그리스도의 연합과 관련한 논의는 다음의 논문을 참조하라. Richar B. Gaffin, 손석태 옮김. "칭의와 그리스도와의 연합," 나용화 외 옮김, 『칼빈의 기독교 강요 신학』 (서울: CLC, 2009), 323-346. 이은선, "칼빈의 칭의와 성화의 관계에 대한 개핀과 페스코의 논쟁,"「한국개혁신학」 60(2018), 108-145. 김은수, "칼빈의 구원론의 이해-'그리스도와의 연합'과 '이중은혜'를 중심으로,"「한국기독교신학논총」 67(2010), 169-193; John V. Fesko, "Calvin on Justification and Recent Misinterpretation of His View, *Mid-Amreaic Journal of Theology* 16(2005), 96-103.

주의신학이 어떻게 계승되어 나아갔는지를 살펴보는 일은 칼빈과 칼빈 이후 정통주의자들과의 연속성과 불연속성을 판단하는 데 있어서 의미가 있겠다. 그 첫 걸음으로서 칼빈과 정통주의 신학으로 넘어가는 길목에서 신학적 발판의 토대를 마련한 베자를 중심으로 칼빈의 신학이 어떻게 발전되어 나갔는지를 살펴보고자 한다. 이를 위해서 베자의 『질문과 응답』을 중심으로 살펴보고자 한다.4 베자의 『질문과 응답』을 주요 텍스트로 삼은 이유는 베자는 이 책을 통해서 그리스도인의 구원에 집중하여 문답의 형식을 통해서 논리적으로 전개하고 있기 때문이다. 개혁교회의 신앙교육서가 질문과 답이라는 형식을 통해 개혁교회의 핵심 교리를 가르치는데 목적을 둔 반면, 이 책은 구원이라는 하나의 주제에 집중하고 있기에, 베자가 칭의를 어떻게 논리적으로 설명하고 있는지를 살펴보는데 적합하다고 여겨진다. 또 하나의 이유는 베자는 이 책에서 칼빈의 칭의의 이해가 지닌 특징을 『질문과 응답』의 구조로 삼고 있기 때문이다. 베자는 107문에서 두 번째로 믿음을 정의하면서 그리스도와의 접붙임으로 믿음의 단계를 설명하고 있다. 이는 칼빈이 『기독교강요』에서 칭의를 설명하는 순서인 그리스도와의 신비한 연합에서 출발하여 믿음을 설명하고, 이후 칭의와 성화를 다루는 것과 동일하다. 그리고 『기독교강요』 3권은 2권에서 중보자로서 예수 그리스도의 사역을 다룬 후에, 예수 그리스도가 성취한 의가 그리스도인에게 적용되어, 그리스도인이 이 땅에서 그 의의 유익을 누리는지를 다루고 있다. 베자는 칼빈의 『기독교강요』에 나타난 구원론의 이해를 『질문과 응답』의 구조로 계승하여 제2격으로서의 중보자 그리스도의 구원 사역을 다룬 뒤에 칭의와 성화를 다루고 있기에 칼빈의 칭의 이해를 계승하고 있는지를 판단하기에 적합하다고 판단했기 때문이다.5 칼빈의 칭의에 대한 이해가 베자의 『질문

---

4 Theodore Beza, *A Little Book of Christian Questions and Responses,* trans. Kirk M. Summers (Eugene, Oregon: Pickwick, 2009).

과 응답』에 어떻게 드러나는지 살펴보고자 한다.

이를 위해서 우선, 로마 가톨릭교회가 그리스도와의 접붙임과 의의 주입의 관계를 트리엔트 공의회 여섯 번째 회기(1547)에서 어떻게 설명하고 있는지를 주목하여 살펴보고자 한다. 그리스도와의 연합은 개혁신학자들뿐만 아니라 로마 가톨릭교회도 그리스도인의 정체성으로서의 존재론적 기반으로 삼고 있기 때문이다. 그러므로 종교개혁자들에 대항하여 로마 가톨릭교회가 트리엔트 공의회를 통해서 어떻게 '그리스도와의 접붙임'과 칭의의 관계를 설명하고 있는지, 특히 그리스도의 접붙임과 의의 주입의 관계에서 그리스도인의 변화가 어떻게 나타나는지를 살펴봄으로써, 로마 가톨릭과 구별된 개혁신학의 특징을 분명하게 드러내고자 한다. 이를 토대로 베자의 『질문과 응답』이 그리스도와의 연합이 이루어지는 과정으로 믿음에서 출발하여 의의 전가를 중심으로 칭의를 설명해 나가는 순서에 따라서 설명하고자 한다. 전가가 이루어지는 과정에서 그리스도 안에서의 선택이라는 주제를 필두로 하여 이후 그리스도가 성취한 외재적 의, 그 의의의 전달 방식으로서의 전가, 그 전가가 주는 유익을 다루고자 한다. 베자의 『질문과 응답』에서는 나타난 그리스도가 성취한 외재적 의의 율법의 성취로서의 의와 형벌의 고통을 감내함으로써 성취한 의의 구분에 주목하여 칼빈 이후의 정통주의에 영향을 끼친 그리스도의 능동적 순종과 수동적 순종이 베자에게서 어떻게 논리적으로 전개되어 나아가는지를 상고해 보고자 한다.

---

5 베자의 『질문과 응답』은 인간창조의 목적과 특별계시로서의 성경을 다룬 후에 삼위일체의 2격 으로서의 예수 그리스도를 다룬 후, 구원론의 핵심 교리인 칭의와 성화로 넘어간다. 그리고 마지막에 하나님의 영원한 작정을 다루면서 그리스도인의 견인과 영화를 주제로 삼으면서 끝을 맺고 있다.

II. 트리엔트 공의회(1547): 그리스도와의 연합과 주입

로마 가톨릭 교회는 루터로부터 시작된 종교개혁의 중심교리인 칭의를 트리엔트 공의회를 통해서 공식적으로 반박한다. 칭의와 관련하여 로마 가톨릭은 트리엔트 공의회에서 그리스도와의 접붙임과 그리스도가 성취한 의가 전달되는 방식으로서의 주입을 다음과 같이 설명한다.

> 칭의의 과정에서 한 사람이 받는 죄 사함과 더불어서, 그가 접붙임을 받은 예수 그리스도로 말미암아 이 모든 것, 믿음, 소망, 사랑이 동시에 주입된다. 왜냐하면 믿음은, 거기에 소망과 사랑이 더해지지 않는다면 사람을 그리스도와 온전히 연합시키지 못하고, 그리스도의 몸의 살아 있는 지체로 만들어 주지도 못하기 때문이다. 이런 까닭에 행함이 없는 믿음은 죽은 것이며 무익한 것이라는 매우 참된 말이다. 또 그리스도 주 예수 안에서는 할례나 무할례가 조금도 가치를 지니지 못하며, 사랑으로 역사하는 믿음이 가치를 지닌다는 것은 참된 말이다. ...[6]

여기에서 눈에 띄는 것은 칭의로 인한 죄 사함과 더불어 그리스도인의 존재방식으로써의 그리스도와의 접붙임과 그 결과로 그리스도인에게 주입된 내용이다. 그리스도가 성취한 의가 어떻게 그리스도인에게 전해지는가라는 논제에 대해 로마 가톨릭교회는 중세 교회의 전통을 따라서 '주입'의 교리를 더욱 공고히 하였다. 고전적이고 전통적인 방식으로서의 주입은 그리스도와 접붙임을 받은 자에게서 전달된 것은 독특하게도 그리스도의 의가 아니라 믿음, 소망,

---

6 트리엔트 공의회 여섯 번째 회기, 7.

사랑이다. 그러면, 그리스도와의 연합으로 주입된 믿음, 소망, 사랑이 어떻게 그리스도인에게 적용되어 의롭게 만드는지에 대한 설명으로 넘어간다.

　로마 가톨릭 교회가 이해한 그리스도와의 연합과 그 주입의 내용인 믿음, 소망, 사랑의 관계는 이렇다: 우선, 믿음은 그리스도와 사람을 연결하는 고리를 만든다. 믿음으로 사람은 그리스도에 접붙여 그와 연합의 관계에 들어선다. 하지만 믿음만으로 그리스도와의 연합은 온전하지 못하다. 그리스도와 온전한 연합을 이루기 위해서 믿음에 소망과 사랑이 더해져야만 한다. 믿음 위에 더해진 소망과 사랑은 그리스도와 접붙인 그리스도인의 행함으로 나타나야만 한다. 이 행함은 믿음의 동력으로 이루어지기에 행함이 있는 믿음, 즉 사랑으로 역사하는 믿음이라고 한다. 소망은 구체적으로 마지막 때를 바라보며 나아가는 삶의 동력이 되며, 사랑은 그리스도인이 이 땅에서 선한 행위를 하도록 독려한다. 믿음에 소망과 사랑이 더해진 행위는 "마치 영혼이 육체에 생명을 주는 것과 같이, 사랑이 믿음에 생명"을 주는 일이다. "영혼 없는 몸이 죽은 것과 같이 사랑이 없는 믿음은 죽은 것이다."[7] 로마 가톨릭교회는 사람을 의롭게 하는 칭의를 선물하는 믿음을 형상을 이루지 못한 믿음(fides informis), 곧 살아 있지 않은 믿음으로 이해하였고, 사랑의 행위로 형상을 이룬 믿음(fides caritate formata)은 행함으로 나타난 살아있는 믿음이 된다. 사랑으로 믿음의 행위가 나타나지 않는다면, 그 믿음은 온전하지 못하기에 하나님이 받을만하지 못하다. 하나님이 받을 믿음은 사랑에 의해 도덕적으로 변화되어야만 한다.

---

7 김재성, "칼빈의 칭의론과 트렌트 종교회의," 「신학정론」13(1995), 210.

로마 가톨릭교회는 그리스도인에게 전달된 믿음과 소망과 사랑이 실제로 도덕적 변화로 이어질 수 있는 이유는 그리스도인에게 '주입'되었기 때문이다. 다시 말해서, 그리스도의 의의 '주입'은 그리스도인의 내적 변화가 실제로 일어나는 근거이다. 이 실제적 변화는 신분의 변화로서 "예수 그리스도로 말미암아 하나님의 아들로 입양된 은혜의 신분"으로의 옮겨짐을 뜻한다.[8] 이 신분의 변화로 "불의한 자에서 의로운 자가 되며, 대적자에서 친구"가 된다.[9] 이 신분의 변화는 의롭다 함으로 이루어지는 죄 사함뿐만 아니라 내적으로 변화되는 갱신의 변화를 담보하며 속사람이 '실제로' 변화하는 지점까지를 포괄한다. 로마 가톨릭교회가 주장하는 그리스도와의 연합은 실제로 속사람이 변화하여 도덕적 삶이 가능한 성화를 포괄한다. 그러므로 트리엔트 공의회에서 말하는 의롭게 함은 죄 사함을 받고 실제로 의롭게 되는 도덕적 변화를 낳는 중세시대의 주입된 의의 의미를 그대로 계승하고 있음을 알 수 있다.

로마 가톨릭교회가 말하는 그리스도의 의가 우리에게 주입된다고 주장하는 논지는 명확해진다: 그리스도인이 구원을 얻기 위해서 도덕적인 행위의 변화를 이끌어내야 한다면, 단지 그리스도의 의가 자기의 것이 되었다는 선언만으로는 충분하지 못한다. 실제로 그리스도의 의가 그리스도의 양심으로 들어와 살아 움직여야만 한다. 그러므로 외부에서 주어진 의가 그리스도인의 행위를 통해서 신자들에게 흘러들어가야 한다. 그리스도와의 접붙임은 그리스도의 의가 우리에게 주입되기 위한 조건이다. 그리스도를 믿음으로 그리스도에 접붙임을 통해서 그리스도의 의를 주입함으로써 실제로 우리가 의롭게 된다.[10]

---

8 트리엔트 공의회 여섯 번째 회기, 4.
9 트리엔트 공의회 여섯 번째 회기, 4.
10 트리엔트 공의회 여섯 번째 회기, 7, 16.

실제로 그리스도의 의가 도덕적 삶의 변화를 이끌어 내기 위해서 믿음과 소망과 사랑이 '동시에' 주어진다. 하지만 그 내용은 믿음으로부터 출발하여 인간의 삶의 여정에서 외적으로 나타난다. 그리스도인의 구원의 여정은 믿음으로부터 시작한다. 이를 로마 가톨릭은 다음과 같이 설명한다.

> 하지만 사도가 사람은 믿음으로 말미암아 값없이 구원을 받는다고 말할 때, 그 말의 의미는 로마 가톨릭교회가 지속적으로 동의하여 지지하고 표현해 온 바대로, 즉 사람은 과연 믿음으로 의롭게 된다는 의미로 이해되어야 한다. 왜냐하면 믿음은 구원의 시작이며 모든 의롭게 됨의 근본이며 뿌리이기 때문이다. 믿음이 없이는 하나님을 기쁘시게 하는 일이 불가능하며, 그의 아들들의 공동체에까지 이르는 것이 불가능하다. 또한 사람이 값없이 의롭게 된다고 말할 것이다. 왜냐하면 의롭게 됨보다 앞서 있는 그 어떤 것도, 믿음이건 행위이건, 의롭게 됨의 은혜 자체를 공로로 얻을 수가 없기 때문이다. 만일 그것이 은혜로 인한 것이며, 더 이상 행위로 인한 것이 아니며, (사도가 바로 그것을 말한 바처럼) 그렇지 않다면 은혜는 더 이상 은혜가 아닐 것이기 때문이다.[11]

로마 가톨릭이 주장하는 바에서 두 가지 사실에 주목하고자 한다. 우선, 로마 가톨릭은 믿음이 '구원의 시작'이라 함은 의롭게 됨의 완성의 지점이 있다는 것을 암시한다. 의롭게 됨의 열매를 맺는 완성은 믿음의 결과가 아니라 믿음으로부터 일어난 다른 무언가로부터 이루어진다는 뜻을 내포한다. 두 번째, 로마 가톨릭은 값없이 의롭다 함을 믿음이나 행위만으로 미리 얻을 수 없다고 고백한다. 의롭게 하는 은혜는 인간의 입장에서의 믿음이나 행위의

---

11 트리엔트 공의회 여섯 번째 회기, 8.

근거로 주어지는 것이 아니라는 뜻이다. 이는 종교개혁자들의 이해와 맥을 같이 한다. 하지만 구원의 시작과 완성이라는 여정에서 로마 가톨릭 교회는 이 은혜를 '지속' 시키기 위해서 믿음이나 행위가 사람의 자유의지에 의해서 나타나야 한다는 점을 강조한다. 이로써 값없이 의롭다 함의 의미에서 벗어난다.12

정리하면, 트리엔트 공의회는 믿음으로 인한 그리스도에 접붙임을 그리스도의 의의 주입을 위한 그리스도인의 존재론적 기반으로 삼았다. 고로 그리스도와의 연합은 그리스도인의 칭의와 성화를 위한 기반이다. 그리스도인은 그리스도에 접붙임으로써 의가 주입되어 본질적 변화를 이루고, 그로부터 윤리적 행위로 열매를 맺는다. 믿음과 행위의 열매를 맺는 사랑은 의의 주입으로 이 땅에서 구원을 완성하는 행위로 나타나 실제로 의로운 자가 된다. 이 삶의 여정은 영원한 생명의 소망을 따르는 상속자의 길이며 그 소망이 낳은 결과이다.13

III. 베자의 칭의: 『질문과 응답』

1. 그리스도와의 연합: 악의 치료책

베자는 『질문과 응답』에서 믿음을 두 번 정의한다. 우선, 81문에서 믿음을 성경이 가르치는 구원 사건을 알고(notitia), 그에 대한 확고한 동의(a firm

---

12 김병훈, "'믿음으로 의롭게 됨'과 관련한 하이델베르크 요리문답과 트렌트 종교회의 교령의 이해의 차이,"125.
13 트리엔트 공의회 여섯 번째 회기, 7.

assent)하는 것으로 설명한다.[14] 하나님이 예수 그리스도를 통해서 계획하고 성취한 구원의 이야기를 알아야 하고 예수 그리스도의 구원의 이야기에 확고하게 동의해야 한다. 이 동의는 어떤 사실이나 사건에 대한 역사적 실제성이나 진리에 대한 주관적 참여를 의미한다. 다시 말해서 동의에는 어떤 사실에 대한 논리적 설명에 대한 이해와 수용을 의미할 뿐만 아니라 그 사실이 참이라는 확실성을 지닌다. 그러하기에 동의 앞에 '확고한'이라는 형용사는 주체의 의지를 나타낸다.

베자는 주체의 주관적 의지의 발현으로서의 동의를 두 가지 차원에서 접근한다. 하나는 영혼의 기능으로서의 논리적 추론에 기인한다.[15] 다른 하나는 성령 안에서 이루어지는 확신이다. 이는 성경이 가르치는 그리스도 안에서의 영원한 생명에 대한 약속을 "마치 실제로 그것을 소유한 것과 같은 일"처럼 확실성을 담보한다. "마치 ~처럼"의 비유가 암시하듯이 실제로 그 생명을 소유한 것은 아니지만 어떤 특별한 경험이 나를 변화시켰다는 것을 의미한다. 영원한 생명으로의 변화를 위해서 베자는 인간이 얼마나 하나님에게서 멀어져 죄에 빠진 존재인지를 다룬다. 즉, 인간의 타락과 그 타락으로 인간의 의지가 얼마나 죄로 인해 타락했는지를 다룬다.

하나님으로부터 멀어진 인간이 다시 하나님께로 돌아가기 위해서 어떻게 죄를 치료해야 하는지를 107문에서 다룬다. 바로 이 지점에서 베자는 죄의

---

14 Beza, *A Little Book of Chrisitian Questions and Response In which the principal headings of the Christian Religion are briefly set forth* (Eugene, Oregon: Pickwick, 2009),Q. 81, 29.

15 참조. 양신혜, "테오도르 베자의 윤리적 판단의 척도로서의 이성과 믿음에 대한 이해," 「개혁논총」 51(2020), 53-84.

늪에 빠진 인간이 영원한 생명을 얻기 위한 도구로써 믿음을 다룬다. 그는 믿음을 그리스도 안에서의 영원한 생명을 "소유"하는 과정으로 그리스도를 앎(apprehension), 그와의 접붙임(ingrafting)의 단계, 그리스도와의 연합(incorporation)과 교제(fellowship with Christ)로 설명한다.

문107. 그리스도를 믿게 되는 악의 치료책으로 믿음을 이제 다루어봅시다. 이해, 접붙임, 그리스도와의 연합, 교제가 무엇을 의미하는지 설명해 주시길 바랍니다.

대답: 본체들 자체가 서로 연합되어 있다거나 연결되어있다고 상상하는 자나 어떤 방식으로든 그렇게 될 것을 바라는 자들은 어떤 환각적인 경험을 하고 있으나, 이 땅의 용어로 말한다면 그것은 영적이고 신비로운 경험이라고 판단합니다. 오직 그리스도의 사역과 그 효과로, 우리는 그렇게 그에게 참여합니다. 하지만 성경에서 그리스도 자신이 분명히 우리에게 주어졌다고 말해지기까지 분명한 확증에 충분하게 이르게 되지 못하는 것처럼 보입니다. 그래서 이 교제가 무엇인지를 이해하기 위해서 세워야 할 원칙 두 가지가 있습니다. 첫 번째는 *그리스도 자신이 아버지의 자비로 우리의 것이 되었다*는 것입니다. 그래서 그를 믿는 자들은 모두 이것—즉, 그리스도는 육체로 나타난 하나님의 아들이시다—이 *아버지의 자유로운 선물로* 주셔서 나의 것이 되었고 그래서 즐겁게 교제로 그것을 나눌 수 있다고 고백할 수 있습니다.16

믿음으로 이루어진 그리스도와의 접붙임은 영적 차원에서 이루어진 연합을 뜻한다. 이는 전적으로 하나님의 자비로 인한 "그리스도의 사역과 그 효과"로

---

16 Beza, *A Little Book of Chrisitian Questions and Response In which the principal headings of the Christian Religion are briefly set forth* (Eugene, Oregon: Pickwick, 2009), 40.

주어진 선물이다. 우리는 이 선물을 "하나님의 심연에서 찾아서는 안 되며, 오히려 그분이 드러내신" 성경에서 찾아야 한다.[17] 성경이 우리에게 말을 걸 때 일어나는 영적 체험의 고백이다. 다시 말해서, 하나님께서 드러내신 말씀 속에서 구원의 확증이 일어난다. 이 경험에서 그리스도와의 교제가 이루어진다. 베자는 이 교제를 위한 두 가지 원칙을 제시한다. 첫째, 하나님의 자비로 그리스도가 우리의 것이 되었다는 것이다. 하나님이 죄의 상태에 얽매여 있는 우리를 불쌍히 여겨 그의 아들을 이 땅에 보내어 그 구원의 사역을 감당하게 하셨다. 하나님은 그리스도가 완성한 구원을 우리가 누리도록 하기 위해서 우리를 그리스도에 접붙인 존재로 만드셨다. 그러므로 그리스도와의 연합은 하나님의 자비의 결과로 우리에게 주어진 선물이다. 둘째, 그리스도 안에서 우리에게 주어진 하나님 아버지의 "자유로운 선물"이다. 하나님은 우리를 구원하기 위한 계획을 작정하셨고, 그리스도 안에서 우리를 선택하셨다. 그 선택한 자들에게 주어진 하나님의 의지에 따른 선물이다.

그리스도와의 연합은 영적 차원에서 이루어지는 결합이나 이 땅에서 눈으로 실제 확인할 수 있다. 그것이 바로 교회이다. 하나님은 예수 그리스도를 교회의 머리로 삼으셨다. 그리고 그리스도의 영을 보내어 우리를 교회의 지체로 삼으셨다. 이제부터 우리는 교회의 머리인 그리스도로부터 흘러나오는 영원한 생명수를 마시기 위해서 그리스도, 즉 교회 안에 머물러야 하며 그분만을 붙잡고 그로부터 영양을 공급받아야 한다.[18] 베자는 이 관계를 여자와 남자가 결혼하여 한 몸을 이루는 것에 비유한다. 한 남자와 여자의 결합은 본성적 결합을

---

17 William Perkins, 김지훈 옮김, "예정에 대하여 유혹을 받는 자들을 격려하기 위한 특별한 논의," 『황금사슬』 (용인: 킹덤북스, 2017), 462.
18 Beza, *Questions and Response*, 111문, 42.

뜻하지 않고 오히려 언약에 의한, 그리고 영적인 그리스도와의 연합을 뜻한다.[19] 이는 그리스도와의 연합으로 믿음으로 그리스도가 "우리의 몸과 뼈"임을 고백하는 것이다.[20] 베자는 그리스도와 연합된 그리스도인이 어떻게 의롭게 되는가, 그 방식으로 전가를 다룬다. 이러한 논리적 서술 구조는 칼빈이 그리스도의 내주하심, 즉 신비한 연합을 최고의 위치에 두고, 오시언더가 주장한 본질적의 의의 내주 방식을 반박한 것과 동일한 논증법이라 할 수 있다.[21]

2. 의의 전가: 의의 전달방식

믿음으로 그리스도에 접붙인 상태에서 그리스도의 의가 어떻게 우리에게 전달되는가? 베자는 이를 114문에서 다음과 같이 설명한다: "하나님 아버지의 은택으로 그리스도의 순종을 우리의 것으로 간주하여 주신다. '마치 우리 자신이 스스로 율법을 성취한 것처럼, 그리고 우리의 죄를 만족한 것처럼' 말이다."[22] 이 문답에서 첫째, 칭의는 전적으로 하나님의 의지 발현이자 아버지 하나님의 은혜로운 선물이다. 둘째, 하나님의 뜻에 순종한 그리스도가 성취한 의는 '율법의 성취'와 '죄의 만족'에 따른 결과이다. 셋째, 실제로 그리스도의 의가 우리에게 전달되는 것이 아니라 하나님이 그리스도의 순종의 결과인 율법의 성취와 죄의 만족을 우리의 것으로 간주하는 행위에 해당한다. 이를 중심으로 하나님 아버지의 은혜로운 선물인 '간주한다'는 행위(전가)가 그리스도와의 연합이라는 존재론적 차원에서 어떻게 나타나는지 베자의 논지를 따라가 보고자 한다. 베자가 『질문과 응답』에서는 하나님의 선택을 책의 마지막에서 다루

---

19 Beza, *Questions and Response*, 111문, 43.

20 Beza, *Questions and Response*, 111문, 43.

21 칼빈의 『기독교강요』3.11.10을 참조. 오시안더와의 논쟁은 3.11. 5-12 참조.

22 Beza, *Questions and Response*, 114문. 44.

었으나, 의의 전가가 이루어지는 순서와 전가의 주체이신 하나님의 계획임을 더욱 명확하게 드러내기 위해서 선택을 먼저 다루고자 한다.

(1) 전가의 주체로서의 하나님: 그리스도 안에서 선택

베자는 그리스도가 성취한 의의 전가가 전적으로 하나님의 은혜 안에서 이루어짐을 표명하였다. 이는 종교개혁자들의 이해와 그 맥을 같이 한다. 하나님은 영원 전에 그리스도 안에서 구원하고자 선택하셨다. 그 작정하심을 이 땅에서 시행하신다. 당대의 예정론과 관련하여 주요 논제는 "하나님이 악의 조성자인가?"였다. 하나님이 창세 전에 유기할 자를 미리 아셨다는 사실은 악의 기원을 하나님께 돌리는 논리적 결과를 낳기 때문이었다. 이 주장에 대항하여 베자는 하나님의 구원의 목적과 그 실행을 구분하면서 "그리스도 안에서의 선택"을 내세운다.[23] 하나님은 인간이 스스로 죄에 빠져 전적으로 부패할 것을 아셨다. 그러하기에 구원받을 자를 선별해야만 했다. 타락한 인간의 구원은 전적으로 하나님의 은혜로만 가능하다. 하나님은 자신이 선택한 자들의 아버지로서 그들에게 무한한 은혜를 베풀어 그들을 의로움으로 단련시키고 정한 때에 그의 아들을 이 땅에 보내기로 하셨다. 구원하는 믿음은 선택받은 자들에게 속한다. 그 믿음은 구원을 위하여 그리스도를 인격적으로 이해하는 것으로, 그리스도를 우리의 것으로 적용시켜 확신하게 한다. 이로써 하나님의 비밀 안에서 만세 전에 감추어져왔던 것이 우리에게 계시된다.

(2) 전가의 내용으로서의 그리스도의 의

베자가 전가의 방식에서 두 번째로 주목한 것은 전가의 내용인 그리스도의

---

23 Beza, *Sum of All Christianity*, 38.

순종으로 성취된 의이다. 그리스도의 의는 그리스도의 순종의 결과인 '율법의 성취'와 '죄의 만족'으로 나타난다. 베자는 이를 앞의 113문에서 다음과 같이 설명한다.

> 예수 그리스도가 율법 아래에서 완성한 의를 가진다. 그리고 우리의 죄를 대신하여 형벌의 고통을 감내한 의이다. 이것은 사도가 순종의 개념으로 설명한 두 가지이다. 전가에 의해서 우리의 것이 될 뿐만 아니라 우리의 중생의 원천이자 기원으로, 그곳으로부터 영적인 선물이 나온다. 예수 그리스도 안에 있는 것은 우리에게 힘과 능력으로 드러난다. 그리스도 안에서 그것은 최상의 순수함의 형태로 나타나고 측정할 수 없는 선물들로 옷 입혀진다. 전가를 통해서 우리의 것이 되었을 뿐만 아니라 중생과 영적 선물의 기원이자 원천이다.[24]

베자는 그리스도의 순종을 두 가지, 즉 율법 아래에서 완성한 의와 우리의 죄를 대신하여 십자가에서 형벌의 고통을 감내한 의로 구분한다. 이는 피스카토르(Johannes Piscator, 1546-1625)와의 논쟁에서 베자가 적극적으로 구별한 의에 해당한다.[25] 율법 아래에서 완성한 의는 예수가 이 땅에 태어나 율법 아래에서 하나님의 뜻을 완성한 의이다. 하나님은 예수를 이 땅에 보내셨다. 예수는 우리와 같은 인간의 몸을 입고 율법 아래에 태어났다. 그는 인간의 몸으로 입고 하나님이 율법을 통해 가르치는 바를 온전하게 성취하셨다. 이 행위가 그리스도의 능동적 순종에 해당한다. 이 뿐만 아니라 예수 그리스도는 우리를 구원하기 위한 하나님의 뜻을 이 땅에 선포하셨고, 하나님의 뜻에 순종

---

24 Beza, *Questions and Response,* Q. 113, 43.
25 베자와 피스카토르의 논쟁에 대해서는 다음의 논문을 참고하라. 이남규, "베자와 파스카토르의 논쟁," 「신학정론」39(2021), 273-303.

하여 십자가를 지셨고, 그 고통을 감내하셨다. 예수가 감내한 십자가의 고통은 우리의 죄를 대신하는 형벌에 해당하는 것으로 수동적 의에 해당한다. 하나님은 예수를 다시 살려 하늘로 올리셨다. 이 구원의 역사는 실제로 이 땅에서 이루어진 객관적 역사이다. 예수 그리스도가 우리를 구원하기 위하여 성취한 의는 하나님의 의를 만족시킨 "완전한 의"이자 우리의 구원을 위한 "온전한 자비"에 기초한 의이다.26 그리스도의 순종으로 성취한 완전한 의는 우리 밖에 있는 낯선 의로, 그리스도에게만 속해 있는 의이다.27 이 의가 하나님이 우리에게 전가한 영적 선물로써 이 땅에서 그리스도인으로 살아가게 하는 힘으로 나타난다.

하나님의 의는 하나님의 속성(qualities)으로서의 의와 자비가 아니다. 하나님의 본성은 완전하여 특별히 불의를 싫어할 뿐만 아니라 그 죄에 상응하여 엄하게 벌을 내린다는 것을 알기 때문이다.28 이 의는 하나님의 속성이 아니라 하나님이 예수 그리스도를 통해서 성취한 의이며, 이 의가 우리에게 주어진다. 하나님은 그리스도 안에서 하나님의 속성으로서의 공의와 자비의 일치를 이루셨다. 예수 그리스도가 우리의 죄에 대한 형벌을 갚음으로써 공의를, 그리고 우리에게 그것을 값없이 주심으로써 자비를 이루셨다.29 예수 그리스도는 하나님의 의를 감당하기 위해서 이 땅에 오셨다. 그래서 예수 그리스도의 성육신은 전적인 하나님의 자비의 결과이다. 우리에게 영생을 주기 위해서 인간의 모습으로 이 땅에 오신 예수 그리스도는 하나님이다. "우리를 구원할 자가 하나님이

---

26 Beza, *Questions and Response*, Q. 15, 7.
27 Beza, *Questions and Response*, Q. 117, 45.
28 Beza, *Questions and Response*, Q. 16, 7.
29 Beza, *Questions and Response*, Q. 17, 7.

아니라면, 영생은 불가능하기 때문이다."[30] "영생을 지닌 하나님으로서 그리스
도가 …인간이 되어 그의 속성으로 영생을 지니지만 육체를 지닌 자로서 죽임
을 당하셨다."[31]

한 인격 안에 참 하나님이자 참 인간의 두 본성이 공존해야만 하는 이유는
명확하다. 그것이 완전한 의와 완전한 자비에 적합한 방법이기 때문이다.[32]
만약 우리의 죄에 대한 형벌을 만족시키지 않았다면, 또는 인간이 지은 죄를
다른 피조물이나 다른 본성을 통해서 만족시켰다면, 하나님의 의와 별개로
이루신 것이 된다. 그러므로 우리의 구원자는 인간이 되셔야만 했다.[33] 그리고
그가 하나님의 진노를 감당할 정도로 힘을 지녀야 하기에 그분은 또한 하나님
이셔야만 했다. 하나님의 신적 본성을 지닌 인간이 되셔야만 한다. 이는 필수적
인 전제이자 완전한 연합의 근거를 뜻한다.[34] 하나님 앞에서 의로움을 인정받
기 위해서 두 가지, 죄의 제거와 율법에 따른 모든 의의 전적인 성취가 필요하
다.[35] 그리스도의 의의 성취는 이 땅에서 우리와 같은 인간의 모습으로 태어나
하나님의 율법을 온전하게 지킨 결과일 뿐만 아니라 그리스도가 하나님이 맡긴
사명을 온전하게 성취함으로써 완성된 의이다.[36]

(3) 의의 전달방식: 전가
이 땅에서 하나님이 작정한 구원의 뜻에 따라서 율법을 성취하고 십자가의

---

30 Beza, *Questions and Response*, Q. 18, 8.
31 Beza, *Questions and Response*, Q. 20, 8.
32 Beza, *Questions and Response*, Q. 25, 9.
33 Beza, *Questions and Responses*, Q. 26., 10.
34 Beza, *Questions and Responses*, Q. 26, 10.
35 Beza, *Questions and Responses*, Q. 123, 47.
36 Beza, *Questions and Responses*, Q. 125, 48.

고통을 감내한 예수 그리스도는 하늘에 올라 하나님 우편에 앉아 지금 우리를 다스리신다. 이로써 우리는 그리스도의 의가 주는 유익을 누리게 된다. 예수 그리스도가 제한된 이 땅을 떠나 하늘로 오르신 목적은 우리를 버리기 위함이 아니라 우리에게 유익을 주기 위함이며, 우리로 하여금 하늘의 것을 구하도록 가르치기 위함이다.37 하늘에 오른 예수 그리스도는 교회의 지체로 우리를 불러 그리스도의 순종으로 성취한 의로부터 나오는 의의 유익을 누리도록 한다. 그리스도의 의는 우리를 교회의 지체로 불러 성도의 교제를 통해서 효과적으로 그 유익을 나누게 한다. 이는 그리스도의 의의 전가가 주는 유익이다. 그리스도의 의는 "효과적인 교제와 전가의 유익"의 근거이다.38 이 의는 그리스도인이 이 땅에서 살아가는 힘과 동력이 된다.

그러면 어떻게 우리에게 전가되는지가 중요하다. 어떻게 그리스도의 의가 그리스도에 접붙인 상태에서 전가되는가? 우선, 그리스도의 의가 우리에게 전달되는 방식은 주입이 아닌 전가이다. 전가는 "하나님의 은택으로 전적으로 우리의 것으로 간주"하는 행위이다. 문자적으로 '간주하다'는 어떤 사물을 '마치 ~ 한 것처럼 ~으로 여기다' 또는 '~생각하다'는 의미이다. 이는 그리스도가 행한 율법의 성취를 '마치 우리가 스스로 성취한 것처럼' 그리고 '마치 우리의 죄를 만족하는 것처럼' 여겨주신다는 뜻이다. 베자는 그리스도의 의의 전달 방식인 전가는 비유의 의미로, 어떤 사물의 '이름'을 다른 사물의 말로 전달하는 표현임에 주목한다.39 "~처럼 여기다"는 비유는 다시 말해서 "상대적으로

---

37 Beza, *Questions and Responses*, Q. 37, 13.

38 Beza, *Questions and Responses*, Q. 111, 42.

39 Jill P. Raitt, "A Matter of Substance: Theodore Beza to René Descartes," *Cavin, Beza and Later Calvinism* (Grand Rapids, Michigan: Calvin Studies Society, 2006), 167-168.

그리고 비유적으로 그렇게 이해되어야만 한다"는 뜻을 내포한다.[40] 상대적으로 그리고 비유적으로 이해한다는 말은 하나님이 그리스도의 의를 전적으로 우리의 것으로 여겨주신다는 의미로, 그 안에 영적 의미가 내포되어 있다. 베자는 종교개혁자 칼빈의 칭의 이해를 계승하여 하나님이 주체가 되신다는 점과 하나님이 그리스도가 성취한 의를 우리의 의로 인정해 주시는 은혜의 선물로 이해했다. 그리스도의 의의 전가로 인해 이루어지는 칭의는 하나님이 성령을 통해서 우리를 그리스도와 연결시켜 접붙임을 경험하게 하는 '효과적 도구'(effective instrument)가 준 선물이다.[41] 이는 그리스도 안에서 "최상의 순수함의 형태로 나타나고 측정할 수 없는 선물"로 옷입혀짐을 뜻한다.[42]

그리스도인은 성령의 능력에 의해서 그리스도 안에서 그리스도와 교류한다. 이러한 관계적 교류 안에서 그리스도가 주신 은혜를 누린다.[43] 이 경험의 주체는 그리스도이며 우리를 위한 그의 사역이 가져다 준 효과이다. 그리스도와의 접붙임은 "위대한 신비"이다.[44] 그래서 "우리 안에서 연합의 교제를 논리적으로 설명하려고 하기 보다는 우리 안에서 살아있는 그리스도를 느끼려고 해야만 한다."[45] 그리스도에 접붙인 인간은 제한된 이성의 영역을 넘어서는 영적이며 신비로운 경험을 하지만 그리스도의 본체와의 "실제적인 연결"을 경험한다.[46]

---

[40] Jill P. Raitt, "A Matter of Substance: Theodore Beza to René Descartes," 168.
[41] Jill P. Raitt, "A Matter of Substance: Theodore Beza to René Descartes," 168.
[42] Beza, *Questions and Response*, Q. 113, 43.
[43] Jill P. Raitt, "A Matter of Substance: Theodore Beza to René Descartes," 168. 본체에 대한 이해는 아리스토텔레스의 용어를 차용하여 설명한다. 이런 설명 방식은 당대의 신학자들이 사용한 방법으로 일반적이다. 이러한 현상은 17세기 중반까지 이어진다.
[44] Beza, *Questions and Responses*, Q. 110, 42.
[45] Beza, *Questions and Responses*, Q. 110, 42.
[46] Beza, *Questions and Responses*, Q, 116. 44.

그리스도와의 실제적 연결은 그리스도와 우리 사이의 연합을 설명하려고 시도하기 보다는, 오히려 그리스도가 우리 안에서 살아계심을 경험하여 그 연합을 확신해야 한다.[47] 여기에 베자가 비유를 통해서 의의 전가를 설명하는 이유이다.

의의 전가는 그리스도와의 연합이라는 영적 사건의 신비로운 경험을 통해서 이루어진다. 그리스도와의 연합은 전가의 효용이다.[48] 이 지점에서 베자는 그리스도의 순종으로 성취한 의의 전가로 의롭게 된 것인가, 아니면 우리의 믿음으로 의롭게 된 것인가를 질문한다. 믿음으로 의롭게 되었다는 이신칭의와 그리스도가 성취한 의가 전가되었다는 의의 전가가 서로 상치되는 관계를 가지고 있는지를 묻는다. 이를 위해서 베자는 창세기 15장 6절에서 아브라함이 여호와를 믿으니 그 믿음으로 의롭게 여기셨다는 구절을 들어 설명을 시도한다. 베자는 칭의로 우리에게 전가된 의가 그리스도의 순종으로 성취한 의와 다르지 않음을 전제한다. 믿음으로 말미암아 예수 그리스도가 성취한 의가 우리에게 전가된다. 그러하기에 우리를 구속하고자 작정한 하나님의 뜻에 대한 그리스도의 순종이 없었더라면, 의의 전가는 이루어질 수 없다. 믿음은 우리를 의롭게 하는 예수 그리스도의 순종을 이해하는 도구이다.[49] 예수 그리스도를 믿을 때 의의 전가가 이루어진다. 믿음으로 의롭다 하심을 입은 우리는 그리스도가 우리를 구원하기 위해서 하나님의 뜻에 순종하여 의를 성취하셨음을 깨닫는다. 의의 전가로 의롭게 된 의는 그리스도의 순종을 이해하게 하는 동력이다.[50] 그러므로 믿음으로 의롭게 됨과 그리스도의 순종으로 성취된 의의 전가

---

47 Beza, *Questions and Responses*, Q. 110, 42.
48 Beza, *Questions and Responses*, Q. 111, 42.
49 Beza, *Questions and Responses*, Q. 118, 45.

는 서로 상반된 개념이 아니다.[51] 하나님의 일하심의 전가와 그 일하심이 인간에게 어떻게 적용되어 나타나는지를 설명하는 이신칭의는 하나의 동전이 가진 양가적 표현에 해당한다.

베자는 믿음으로 인한 의의 전가와 그로부터 그리스도의 순종에 대한 그리스도인의 앎 사이의 관계를 질문한다. 이 질문에는 믿음이 가진 예수 그리스도의 구원의 이야기를 아는 것과 그것을 확신하는 의지적 결단 사이의 관계가 내포되어 있다. 구원은 하나님으로부터 시작한다. 하나님은 우리가 그리스도 안에서 태어나기도 전에 택하셨다. "우리가 접붙임을 받아 실제로 아직 드려진 것이 아니었지만, 드려지고 접붙임을 받아야 할 대상이었지만, 우리가 태어난 후에 하나님이 먼저 우리를 사랑하셨고 아셨다."[52] 그러하기에 우리가 그리스도를 알아볼 뿐만 아니라 '동시에' 믿는다. 그리스도를 아는 것과 믿는 것이 시간적으로 동시성을 가진다.[53] 그렇기 때문에 어떤 사건에서 원인과 결과의 순서를 구분하기 어렵다. 어떤 사건의 "결과가 나타나지 않으면 원인이 작동하지 않기 때문이다."[54] "그럼에도 불구하고 원인의 순서를 고려한다면, 참된 믿음의 기초는 그리스도에 대한 앎 이전에 존재한다. 실제로 그리스도에게 접붙여진 자에게 실제로 주어진 것이 아니라 접붙이고자 하는 자에게 주어지기 때문이다."[55] 하나님 아버지는 우리에게 그리스도가 성취한 열매를 그리스도와의 연합을 통해서 선물로 준다. 그 선물이 바로 "지혜와 칭의와 성화, 그리고

---

50 Beza, *Questions and Responses*, Q. 118, 45.
51 Beza, *Questions and Responses*, Q. 118, 45.
52 Beza, *Questions and Responses*, Q. 119, 46.
53 Beza, *Questions and Responses*, Q. 119, 46.
54 Beza, *Questions and Responses*, Q. 119, 46.
55 Beza, *Questions and Responses*, Q. 119, 46.

우리의 구원"이다.[56]

3. 의의 전가의 선물: "지혜, 칭의와 성화 그리고 우리의 구원"

베자는 121문에서 예수 그리스도의 의가 우리에게 전가됨으로 얻게 되는 선물로 네 가지, 즉 지혜, 칭의와 성화, 그리고 구원을 언급한다. 의의 전가로 인한 열매에서 이 네 가지를 언급한 이유는 무엇인지, 각 열매가 지닌 의미를 살펴보고자 한다. 우선, 의의 전가로 얻게 되는 열매로 지혜를 언급한다. 이 지혜는 그리스도인의 존재 양식인 그리스도와의 연합이 주는 선물이다. 베자는 사가랴가 얻은 지혜를 그 예로 든다. 사가랴는 그의 아들 세례 요한이 이 땅에 보냄을 받은 하나님의 섭리, 즉 예수 그리스도가 걸어갈 구원의 길을 예비하는 자로서의 그 사명에 대하여 분명하게 알았다. 이것이 베자가 말한 참된 지혜이다.[57] 그리스도가 자신을 사람에게 계시할 때 나타난 지혜로, 하나님 아버지가 큰 목소리로 하늘로부터의 증언하여 들으라고 하신 그 계시의 말씀에 해당한다.[58] 그리스도의 의의 전가로 얻게 되는 지혜는 우리에게 구원을 가져오는 예수 그리스도의 사역과 연결되어 있음을 알 수 있다.

두 번째 열매는 칭의이다. 베자는 칭의를 완전하고 순결한 하나님이 우리 안의 더러움과 폭력을 제할 뿐만 아니라 인간의 본성에 내재된 "풍성한 기쁨을 발견하여 기꺼이 얻게 되는 영원한 생명의 관"으로 설명한다.[59] 베자는 여기에서 두 가지, 죄 사함과 영원한 생명의 면류관을 의의 전가로 이루어진 칭의

---

56 Beza, *Questions and Responses*, Q. 120, 46.
57 Beza, *Questions and Responses*, Q. 121, 46.
58 Beza, *Questions and Responses*, Q. 121, 47.
59 Beza, *Questions and Responses*, Q. 123, 47.

효용으로 설명한다. 죄 사함은 예수 그리스도의 십자가 사역의 선물인 반면, 영원한 생명의 면류관은 하나님의 율법의 성취의 결과이다. 베자는 칭의를 설명하면서 죄 사함 이외에 적극적으로 율법의 성취를 설명하기 시작한다. 아담의 죄로 인해 인간은 영원한 죽음을 형벌로 받게 되었다. 하나님은 영원한 죽음에 처한 인간을 위해서 "하지 말아야 할 것을 금할 뿐만 아니라 하나님과 이웃에 대한 온전한 사랑을 수행함"으로 구원의 길을 열어주셨다. 하지만 인간은 하나님의 율법을 성취할 수 없을 정도로 연약하기에 하나님은 그의 아들 예수 그리스도를 보내셨다. 그는 하나님의 율법에 순종하여 그 뜻을 온전하게 성취하셨다.[60] 지금 하나님의 율법을 완벽하게 성취한 결과로서의 '의'이다.[61] 이 의는 "신성으로서의 본질적 의"가 아니라 그리스도의 육체가 지닌 순수함을 뜻하는 "습관적 의(habitual righteousness)"도 아니다.[62] 이 의는 십자가의 죽음으로 인한 죄 사함의 수동적 의와 율법에 따른 모든 의를 온전하게 성취한 능동적 의이다.[63] 베자는 능동적 순종과 수동적 순종이라는 교리적 개념을 사용하지 않았지만, 분명하게 능동적 순종으로 성취한 의와 수동적 순종으로 성취한 의를 구별하고 있음을 알 수 있다.

베자는 예수 그리스도가 어떻게 율법을 적극적으로 성취하셨는지를 예수의 계명과 연결하여 설명한다. 우리는 스스로 우리가 지은 죄의 문제를 해결해야만 한다. 우리가 지은 죄의 흔적을 제거하지 않는다면 우리는 죄로 물든 오염의 상태에 머물러 있어야 한다. 그러하기에 죄를 지은 자에게 주어진 형벌을 갚아

---

60 Beza, *Questions and Responses*, Q. 123, 47.
61 Beza, *Questions and Responses*, Q. 125, 48.
62 Beza, *Questions and Responses*, Q. 125, 48.
63 Beza, *Questions and Responses*, Q. 123, 47.

야 한다. 예수 그리스도가 참 인간이셔야 하는 이유가 여기에 있다. 모든 사람은 하나님과 이웃을 사랑하라는 하나님의 율법에 묶여 있다. 이 연결은 명확한 하나님의 부르심의 결과이다. 다시 말해서 하나님의 부르심으로 사명의 자리에 있는 그리스도인은 하나님과 이웃을 사랑해야 하는 율법을 준수해야 한다. 국가의 부름을 받은 관리가 시민과 동일하게 하나님을 사랑하는 것은 그의 의무를 다하지 않는 것이다. 국가의 위정자에게는 하나님이 그들에게 부여한 소명이 있기 때문이다. 이처럼 하나님이 예수 그리스도를 이 땅에 보내실 때, 그에게 주어진 사명이 있다. 그리스도는 우리의 죄에 대한 빚을 지불하기 위해서 이 땅에 오셨고, 그는 이 땅에서 그의 전 생애로 그 사명을 완성하셨다. 죽기까지 아버지의 뜻에 복종하심으로 자신을 십자가의 죽음으로 완성하셨다. 고난을 통해서 사심으로, 우리를 위해서 자신을 내놓으심으로, 그는 우리를 위해서 율법을 완성하셨을 뿐만 아니라 우리의 죄를 만족시키셨다.[64] 예수 그리스도는 하나님이 부여한, 우리를 죄에서 구원하기 위한 사명을 감당하셨기에 우리가 무한한 죄로 덮여 있음에도 불구하고 죄를 짓지 않을 것처럼 간주하시는 그 일이 가능하다.

예수 그리스도는 참 하나님이기에 실제로 율법준수의 의무에서 자유로운 분이시다. 다시 말해서 예수 그리스도는 자신의 영생을 위해서 율법을 준수할 의무가 없으시다. "율법 준수의 의무가 그 율법의 완성에 있으며 자기 자신을 위해서 율법을 성취했다고 한다면, 자연히 예수 그리스도의 십자가의 죽음도 우리를 구속하기 위한 죽음이 아니라 자기 자신을 위한 죽음이 되어야 한다."[65] 그렇다면 예수님이 이 땅에서 인간의 모습으로 오셔서 이 율법의 요구를 완전

---

64 Beza, *Questions and Responses*, Q. 126, 48-49.
65 Beza, *Questions and Responses*, Q. 127, 50.

하게 성취하셨다는 것은 우리를 위한 것이 아니라 그리스도 자신을 위한 성취로 여기게 된다. 그리스도가 자신을 위해서 생명을 사셨다고 하면 우리의 죄에 대한 형벌을 지불하셨다고 말할 수 없게 된다.[66] 이 질문에 대하여 베자는 우선, 반어법으로 설명을 시도한다: "그리스도가 육신에 따라서 매인 율법을 성취함으로 스스로 영원한 생명을 얻으셨다고 말해도, 이 공로의 능력은 엄청나게 커서 그 효력이 신자들에게로 흐른다고 해서 이상하지 않은가!"[67]

하지만 베자는 이것으로 충분하지 않을 뿐더러 올바르지도 않기에, 이에 대한 답변을 본격적으로 시도한다. 예수 그리스도의 인성은 '위격'으로 연합되어 있기에, 그 자체로 가장 거룩하다. 하나님 아버지가 인간을 구원하고자 그의 아들을 우리와 동일한 육신을 가진 사람으로 보내셨다. 하나님 아버지는 그의 선한 의지로 그의 아들에게 인간을 죄에서 구속하기 위한 사명을 위임하셨고, 아들은 기꺼이 그 사명을 받아들이셨다. 이 땅에 육신을 입고 온 예수 그리스도의 의무는 단지 인간으로 오셨기 때문에 주어진 것이 아니라 그가 '우리를 위해서' 인간이 되셨기 때문에 주어진 것이다. 다시 말해서 그리스도가 인간이 되셨다는 사실에서 우리는 예수가 지닌 인간의 본성이 아니라 하나님 아버지의 의지로 그가 이 땅에 오신 사명에 주목해야 한다. 예수 그리스도는 하나님의 계획에 따라서 성취할 구원의 조건에 가장 합당한 모습으로 이 땅에 오셨다. 그러므로 그리스도는 자기 자신을 위해서가 아니라 우리를 위해서, 다시 말해서 율법 아래에 있는 자들을 위한 하나님의 목적을 감당하게 위해서 오셨다.[68]

---

66 Beza, *Questions and Responses*, Q.127, 49.
67 Beza, *Questions and Responses*, Q. 127, 49.
68 Beza, *Questions and Responses*, Q. 127, 50.

예수 그리스도는 하나님이 주신 율법, 즉 하나님과 이웃에 대한 율법의 요구를 이 땅에서 완성하셨다. 그가 단지 "죄를 짓지 않은 것이나 다른 이를 통해 자기 죄가 충족되어진 것으로는 충분하지는 않다. 오히려 율법의 완전한 순종, 즉 우리가 하나님과 이웃을 완전히 사랑하는 것이 요구된다."[69] 예수 그리스도는 인간을 구원하기 위해서 이 땅에 인간으로 오셔서 하나님의 진노를 감당하셨다. 예수 그리스도의 순종으로 말미암은 완전한 의가 믿음을 통해서 우리에게 전가되어 우리는 그리스도의 형제요 공동상속자로서 하나님께 받아들여지게 된다.[70] 예수 그리스도가 이 땅에서 참 인간으로 율법을 지키신 이유는 하나님의 피조물인 우리가 영생을 얻게 하기 위함이었다. 그리스도와 관련하여 율법을 범하지 않았을 뿐만 아니라 율법을 완전하게 모두 성취했다고 한 것은 그리스도가 이런 방식으로 신자들의 모든 죄를 만족하셨다는 의미이다.[71] 예수 그리스도는 하나님의 뜻에 따라서 우리를 구원하기 위해서 십자가에 달려 죽으심으로 우리의 죄로 인한 하나님의 진노를 감당하셨다. 그리고 이 땅에 인성을 취하심으로 하나님과 이웃에 대한 율법의 요구를 완성하셨다. 다시 말해서, 예수 그리스도는 "우리의 죄에 대한 만족과 모든 합법적인 의"를 전적으로 준수하셨다.[72] 이것은 그리스도의 능동적 순종과 수동적 수동에 해당한다. 베자는 능동적 순종은 그리스도의 십자가의 죽음과 분리할 수 없고, 오히려 수동적 순종과 분리할 수 없을 정도로 묶여 있다. 하나님이 예수 그리스도를 이 땅에 보내어 성취한 의의 열매가 고스란히 그리스도인의 존재의 변화인 칭의와

---

[69] Theodore Beza, *The Christian Faith,* trans. James Clark (Lewes: Focus Christian Ministries, 1992), 36.

[70] Beza, *Christian Faith*, 36.

[71] Beza, *Questions and Responses*, Q. 126, 48.

[72] Beza, *Questions and Responses*, Q. 128, 50.

행위의 열매로써의 성화에 연결되어 나타난다.

베자는 분명하게 예수 그리스도의 의를 구분하여 설명한다. 그리스도의 의가 우리에게 전가되었을 때, 우리는 그리스도를 통해서 하나님 앞에서 본질적으로 의롭게 되었다. 이 의는 우리가 의 자체를 위해서, 또는 우리의 의를 따라서 추구해나가도록 움직이는 동력이다. 베자는 의의 전가로 인해 나타난 칭의와 성화를 "시작된 중생"과 "전가된 성화"를 구분한다. 시작된 중생에서 이루어진 전가가 성화로 이어진다. 성화는 중생으로 인한 죄 사함의 증거이다.[73] 전가 받은 의로 시작된 성화는 "우리의 생애 동안 시작되어 진행 중인 성화가 아니라, 우리가 그리스도 안에서 전가 받은 완전성화다. 즉, 우리에게 정죄가 없는 것은 우리 안에 시작된 의 때문이 아니라 우리가 그리스도 안에 있고 그 안에서 완전히 거룩하게 되었기 때문이다."[74] 베자가 칭의로 인한 "우리 본성의 순결"(naturae nostras integritas)은 "믿음을 통해서 우리에게 전가된 성화"로서 인간이 원죄로 여전히 죄의 지배 아래에 있지만 하나님 앞에서 완전히 거룩한 모습으로 받아들여진다는 것을 말한다.[75] 이로써 그리스도의 연합이라는 그리스도인의 존재방식에서 칭의와 성화가 열매로 나타난다.

IV. 결론

종교개혁의 핵심은 루터가 발견한 이신칭의의 교리이다. 이 교리에서 출발

---

73 베자, 로마서 2절 주석, 이남규, "베자와 파스카토르의 논쟁," 「신학정론」39(2021), 277.
74 베자, 로마서 8장 4절의 주석, 이남규, "베자와 파스카토르의 논쟁," 277 재인용.
75 이남규, "베자와 파스카토르의 논쟁," 277.

한 '믿음으로' 의가 어떻게 전달되는가의 문제는 로마 가톨릭과 종교개혁자의 논쟁에서 의의 '전가'와 '주입'으로 집약되어 논쟁점으로 등장한다. 의의 전가는 루터가 로마 가톨릭과의 합의를 도출하는 과정에서도 지키고자 했던 주요한 핵심 내용이다. 그리스도가 성취한 의의 전가와 주입의 구별은 믿음으로 그리스도와 연합된 존재로서의 그리스도인에 대한 이해와 그리스도인의 삶에서 나타나는 윤리적 행위의 문제를 어떻게 설명하는가에서 분명한 차이를 드러낸다. 성령이 주는 선물이자 그리스도인에게 일어난 신분적 변화의 원인으로서의 그리스도와의 연합에는 로마 가톨릭과 종교개혁자들이 동의한다. "그리스도로 말미암아" 이루어지는 신분의 변화에서 로마 가톨릭은 그리스도의 의로 인해 주입된 믿음, 소망, 사랑에 주목하였다. 믿음으로 그리스도에 접붙인 그리스도인에게 주입된 사랑이 그리스도인의 행위로 나타나 살아있는 지체로서의 온전함을 이루어져야 한다고 설명하였다. 믿음으로 시작된 접붙임은 믿음의 시작이다. 그리스도의의 주입은 그리스도에 접붙여진 자의 양심에 소망과 사랑이 덧붙여 들어가 살아 움직여 속사람이 내적으로 새롭게 갱신하게 한다. 이 과정을 통해서 구원이 완성된다.

베자는 그리스도와의 연합은 신비로운 경험에 근거한 영적 사건의 결과이다. 이는 실제적 결합으로 예수 그리스도가 이 땅에서 성취한 하나님의 의의 전가를 낳는다. 하나님의 속성으로서의 의가 아니라 그리스도에 의해서 성취한 의임을 강조한다. 그러하기에 그리스도와의 연합은 하나님의 자유로운 작정에 따른 결과이다. 그리스도 안에서 연합으로 이루어진 전가는 하나님의 자유로운 작정의 적용이다. 그러므로 의의 전가는 의롭게 여겨주시는 하나님의 사역이다. 의의 전가로 이루어지는 하나님의 사역은 로마 가톨릭교회가 그리스도의 의의 주입으로 인간의 본성의 실제적 변화를 가르친 것과 달리, 그리스도의 다스림 아래에서 그리스도의 의가 우리를 통해서 나타나도록 돌보신다. 그래서 베자가 의의 전가의 열매에 지혜와 칭의, 성화, 그리고 구원을 언급하는 이유이다.

베자는 분명하게 그리스도의 의를 구분하여 중생으로서의 의와 성화의 길을 걸어가게 하는 의를 구분한다. 그리스도의 의의 구분은 하나님이 이 땅에 우리를 죄에서 구원하기 위해서 보낸 예수 그리스도의 사역의 구분과 일치한다. 예수 그리스도는 이 땅에서 하나님의 율법에 순종하여 성취하셨고, 십자가를 지심으로 죄 사함의 사명을 이루셨다. 그리스도가 성취한 의의 전가는 성령에 의한 그리스도에 접붙임 안에서 이루어진다. 그리스도에 접붙임은 그리스도와 영적 관계가 이루어지는 기반으로, 그리스도인은 그 기반 위에서 그리스도와 교류한다. 그리스도 자신이 우리를 취하신 것처럼 우리가 그를 취한다. 우리는 그리스도를 통해 "전가된 그리스도의 만족"(죄 사함)과 "전가된 그리스도의 순종"(영원한 생명)을 얻게 된다. 이는 하나님이 아들 예수 그리스도에게 부여한 우리를 위한 사명이다. 그리스도의 의는 예수가 하나님의 사명을 이 땅에서 온전하게 십자가에 달려 죽음으로, 그리고 하나님이 이 땅에서 부여한 율법을 완전하게 성취한 의이다. 그리스도가 성취한 의는 이 땅에서 살아가는 그리스도인에게는 낯선 의이지만, 예수 그리스도를 믿음으로 하나님이 우리의 것으로 간주하여 그 낯선 의가 그리스도인에게 칭의와 성화로 나타나게 된다. 이러한 맥락에서 베자는 그리스도의 의의 성취로 얻게 되는 그리스도인의 칭의와 성화를 분리하지 않는다.

칼빈은 예수 그리스도의 율법의 순종과 십자가의 수동적 순종을 명확하게 구분하지 않는다. 하지만 그 흔적은 『기독교강요』2.16.5에 나타난 "그리스도의 순종의 전체 과정"(toto obedientiae suae cursu)이란 표현에서 찾아볼 수 있다. 하지만 베자는 이를 명확하게 구분하여 그리스도의 제자로서의 삶에 대칭구조로 만들어, 그리스도의 객관적 구원의 사역이 그대로 그리스도인의 존재와 삶에 적용됨을 보여준다. 그러하기에 칭의와 성화는 십자가의 사건으로서의 죄 사함과 율법 아래에서의 성취로서의 행위에 해당한다. 그리스도의 의의 결과로서 그리스도인의 참된 행위는 그리스도인으로서의 존재적 변화인 칭의의 내적 변화에 기인하며, 그 칭의로 인한 성화의 과정을 통해서 그리스도 안에서의 의의 완성을 이룬다. 이러한 이해는 칼빈이 칭의와 성화를 "이중 은혜"로 동시에 우리에게 주어진 것으로 설명한 것과 맥을 같이 한다. 이로써 베자는 칼빈의 칭의의 이해를 계승하여 더욱 분명하게 그리스도와 우리의 관계에서 설명하였다고 결론을 내릴 수 있겠다.

〈참고문헌〉

김병훈. "믿음으로 의롭게 됨과 관련한 하이델베르크 요리문답과 트린트 종교회의 교령의 이해의 차이." 「장로교회와 신학」11(2014), 112-33.

김재성. "칼빈의 칭의론과 트렌트 종교회의." 「신학정론」13(1995), 203-33.

양신혜. "테오도르 베자의 윤리적 판단의 척도로서의 이성과 믿음에 대한 이해." 「개혁논총」51(2020), 53-84.

이남규. "베자와 피스카토르의 논쟁." 「신학정론」39(2021), 273-303.

Beza, Theodre. trans. Kirk M. Summers. *A Little Book of Christian Questions and Responses*. Eugene, Oregon: Pickwick, 2009.

_____. trans. Philip C. Holtrop. "The Sum of All Christianity, or the Description and Distribution of the causes of Salvation of the Elect and the Destruction of the Reprobate, Collected from the Sacred Writings." In *The Potter and the Clay: The Man Predestination Writings of Theodore Beza*. Grand Rapids: Calvin College, 1982.

_____. trans. James Clark. *The Christian Faith*. Lewes: Focus Christian Ministreis, 1992.

McGrath, Alister, M. 한성진 역. 『하나님의 칭의론』. 서울: CLC, 2008.

Perkins, William. 김지훈 역. 『황금사실: 신학의 개요』. 용인: 킹덤북스, 2016.

Raitt. Jill. P. "A Matter of Substance: Theodore Beza to René Decartes." Edited. Daivi Foxgrover. *Cavin, Beza and Later*

Calvinism. Grand Rapids, Michigan: Calvin Studies Society, 2006: 165-180.

자카리아스 우르시누스의 칭의론

이남규

Zacharias Ursinus(1534–1583)

합동신학대학원대학교에서 신학(M.Div.)을 공부한 후, 16세기와 17세기 개혁신학 원전에 대한 관심을 갖고 유럽으로 갔다. 네덜란드 아펠도른 신학대학교에서 박사학위를 받았다. 현재 합동신학대학원대학교에서 조직신학을 가르치고 있으며, 합신 〈도르트신경 400주년 프로젝트〉 디렉터이다. 유학 중 라벤스부르크한인교회(2003-2004)와 뮌스터복음교회 (2006-2009)에서 목회했으며, 현재 현산교회 협동목사로 있다. *Die Prädestinationslehre der Heidelberger Theologen 1583-1622* (V&R), 『우르시누스 올레비아누스-하이델베르크 요리문답서의 두 거장』(익투스), 『개혁교회신조학』(합신대학원출판부)을 저술했으며, 『도르트신경 은혜의 신학 그리고 목회』의 편집자이다.

이남규

Ⅰ. 들어가며

본 글은 자카리아스 우르시누스(Zacharias Ursinus, 1534-1583)의 칭의론을 소개한다.[1] 우르시누스는 하이델베르크 요리문답서의 주저자로서 16세기 후반 독일개혁교회와 팔츠 교회에 큰 영향을 끼쳤으며 그의 사후에 출간된 하이델베르크 요리문답 해설서를 통해서 지금까지도 영향을 끼치고 있다.

이 글은 우르시누스 칭의론 고찰을 위하여 그의 저술을 주 자료로 참고한다. 무엇보다도 먼저 그의 사후에 출판되어 가장 많이 알려진 요리문답 해설서가 가장 중요한 자료다. 그러나 이 해설서는 여러 번 출간되면서 많은 변화를 겪는다. 특히 칭의 부분에서 하나님 앞에서 우리 의가 무엇인지에 대한 진술에서 편집본들에서 차이가 발견된다. 그 차이들을 언급하거나 특별한 경우에 다른 편집본들이 언급될 것이지만 이 글은 가장 많이 알려진 편집본인 우르시누스의 생애 마지막 제자인 로이터의 편집본(1612년)을 사용할 것이다.[2] 대요

---

[1] 최근에 다루어진 우르시누스의 칭의론 관련 연구로는 리처드 멀러가 구원의 서정 문제를 다루면서 우르시누스의 칭의론을 다루었다: Richard A. Muller, *Calvin and Reformed Tradition* (Grand Rapids: Baker Akademic, 2012), 김병훈 역 『칼빈과 개혁전통』 (서울: 지평서원, 2017), 이 책의 6장 '황금사슬과 구원의 인과관계'를 보라. 그 외에 그리스도의 능동적 순종의 전가에 대한 우르시누스의 입장에 대한 논의가 있다: Frans Lukas Bos, *Johann Piscator: Ein Beitrag zur Geschichte der reformierten Theologie* (Kampen: J. H. Kok, 1932), 71-78; Heber Carlos de Campos Jr., *Johannes Piscator (1526-1625) and the Consequent Development of the Doctrine of the Imputation of Christ's Active Obedience*, Diss. (Calvin Theological Seminary, 2009), 98-109.

[2] 본 연구는 총 다섯 가지 판본을 참고하였다. *Doctrinae Christianae Compendium* (Geneva: Apud Eustathium Vignon, 1584); *Doctrinae Christianae Compendium* (Londini: Henricus Midletonus, 1586); *Corpus doctrinae orthodoxae sive, catecheticarum expliacationum D. Zachariae Ursini opus absolutum* (Geneva: Sumptibus Samuelis Crispini, 1616); *Corpus doctrinae orthodoxae Ecclesiarum a Papatu Romano reformatorum* (Hanoviae: Sumibus Estherae Rosae, 1634). 본 글은 많은 경우 다음 자료를 인용한다. "Explicationes Catecheseos Palatiae, sive corpus Theologiae," in Quirinus Reuter ed., *D. Zachariae Ursini ... opera theologica* (Heidelberg: Johan Lancellot, 1612), 46-413.

리문답서라 불리는 『신학요목문답』(*Catechesis summa theologiae*)도 사용할 것이다.[3] 우르시누스가 이 저술에서 언약을 매개로 신학전체를 연결했기 때문에 언약과 칭의의 관계를 다룰 때 이 자료를 주로 사용할 것이다. 또 우르시누스가 하이델베르크 대학에서 잠시 교의학 교수로 활동할 때 산출한 『신학총론』(*Loci Theologici*)이라 불리는 강의안도 참고할 것이지만 칭의를 다루기 전에 교의학 교수를 그만두었기 때문에 칭의에 관한 강의는 만날 수 없다. 이 글은 율법과 관련하여 다룰 때 이 강의안을 사용할 것이다.

우르시누스의 칭의론을 살피면서 우리는 다음 주제에 초점을 맞출 것이다. 우르시누스가 어떻게 칭의를 정의했는지를 가장 먼저 살필 것이다. 그 다음 칭의와 믿음의 관계를 다룰 것인데, 우르시누스가 어떻게 이신칭의를 강조했는지 볼 것이다. 계속해서 우르시누스가 어떻게 칭의와 언약의 관계를 설명했는지 살필 것이다. 칭의와 언약을 연결했다는 점에서 독특성을 갖는다. 나아가 우르시누스에게 율법의 칭의관이 있었음을 지적할 것이다. 이 개념은 칼빈에게서도 발견되는 개념으로 우르시누스에게도 계속된다. 마지막으로 그리스도의 능동적 순종의 전가에 대한 논의를 간략하게 정리한다.

II.본론

1. 칭의에 대한 정의

---

3 Ursinus, "Catechesis, summa theologiae per questions et responsiones exposita," in Quirinus Reuter ed., *D. Zachariae Ursini ... opera theologica* (Heidelberg: Johan Lancellot, 1612), 10-33. 이 작품은 우르시누스의 대요리문답서라 불리기도 한다. 본래 문답번호가 없던 이 글은 문답번호와 함께 다음에 실린다: August Lang ed., *Der Heidelberger Katechismus und vier verewandte Katechismen* (Leipzig: A. Deichert'sche verlagsbuchh. Nachf., 1907), 152-199.

우르시누스는 칭의와 관련해서 여섯 가지 주제를 다룬다.

(1) 의란 일반적으로 무엇인가?

(2) 의에는 얼마나 많은 부분이 있는가?

(3) 의는 칭의와 무엇이 다른가?

(4) 하나님 앞에서 우리의 의는 어떤 것인가?

(5) 그것이 우리 밖에 있는데 어떻게 우리의 의가 되는가?

(6) 그리스도의 만족이 왜 우리의 것이 되는가?[4]

우르시누스는 가장 먼저 의를 정의하고 다양한 종류의 의를 설명한 후 의와 칭의를 구분함으로써 칭의를 말한다. 의가 무엇인지 알아야 칭의를 정의할 수 있다는 점에서 이런 접근은 정당하다.

의를 정의하기 위해서 우르시누스는 먼저 '창조되지 않은 의'와 '창조된 의'를 구분한다. "창조되지 않은 의는 하나님 자신이며 모든 이의 근원이며 규범이다. 창조된 의는 창조되지 않은 의의 결과 또는 신적 의의 효과로 이성적 피조물들 중에 있다."[5] 피조물과 관계할 때 의란 "율법들을 성취함"(impletio legum)이다.[6] 그리하여 다음과 같이 결론내린다.

---

4 "I. Quid sit iustitia in genere. II. Quotuplex sit iustitia. III. Quid iustitia differat a iustificatione. IV. Quae res sit nostra iustitia coram Deo. V. Quomodo illa fiat nostra, cum sit extra nos. VI. Cur Christi satisfactio fiat nostra." Opera I. 230. 1584년 판은 한 가지를 더 추가해서 마지막 일곱 번째로 "왜 '오직 믿음으로'인가"(Cur sola fide)를 다룬다(Ursinus, *Docrtinae Christianae Compendium* [1584], 475).

5 "... increata iustitia est Deus ipse, fons & norma omnis iustitiae. Creata iustitia est effectus increatae seu divinae iustitiae in creaturis rationalibus." Ursinus, "Explicationes Catecheseos," 230-231.

6 Ursinus, "Explicationes Catecheseos," 231.

결국 의란 율법의 성취이고 율법에 대한 일치가 의 자체이다. 이것을 고수해야 하는데, 우리가 율법의 성취를 통해 의롭다함을 받아야 하기 때문이다. 왜냐하면 복음의 의도 역시 율법의 성취이며 율법과 부딪히지 않기 때문이다. 복음을 통해 율법이 폐하여지지 않고 도리어 세워지기 때문이다(롬 3:31).[7]

이렇게 의란 '율법의 성취'(impletio legis)라고 정의되며, 심지어 '복음의 의'도 이 정의를 넘어서지 않는다. '복음의 의'도 율법의 성취이기 때문이다. 우르시누스는 의의 여러 부분들을 소개하면서 다음의 표를 첨부했다.

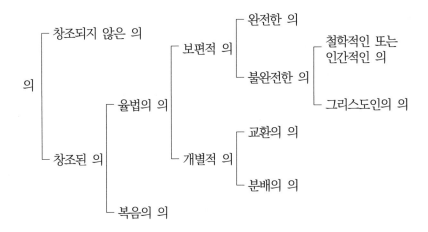

1. 의: 일반적으로 의란 하나님 그리고 율법에 대한 일치이다. 또는 전체 율법의 성취이다. 그리고 이것은 다음이 있다.

---

7 "Denique iustitia est impletio legis: & conformitas cum lege est ipsa iustitia. Hoc tenendum, quia oportet nos iustificari per impletionem legis. Nam etiam evangelica iustitia est impletio legis, neque pugnet cum lege. Per evangelium enim lex non aboletur, sed stabilitur. Rom.3.31." Ursinus, "Explicationes Catecheseos," 231.

1.1 **창조되지 않은 의**: 하나님 자신이며 그의 본질이 순수한 의다.

1.2 **창조된 의**: 이성적 피조물들 중에 있는 하나님의 결과이며 이로 인해 그들이 하나님의 율법과 일치한다. 그리고 이것은 다음이 있다.

  1.2.1 **복음의 의**: 믿음의 의이며, 우리에 의해서가 아니라 우리를 위해 다른 사람에 의해 완수된 율법의 성취이다. 즉. 우리에게 전가된 하나님의 아들의 대속물이다.

  1.2.2 **율법의 의**: 행위의 의이며, 천사들이나 사람들에 의해서 완수된 율법에 대한 완전한 순종이다. 이것은 다시 다음이 있다.

    1.2.2.1 **개별적 의**: 자신에게 돌리는 자신의 의이다. 이것은 다음이 있다.

      1.2.2.1.1 **교환의 의**: 물건과 가격을 계약하고 교환할 때 동등을 유지하는 것이다.

      1.2.2.1.2 **분배의 의**: 직분, 영예, 보상, 형벌을 배분할 때 상응을 유지하는 것이다.

    1.2.2.2 **보편적 의**: 우리에게 관련한 모든 율법을 따른 순종이다. 이것은 다시 다음이 있다.

      1.2.2.2.1 **완전한 의**: 완전한 의: '하나님의 율법과 우리에게 해당되는 그 밖의 것'에 대한 내적 외적 일치

      1.2.2.2.2 **불완전한 의**: 일치이지만 시작되었을 뿐이다. 이것은 다음이 있다.

        1.2.2.2.2.1 **철학적인 또는 인간적인 의**: 하나님의 율법에 대한 불완전하고 모호한 지식이며 외적인 어떤 성질의 순종

        1.2.2.2.2.2 **그리스도인의 의**: 하나님과 하나님의 율법에 대한 불완전한 지식이지만 빛나는 지식이니, 복음을 통해 성령에

의해 마음에 일으켜졌으며 명령된 모든 것을 따라 하나
님께 순종하기 위한 의지와 마음의 진지한 경향과 연결
된 지식이다

우르시누스는 '창조된 의'를 '율법의 의'와 '복음의 의'로 구분한다. 여기서
'율법의 의'란 율법에 대한 성취이며 그것으로 말미암아 의롭다고 선언되는
것을 말하며, '복음의 의'도 율법에 대한 성취나 우리 대신 다른 이가 행한
것을 우리에게 전가하는 것이다. 우르시누스는 '율법의 의'를 다시 '보편적인
의'와 '개별적인 의'로 구분하는데, '보편적인 의'는 '완전한 의'와 '불완전한
의'로 구분된다. '완전한 의'가 하나님의 율법을 따른 내적이며 외적인 완전한
순종이다. 여기서 "이 율법의 말씀을 실행하지 아니하는 자는 저주를 받을
것이라"(신 27:26)가 인용된다. 우르시누스는 '불완전한 의'를 '철학적인 의'와
'그리스도인의 의'로 구분한다. '철학적인 의'는 하나님의 율법과 능력에 대한
불완전하며 모호하며 약한 지식과 이 불완전한 지식에 따라 옳은 대로 행하는
의지와 마음의 어떤 목적이다. 반면 '그리스도인의 의'는 "중생 또는 '하나님과
하나님의 율법'에 대한 지식인데 불완전하나 '철학적인 의'보다 더 빛나며 더
완전한데, 복음을 통해 성령의 능력으로 중생한 자들의 생각과 마음에 일으켜
진 것이며 하나님의 모든 명령을 따라 하나님께 순종하기 위한 의지와 마음의
진지한 경향과 연결되어 있다."[8] 이 불완전한 그리스도인의 의가 '율법의 의'에
속해 있음을 놓쳐선 안된다. 쉽게 그리스도인은 '복음의 의'에만 해당된다고

---

[8] "Christiana est regeneratio, seu notitia Dei & legis divinae imperfecta quidem,
sed tamen illustrior & perfectior, quam philosophica, orta ex fide & dilectione
Dei, accensa in mentibus & cordibus renatorum virtute Spiritus sancti per
evangelium, & coniuncta cum seria inclinatione voluntatis & cordis, ad
obediendum Deo, secundum omnia ipsius mandata." Ursinus, "Explicationes
Catecheseos," 232.

속단할 수 있으나, 우르시누스는 의의 여러 측면을 고려하고 다양한 의의 종류를 드러내면서 그리스도인에게 발견되는 '율법의 의'도 배치한 것이다. 이 '율법의 의'와 '복음의 의'는 둘 다 칭의에 연결된다. 의를 분류하고 정의하는 일은 칭의를 정의하기 위해 필요한 일이나 이 의는 아직 칭의는 아니다.

하이델베르크 요리문답 해설서에서 칭의에 대한 정의는 의와 칭의에서 구별에서 발견된다. 즉, "의는 율법에 대한 일치 또는 율법의 성취, 또는 우리를 하나님 앞에서 의롭게 하는 그것이다. 칭의는 어떤 이에 대한 의의 적용이다."[9] 그는 칭의를 다시 율법의 칭의(legalis iustificatio)와 복음의 칭의(evangelica iustificatio)로 구분하여 정의한다. 이 글에서는 먼저 복음의 칭의를 다룬 후에 율법의 칭의는 선행과 함께 다루기로 한다. 복음의 칭의는 다음과 같다.

> 복음의 칭의는 복음의 의의 적용이다. 또는 우리 밖에 있으며 그리스도 안에 있는 타인의 의의 전가이다. 또는 우리를 위해 십자가에서 죽으시고 부활하사 성취하신 그리스도의 의의 전가이며 적용이다.[10]

이렇게 우르시누스의 견해는 종교개혁자들의 견해와 동일하다. 이것은 의나 자질의 '전이주입'(transfusio)이 아니다. "타인의 의 때문에"(propter alienam iustitiam)하는 사면(absolutio)이다. 우르시누스는 칭의가 주입이

---

9 "Iustitia est conformitas cum lege, seu legis impletio, seu res, qua iusti sumus coram Deo. Iustificatio est iustitiae applicatio ad aliquem." Ursinus, "Explicationes Catecheseos," 232.

10 "Evangelica iustificatio est applicatio iustitiae evangelicae: seu, est imputatio iustitiae alienae, quae est extra nos in Christo: seu, est imputatio & applicatio iustitiae Christi, quam pro nobis moriendo in cruce & refurgendo praestitit." Ursinus, "Explicationes Catecheseos," 232.

아닌 전가의 의미를 강조하는 문맥에서 칭의와 죄용서는 동일하다"고 밝힌다. "왜냐하면, 의롭다함은 하나님께서 우리에게 죄를 전가하시지 않고 반대로 그리스도의 전가된 의 때문에 우리를 의롭다고 받아주시고 사면해 주시거나 의로운 자라고 선언해 주시는 것이다."[11]

다음으로 우르시누스는 하나님 앞에서 우리의 의가 무엇인지에 대하여 논한다. 하나님 앞에서 우리를 의롭게 하는 의가 무엇인지에 대하여 가장 먼저 우리의 의가 아닌 것을 열거한다. 우리가 율법에 일치한 것(conformitas nostra cum lege)도 아니고 선한 행위(bona opera)도 아니며, 믿음(fides)도 아니다. 우리의 의는 "우리를 위해 율법을 성취하신 그리스도의 만족뿐이다. 또는 그리스도께서 우리를 위해 감당하신 형벌, 그리고 잉태의 시작부터 영광에 이르기까지의 그리스도의 비하 전체이다."[12] 이렇게 비하 전체가 우리의 의가 된다. 그리스도의 비하 전체가 우리의 의가 된다고 한다면 우르시누스는 그리스도의 능동적 순종의 전가를 분명하게 가르친 것인가? 그런데 이 부분에서 하이델베르크 요리문답 해설서의 편집본에 따라 차이를 갖는다. 이에 관해서 이 글의 뒤에서 그리스도의 능동적 순종의 전가를 논할 때 다루기로 한다.

우르시누스는 그리스도의 의가 어떻게 우리의 의가 되는지 그 방식을 설명한다. 본래 우리의 의가 아닌 타인의 의가 우리의 것이 되는 것이 부당하게 보일 수 있기 때문이다.[13] 그리스도의 만족 또는 그리스도의 의는 이중적으로 "우리의 것이 되거나 우리에게 적용된다(Nostra fit, seu nobis applicatur)." 첫

---

11 "Iustificare enim est Deum nobis non imputare peccatum, sed nos acceptare pro iustis, & absolvere seu iustos prononciare propter imputatem iustitiam Christi." Ursinus, "Explicationes Catecheseos," 232.

12 "... est sola satisfactio Christi, praestita legi pro nobis, seu poena quam sustinuit Christus pro nobis, atque adeo tota humiliatio Christi ab initio conceptionis ad glorificationem usque ..." Ursinus, "Explicationes Catecheseos," 232.

13 Ursinus, "Explicationes Catecheseos," 233.

째, "하나님 자신이 우리에게 적용하신다. 즉 그리스도의 의를 전가하시고 그것이 마치 우리의 의인 것처럼 그 의 때문에 우리를 의로운 자들로서 받으신다."[14] 둘째, "그리스도의 의를 믿음을 통해 우리가 받으면서 우리에게 적용한다. 즉, 하나님께서 그것을 우리에게 선사하시고 그것 때문에 우리를 의로운자로 간주하시며 모든 죄책으로부터 우리를 사면하신다고 우리가 분명히 한다."[15] 이두 방식은 함께 한다. 다만 그리스도의 의를 적용하는 일은 하나님께서 먼저 하시는 것이기 때문에 전자가 원인이 된다. 우르시누스는 여기서 적용 (applicatio)이라는 용어를 전가(imputatio)라는 용어보다 더 큰 개념으로 본다. 전가는 하나님께만 관련된 용어이고 적용은 하나님과 신자 모두에게 관련되기 때문이다. 즉, 하나님은 전가를 통해서 그리스도의 의를 우리에게 적용하시고, 우리는 믿음을 통해서 그것을 우리에게 적용한다.[16] 우르시누스는 특히 '의롭다 함'(iustificare)이라는 용어가 불의한 자를 의로운 자로 만드는 것(ex iniusto iustum facere)이거나 의의 자질(iustitiae qualitas)을 주입하는 것이 아님을 지적한다. '의롭다 함'에 대한 이런 이해를 율법적인 이해라 부르며 교회는 '의롭다 함'을 복음적으로 이해해왔으며 그 의미는 "불의한 자를 의롭다고 여기는 것, 죄책으로부터 사면하고 벌주지 않으려는 것인데, 이것은 그 자신에게 전가된 타인의 만족 때문이다."[17]

우르시누스는 그리스도의 의가 우리에게 적용되는 원인에 대해 논한다. 곧

---

14 "Deus ipse nobis applicat, hoc est, imputat iustitiam Christi & acceptat nos pro iustis propter illam, non secus ac si nostra esset." Ursinus, "Explicationes Catecheseos," 233.

15 "Nos applicamus nobis, dum accipimus iustitiam Christi per fidem: hoc est, statuimus, quod Deus eam nobis donet, & propter eam nos reputet iustos: & absolvat ab omni reatu." Ursinus, "Explicationes Catecheseos," 233.

16 Ursinus, "Explicationes Catecheseos," 233.

17 "ex iniustum pro iusto reputare, absolvere a reatu nec velle punire, idque propter alienam satisfactionem ipsi imputatam." Ursinus, "Explicationes Catecheseos," 234.

질문은 이것이다. "그리스도의 만족이 왜 우리의 것이 되는가, 또는 하나님은 무엇 때문에 그리스도의 만족을 의를 위하여 우리에게 전가하시는가?" 이 질문에 "오직 하나님의 순전히 값없는 긍휼 때문에"(ex mera & gratuita misericoridia) 그리스도의 의가 전가되고 적용된다고 말한다.18 여기서 우르시누스는 예정과 선택에까지 올라가서 칭의의 원인을 발견한다. 즉, "자기의 때에 그것을 믿음을 통해 적용하실 자들인 우리를 그의 뜻의 순수한 기뻐하심을 따라서 영원 전에 이 은혜를 목적하여 예정하셨고 값없이 그리스도 안에서 선택하셨다."19 이렇게 우르시누스는 하나님의 뜻의 기뻐하심을 따른 예정과 선택에까지 올라가서 칭의의 원인을 발견함으로써 인간의 어떤 것도 칭의의 원인이 될 수 없음을 밝힌다. "왜 이 적용이 있는지의 원인은 오직 하나님 안에만 있고 우리 안에는 없다."20 특히 우르시누스는 미리 예견된 어떤 것도 원인이 될 수 없음을 반복하여 거절한다. 즉, 하나님이 우리에게 그리스도의 의를 적용하시기로 예정하셨을 때 그 동력인은 우리 안에 미리 예견된 선이나 거룩 때문이 아니다. 나아가 이 의를 받아들임에 근거해서 이 적용이 있는 것도 아니다. "우리 안에 있는 모든 선한 것은 그리스도의 공로의 적용의 결과이기 때문이다."21 그래서 우르시누스는 그리스도의 의가 적용되는 두 방식, 즉 하나님 자신이 우리에게 적용하는 방식과 우리가 우리에게 적용할 수 있도록 만드시는 방식 모두 하나님의 긍휼과 은혜에 돌린다.22

---

18 Ursinus, "Explicationes Catecheseos," 234.

19 "... qui nos ab aeterno praedestinavit ad hanc gratiam, & gratis elegit in Christo, quibus eam suo tempore per fidem applicaret, ... secundum merum beneplacitum voluntatis suae ..." Ursinus, "Explicationes Catecheseos," 234.

20 "Causa ... cur haec fiat applicatio, est in solo Deo, necquaquam vero in nobis" Ursinus, "Explicationes Catecheseos," 234.

21 "Omnia enim bona in nobis, sunt effectus applicationis meriti Christi." Ursinus, "Explicationes Catecheseos," 234.

22 "... misericordia & gratia Dei sola est utriusque applicationis causa: ipse pro

2. 믿음과 칭의

종교개혁자들에게 칭의는 믿음과 함께 설명될 수밖에 없다. 따라서 우르시누스의 칭의론을 이해하기 위해서는 우르시누스가 어떻게 믿음을 생각했는지 살핌으로써 시작해야 한다. 먼저 우르시누스의 소요리문답서는 "믿음이 무엇인가?"에 대한 질문에 다음과 같이 답한다.

[믿음은] 하나님의 말씀 안에서 우리에게 전달된 모든 것이 참인 것을 아는 확실한 찬동이고, 하나님의 택하신 자들의 마음에 성령을 통해 생긴 확고한 신뢰인데 곧 각 사람이 오직 그리스도의 공로 때문에 하나님에 의해 값없이 선사되는 죄용서, 의, 영생을 확신하는 신뢰이다.[23]

이와 유사하게 우르시누스의 대요리문답서도 "믿음이 무엇인가?"에 대한 질문에 다음과 같이 답한다.

[믿음은] 우리에게 전해진 하나님의 모든 말씀에 확실하게 찬동하는 것이다. 그리고 하나님에 의해서 죄의 용서와 의와 영생이 그리스도를 통해 그리고 그리스도의 공로 때문에 값없이 자신에게 선사되었다는 것을 확신하는 견고한 신뢰이다. 이것은 성령님에 의해 택함 받은 자들의 마음에 생기며, 우리를 그리스도의 살아있는 지체로 만들고, 우리 안에 하나님을 향한 참된 사랑과 부름을

---

immensa bonitate sua meritum Christi nobis applicat, & facit, ut illud nobis applicare possimus." Ursinus, "Explicationes Catecheseos," 234.

23 [12문]"Est firmus assensus, quo omnia in verbo Dei nobis tradita vera esse agnoscimus: ac certa fudicia per Spiritum sanctum in cordibus electorum Dei accensa: qua singuli statuunt sibi remissionem peccatorum, iustitiam et vitam aeternam a Deo donatam esse gratis propter solius Christi meritum." Lang ed., *Der Heidelberger Katechismus und vier verewandte Katechismen*, 201.

일으킨다.24

위 두 믿음에 대한 정의는 우르시누스가 주저자로 참여한 하이델베르크 요리
문답서의 정의와 유사하다. 하이델베르크 요리문답서는 "참된 믿음이란 무엇
입니까?"란 질문에 다음과 같이 답한다.

참된 믿음은, 하나님이 자기 말씀에서 계시하신 모든 것을 내가 진리로 여기는
확실한 지식만이 아니라, 또한 역시 성령이 복음을 통해 내 안에 일으킨 진실한
신뢰이니, 곧 순전히 은혜로, 오직 그리스도의 공로 때문에, 다른 이들만이
아니라 나도 죄의 용서와 영원한 의와 구원을 하나님에게서 받았다는 신뢰입니
다.25

위 세 문답서 모두 믿음(fides)을 두 요소의 구성으로 본다. 이렇게 소요리문
답서와 대요리문답서는 찬동(assensus)과 신뢰(fiducia)로 구성된 믿음을 말
하는 반면, 하이델베르크 요리문답서는 찬동(assensus)과 함께 하는 지식

---

24 [38문]"Est firmiter assentiri omni verbo Dei nobis tradito: et firma fiducia qua
singuli statuunt, sibi donatam esse a Deo remissionem peccatorum, iustitiam et
vitam aeternam, gratis propter meritum Christi et per eum: accensa in electorum
cordibus a Spiritu sancto, faciens nos viva Christi membra et gignens in nobis veram
dilectionem et invocationem Dei." Lang ed., *Der Heidelberger Katechismus und
vier verewandte Katechismen,* 157.
25 소요리문답서와 대요리문답서와 대조를 위해서 라틴어 번역문을 인용하면 다음과 같다. [21
문] "Est non tantum certa notitia, qua firmiter assentior omnibus, quae Deus nobis
in verbo suo patefecit, sed etiam certa fiducia, a Spiritu sancto per Evangelium
in corde meo accensa, qua in Deo acquiesco, certo statuens, non solum aliis, sed
mihi quoque remissionem peccatorum, aeternam justitiam, et vitam donatam esse,
idque gratis, ex Dei misericordia, propter unius Christi meritum." Ursinus,
"Explicationes Catecheseos," 105. 소요리문답서와 대요리문답서는 찬동(assensus)과 신뢰
(fiducia)로 구성되는 믿음을 말한다면, 하이델베르크 요리문답서는 지식(notitia)과 신뢰
(fiducia)로 구성되는 믿음을 말한다.

(notitia)과 신뢰(fiducia)로 구성된 믿음을 말한다.[26] 하이델베르크 요리문답서의 "... 모든 것을 내가 진리로 여기는 확실한 지식"(eine sichere Erkenntnis, durch die ich alles für wahr halte ...)의 라틴어 번역은 "... 모든 것을 내가 굳게 찬동하는 확실한 지식"(certa notitia, qua firmiter assentior omnibus ...)이다. 즉, "찬동"은 "진리로 여긴다"과 같은 말이다. 이렇게 하이델베르크 요리문답서에서 찬동은 지식과 함께 한다. 게다가 우르시누스는 믿음을 "찬동 또는 확실한 지식"(assensus vel notitia certa)이라고 함으로써 찬동과 지식을 분리하지 않는다. "따라서 성경에 기록된 믿음은 일반적으로, 하나님, 그의 의지, 사역, 은혜(이것들에 대해 하나님의 증거 때문에 우리가 찬동한다)에 관하여 제시된 것들에 대한 찬동 또는 확실한 지식이다."[27] 따라서 '찬동을 포함하는 지식'과 신뢰로 믿음을 설명하는 하이델베르크 요리문답서와 찬동과 신뢰로 믿음을 설명하는 우르시누스의 두 요리문답서에 근본적 차이가 없다.

우르시누스는 '의롭다하는 믿음'(iustificans fides)이 왜 찬동과 지식으로 표현되는지, 또 왜 신뢰가 덧붙여져서 표현되는지 설명한다. '의롭다하는 믿음'이 찬동과 지식으로 표현되는 이유는 "알지 못하는 교리에 대한 믿음이란 없으므로 당신이 교리를 믿기 전에 알아야만 하기 때문이다."[28] 따라서 로마 가톨릭

---

26 믿음을 찬동과 함께 하는 지식과 신뢰로 보는 관점은 멜랑흐톤으로부터 왔다. Anreas Beck, "Das Heil nach dem Heidelberger Katechismus," in *Handbuch Heidelberger Katechismus*, eds. Arnold Huijgen, John Fesko, Aleida Siller (Gütersloh: Gütersloher Verlagshaus, 2014), 250.

27 "In genere igitur fides, cuius fit mentio in sacris literis, est assensus vel notitia certa propositionum de Deo, eiusque voluntate, operibus & gratia, quibus assentimur propter testimentum divinum." Ursinus, "Explicationes Catecheseos," 105.

28 "Doctrinae enim incognitae nulla fides: & oportet te doctrinam prius novisse, quam ei credas ..." Ursinus, "Explicationes Catecheseos," 106.

의 '맹목적 믿음'(fides implicita)은 거절된다. '의롭다하는 믿음'이 신뢰로 표현되는 이유는 다른 믿음들 즉, 역사적 믿음, 일시적 믿음, 이적에 대한 믿음 다른 독특성(differentia)이 바로 신뢰이기 때문이다. "확실한 신뢰로 우리는 그리스도의 공로를 우리에게 적용한다."[29] 찬동과 지식이 교리를 아는 것에 관련된다면, 신뢰는 "마음과 의지의 움직임"(motus cordis & voluntatis)이다.[30] '의롭다하는 믿음'은 이렇게 전인적이다.

또 세 문답서 모두 믿음의 정의에 그리스도의 공로 때문에 선사되는 죄용서, 의, 영생 또는 구원에 대한 신뢰가 포함된다. 즉, '믿음으로써 얻는 유익'(이신칭의)이 '믿음의 내용 내용'(사도신경 해설) 전에 이미 믿음에 대한 정의에서 간단히 언급되고 있다. 믿음의 정의에서 이신칭의는 이미 나타난다.

그런데 왜 오직 믿음으로만 의롭게 된다고 말하는 것일까? 우르시누스는 세 가지 이유를 언급한다. 첫째, "오직 믿음의 대상으로 우리가 의롭다함을 받기 때문이다."[31] 여기서 믿음의 대상은 그리스도의 공로를 말한다. 하나님 앞에서 우리의 의는 그리스도의 공로 밖에 없기 때문이다. 둘째, "자신의 믿음의 행위로 그리스도의 의를 받아들이며 자신에게 적용하기 때문이다."[32] 셋째, "오직 믿음만이 그리스도의 만족을 받아들이는 도구이기 때문이다."[33] 대요리문답서는 믿음이 어떤 공로가 아님을 밝히면서(137문), 하나님의 긍휼로 의롭게 된다는 것과, 그리스도의 공로로 의롭게 된다는 것과 믿음으로 의롭게 된다

---

29 "... certa fiducia, qua nobis applicamus Christi meritum ..." Ursinus, "Explicationes Catecheseos," 107.

30 Ursinus, "Explicationes Catecheseos," 107.

31 "Quia solo fidei obiecto iustificamur ..." Ursinus, "Explicationes Catecheseos," 235.

32 "Quia proprius actus fidei est apprehendere & sibi applicare iustitiam Christi ..." Ursinus, "Explicationes Catecheseos," 235.

33 "Quia sola fides est in instrumentum apprehendens satisfactionem Christi." Ursinus, "Explicationes Catecheseos," 235.

는 것(134문)이 같은 의미라고 한다. 하이델베르크 요리문답 해설서에서 이 세 가지를 각각 다른 칭의의 원인으로 부른다. 즉, 하나님의 긍휼과 은혜는 칭의의 근원이 되는 동력적 원인(causa impulsiva), 그리스도의 공로는 칭의의 형식적 원인(causa formali) 또는 질료적 원인(causa materialis),[34] 그리고 믿음은 도구적 원인(causa instrumentalis)으로 칭한다. 믿음이 도구적 원인이란 말은 하이델베르크 요리문답서 61문이 말하듯이 "믿음이 아니고서는 그것을 받아들이고 내게 적용할 다른 방법은 없다"는 의미다.

칭의와 관련해서 우리가 또 살펴볼 것은 믿음의 정의 외에도 믿음이 언급되는 위치이다. 하이델베르크 요리문답서와 우르시누스의 소요리문답서와 대요리문답서에서 칭의론은 각 문답서의 구조 안에서 비슷한 곳에 위치해 있다. 우르시누스가 하이델베르크 요리문답서의 주저자란 사실을 상기시키는 이러한 칭의론의 위치는 오직 믿음을 통한 칭의 곧 이신칭의를 부각 시킨다. 세 문답서 모두 〈믿음의 정의-믿음의 내용(사도신경해설)-오직 믿음에 의한 칭의〉란 구도를 갖는다. 우리가 위에서 본대로 소요리문답서는 12문, 대요리문답서는 38문, 하이델베르크 요리문답서는 21문에서 믿음이 무엇인지에 대해 답한다. 그 이후 믿어야 할 내용의 요약으로서 사도신경이 소개되고 해설된다(소요리문답서는 13-44문, 대요리문답서는 39-131문, 하이델베르크 요리문답서는 22-58문에서). 이제 사도신경 해설을 마친 후에 각 문답서는 이 모든 것을 믿음으로써 하나님 앞에서 의롭다는 내용을 해설한다(소요리문답서는 45-48문, 대요리문답서는 132-141문, 하이델베르크 요리문답서는 59-64문에서).

---

34 1584년판(483쪽), 1612년판(234쪽), 1618년판(398쪽[해당 면의 쪽 번호 382는 오태])은 그리스도의 만족 또는 공로를 형식적 원인(causa formalis)으로 부르지만, 1634년판에서는 질료적 원인(causa materialis)으로 칭한다(355쪽).

문답서	믿음의 정의	믿음의 내용 내용 (사도신경해설)	믿음으로써 얻는 유익 (이신칭의해설)
소요리문답서	12문	13-44문	45-48문
대요리문답서 (신학요목문답)	38문	39-131문	132-141문
하이델베르크 요리문답서	21문	22-58문	59-64문

믿음이 무엇인지 정의하면서 이미 그리스도의 공로 때문에 하나님에 의해 값없이 선사되는 죄용서와 의와 영생을 확신하는 신뢰를 말하고, 믿음의 내용을 길게 해설한 후에, 다시 믿음의 내용을 믿음으로써 얻는 유익인 '하나님 앞에서 의롭게 됨'이 설명된다는 점에서 믿음이 사도신경 해설을 감싸고 있는 구도이다. 이렇게 '믿음'이 사도신경 해설을 감싸는 구도는 이신칭의를 강조한다.

3. 칭의와 언약

우르시누스가 칭의를 언약과 연결시켜 설명한 방식이 대요리문답서 곧 신학요목문답에 나타난다. 먼저 이 문답서는 믿는다는 사실을 언약 안에 있는 상태와 동일시한다. 하이델베르크 요리문답서가 "아담 안에서 모든 사람이 멸망한 것처럼 그리스도로 말미암아 모든 사람이 구원얻는가?"(20문)라고 묻는 자리에 대요리문답서는 은혜언약에 연결하여 묻는다.

하나님의 은혜언약이 모든 사람에게 해당된다고 복음이 가르치는가?

그가 모두를 확실히 이 언약으로 부른다. 그러나 이 언약을 받아들이고 지키는 자 외에는, 즉 참 믿음으로 자신에게 제공된 그리스도와 그의 은택을 받아들이는 자 외에는 아무도 참여자가 되지 않는다.[35]

은혜언약은 모든 사람에게 해당되지 않고 '믿음으로 그리스도와 그의 은택을 받아들이는 자'만 해당된다. 이렇게 '믿음으로 그리스도와 그의 은택을 받아들이는 자'는 '언약을 받아들이고 지키는 자'와 동일시된다. 이처럼 믿음과 언약은 동일시되거나 함께 간다.

또한 대요리문답서는 계속해서 믿음과 언약을 함께 다루며 언약이 믿음과 함께 믿음의 내용을 감싸는 양괄식의 구도를 갖는다. 그리스도를 믿는 자만 은혜언약의 참여자가 되기 때문에 바로 이어지는 질문에서 믿음이 무엇인지 묻고(38문), '언약의 참여자'(foederis particeps)가 믿음의 내용인 사도신경이 39문부터 131문까지 다루어진다. 사도신경이 해설된 이후에 132문에서 이 내용을 믿음으로써 얻는 유익에 대해 다음과 같이 묻고 답한다.

따라서 우리가 이 모든 것을 믿으면 이 믿음으로 우리가 무엇을 얻는가?

하나님께서 자신의 언약 안에서 신자들에게 약속하셨던 모든 것들이 우리에게 유효하니 즉 우리가 하나님 앞에서 의롭다함을 받는 것과 영생의 상속자 되는 것이다.[36]

---

35 [37문]"Numquid Evangelium docet, foedus gratiae Dei ad omnes homines pertinere? Omnes quidem ad illud vocat: sed nulli eius fiunt participes, nisi qui illud amplectuntur et servant, hoc est, qui vera fide oblatum sibi Christum et beneficia eius accipiunt." *Der Heidelberger Katechismus und vier verewandte Katechismen*, 156-157.

36 [132문]"Postquam igitur haec omnia credimus, quid hac fide consequimur? Ut omnia quae Deus in foedere suo credentibus promisit, nobis rata sint, hoc est,

여기서 믿음으로써 얻는 유익은 언약 안에서 신자들에게 약속된 모든 것이다. 여기에 칭의(의롭다함을 받음)가 영생의 상속자가 되는 것과 함께 언급된다. 즉, 칭의는 은혜 언약 안에서 신자들에게 약속된 것이다. 이렇게 대요리문답서 전체 구도 안에서 언약과 믿음은 함께 언약에 참여하는 이들이 믿어야할 내용(사도신경 해설)을 감싼다.

칭의와 언약과 관련해서 가장 주목할 점은 본성언약과 은혜언약의 구도 안에서 칭의를 설명했다는 점이다. 우르시누스는 그리스도의 만족과 의의 전가의 필요성을 언약의 구도 속에서 설명한다.

우리가 하나님 앞에서 의롭기 위해서 왜 그리스도의 만족과 의가 전가되는 것이 필요한가?

왜냐하면, 변함없이 의롭고 참되신 하나님이 창조 때에 시작된 언약을 반대해서 행하시지 않는 방식으로 은혜언약 안에 우리를 받으시기를 원하시기 때문이다. 곧 하나님은 우리 자신에 의해서나 (이것이 일어날 수 없기에) 우리 대신 다른 사람을 통해서 그의 율법이 온전히 만족되는 일 없이는 우리를 의롭다고 인정하시지 않고 영원한 생명을 주시지 않으신다.[37]

---

ut coram ipso iustificemur et vitae aeternae haeredes simus." *Der Heidelberger Katechismus und vier verewandte Katechismen,* 171.

37 [135문]" Cur nobis satisfactionem et iustitiam Christi imputari necesse est, ut iusti simus coram Dei? Quia Deus, qui immutabiliter iustus et verax est, ita nos in foedus gratiae vult recipere, ut nihilominus contra foedus in creatione initum non faciat, id est, nec pro iustis nos habeat, nec vitam aeternam nobis det, nisi integre ipsius legi vel per nos ipsos, vel, cum hoc fieri non possit, per alium pro nobis satisfactum sit." *Der Heidelberger Katechismus und vier verewandte Katechismen,* 171.

우리의 칭의를 위해서 그리스도의 만족과 의의 전가가 필요하다. 그 이유는 하나님께서 "창조 때에 시작된 언약을 반대해서 행하시지 않는 방식으로 은혜 언약 안에 우리를 받으시기를 원하기기 때문이다." '창조 때에 시작된 언약'이 그리스도의 만족과 의의 전가가 필요한 근거라면, '창조 때에 시작된 언약'의 어떤 점 때문에 그러한가? 하나님은 "율법이 온전히 만족되는 일 없이" 의롭다고 하지 않으시고 영원한 생명도 주시지 않으시기 때문이다. 우르시누스에 의하면, 바로 율법이 창조 때의 언약에 관해서 알려준다. 즉, 율법은 "창조 때에 하나님이 인간과 어떤 종류의 언약을 맺었는지, 인간이 그것을 지킴에 있어서 어떤 방법으로 행해야 했었는지"를 알려준다.38 이렇게 율법은 창조 때에 맺은 언약이 무엇이며 하나님께서 인간에게 무엇을 요구하셨는지를 알려준다. 우르시누스는 나아가 율법과 복음을 비교함으로써 구체적으로 율법의 요구가 무엇인지 그리고 복음에서 어떻게 이 율법의 요구가 성취되는지 보여준다.

> 율법은 창조할 때 하나님이 인간들과 맺었던 본성언약을 포함한다. 즉, 인간들에게 본성적으로 알려진다. 그리고 우리에게 하나님에 대한 완전한 순종을 요구하고, 지킨 자들에게 영원한 생명을 약속하나 지키지 않은 자들에게는 영원한 벌을 경고한다. 반면 복음은 은혜언약을 포함한다. 곧 이것은 존재하지만 본성적으로 알려지지 않는다. 복음은 율법이 요구하는 의가 그리스도 안에서 성취된다는 것, 그리고 그리스도의 영을 통해 우리 안에서 회복된다는 것을 우리에게 보여준다. 그리고 그리스도 때문에 그리스도를 믿는 자들에게 영원한 생명을 값없이 약속한다.39

---

38 [10문]"Quale in creatione foedus cum homine Deus iniverit, quo pacto se homo in eo servando gesserit." *Der Heidelberger Katechismus und vier verewandte Katechismen*, 153.

'창조 때에 시작된 언약이 여기서 본성언약으로 불린다. 율법과 복음의 대조는 본성언약과 은혜언약의 대조가 된다. 위에서 언급한 135문과 연결해서 생각한다면, 본성언약에 율법이 요구된 완전한 순종 요구는 포기되지 않기 때문에 그리스도의 만족과 의의 전가가 필요하다는 말이 된다. 36문과 135문의 내용을 연결하여 표로 만들면 다음과 같다.

	율 법			복 음	
36문	창조할 때 맺었던 본성언약 포함			은혜언약 포함	
	인간들에게 본성적으로 알려짐			본성적으로 알려지지 않음	
	완전한 순종요구	지킨 자에게 영원한 생명 약속	율법이 요구하는 의	그리스도 안에서 성취	믿는 자에게 영원한 생명 약속
		지키지 않은 자에게 영원한 벌 경고		그리스도의 영을 통해 우리 안에서 회복	
135문	하나님께서 이 언약(창조 때의 언약 또는 본성언약)을 반대해서 행하시지 않으신다.			하나님 앞에서 의롭기 위해서 그리스도의 만족과 의의 전가가 필요하다.	

이처럼 1562년에 우르시누스가 언약을 중심으로 신학 전체를 묶으려고 시도했을 때 칭의도 언약의 구도 안에서 설명되었다. 곧 정리하면, 본성언약에서

---

39 [36문] "Lex continet foedus naturale, in creatione a Deo cum hominibus initum, hoc est, natura hominibus nota est; et requirit a nobis perfectam obedientiam erga Deum, et praestantibus eam, promittit vitam aeternam, non praestantibus minatur aeternas poenas. Evangelium vero continet foedus gratiae, hoc est, minime natura notum existens: ostendit nobis eius iustitiae, quam Lex requirit, impletionem in Christo, et restitutionem in nobis per Christi Spiritum; et promittit vitam aeternam gratis propter Christum, his qui in eum credunt." *Der Heidelberger Katechismus und vier verewandte Katechismen,* 156.

요구된 율법에 대한 완전한 순종 그리고 이 순종에 약속된 영생은 포기되지 않기 때문에, 은혜언약에 있는 자들이 의롭다함을 받기 위해서는 그리스도의 만족과 의의 전가가 필수적이다.

4. 칭의와 선행: 율법의 칭의

하이델베르크 요리문답서 62문이 말하듯 하나님의 심판대 앞에 설 수 있는 의는 하나님의 율법에 완전히 일치해야 한다. 이 부분의 해설에서 우르시누스는 "따라서 우리의 가장 뛰어난 행위도 하나님의 심판대 앞에서 우리의 의가 될 수 없으니, 부분적으로도 안 되며 전체적으로도 안 된다."[40] 그럼에도 이와 달리 우르시누스는 율법의 칭의를 인정하며 우리의 선행이 하나님 앞에서 받아들여질 수 있음을 가르친다.

의의 종류를 분류하면서 언급한 율법의 의에서 율법의 칭의가 정의된다. "율법의 칭의는 하나님과 율법에 대한 일치의 결과다. 이것은 성령으로 말미암아 우리가 중생할 때에 우리 안에서 시작된다."[41] 우르시누스의 '율법의 칭의' 는 칼빈이 말한 "우리의 행위도 의롭다함을 받는다"(opera etiam nostra iustificari)는 생각과 유사하다. 칼빈은 단순히 신자 자신 만이 아니라 율법에 일치한 신자의 행위가 하나님께 받아들여질 수 있음을 언급했다. 우르시누스가 신자의 율법의 의가 불완전하다고 말한 것처럼 칼빈도 율법에 일치한 각 개별 행위가 의로울 수 있음을 인정하면서도 그 행위가 전체적으로는 불순하거나 결함이 섞여 있어 하나님께 받아들여질 수 없음을 지적한다. 칼빈은 신자의

---

40 "Ergo nostra etiam praestantissima opera non possunt esse nostra iustitia in iudicio Dei, neque ex parte, neque ex toto." Ursinus, "Explicationes Catecheseos," 236.

41 "Legalis iustificatio est effectio conformitatis cum Deo & lege in nobis. Haec inchoatur in nobis, cum per Spiritum Sanctum regeneramur." Ursinus, "Explicationes Catecheseos," 232.

행위의 칭의에 대하여 다음과 같이 말한다.

> "따라서 우리가 그리스도에게 접붙여질 때 우리의 불의가 그의 무죄로 덮여지기 때문에 우리 자신이 하나님 앞에 의로운 자로 나타나는 것처럼, 우리의 행위도 그것들 안에서 발견되는 불의들이 그리스도의 순결로 묻혀버려 전가되지 않기 때문에 의로우며 인정받는다. 따라서 우리는 오직 믿음으로만 우리만이 아니라 우리의 행위까지도 의롭다함을 받는다고 정당하게 말할 수 있다."[42]

칼빈은 그리스도의 공로에 근거하여 우리 자신만이 아니라 우리의 행위도 하나님 앞에서 의로우며 인정받는 다고 함으로써 신자의 행위가 '의롭다함을 받는다'(iustificari)고 가르친다.

우르시누스도 하이델베르크 요리문답서 91문에 관한 해설에서 성도의 선행을 해설하면서 칼빈과 유사한 유사한 내용을 전달한다. 다만 우르시누스는 여기서 칭의나 '의롭다함을 받는다'는 용어가 아니라 성도의 선행이 하나님께 '기뻐하심이 된다'(placere)는 용어를 사용한다. 우르시누스에 의하면 성도의 선행은 불완전하며 부패했기 때문에 그 자체로는 하나님께 기뻐하심이 될 수 없다. 그러나 믿음으로 말미암는 그리스도의 의 때문에 성도의 행위가 하나님께 기뻐하심이 된다. 우르시누스는 다음과 같이 말한다.

> [행위는] 중보자 그리스도 안에서 믿음으로 말미암아, 즉 믿음으로 우리에게 전가된 그리스도의 공로와 만족 때문에 그리고 아버지 앞에서 우리를 위한

---

[42] "Quemadmodum ergo nos ipsi, ubi in Christum insiti sumus, ideo iusti apparemus coram Deo, quia eius innocentia conteguntur nostrae iniquitates, sic opera nostra iusta sunt et habentur, quia quidquid alias vitii in ipsis est, Christi puritate sepultum non imputatur. Ita merito dicere possumus, sola fide non tantum nos sed opera etiam nostra iustificari." Calvin, *Inst.*, 3.17.10.

그의 중보 때문에 그분에게 기뻐하심이 된다. 우리가 우리 안에서가 아니라 아들 안에서 하나님께 기뻐하심이 되듯이 그 자체로는 불완전하고 오염된 우리의 행위가 아들의 의 때문에 하나님께 기뻐하심이 된다.[43]

칭의를 가르칠 때는 '율법의 칭의'라는 용어를 택했던 우르시누스가 여기서는 하나님께 '기뻐하심이 된다'는 표현을 사용했다. 신자 자신이 그리스도의 의 때문에 받아들여지듯이 신자의 불완전한 행위도 그리스도의 의 때문에 받아들여진다는 점에서 우르시누스는 칼빈과 동일한 견해를 갖고 있다.

5. 칭의와 그리스도의 능동적 순종

이 부분에서는 그리스도의 능동적 순종에 관해 우르시누스가 어떤 입장을 보였는지를 생각해본다.[44] 그러나 이 주제를 다루는 것은 쉽지 않다. 왜냐하면, 피스카토르에 의해 이 논쟁이 본격적으로 시작되기 전인 1583년에 우르시누스는 이 땅의 삶을 마치기 때문이다. 피스카토르가 그리스도의 능동적 순종의 전가에 반대하고 이 주제가 뜨거운 쟁점이 된 이후에 우르시누스는 세상에 없었고 그리스도의 능동적 순종에 관해 분명한 판단을 드러낼 수 없었다. 다만 우리는 우르시누스가 남긴 글들에 의해 그가 무엇을 함의했는지 추정할 수 있을 뿐이다. 우르시누스의 능동적 순종에 관한 논의에서 다음 사항들이 고려될 수 있다.

---

43 "Placent tamen ei in Christo mediatore, per fidem, hoc est, propter meritum, & satisfactionem Christi, fide nobis imputatam, & propter intercessionem eius apud Patrem pro nobis. Sic enim nos ipsi placemus Deo, non in nobis, sed in Filio: sic & opera nostra in se imperfecta & inquinata Deo placent propter iustitiam Filii ..." Ursinus, "Explicationes Catecheseos," 314.

44 이 부분은 다음 졸저의 논의에서 많은 내용을 참고했다: 이남규, "그리스도의 순종과 의의 전가: 전기정통주의 견해", in 『그리스도의 순종과 의의 전가』, 김병훈 편 (수원: 합신대학원출판부, 2022), 107-116.

첫째, 우르시누스의 대요리문답서는 그리스도의 능동적 순종의 전가에 대한 함의를 보여준다.45 여기서 우르시누스는 '창조할 때 맺은 언약'(*in creatione foedus*)과 은혜언약을 구분한다. 그가 본성언약이라고 부르는 '창조할 때 맺은 언약'의 개념은 17세기 개혁신학에 정착한 행위언약과 완전히 동일한 개념은 아니지만 하나님께서 인간과 맺으신 첫 번째 언약으로서 율법과 밀접한 관계를 갖기 때문에 행위언약의 앞선 그림자로 볼 수 있다. 언약의 구도 안에서 신학 전체를 묶고 있는 대요리문답서에 따르면, 본성언약의 핵심에 율법이 있으며 이 율법이 요구한 의는 포기되지 않고 그리스도 안에서 성취됨을 복음이 보여준다.46 그리스도의 필요성은 율법의 요구는 사라지지 않고 지속된다는 사실과 함께 한다. 우르시누스는 하나님께서 창조 때에 시작된 언약, 즉 본성언약에 반대하여 행하실 수 없으시다고 생각한다. 하나님과 인간 사이의 첫 번째 언약인 본성언약 안에 있던 영생의 조건으로서 율법의 요구가 폐기되지 않고 오히려 그리스도 안에서 성취된다는 점은 그리스도의 능동적 순종의 전가에 대한 함의로 볼 수 있다.47 우르시누스에게 있어서 칭의, 곧 의롭다함은 복음에서도 율법의 성취와 함께 있다. "왜냐하면 복음의 의도 역시 율법의 성취이며 율법과 부딪히지 않기 때문이다. 복음을 통해 율법이 폐하여지지 않고 도리어 세워지기 때문이다(롬 3:31)."48

---

45 우르시누스의 언약신학에 대해 졸저를 참고하라: 이남규, "우르시누스의 『대요리문답서』에 나타난 언약신학" 「신학정론」 제38권 1호 (2020.06.), 289-317.

46 [36문]"Evangelium vero continet foedus gratiae … ostendit nobis eius iustitiae, quam Lex requirit, impletionem in Christo" Lang ed., *Der Heidelberger Katechismus und vier verewandte Katechismen*, 156.

47 De Campos는 능동적 순종의 전가에 대한 긍정적 함의의 해석 가능성을 언급하지만, 우르시누스의 용어 사용이 일관적이지 않다는 점을 지적하면서, 능동적 순종으로서 율법에 대한 성취와 수동적 순종으로서 율법에 대한 만족의 구분이 우르시누스에게 없다고 평가한다. De Campos, *Johannes Piscator*, 99-100.

48 "Nam etiam evangelica iustitia est impletio legis, neque pugnet cum lege. Per evangelium enim lex non aboletur, sed stabilitur. Rom.3.31." Ursinus,

둘째, 율법의 성취와 관련하여서 그리스도에 의한 완전한 율법 성취를 분명히 말한다. 그러나 이 점이 능동적 순종의 전가에 대한 지지와 연결되지 않으며, 때때로 함의를 보여줄 뿐이다. 1562년에 시작한 교의학 강의에서 우르시누스는 하나님의 율법(de lege divina)을 주제로 강의하는 중 그리스도께서 율법을 성취하심에 대해서 네 가지를 언급한다. 첫째, 그리스도 자신의 의로서 성취하셨다. "왜냐하면, 오직 그리스도만 율법이 요구하는 그런 순종을 완전히 성취하셨는데, 하나님의 아들이 성령에 의해 잉태되었기 때문이요, 자신이 죄에 대한 어떤 더러움도 없어야 우리를 위해 만족시킬 수 있기 때문이다."[49] 두 번째 율법의 성취는 우리 죄를 위한 충분한 형벌을 갚으신 것이다.[50] 세 번째는 그리스도께서 그의 영으로 우리 안에서 율법을 성취하시는 것이며, 네 번째는 그리스도께서 율법을 가르치심으로 성취하시는 것이다. 율법의 성취 첫 번째와 두 번째가 각각 능동적 순종과 수동적 순종을 보여주는데, 능동적 순종은 수동적 순종을 위한 조건으로만 진술되기 때문에 이 부분에서 능동적 순종의 전가에 대한 함의를 말할 수는 없다.

그럼에도 우르시누스는 레위기 18:5를 따라 율법을 지켜 생명을 얻는다는 사실을 확고히 지지한다. "율법은 완전한 순종의 조건 위에서 의로운 자들에게 생명을 약속한다."[51] 하이델베르크 요리문답 해설 19문의 설명에서 "복음은

"Explicationes Catecheseos," 231.

49 "Solus enim Christus perfecte obedientiam qualem lex requirit, praestitit & quia Dei filius & de Spiritu sancto conceptus est, & quia non poterat pro nobis satisfacere, nisi ipse careret omni labe peccati ..." Ursinus, "D. Zachariae Ursini Loci Theologici traditi in Academia Heidelbergensi," in Quirinus Reuter ed., D. Zachariae Ursini ... opera theologica (Heidelberg: Johan Lancellot, 1612), 671.

50 "Secundo persolutione poenae sufficientis, pro nostris peccatis." Ursinus, "Loci Theologici," Ursinus, "D. Zachariae Ursini Loci Theologici," 671.

51 19문의 설명에서, Ursinus, "Explicationes Catecheseos," 103; 115문의 설명에서, Ursinus, "Explicationes Catecheseos," 386.

그리스도를 믿는 믿음에 의하여 의롭게 된 자들에게 그리스도의 의의 조건 위에서 생명을 약속한다"라고 말하며, "생명에 들어가려면 율법을 지켜야 한다고 우리에게 요구하지만, 다른 이가 우리를 위해서 성취한다면 우리를 배제하지 않기 때문이다."[52] 다른 이가 우리 대신 율법을 지키는 것은 능동적 순종의 개념에 포함된다.[53] 또 "하나님 앞에서 우리를 의롭다 하는 그 의는 … 그리스도가 우리를 위해 성취하신 만족 또는 그리스도가 우리를 위해 견디신 형벌이며, 뿐만 아니라 잉태되신 때부터 영광에 이르기까지의 그리스도의 비하 전체이다."[54] 즉, 우르시누스는 그리스도의 죽음에 제한하지 않고 생애 전체를 우리의 의로 말하며, "이 모든 것을 우리를 위하여 자원하여 감당하셨다"[55]라고 한다. "그가 행하시고 고난당하신 것마다 만족이며 의이니, 우리를 위해 그가 성취하신 만족이며, 또한 하나님께서 우리 모든 신자들에게 전가하신 의이다."[56] 이런 설명들은 능동적 순종의 전가를 지지한다.

셋째, 우르시누스가 칭의를 죄용서로 말한다는 사실이 능동적 순종의 전가에 대한 반대를 의미할 수 없다. 죄용서로서 칭의가 진술되는 맥락의 많은 경우는 칭의가 주입된 의라는 로마 가톨릭의 칭의 개념에 반대하기 위해서 형벌의 사면과 죄 용서로서 의의 선언인 칭의 개념이 강조되기 때문이다.[57]

---

52 Ursinus, "Explicationes Catecheseos," 103.

53 De Campos, *Johannes Piscator,* 103.

54 "Iustitia nostra .. est sola satisfactio Christi praestata legi pro nobis, seu poena quam sustinuit Christus pro nobis, atque adeo tota humiliatio Christi ab initio conceptionis ad glorificationem usque …" Ursinus, "Explicationes Catecheseos," 232.

55 "… quae omnia subiit pro nobis volens …" Ursinus, "Explicationes Catecheseos," 232.

56 "quicquid denique fecit & passus est … satisfactio eius, quam pro nobis praestitit, & iustitia, quae nobis credentibus a Deo gratis imputatur." Ursinus, "Explicationes Catecheseos," 232.

57 Ursinus, "Explicationes Catecheseos," 232, 234.

종교개혁자들이 로마 가톨릭의 칭의 개념과 싸웠다는 점을 염두에 둔다면, 그들의 죄용서로서의 칭의를 말하는 맥락은 능동적 순종의 전가에 대한 관점에서가 아니라 로마 가톨릭의 칭의 개념에 대한 반대하는 관점에서 더 읽혀져야 한다. 덧붙여 능동적 순종의 전가를 지지하는 개혁신학자들이 죄용서로서의 칭의 개념을 반대하지 않는다.

넷째, 우르시누스의 하이델베르크 요리문답 해설의 편집본에 변화가 있었다는 점을 고려해야 한다.[58] 초기 편집본에서 우르시누스는 하나님 앞에서 우리의 의가 그리스도의 만족임을 말하면서, 그리스도께서 우리를 위해 율법을 완전히 성취하시는 두 방식을 소개하는데, 첫째, "인간 본성의 거룩함에 의해서"(Sanctitate humanae naturae)이다. 이것을 우르시누스는 '율법에 대한 앞선 성취'(prior impletio legis)라고 부른다. 인성을 취하셔서 성육하신 그 순종을 포함할 뿐 아니라 인성의 거룩하심을 드러내신 모든 순종을 포함한다.[59] 둘째, "순종에 의해서"이다. 이 순종은 십자가에서 죽으시기까지 순종하신 그 순종이다. 그리스도의 율법 성취를 이렇게 두 부분으로 구분하는 것은 초기 편집본이나 후기 편집본에서 차이가 없다. 나아가 '율법에 대한 앞선 성취'가 죽기까지 순종하심을 위해 요구된다는 것에도 차이가 없다. 그런데 '율법에 대한 앞선 성취'가 전가된다고 진술하는가에 있어서 차이가 난다. 초기 판에서 "율법의 앞선 성취가, 곧 그리스도 인간 본성의 비하와 의가 우리에게 전가되어 우리가 하나님 앞에서 거룩하게 여겨지게 된다"라고[60] 되어있다. 이 설명은 분명히 능동적 순종의 전가를 말한다. 그러나 1612년 판부터 이 부분이

---

58 De Campos, *Johannes Piscator,* 105-108, Bos, *Johann Piscator*, 76-77.

59 De Campos, *Johannes Piscator,* 107.

60 "Imputatur quidem nobis & prior illa legis impletio, nempe humiliatio & Iustitia humanae Christi natura, ut habeamur sancti coram Deo." Zacharias Ursinus, *Doctrinae Christianae Compendium* (Londini: Henricus Midletonus, 1586), 524–25.

사라졌다. 뿐만 아니라 피스카토르가 선호했던 진술, 즉 예수의 피로 모든 죄 곧 범함(*admissio*)의 죄와 행치 않는(*omissio*) 죄가 사해진다는 진술이 추가되었다.

이런 편집본의 변화에 대해 그리스도의 능동적 순종의 전가를 반대했다고 알려진 파레우스의 의도로 보는 시각도 있다.[61] 그러나 우르시누스의 제자 로이터(Reuter)가 편집한 1612년 판에서부터 동일한 변경이 나타나기에 파레우스를 의심할 필요가 없다는 설명도 있다.[62] 초기 편집본이 능동적 순종의 전가에 대한 지지를 보여주고, 후기 편집본에서 그 부분이 사라진 것은 능동적 순종에 대한 당시 토론의 열기를 반영한다고 볼 수 있다. 한 가지 언급하자면 1634년 판에서는 큰 변화가 추가되는데, 바로 하나님 앞에서 우리의 의에 대한 주제를 시작할 때, 이전 편집본들과는 다르게 해당 주제가 로마 가톨릭을 반대하는 주제임을 강조한다는 점이다. 즉, 교회는 하나님의 앞에서 우리의 의를 자신이 아니라 그리스도 안에서 찾았음을 강조한 후에 해당 주제를 시작한다. 이것은 이전 편집본들에게는 없던 내용인데, 이렇게 함으로써 독자에게 이 부분이 능동적 순종에 관한 잣대로 사용되는 부분이 아님을 암시한다. 1634년 판은 마치 능동적 순종에 관한 지지여부를 규정하기 위해 해당 부분이 사용되지 않기를 바란 듯이 보인다. 1612년 이후 편집본들의 변화가 편집자들에 의해서 그리스도의 능동적 순종의 전가에 대한 지지가 반대로 바뀌었다기보다, 능동적 순종 전가에 대한 지지여부에 대한 판단을 흐릿하게 했다고 볼 수 있다. 왜냐하면, 능동적 순종의 지지를 읽으려는 신학자의 관점에서 볼 때, "그리스도의 전체 비하가 우리의 의"라는 우르시누스의 진술은 여전히 피스카토르에 반대하고 있기 때문이다.

---

61 Bos, *Johann Piscator*, 77.
62 De Campos, *Johannes Piscator*, 108.

다섯째, 토사누스의 회고를 통해서 알려진 바, 우르시누스가 능동적 순종의 전가 반대자로 알려진 루터주의 신학자 카르그(Karg)의 칭의관에 긍정적 표현을 했다는 보고도 우르시누스가 능동적 순종의 전가를 반대했다는 증거가 될 수 없다. 토사누스는 이러한 보고 이후 바로 이어서 우르시누스가 스승들의 견해를 떠나지 않기 원했다고 말하기 때문이다.[63] 나아가 위 진술을 한 토사누스 자신이 피스카토르에게 우르시누스를 포함한 앞선 스승들의 견해를 떠났다고 비판했다.[64]

III. 나가며

본 연구는 우르시누스의 칭의론에 관하여 다섯 가지 주제에 초점을 맞추었다. 다섯 가지 주제에서 우르시누스의 칭의론의 독특성을 다음과 같이 발견할 수 있다.

첫째, 이 글은 우르시누스의 칭의에 대한 정의를 고찰했다. 칭의의 정의에서 보여주듯이 우르시누스는 개혁신학의 공통적인 칭의관을 드러낸다. 우르시누스는 상세하면서도 정확한 의의 정의로부터 칭의의 개념에 다가간다. 여기서 신자들의 복음의 의만이 아니라 율법의 의가 말해지며, 따라서 신자들의 복음

---

[63] "Et sancte tibi adfirmare possum, me nihil de hac controversia scivisse, nisi anno 82, cum D. Ursinus p. m. mihi ostenderet Theses Cargii, quas dicebat sibi placuisse, & nimis subtilem visam distinctionem, aut diversam illam applicationem in Confessione Bezae: Interim (haec erant ipsissima verba) mihi religio est (inquiebat), a consensu tot magnorum virorum discedere." *Clarorum virorum epistolae CXVII e Bibliothecae Gothanae autographis*, ed. Ernst Salomon Cyprian (Leipzig: 10. Frider. Gleditsch & filium, 1714), 143.

[64] De Campos, *Johannes Piscator*, 35; Bos, *Johann Piscator*, 245.

의 칭의와 율법의 칭의가 따라온다.

둘째, 이 글은 우르시누스에게 있어서 칭의와 믿음의 관계를 살펴보았다. 우르시누스는 교리 전체 내용에 대한 해설을 시작하며 끝날 때 믿음과 믿음의 유익을 언급한다. 그렇게 함으로써 이신칭의가 강조된다.

셋째, 이 글은 칭의와 언약의 관계를 살폈다. 우르시누스는 아주 독특하게도 칭의란 주제를 언약과 연결해서 생각했다. 특히 본성언약과 은혜언약이 율법의 요구와 이 요구에 대한 그리스도의 성취를 매개로 연결되었다. 이런 언약의 연결고리 안에서 우리의 의가 그리스도의 의와 만족인 이유가 설명된다.

넷째, 이 글은 율법의 칭의를 다루었다. 우르시누스는 우리의 선행이 하나님 앞에서 우리의 의가 될 수 없다고 하면서도 신자의 선행이 그리스도의 의 때문에 하나님 앞에서 인정된다고 가르친다.

다섯째, 이 글은 그리스도의 능동적 순종의 전가에 대하여 우르시누스가 어떤 관점을 가졌는지 고찰했다. 우르시누스가 능동적 순종의 전가를 명시적으로 가르쳤다고 할 수는 없겠으나 그의 가르침 안에 함의되었다고 말할 수 있음을 확인했다. 그의 사후 출간된 하이델베르크 요리문답 해설서가 편집본에 따라 이 주제와 관련해서 다양한 변화를 보이는 점은 17세기 초 개혁교회 안에서 이 주제가 하나의 쟁점이었음을 보여준다.

〈참고문헌〉

이남규. "그리스도의 순종과 의의 전가: 전기정통주의 견해". In 『그리스도의
순종과 의의 전가』 김병훈 편. 수원: 합신대학원출판부, 2022.
107-116.

_____. "우르시누스의 『대요리문답서』에 나타난 언약신학" 「신학정론」 제38
권 1호 (2020.06.), 289-317.

Ursinus, Zacharias. *Doctrinae Christianae Compendium*. Londini:
Henricus Midletonus, 1586.

_____. *Corpus doctrinae orthodoxae Ecclesiarum a
Papatu Romano reformatorum* (Hanoviae: Sumibus Estherae
Rosae, 1634).

_____. *Corpus doctrinae orthodoxae sive, catecheticarum
explicationum D. Zachariae Ursini opus absolutum* (Geneva:
Sumptibus Samuelis Crispini, 1616);

_____. *Ursinus, Doctrinae Christianae Compendium*
(Geneva: Apud Eustathium Vignon, 1584).

_____. "Catechesis, summa theologiae per questions et
responsiones exposita," in Quirinus Reuter ed., *D. Zachariae
Ursini ... opera theologica* (Heidelberg: Johan Lancellot,
1612), 10-33.

_____. "D. Zachariae Ursini Loci Theologici traditi in

Academia Heidelbergensi," in Quirinus Reuter ed., *D. Zachariae Ursini ... opera theologica* (Heidelberg: Johan Lancellot, 1612),

_____. "Explicationes Catecheseos Palatiae, sive corpus Theologiae," in Quirinus Reuter ed., D. Zachariae Ursini ... opera theologica (Heidelberg: Johan Lancellot, 1612), 46-413.

Beck, Anreas. "Das Heil nach dem Heidelberger Katechismus." In *Handbuch Heidelberger Katechismus*. Eds. Arnold Huijgen, John Fesko, Aleida Siller. Gütersloh: Gütersloher Verlagshaus, 2014. 246-255.

Bos, Frans Lukas. *Johann Piscator: Ein Beitrag zur Geschichte der reformierten Theologie.* Kampen: J. H. Kok, 1932.

Calvin, John. *Institutio Christianae Religionis.* Geneva: Oliva Roberti Stephani, 1559.

De Campos Jr., Heber Carlos. *Johannes Piscator (1526-1625) and the Consequent Development of the Doctrine of the Imputation of Christ's Active Obedience.* Diss. Calvin Theological Seminary, 2009.

Lang, August. Ed. *Der Heidelberger Katechismus und vier verewandte Katechismen.* Leipzig: A. Deichert'sche verlagsbuchh. Nachf., 1907.

Muller, Richard A. *Calvin and Reformed Tradition.* Grand Rapids: Baker Akademic, 2012. 김병훈 역. 『칼빈과 개혁전통』 서울: 지평서

원, 2017.

푸티우스 칭의론

권경철

Gisbertus Voetius(1589-1676)

총신대학교 신학대학원을 졸업하고, 미국 필라델피아 근교에 위치한 웨스트민스터 신학교 (Westminster Theological Seminary)에서 17세기 제네바 신학자 프랑수아 투레티니 (Francis Turretin)에 대한 논문으로 역사신학 박사학위(Ph.D.)를 취득하였다. 총신대학교 신학대학원 외래교수를 역임했으며, 경기도 평촌에 위치한 열린교회 부목사로 사역하고 있다.

권경철

I. 들어가는 말

16세기 종교개혁에 있어서 칭의론이 중요했다는 것은 누구나 인정하는 사실이다. 그리고 종교개혁에서 칭의론이 차지하는 큰 비중만큼이나, 종교개혁자들의 칭의론에 대한 글들도 셀 수 없을 정도로 많다.[1] 그래서 종교개혁만 놓고 보면 칭의론에 대한 연구가 포화상태에 이른 것처럼 보일 수도 있다.

그런데 종교개혁 이후 시대의 칭의론을 살펴보려고 하면, 그에 대한 심도있는 연구가 비교적 많지 않다는 사실을 발견하게 된다. 특히 종교개혁을 계승하고 발전시켰던 17세기 개혁파 정통주의 신학자들 각각의 칭의론에 대해서 자세히 분석하는 글은 많지 않다.[2] 푸티우스(Gisbertus Voetius)의 경우도 예외는 아니어서, 푸티우스의 칭의론에 대해서 종합적이고 심도있게 분석한 글은 전무하다시피 하다.

물론 오늘날 우리가 믿는 칭의론의 큰 틀은 종교개혁 때에 이미 완성되었다. 하지만 종교개혁 이후에도 칭의 교리의 세부적인 사안들이 추가적으로 논의되

---

1 한국에서 발표된 논문만 해도 매우 많아서 다 소개할 수 없기에, 최근에 발표된 몇 개의 소논문만 간단히 언급하고 지나가려고 한다. 박영실, "루터의 칭의 이해: 어거스틴의 맥락에서," 「개혁논총」 제36권(2015), 181-212; 이오갑, "루터 신학과 영성의 개요: 구원론과 칭의, 십자가의 신학, 성서를 중심으로," 「신학사상」 제178권 (2017), 81-115; 전대경, "루터와 칼빈의 로마서와 야고보서 이해를 통한 개혁주의 이신칭의 재조명: 이행칭의가 아닌 신행일치를 위하여," 「ACTS신학저널」 제34권 (2017), 193-233; 김주한, "루터의 칭의론, 에큐메니칼 의제로서 가능한가? 칭의 교리에 관한 공동선언문의 사례를 중심으로," 「한국교회사학회지」 제27권 (2010), 127-154; 조권수, "어거스틴과 루터의 칭의론 비교 연구," 「ACTS신학저널」 제35권 (2018), 57-91; 우병훈, "루터의 칭의론과 성화론의 관계: 대 갈라디아서 주석(1535년)을 중심으로," 「개혁논총」 제46권 (2018), 69-116; 문병호, "그리스도의 의의 전가에 따른 성도의 그리스도와의 연합: 기독교강요에 개진된 칼빈의 이해의 고유성," 「개혁논총」 제39권 (2016), 27-56; 최성훈, "John Calvin's Understanding of Faith Based on the Doctrine of Justification and Sanctification," 「영산신학저널」 제45권 (2018), 291-317.
2 실제로 17세기 개혁파 정통주의 연구의 표준을 제시한 Richard A. Muller, *Post-Reformation Reformed Dogmatics* (Grand Rapids, MI: Baker Academic, 2003) 조차도, 17세기 개혁파 정통주의 신학자들의 칭의론에 대해서 많은 언급을 하지는 않는다.

었다는 것 역시도 간과하면 안될 것이다. 개혁파 정통주의 신학자들 사이에서도 영원 전 칭의론 문제나 구약 성도의 칭의 등의 사안에 대해서는 다소간의 의견차이가 있었다는 점을 고려해볼 때,3 우리는 개혁파 정통주의자들의 칭의론에 대해서도 연구할 필요가 있다. 특히 푸티우스는 칭의론 분야에 있어서 중요한 공헌을 남겼기에, 그의 칭의론은 연구할만한 가치가 충분하다.

비록 푸티우스가 칭의론에 있어서 독창적인 기여를 한 것은 아닐지라도, 우리는 그의 칭의론을 통해 17세기 신학의 상황과 배경을 알게 됨으로써 종교개혁자들의 칭의론이 어떤 과정을 거쳐서 계승되고 발전되었는지를 알 수 있게 된다. 이 글에서 필자는 먼저 푸티우스의 칭의론이 논의되었던 배경이라고 할 수 있는 푸티우스와 요하네스 코케이우스(Johannes Cocceius, 1603-1669)간의 논쟁에 대해서 개관한 후에, 그 논쟁의 문맥에서 푸티우스의 칭의론을 재구성함으로써, 푸티우스가 종교개혁 칭의론을 계승하여 당시의 상황에 맞게 구체적으로 적용함으로써 신학의 발전에 공헌한 바를 밝히고자 한다. 그럼으로써 필자는 구약 성도의 죄사함과 칭의를 놓고 푸티우스와 코케이우스간에 벌어진 논쟁이야말로, 푸티우스의 칭의론을 이해하는 데에 있어서 필수적이라는 사실을 입증하도록 하겠다.4

---

3 Chad van Dixhoorn, "Reforming the Reformation: Theological Debate at the Westminster Assembly, 1643-1652," (Ph.D. Diss., University of Cambridge, 2004), 1:347-348.

4 푸티우스의 생애에 대해서는 필자가 이전에 소개한 바가 있으므로, 여기서는 그 문헌들을 소개하는 것으로 푸티우스 생애를 개관하는 것을 가름하려고 한다. 권경철, 『뿌리내리는 정통주의 신학: 동일한 신앙고백, 다양한 신학논쟁』(군포: 다함, 2018), 135-145; 권경철, "푸티우스의 '흑사병에 대한 영적 해독제,'" 「역사신학논총」 제38권 (2021), 83-86; 권경철, "기스베르투스 푸티우스의 성령론," 『종교개혁과 성령』(부산: 고신대학교 개혁주의학술원, 2020), 312-317; 권경철, "푸티우스의 인간론," 『종교개혁과 인간』(부산: 고신대학교 개혁주의학술원, 2021), 265-271.

II. 푸티우스와 코케이우스간의 칭의론 논쟁

종교개혁을 통하여 가장 큰 주목을 받았던 교리 중 하나가 칭의론이었다는 사실에 대해서는 그 누구도 이견을 제시하지 않을 것이다. 로마 가톨릭과의 논쟁의 과정을 거치면서 종교개혁자들은, 이신칭의의 복음을 보다 명확하게 설명하기 위한 노력을 기울였다. 푸티우스 역시도 종교개혁의 후예로서, 로마 가톨릭과의 칭의론 논쟁에 대해서 잘 알고 있었고, 칭의론을 명쾌하게 설명하기 위해 적지 않은 노력을 기울였다. 그러나 푸티우스는 전통적인 칭의론을 반복하는 것만으로는 만족할 수 없었는데, 왜냐하면 개혁파 정통주의 신학자들 간에 크고 작은 의견 차이와 논쟁이 있었기 때문이다. 특히 코케이우스와의 이견은, 푸티우스가 종교개혁의 칭의론을 자신의 상황에 맞게 적용하고 구체화하는 일에 결정적인 영향을 미쳤다.

코케이우스는 "혼란에 빠진 이를 위한 안내서"(Moreh nebochim)라는 글에서, 구약시대의 죄사함과 칭의가 신약시대의 죄사함과 칭의와는 달랐다고 주장하였다. 구약 성도들은 자신들의 죄 값이 아직 그리스도의 십자가 사건을 통하여 실제로 지불되지 않은 상태에서 그 약속을 기대하는 입장에 있었으므로, 그들의 죄사함과 칭의 역시 죄를 참아주고 간과($\pi\alpha\rho\epsilon\sigma\iota\nu$)해주는 차원을 넘어서지 못했던 반면,[5] 신약의 성도들은 그리스도가 십자가에서 죄 값을 모두 지불하였기에, 진정한 의미에서의 죄를 없이함($\alpha\varphi\epsilon\sigma\iota\nu$)과 의롭다함을 경험할 수 있게 되었다. 코케이우스는 이러한 구분법이야말로 칼빈의 직속 후계자였던 베자의 신학적 유산에서 기인한 것으로서, 로마 가톨릭과 유대주의자들과

---

[5] Cocceius, "Moreh nebochim," §43; Cocceius, *Summa theologiae ex scripturis repetita* (Geneva, 1665), 528-529.

소키누스주의자들을 대적하는 데에 유용하다고 주장하면서 그의 글을 마무리한다.[6]

신약과 구약의 칭의에 대한 이러한 구분법이 함의하는 바는, 구약의 칭의에 소위 능동적 측면이 없다는 것이었다. 17세기 신학자들은 흔히 칭의를 능동적 측면과 수동적 측면으로 구분하곤 했다. 비치우스(Herman Witsius)의 경우가 대표적인데, 그에 따르면 능동적 칭의란 하나님이, 그리스도의 십자가 대속의 사건을 근거로 하여, 죄의 대가를 신자에게 묻지 않으시겠다는 것을 선포하는 것이고, 수동적 칭의란 능동적 칭의에 나타난 하나님의 선포를 신자의 마음속에 인식시켜주는 것이다.[7] 그런데 코케이우스는 이러한 전통적인 입장에서 벗어나서 구약에서는 능동적인 칭의가 없고 수동적인 칭의만 있었던 것처럼 주장함으로써 신약의 칭의론과 구약의 칭의론 사이를 떨어트려 놓았다.[8]

죄사함과 칭의에 있어서 그리스도의 십자가 사건 전후를 엄격하게 구별했던 코케이우스의 이러한 주장은, 그의 추종자들에 의하여 한층 더 극단적인 방향으로 발전되었다. 코케이우스의 후학들은 코케이우스가 구약과 신약의 본질적 차이점에 대해서 조용히 제안한 부분들을 지나치게 확대시킨 나머지, 그리스도가 실제로 십자가를 지기 전까지는 죄사함의 약속을 파기할 수 있었으며, 그럴 경우 구약 성도의 칭의는 취소되었을 것이라는 가설을 제안하기에 이르렀다.[9] 약속 취소 가능성에도 불구하고 그리스도가 실제로 십자가를 지셨다는 사실로 인해, 오늘을 사는 성도들은 구약 성도들보다 한층 더 하나님께 감사해야만 한다.[10]

---

6 Cocceius, "Moreh nebochim," §29, §35, §97-98.

7 박재은, 『칭의, 균형있게 이해하기』 (서울: 부흥과개혁사, 2016), 129.

8 Melchior Leydekker, *Vis Veritatis* (Leiden, 1677), a:75.

9 Leydekker, *Vis Veritatis*, a:77; Voetius, *Selectarum Disputationum Theologicarum* (Utrecht, 1648-1669), 5:325.

그러나 개혁신학자들은 대체로 코케이우스 학파의 주장에 동의하지 않았다.[11] 특히 푸티우스의 문하생들은 종교개혁의 칭의론을 더 잘 계승하고 발전시키기 위해, 코케이우스주의자들의 새로운 주장을 용인할 수는 없다는 입장을 취했다. 푸티우스주의자들이 볼 때에는, 코케이우스주의자들이 구약의 임시적인 죄 용서와 능동적 칭의의 부재로 인한 구약 성도의 양심적 불안감과 두려움에 대해서 강조하면서도 구약 성도에게 일종의 구원의 확신이라고 할 수 있는 수동적 칭의의 존재를 긍정한 것은 일관성이 결여된 처사였다.[12] 게다가 그리스도의 약속이 취소될 가능성이 있다는 가설은, 하나님의 약속이 실패할 수 있다는 잘못된 인상을 주는 것이기에 용납될 수 없다.[13]

그저 신학자들간의 논쟁에 불과했던 코케이우스주의자들과 푸티우스주의자들간의 설전은, 당시 황금시대를 구가하던 네덜란드가 프랑스와의 전쟁에서 지고 푸티우스주의자들의 본거지라고 할 수 있는 위트레흐트가 한동안 함락당하기까지 한 것이야말로 구약 성도보다 우월한 특권을 누리면서도 감사할 줄 모르는 푸티우스주의자들 탓이라는 일부 강성 코케이우스주의자들의 주장으로 인해, 네덜란드 사회 전체로 확전되었고, 네덜란드 교회와 사회는 분열되었다.[14] 코케이우스주의자들은 당시 정계의 실세였던 드 비트(De Witt) 가문의 형제들의 비호를 받았던 반면, 푸티우스주의자들은 네덜란드 독립의 아버지인

---

10 Leydekker, *Vis Veritatis*, b:45.

11 Geerhardus Vos, *Anthropology,* vol. 2 of *Reformed Dogmatics*, ed. trans. Richard B. Gaffin, Jr. (Bellingham, WA: Lexham, 2012), 2:88-19, 117.

12 Leydekker, *Vis Veritatis*, a:75.

13 Franciscus Turrettinus, *Institutio theologiae electicae* (Geneva, 1679-1685), 12.9.13; Leydekker, *Vis Veritatis*, a:78; 권경철, "그리스도의 구약 언약 보증에 대한 프랑수아 투레티니(1623-1687)의 견해: 투레티니와 레이데커의 견해에 나타난 양자의 관계를 중심으로," 「갱신과 부흥」 제26권 (2020), 163.

14 권경철, *Christ and the Old Covenant: Francis Turretin (1623-1687) on Christ's Suretyship under the Old Testament* (Gottingen: Vandenhoeck & Ruprecht, 2019), 49-50.

빌렘(Willem)의 후손들과 손을 잡았다.15 하지만 그 어느 쪽도 결정적인 승리를 거두지는 못했다. 한 때 전쟁 패배에 대한 책임론이 대두되면서 드 비트 가문의 형제들이 실각하고 대신 집권한 빌렘 왕가의 지도력에 힘입어 프랑스를 물리치는 일에 성공하자, 푸티우스주의자들이 득세할 것으로 보였으나, 그 와중에서도 코케이우스주의는 사라지지 않고 네덜란드를 비롯한 유럽 각지의 교회에서 영향력을 발휘하였다. 그리하여 오늘날까지도 코케이우스의 신학은 사라지지 않고 명맥을 유지하게 되었다.

하지만 푸티우스가 코케이우스를 비판할 때에만 해도, 둘 사이에 일어난 죄사함과 칭의론에 관한 논쟁은 그다지 과열되지 않았고 다만 신학자들간의 엄밀한 논쟁의 수준에 머물러 있었던 것이 분명하다. 실제로 푸티우스의 후계자 마스트리히트는 코케이우스주의가 과격해진 것은 코케이우스 사후의 일이었다고 증언한다.16 이 때문에 푸티우스는 코케이우스를 비판할 때에도 그의 실명을 언급하지 않는 등의 기본적인 예의를 갖추고 있으며, 코케이우스 역시도 푸티우스의 비판을 접했을 때 푸티우스가 선한 사람이지만 자신의 글을 제대로 이해하지 못했다고 하면서 자신의 불쾌함을 비교적 부드럽게 표현하였다.17 그러나 여전히 푸티우스가 코케이우스에 대해 비판적이었다는 사실과, 그의 비판이 후대에 이어질 푸티우스주의자들과 코케이우스주의자들간의 수십 년 간에 걸친 논쟁으로 이어졌다는 것은 의심의 여지가 없는 사실이다. 따라서 비록 코케이우스의 이름이 직접적으로 언급되지 않더라도, 푸티우스의 글을 읽을 때에 그 배경이 되는 코케이우스와의 논쟁을 염두에 두는 것은 정당

---

15 D. H. Kromminga, *The Christian Reformed Tradition: From the Reformation Till the Present* (Grand Rapids, MI: Eerdmans, 1943), 51.

16 Petrus van Mastricht, *Theoretico-practica theologia* (Utrecht, 1715), 402.

17 Willem van Asselt, "Doctrine of Abrogations in Federal Theology of Johannes Cocceius," *Calvin Theological Journal* 29 (1994), 113.

하며, 그러한 독법을 통해 우리는 종교개혁자들의 칭의론이 17세기 개혁신학의 지형도에 맞게 계승되고 발전되는 과정을 재구성할 수 있다.

III. 푸티우스의 『신학 논쟁 선집』에 나타난 칭의론

푸티우스의 대표작인 『신학 논쟁 선집』은, 그가 토요일마다 진행했던 신학 강좌를 정리하여 출간한 책이다. 이 책은 신학 전반에 걸친 문제들을 다루었으며, 칭의론 문제는 마지막인 제5권에 수록되어 있다. 이 책의 특징 중 하나는, 주제가 바뀔 때마다 그 주제질문을 제기한 사람의 이름과 그 주제가 다루어진 연도가 표제에 명기되어 있다는 점이다. 그러므로 우리는 표제를 통해서 푸티우스가 칭의론 문제에 큰 관심을 가진 것이 대략 1665년부터 1667년까지였다는 사실을 알 수 있다.

푸티우스가 1665년부터 1667년까지 칭의론 논쟁에 관심을 표현했다는 사실이야말로, 푸티우스가 칭의론 문제에 있어서 코케이우스를 겨냥했음을 나타내는 증거라고 할 수 있다. 코케이우스가 "혼란에 빠진 이를 위한 안내서"를 출간한 것이 1665년의 일이었고, 그 후 얼마 지나지 않은 1669년에 코케이우스가 세상을 떠났다는 점을 고려하면, 푸티우스는 1665년부터 칭의론 문제를 다룰 때 코케이우스의 특이한 주장을 분명히 염두에 두었을 것이다. 비록 푸티우스가 코케이우스의 이름을 직접적으로 언급하지는 않지만, 연대와 정황상으로 볼 때 칭의론 분야에서 푸티우스가 논박하려는 주요 인물 중에 코케이우스도 있었다고 보는 것이 자연스럽다.

푸티우스는 칭의론을 다룰 때, 먼저 일련의 개론적인 질문들에 대답하면서 자신의 논지를 세부적으로 묘사한 후에, 로마서 4장 3절과 시편 103편 3절을 각각 주해하면서 분석하는 방식을 채택한다. 이는 당시 개신교 대학의 학문과 교육 방식이, 질문과 해답을 중심으로 하는, 소위 스콜라주의적인 방법론에 크게 의존하고 있었기 때문이었다고 볼 수 있을 것이다. 그리하여 푸티우스는 첫 번째 질문과 답변에서, 칭의론의 위치에 대한 가장 일반적이고 서론적인 내용을 서술한다. 그에 따르면, 성경시대부터 시작하여 기독교 역사상으로도 많은 논쟁이 있었던 분야가 바로 칭의론이며, 심지어는 기독교에서만이 아니라 철학계에서도 자유의지론과 칭의론에 대해서 논하고 있는 실정이다.[18]

두 번째 질문과 답변에서부터 시작하여 푸티우스는 본격적으로 구약의 칭의론에 대한 논의를 전개해 나간다. 푸티우스에 따르면, 복음서와 사도들의 글뿐만 아니라, 구약 선지자들의 글에서도 칭의론 사상을 찾을 수 있다.[19] 소키누스주의자들의 잘못된 주장과는 달리, 다양한 성경구절들은 구약 성도들 역시도 중보자이신 그리스도를 통하여 칭의와 구원의 은혜를 받았으며, 신약 성도들과 동일한 죄 용서를 받았다고 증거하고 있다.[20] 비록 여기서 푸티우스가 표면적으로는 소키누스주의자들을 논박의 대상으로 하고 있지만, 앞에서 우리가 살펴본 코케이우스와의 논쟁의 배경에서 이러한 언급을 바라볼 때, 구약의 칭의와 죄사함에 대한 푸티우스의 강한 긍정의 메시지는 코케이우스와의 논쟁을 어느 정도는 의식한 것이라고도 볼 수 있을 것이다.

구약 성도들 역시도 신약 성도들과 동일하게 칭의와 죄사함의 은혜를 누렸다는 입장을 천명한 후에, 푸티우스는 그리스도의 의가 구약 성도들에게도 이미 전가되었다는 교리를 변호한다. 이 논의에 있어서 푸티우스가 주된 대적으로

---

18 Voetius, *Selectarum Disputationum Theologicarum*, 5:301-302.
19 Voetius, *Selectarum Disputationum Theologicarum*, 5:303.
20 Voetius, *Selectarum Disputationum Theologicarum*, 5:303-308.

생각하는 이들은, 적어도 표면적으로는, 항론파라고도 하는 아르미니우스주의
자들과 소키누스주의자들이었다. 특히 소키누스주의자들의 신앙고백인 라코
비안 교리문답을 보면, 신약 시대가 도래하기 전인 구약 시대에는 죄사함이
그리스도로 말미암지 않기라도 했던 것처럼 묘사하는 우를 범하고 있는데,
그러한 오류를 성경구절을 통해 논박하는 데에 푸티우스는 많은 지면을 할애하
고 있다.[21] 그리스도의 공로는, 그분의 구속 사역의 영원성으로 인하여 구약
시대의 성도들에게도 이미 적용되었다고 보아야 한다.[22]

그런데 한창 소키누스주의자들에 대항하여 그리스도로 말미암은 구약의 칭
의와 죄사함을 변호하던 중에, 푸티우스는 $\alpha\varphi\epsilon\sigma\iota\nu$과 $\pi\alpha\rho\epsilon\sigma\iota\nu$을 구별하는
것에 대해서 반대하는 의견을 제출한다.[23] 이는 원래 저명한 소키누스주의자였
던 크렐리우스(Crellius)가 로마서 3장25절을 가지고 구약의 죄 용서를 비하했
던 것에 반대하는 문맥에서 나온 것으로서, 푸티우스는 신약 시대 뿐만 아니라
구약시대 때에도 그리스도를 통하여 진정한 죄 용서가 있었음을 역설한다.[24]
아벨과 에녹, 노아와 아브라함, 모세, 사무엘, 다윗 등이 그러한 죄 용서를
받은 대표적인 예이다.[25] 그렇지만 동시에 코케이우스가 푸티우스와 의견 차이
를 보였던 부분이 바로 $\alpha\varphi\epsilon\sigma\iota\nu$과 $\pi\alpha\rho\epsilon\sigma\iota\nu$의 엄밀한 구분이라는 점을 고려
한다면, 비록 푸티우스가 반박의 대상으로 내세우는 주요한 이들이 소키누스주
의자들이기는 해도, 그 행간에는 코케이우스에 대한 논박 역시도 내재되어
있는 것이라고 볼 수 있을 것이다.

---

21 Voetius, *Selectarum Disputationum Theologicarum*, 5:309-312.
22 Voetius, *Selectarum Disputationum Theologicarum*, 5:312.
23 Voetius, *Selectarum Disputationum Theologicarum*, 5:313.
24 Voetius, *Selectarum Disputationum Theologicarum*, 5:319.
25 Voetius, *Selectarum Disputationum Theologicarum*, 5:321.

1. 로마서 4장 3절

일련의 개론적인 질문과 답변을 통하여 구약의 칭의와 죄사함이 본질상 신약의 그것들과 동일하다는 점을 천명한 푸티우스는, 이제 로마서 4장 3절 주해를 통하여 자신의 주장을 입증하기 시작한다. 푸티우스가 로마서 4장 3절을 통해 증명하고자 하는 요점들은 다음과 같다. 첫째, 유력한 종교개혁자들은 하나같이, 아브라함이 복음의 약속을 미리 보고 그것을 확신하며 그 은혜를 미리 적용받았다는 사실이, 바로 예수 그리스도를 믿는 믿음으로 말미암아 아브라함이 칭의되었다는 사도바울의 가르침의 진수임을 인정한다.26 소키누스주의자들이 아무리 성경 원문의 의미를 왜곡하면서까지 아브라함의 이신칭의에 의구심을 표현하더라도, 아브라함이 미래에 오실 그리스도를 미리 바라봄으로써 의롭게 되었다는 사실에는 변함이 없다.27 둘째, 아무리 로마 가톨릭 진영의 신학자들이 라틴어 번역 성경을 인용하면서 그리스도 의의 전가로 말미암은 칭의라는 개념을 성경에서 찾을 수 없는 것처럼 말할지라도, 실제로 아브라함의 사례를 묘사하는 헬라어와 히브리어 성경 원문상으로 볼 때에는 의의 전가의 개념이 있음을 부인할 수 없다.28 셋째, 아브라함의 이신칭의의 경우에서 보듯이, 그리스도의 의로움이 신자에게 전가된다는 것이 사실이므로, 아르미니우스주의자들이나 로마 가톨릭 신학자들이 율법 준수를 통한 공적과 의로움을 설파하는 것은 옳지 않다.29 넷째, 아브라함은 단번에 완전하게 칭의 되었으므로, 교황주의자들이나 아르미니우스주의를 신봉하는 항론파들이 일차적인 칭의와 이차적인 칭의를 구분하거나 혹은 예지 예정에 의거한 칭의론을 주장한

---

26 Voetius, *Selectarum Disputationum Theologicarum*, 5:331-332.
27 Voetius, *Selectarum Disputationum Theologicarum*, 5:333-335.
28 Voetius, *Selectarum Disputationum Theologicarum*, 5:335.
29 Voetius, *Selectarum Disputationum Theologicarum*, 5:335-336.

것은 옳지 않다.[30]

비록 이러한 로마 가톨릭과 아르미니우스주의 항론파 논박의 과정에서 푸티우스가 코케이우스에 대해서 언급하지는 않지만, 코케이우스주의자들과 푸티우스주의자들 사이의 핵심적인 쟁점이 구약 성도에게 완전한 죄 용서와 칭의가 주어졌는가의 여부였다는 것을 고려해볼 때 푸티우스가 간접적으로라도 코케이우스를 염두에 두고 위와 같은 언급을 했을 가능성이 농후하다. 실제로 푸티우스의 제자들은 아브라함의 완전한 이신칭의를 근거로 들면서, 코케이우스주의자들이 구약 성도의 지위를 과도하게 낮추어 말한 것은 옳지 않다는 비판을 하곤 했다.[31] 푸티우스의 후예들의 이러한 푸티우스 사용법 및 당시에 부각되기 시작했던 코케이우스와의 논쟁의 상황을 염두에 둔다면, 로마서 4장 3절에 대한 푸티우스의 해석은 그와 코케이우스 사이의 논쟁과 무관하지는 않을 것이라고 볼 수 있다.

2. 시편103편 3절

서론적인 진술과 아브라함의 칭의에 관한 강해 이후, 푸티우스는 시편 103편 3절에 대해서 5부에 걸친 분석을 하면서 구약 성도의 완전한 죄 용서와 칭의에 대한 강한 긍정을 한다. 이 부분을 통해서 우리는, 푸티우스가 코케이우스에 대한 논박을 배제하지 않고 글을 써내려가고 있다는 사실에 대한 결정적인 증거를 찾을 수 있다.

1부에서 푸티우스는 구약의 죄사함이 어떤 성질의 것이었는지에 대해서 분석하는 데에 지면을 할애한다. 시편 103편 3절은 선지자 다윗의 예를 통하

---

30 Voetius, *Selectarum Disputationum Theologicarum*, 5:338.
31 Franciscus Turretinus, *Institutio theologiae elencticae*, 12.10.13; Leydekker, *Vis veritatis*, b:56-58.

여, 구약 성도가 하나님에 의하여 죄 용서를 받았고, 하나님이 구약 성도의 죄를 용서하셨으며, 하나님께서 죄 용서를 구약 성도에게 적용하셨다는 것을 보여주고 있다.[32] 다윗은 그리스도 안에서 죄 용서함을 받았고, 이는 신약 성도가 그리스도 안에서 받은 죄 용서와 동일한 종류의 것이다.[33] 더욱이, 다윗은 시편 32편 5절을 비롯한 다른 성경구절들에서도 자신의 죄가 하나님에 의하여 용서 받았다는 사실에 대해서 증거한다.[34] 시편은 다윗이 그리스도를 믿는 참된 믿음으로 말미암아 영적인 평안을 누렸음을 여러 모양으로 증거하면서, 다윗이 구원받는 믿음에 대해서 바르게 이해하였고 그리스도의 의로움이 다윗에게 전가되었다는 사실을 말씀한다.[35] 다윗은 은혜 언약의 혜택 아래에서, 구원을 받고 복락을 누리는 삶을 살았던 것이다.[36] 이러한 가르침을 종합해 볼 때, 다윗은 그리스도께서 성육신하셔서 죄에 대한 속전을 실제로 모두 지불하시기 이전에도 이미 그리스도 보증의 혜택과 복음의 약속의 혜택을 삶 속에서 경험하면서, 하나님의 자비하심을 힘입어 참된 칭의를 누렸던 것이다.[37] 따라서 금생이 아닌 내생에서만 다윗이 죄 사함을 누렸다는 로마 가톨릭 신학자들의 주장이나, 그리스도께서 실제로 구속을 완성하신 후에야 칭의의 은혜를 누렸다는 진술은 모두 옳지 않은 것으로 드러난다.[38] 다윗의 경우를 통해서 볼 때 그리스도의 속죄 사역의 효력은 구약시대에도 이미 효과를 발휘했으며, 그럼으로써 하나님의 택하심을 받은 구약 성도들은 그리스도의 의의 전가 및 구원과 칭의와 죄 용서의 은혜를 누렸던 것이다.[39] 다른 말로 하면, 다윗을

---

32 Voetius, *Selectarum Disputationum Theologicarum*, 5:341.
33 Voetius, *Selectarum Disputationum Theologicarum*, 5:342.
34 Voetius, *Selectarum Disputationum Theologicarum*, 5:342.
35 Voetius, *Selectarum Disputationum Theologicarum*, 5:342-343.
36 Voetius, *Selectarum Disputationum Theologicarum*, 5:343.
37 Voetius, *Selectarum Disputationum Theologicarum*, 5:343.
38 Voetius, *Selectarum Disputationum Theologicarum*, 5:344.

비롯한 구약 성도들은 예레미야 31장과 히브리서 10장이 말씀하는 새로운 언약의 혜택을 미리 누렸던 것이다.[40] 우르시누스의 하이델베르크 요리문답 해설을 필두로 한 신조 역시도 이 점에 대해서 동일한 것을 가르친다.[41]

이러한 진술 후에, 푸티우스는 금전적인 빚에 대한 속전(sponsion)을 대신 지급하는 것은 진정한 보속(補贖, solutione)이 될 수 없고, 그리스도께서 실제로 속죄 사역을 다 이루신 후에야 보속이 확실한 효력을 발휘한다는 "새로운" 주장을 반박한다.[42] 당시의 신학적 지형도를 보면, 이러한 언급은 코케이우스 주의를 겨냥한 것이라고 볼 수 있다. 물론 휴고 흐로티우스가 소키누스주의자들의 속죄론을 논박할 때, 금전적인 빚과 형법상의 빚의 차이를 들어 그리스도의 대속사역이 성경적으로나 고대 로마와 헬라의 법으로나 충분히 가능한 것이라고 말한 적이 있으므로,[43] 이러한 언급이 소키누스주의를 겨냥하는 것일 가능성도 있기는 하다. 하지만 만약 푸티우스가 소키누스주의자들을 주로 염두에 두었다면, 굳이 "새로운"이라는 단어를 쓸 필요가 없는데, 왜냐하면 소키누스주의자들은 16세기 종교개혁의 시대에도 이미 존재하였고, 또한 흐로티우스의 소키누스주의 논박서 역시도 푸티우스보다 60년가량이나 앞선 1617년에 출간되어 유명세를 얻었기 때문이다. 이로 미루어 보건대, 위와 같은 주장을 "새로이"했던 집단은 코케이우스주의자들 밖에는 없었다. 푸티우스에 따르면, 코케이우스주의자들의 주장은 멜랑흐톤을 보나 프랑스와 네덜란드 신학자들의 신앙고백을 통해서 보나 정당화 될 수 없는 새로운 것일 뿐이다.[44]

---

39 Voetius, *Selectarum Disputationum Theologicarum*, 5:345.
40 Voetius, *Selectarum Disputationum Theologicarum*, 5:345.
41 Voetius, *Selectarum Disputationum Theologicarum*, 5:345.
42 Voetius, *Selectarum Disputationum Theologicarum*, 5:346.
43 Hugo Grotius, *Opera omnia theologica* (Amsterdam, 1679), 3:319.
44 Voetius, *Selectarum Disputationum Theologicarum*, 5:347.

글의 남은 부분에서 푸티우스는, 당시 대학에서 사용하던 학문 방법론의 관례를 충실하게 따르면서 코케이우스에 대한 철저한 논박을 시도한다. 먼저 2부는 코케이우스의 "새로운" 주장에 대한 추가적인 논박이다. 1부에서부터 2부까지 이어지는 이 부분이 푸티우스의 코케이우스 논박의 본론이라고 할 수 있다. 이어지는 3부와 4부는 예상되는 반론에 대한 대답이다. 그리고 마지막 5부는 몇 가지 중요한 논점을 반복해서 진술하고 논박한 후에 최종 요약과 결론을 내리는 부분이다.

여기서 중요한 논점은, 신약의 충만하고 완전한 죄 용서 및 칭의와 다윗의 칭의와 죄 용서를 대비시켜서 구약 시대에는 칭의와 죄 용서가 아직 "충만하지 않았고"(non plena), "완전하지 않았다"(non perfecta)라고 단순하게 말하는 것이 정당하지 않다는 것이다.[45] 이는 옛날 레이든의 신학 교수들은 물론이고 도르트 대회의 영웅 호마루스도 말하듯이, 하나님 앞에서 그리스도의 완전한 속죄와 완벽한 공로, 그리고 그분의 의의 전가로 말미암아 받은 죄 용서와 칭의에 대해서 충만함과 완전함의 여부를 구분하는 것이 성경적으로 적합하고 정당화될 수 있는 구분법이 아니기 때문이다.[46] 오히려 하나님의 긍휼과 그리스도의 은혜는 언제나 충만하고 완전하므로, 구약의 죄 용서 및 칭의는 신약의 그것들과 하나라고 해야 할 것이다.[47] 충만하고 완전하지 않은 죄 사함이란 엄밀한 의미에서 죄 사함이 아니기에, 신약의 죄 용서와 구약의 죄 용서를 각각 $\alpha\varphi\varepsilon\sigma\iota\nu$과 $\pi\alpha\rho\varepsilon\sigma\iota\nu$이라고 구별하는 것은 의미가 없다.[48] 그러므로 구약 성도들은 그리스도의 완전한 공로를 적용받았고, 그 덕분에 로마서 8장

---

45 Voetius, *Selectarum Disputationum Theologicarum*, 5:348.
46 Voetius, *Selectarum Disputationum Theologicarum*, 5:348-349.
47 Voetius, *Selectarum Disputationum Theologicarum*, 5:351.
48 Voetius, *Selectarum Disputationum Theologicarum*, 5:351.

29절과 30절 말씀에 따라 완전한 부르심과 칭의와 영화를 모두 경험하였다.[49] 비록 모세 언약의 제사가 예표로서 상징적인 부분과 그림자로서의 기능을 수행하기에 본질상으로는 한계가 있는 것이기는 해도, 그 속에서 구약 성도들은 그리스도를 바라보면서 구원과 칭의와 죄사함의 은혜를 미리 경험했던 것이다.[50] 그러면서 푸티우스는 종교개혁자들부터 내려온 이러한 가르침을 부정하게 되면 로마 가톨릭과 소키누스주의와 아르미니우스주의 항론파의 오류에 빠진다는 언급을 하는데,[51] 이것은 액면 그대로 정통 개혁주의 신학의 반대자들에 대한 경계의 눈초리이기도 하지만 동시에 코케이우스가 자신의 주장이 로마 가톨릭 및 소키누스주의와 아르미니우스주의 항론파의 신학적 오류에 대한 해법이라고 주장한 것에 대한 반론으로도 읽을 수 있을 것이다.

결론 부분에서 푸티우스는 지금까지의 주장들을 요약하며 글을 마무리한다. 그가 말하는 바의 핵심은 바로, 그리스도 성육신과 죽으심 전의 시기에 살았던 성도들이 은혜언약 아래에 있으면서 그리스도의 속죄사역을 미리 바라봄으로써 신약 성도들과 똑같은 부르심과 죄 용서와 중생과 칭의와 양자됨과 성화라는 구원의 혜택들을 모두 받았다는 것이다.[52] 이에 대해서는 성경 뿐만 아니라 종교개혁 전통의 신학자들 사이에도 공감대가 있다.[53]

IV. 나가는 말

---

[49] Voetius, *Selectarum Disputationum Theologicarum*, 5:351.
[50] Voetius, *Selectarum Disputationum Theologicarum*, 5:354-355.
[51] Voetius, *Selectarum Disputationum Theologicarum*, 5:353-354.
[52] Voetius, *Selectarum Disputationum Theologicarum*, 5:381.
[53] Voetius, *Selectarum Disputationum Theologicarum*, 5:381.

필자는 지금까지, 푸티우스의 칭의론을 바르게 이해하려면 그의 코케이우스 논박을 이해할 필요가 있다는 사실을 입증하였다. 비록 푸티우스가 코케이우스의 실명을 거론하지는 않았지만, 그래도 그는 성경은 물론이고 종교개혁 신조들, 특히 우르시누스의 하이델베르크 요리문답 해설을 자신의 편으로 소환하면서 코케이우스의 "새로운" 주장을 자세히 논박하려고 하였다. 물론 표면적으로 보면 로마 가톨릭과 소키누스주의와 아르미니우스주의 항론파가 푸티우스의 주요 표적이었던 것은 부인할 수 없는 사실이다. 그러나 그들을 논박하는 과정에서 푸티우스가 코케이우스에 대한 직접적 혹은 간접적인 논박을 시도하는 것 역시도 사실이다. 푸티우스는 개혁신학과는 거리가 먼 집단들에 대한 논박과 함께 코케이우스에 대한 논박을 함으로써, 코케이우스가 자신의 주장을 성경 뿐만 아니라 베자로 대표되는 개혁신학의 전통을 사용하여 정당화하는 것을 용인할 수 없다는 입장을 내비친 셈이다.

푸티우스 이후로 그의 신학적 후예들은 푸티우스의 논점을 응용하여 코케이우스주의를 더욱 자세하게 논박하였고, 그리고 그 논박의 과정에서 때때로는 논쟁이 과열되는 양상을 보이기도 했다. 하지만 푸티우스와 코케이우스간의 논쟁은 기본적으로 누가 더 성경적이면서도 종교개혁의 칭의론에 충실한지, 누구의 주장이 신학적으로 더 정당한지에 대한 논쟁이었을 뿐, 종교개혁 칭의론으로부터의 이탈을 의도한 것이 아니었음을 푸티우스의 절제된 논쟁을 통해서 간파할 수 있다. 만약 코케이우스가 종교개혁 칭의론으로부터의 의도적인 일탈을 했다면, 푸티우스는 코케이우스의 실명을 언급하면서 훨씬 더 날선 비판을 가했을 것이다. 하지만 적어도 표면적으로는 코케이우스의 의도가 그렇지 않았기에, 푸티우스는 절제된 문체로 종교개혁 칭의론을 세부적으로 발전시키고 적용시키는 면에 있어서 코케이우스에게 훈수를 둔 셈이다. 그러므로 푸티우스의 칭의론은 그 본질상, 코케이우스주의자들에게 종교개혁 칭의론을 바르게 계승하고 적용하고 발전시킬 것을 촉구하는 메시지였다.

〈참고문헌〉

권경철. 『뿌리내리는 정통주의 신학: 동일한 신앙고백, 다양한 신학논쟁』. 군
　　포: 다함, 2018.

_____. "그리스도의 구약 언약 보증에 대한 프랑수아 투레티니(1623-1687)
　　의 견해: 투레티니와 레이데커의 견해에 나타난 양자의 관계를 중심으
　　로," 「갱신과 부흥」 제26권 (2020), 143-180.

_____. "기스베르투스 푸티우스의 성령론," 『종교개혁과 성령』. 부산: 고신대
　　학교 개혁주의학술원, 2020, 309-338.

_____. "푸티우스의 인간론," 『종교개혁과 인간』. 부산: 고신대학교 개혁주의
　　학술원, 2021, 261-282.

_____. "푸티우스의 '흑사병에 대한 영적 해독제.'" 「역사신학논총」 제38권
　　(2021), 78-100.

_____. *Christ and the Old Covenant: Francis Turretin (1623-1687)
　　on Christ's Suretyship under the Old Testament.* Gottingen:
　　Vandenhoeck & Ruprecht, 2019.

박재은. 『칭의, 균형있게 이해하기』. 서울: 부흥과개혁사, 2016.

Asselt, Willem van. "Doctrine of Abrogations in Federal Theology
　　of Johannes Cocceius." *Calvin Theological Journal* 29 (1994),
　　101-116.

Cocceius, Johannes. *Summa theologiae ex scripturis repetita.*
　　Geneva, 1665.

Dixhoorn, Chad van. "Reforming the Reformation: Theological

Debate at the Westminster Assembly, 1643-1652." Ph.D. Diss.,
University of Cambridge, 2004.

Grotius, Hugo. *Opera omnia theologica.* Amsterdam, 1679.

Kromminga, D. H. *The Christian Reformed Tradition: From the
Reformation Till the Present.* Grand Rapids, MI: Eerdmans,
1943.

Leydekker, Melchior. *Vis Veritatis.* Leiden, 1677.

Mastricht, Petrus van. *Theoretico-practica theologia.* Utrecht, 1715.

Muller, Richard A. *Post-Reformation Reformed Dogmatics.* Grand
Rapids, MI: Baker Academic, 2003.

Turrettinus, Franciscus. *Institutio theologiae electicae.* Geneva,
1679-1685.

Voetius, Gisbertus. *Selectarum Disputationum Theologicarum.*
Utrecht, 1648-1669.

Vos, Geerhardus. *Anthropology.* Vol. 2 of *Reformed Dogmatics.*
Edited and Translated by Richard B. Gaffin, Jr. Bellingham,
WA: Lexham, 2012.

존 오웬의 칭의론

우병훈

John Owen(1616-1683)

서울대학교 자원공학과(B.Eng.)와 서양고전학 대학원(M.A 졸업, Ph.D 수학)을 거쳐, 고려신학대학원(M.Div)과 미국의 칼빈신학교(Th.M, Ph.D)에서 공부했다. 저서로 『그리스도의 구원』, 『처음 만나는 루터』, 『기독교 윤리학』, 『룻기, 상실에서 채움으로』, 『교리 설교』, 『구속사적 설교』, 『교회를 아는 지식』, 번역서로 『교부들과 성경 읽기』(공역) 등이 있으며, 박사논문이 B. Hoon Woo, *The Promise of the Trinity: The Covenant of Redemption in the Theologies of Witsius, Owen, Dickson, Goodwin, and Cocceius* (Göttingen: Vandenhoeck & Ruprecht, 2018)로 출간되었다. 국내외 저널에 게재한 수십 편의 논문을 calvinseminary.academia.edu/BHoonWoo에서 볼 수 있다. 현재 고신대학교 신학과 교의학 부교수이다.

우병훈

Ⅰ. 들어가며

존 오웬(1616-1683)은 다양한 교리를 치밀하게 다루었지만, 특히 칭의론에 있어서는 아주 정교한 논의를 남긴 것으로 유명하다. 그는 백스터와 칭의론 논쟁을 벌였는데 이는 17세기 영국에서 있었던 가장 치열한 논쟁 중 하나였다. 하지만 의외로 오웬의 칭의론만 집중하여 다룬 단행본은 아직 없다. 다양한 학자들이 그의 칭의론을 부분적으로 소개할 뿐이다.[1] 오웬과 백스터의 칭의론 논쟁에 대해서도 아직 단행본은 나오지 않았다. 앨런 클리포드(Alan C. Clifford), 한스 부어스마(Hans Boersma), 폴 림(임창하; Paul Chang-Ha Lim), 팀 쿠퍼(Tim Cooper), 에드윈 테이(Edwin Tay), 크로포드 그리번(Crawford Gribben) 등이 오웬과 백스터의 논쟁을 다루었지만, 단행본으로 그들의 칭의 논쟁만 다룬 것은 아니었다.[2] 국내의 경우 윤종훈의 논문이 오웬과

---

1 아래의 작품들은 오웬의 칭의론에 관하여 중요한 논점들을 제시하고 있다. John Owen, "The Doctrine of Justification by Faith," in John Owen, *The Works of John Owen*, ed. William H. Goold, vol. 5 (Edinburgh: T&T Clark, 1862), 7-400; Carl Trueman, *John Owen: Reformed Catholic, Renaissance Man* (Aldershot: Ashgate, 2007), 101-21; Carl R. Trueman, "John Owen on Justification," in *Justified in Christ: God's Plan for Us in Justification*, ed. K. Scott Oliphint (Ross-shire, UK: Christian Focus Publications, 2007), 81-98; Mark Jones, "John Owen: Justification by Faith Alone," in Joel R. Beeke and Mark Jones, *A Puritan Theology: Doctrine for Life* (Grand Rapids, MI: Reformation Heritage Books, 2012), 491-506; Kelly M. Kapic, *Communion with God: The Divine and the Human in John Owen's Theology* (Grand Rapids, MI: Baker Academic, 2007), 109-46; Randall C. Gleason, *John Calvin and John Owen on Mortification: A Comparative Study in Reformed Spirituality* (New York, NY: Peter Lang, 1995), 89-95. Kelly M. Kapic and Mark Jones, *The Ashgate Research Companion to John Owen's Theology* (London: Routledge, 2012), 205n10 에서 재인용하고 덧붙였다.

2 Alan C. Clifford, *Atonement and Justification: English Evangelical Theology 1640-1790: An Evaluation* (Oxford: Clarendon Press, 1990); Hans Boersma, *A Hot Pepper Corn: Richard Baxter's Doctrine of Justification in Its Seventeenth-Century Context of Controversy* (Zoetermeer: Uitgeverij Boekencentrum, 1993); Paul Chang-Ha Lim, *In Pursuit of Purity, Unity, and Liberty: Richard Baxter's Puritan*

백스터의 논쟁을 개괄적으로 소개하고 있고, 오웬의 칭의론을 몇몇 주제별로 다루고 있어서 도움이 된다.3 하지만 이 역시 오웬의 칭의론을 좀 더 포괄적으로 다루지 못한 아쉬움이 있다.

이 글에서는 존 오웬의 작품 "신앙에 의한 칭의에 대한 교리"(*The Doctrine of Justification by Faith*; 이하에서 『칭의론』으로 약칭함)4를 순서대로 분석하면서, 그의 칭의론의 주요 특징들을 부각시키고자 한다. 그러면서 현재 논의가 되는 몇몇 주제들 가령 그리스도의 능동적 순종, 회심준비론 등의 문제도 언급할 것이다. 오웬이 칭의론을 다룬 여러 작품들 중에서 이 작품을 분석하는 이유는 그의 칭의론이 가장 포괄적으로 나타난 작품이 본 작품이기 때문이다. 오웬이 『칭의론』에서 주로 염두에 두고 있는 논적은 로마 가톨릭의 벨라르미누스, 루터파의 오지안더, 소키누스주의자들 등이다.5 따라서 이 글에서도 역시 그들의 견해를 종종 소개하면서 오웬의 논점을 드러낼 것이다. 본격적으로 이 작품을 다루기에 앞서 오웬의 생애를 간략하게 소개하겠다.

Ecclesiology in Its Seventeenth-Century Context (Leiden: Brill, 2004); Tim Cooper, *John Owen, Richard Baxter and the Formation of Nonconformity* (Surrey, England: Ashgate, 2011); Edwin Tay, *The Priesthood of Christ: Atonement in the Theology of John Owen* (Milton Keynes, England: Paternoster, 2014); Crawford Gribben, *John Owen and English Puritanism: Experiences of Defeat* (New York, NY: Oxford University Press, 2016); Crawford Gribben, *An Introduction to John Owen: A Christian Vision for Every Stage of Life* (Wheaton, IL: Crossway, 2020).

3 윤종훈, "존 오웬의 칭의론에 관한 개혁주의적 고찰," 「성경과 신학」 72 (2014), 227-53.

4 이 작품은 아래와 같이 우리말 번역이 나와 있다. 존 오웬, 『칭의론』, 박홍규 역(서울: 퍼플, 2019). 본고에서는 우리말 번역과 아래 영어 원본을 함께 참조하면서 글을 전개하겠다. John Owen, "The Doctrine of Justification by Faith," in John Owen, *The Works of John Owen*, ed. William H. Goold, vol. 5 (Edinburgh: T&T Clark, 1862), 7-400. [이하에서 "*Works*, 5:페이지; 『칭의론』, 페이지"로 축약함.] 참고로 이 작품은 John Owen, "The Doctrine of Justification by Faith," in *The Works of John Owen*, vol. 5 (Edinburgh: The Banner of Truth Trust, 1965), 7-400과 동일하다.

5 *Works*, 5:11, 12; 『칭의론』, 27, 29.

II. 오웬의 생애

존 오웬은 청교도의 황태자라고 불린다.[6] 그는 옥스퍼드 가까운 마을인 스테드햄(Stadham)에서 1616년에 태어났다. 오웬의 말에 따르면, 그의 아버지는 일평생 비국교도로 살았다고 한다.[7] 하지만 정확하게 확인된 바는 없다.[8] 그는 12세에 옥스퍼드에 입학하여 고전학, 수학, 철학, 신학, 히브리어, 랍비 문학 등을 배웠다. 1632년, 16세의 나이로 문학사 학위를, 19세에는 문학석사 학위를 받았다. 오웬은 십대에 18시간에서 20시간가량 공부했다. 대주교 로드의 압박 때문에 오웬은 1637년에 옥스퍼드를 떠나 윌리엄 경, 레브레이스 경 등의 집에서 가정교사 및 가정목사로 지내며 학업에 전념하였다. 그는 26세부터 책을 출간하여 이후 죽을 때까지 80권 이상의 책을 저술한다.

오웬의 회심기는 흥미로운 면이 있다. 어린 시절 그는 신앙의 확신이 부족했다. 그런데 1642년 어느 날이었다. 원래 에드먼드 칼라미가 설교하기로 되어 있던 교회에 오웬은 친구와 함께 출석했다. 그러나 칼라미가 그날 설교를 못하고 다른 사람이 설교를 대신 하게 되었다. 오웬의 친구는 근처의 다른 교회로 가서 유명한 목사의 설교를 듣자고 했지만 오웬은 그 교회에 남아 설교를 듣기

---

6 이 부분 작성을 위해서는 Joel R. Beeke and Randall J. Pederson, *Meet the Puritans: With a Guide to Modern Reprints* (Grand Rapids, MI: Reformation Heritage Books, 2006), 455-63을 참조했다. 이 책은 아래와 같이 번역이 나와 있으나, 이 글에서는 영어본을 참조했다. Joel R. Beeke and Randall J. Pederson, 『청교도를 만나다』, 이상웅, 이한상 공역(서울: 부흥과개혁사, 2010). 오웬의 생애에 대해서는 위의 각주 2번에 실린 그리번의 두 작품이 표준적이다. Gribben, *John Owen and English Puritanism*; Gribben, *An Introduction to John Owen*. 오웬, 『칭의론』, 715-20에 나오는 간단한 글도 도움이 된다.

7 John Owen, *The Works of John Owen*, ed. William H. Goold, vol. 13 (Edinburgh: T&T Clark, 1862), 224.

8 Gribben, *An Introduction to John Owen*, 28.

로 했다. 그런데 "왜 두려워하느냐, 믿음이 작은 자들아?"라는 본문을 다룬 그 설교로 말미암아 오웬은 깊은 신앙의 확신을 갖게 되었다.[9]

1643년에 오웬은 『아르미니우스파 폭로』(A Display of Arminianism)라는 작품을 출간하는데, 여기서 아르미니우스주의적인 구원론을 거부한다. 그는 이 작품에서 예정론, 원죄론, 은혜론, 자유의지론, 속죄론 등을 다룬다. 1643년에 잉글랜드 청교도 지도자들과 스코틀랜드 장로교 지도자들 사이에 "엄숙동맹과 언약(Solemn League and Covenant)"을 맺게 되는데, 오웬 역시 이것을 받아들인다.

오웬은 메리 루크(Mary Rooke)와 결혼하여 11명의 자녀를 낳지만 1명 외에는 모두 어린 시절에 다 죽는다. 오웬은 1646년에 코게쉘(Coggeshell)에서 목사가 되어 설교를 하게 된다. 거기서 그는 존 코튼의 『천국의 열쇠들』(Keys of the Kingdom of Heaven, 1644)이란 작품의 영향으로 장로교에서 회중교회주의로 돌아서게 된다.[10] 그는 회중교회적인 원리에 따라 자신의 교회를 조직했다. 그의 설교는 인기가 좋았으며 이미 30대 초반일 때에 천 명이 넘는 사람들이 그의 설교를 듣기 위해 몰려왔다.

올리버 크롬웰과 오웬은 (크롬웰 생애 말기만 빼면) 매우 사이가 좋았다. 크롬웰은 중요한 행정적인 일들을 오웬에게 맡겼고, 오웬은 그 모든 일들을 매우 잘 처리하는 수완을 갖추었다. 1651년에 오웬은 옥스퍼드의 크라이스트 처치 칼리지의 학장이 되었다. 그리고 1652년에는 옥스퍼드 대학의 부총장이 되었다(총장은 크롬웰). 오웬이 옥스퍼드에 있는 동안 대학의 금고는 10배나

---

9 오웬은 그 설교자가 누군지 알고자 했으나 결국 찾지 못했다. Beeke and Pederson, *Meet the Puritans*, 455-56.

10 Beeke and Pederson, *Meet the Puritans*, 456. 오웬의 교회론에 대해서는 아래 박사학위 논문을 참조하라. Sungho Lee, "All Subjects of the Kingdom of Christ: John Owen's Conceptions of Christian Unity and Schism" (Ph.D. diss., Calvin Theological Seminary, 2007).

증가되었고, 학문이 매우 발전했으며, 규율이 체계적으로 질서 잡혔다. 1653년에 오웬은 옥스퍼드 대학에서 신학박사학위를 받는다(37세). 세인트 메리에서 오웬과 굿윈은 격주로 번갈아 가며 설교했다. 1650년대는 오웬이 행정적으로 왕성하게 활동했을 뿐 아니라, 수많은 작품 역시 쏟아놓던 시기이다. 그는 성도의 견인, 그리스도의 대속, 죄 죽임, 삼위일체 하나님과의 교제, 교회분열, 유혹, 성경의 권위 문제 등을 다루었다.[11]

크롬웰의 집권 말기에 오웬은 그와 급격하게 갈라서기 시작했다. 오웬은 크롬웰이 왕이 되고자 하는 것을 반대했기 때문이다. 크롬웰이 옥스퍼드 대학의 총장직을 자신의 아들 리처드에게 물려주자 오웬의 입지는 더욱 좁아졌다. 리처드는 오웬 대신 장로교 소속인 존 코난트(John Conant)를 부총장으로 지명했다. 1660년에 크라이스트 처치 칼리지의 학장직도 에드워드 레이놀즈(Edward Reynolds)에게 넘어가자 오웬은 스태드햄튼으로 퇴거하여 조용히 설교하면서 지낸다. 이후에 런던 대역병과 대화재 사건 이후로 런던에서 작은 교회를 설립하여 사역했다. 1670년대에 그는 회중교회주의의 황태자라는 별명을 얻게 될 정도로 왕성하게 활동했으며, 1683년 8월 24일에 세상을 떠난다. 오웬은 일평생 계속해서 작품들을 써냈는데, 특히 1674년에 쓴 『성령론』, 1677년에 나온 『칭의론』, 그리고 7권으로 된 『히브리서 주석』 등은 이 분야의 고전으로 인정받는다.[12]

---

11 Beeke and Jones, *A Puritan Theology*, 제6장을 보면 삼위 하나님과의 교제에 대한 오웬의 견해를 집중적으로 다룬다. 오웬, 『칭의론』, 717-20에는 오웬의 주요 작품들이 그의 생애와 함께 소개된다.

12 『성령론』은 John Owen, *The Works of John Owen*, ed. William H. Goold, vol. 3 (Edinburgh: T&T Clark, 1862)에 실려 있다. 『히브리서 주석』은 John Owen, *An Exposition of the Epistle to the Hebrews*, ed. William H. Goold, 7 vols. (London; Edinburgh: Johnstone and Hunter, 1855)로 나와 있다. 오웬의 성령론에 대한 소개는 아래 논문을 보라. 우병훈, "청교도 성령론의 특징: 십스, 굿윈, 오웬, 에드워즈를 중심으로," 『성령론』, 한국조직신학회 기획시리즈 6 (서울: 대한기독교서회, 2017), 187-224.

III. 죄론과 신론의 연결성

오웬이 『칭의론』을 쓸 당시 영국은 로마 가톨릭, 소키누스주의자들, 반율법주의자들, 무율법주의자들 등에 의해서 칭의론이 매우 혼란스럽던 시기이다. 그는 『칭의론』의 서두에서 성경적인 칭의론의 구성을 위한 전제들을 제시한다. 먼저 그는 신론과 죄론을 밀접하게 연결시킨다. 그는 칭의론이라는 주제와 관련해서 반드시 물어야 할 첫 번째 질문은 "죄책으로 억압받고 당혹스러워하는 죄인이 어떻게 양심의 평안을 얻을 수 있는가"하는 문제라고 주장한다. 칭의는 "그런 사람이 하나님 앞에서 용납되고 하늘의 기업을 얻을 수 있는 권리와 자격을 얻는 것"이기 때문이다.13 따라서 오웬은 칭의론을 제대로 이해하기 위해서는 하나님이 누구신지에 대한 논의부터 시작해야 한다고 본다.14 "의롭다 하시는 분은 하나님"이시다(롬 8:33). 따라서 칭의론에서 중요한 것은 "하나님의 눈앞에서, 그의 심판대 앞에서 의롭다 하심을 받거나 정죄를 받는다."는 사실을 기억하는 일이다. 칭의의 모든 사역은 "하나님의 심판대 앞에서 재판을 받는 절차의 방식으로 표현"되기 때문이다.15

문제는 거룩하신 하나님 앞에서 인간은 스스로 의롭게 될 수 없다는 사실이다. 오웬은 타락한 인간이 하나님의 형상을 완전히 상실했다고 본다.16 하지만

---

13 *Works*, 5:7; 『칭의론』, 21.
14 *Works*, 5:13, 240; 『칭의론』, 30, 425.
15 *Works*, 5:13; 『칭의론』, 30.
16 *Works*, 5:21; 『칭의론』, 43. 오웬의 하나님 형상론은 아래 논문을 보라. Suzanne Mcdonald, "The Pneumatology of the 'Lost' Image in John Owen," *Westminster Theological Journal* 71, no. 2 (2009), 323-35.

그는 신자들 중에 아무리 선한 사람이라도 하나님의 거룩과 영광에 다가가면 자신을 가장 깊이 혐오하게 되고, 자신의 모든 신뢰와 확신을 완전히 버리게 된다고 주장한다. 가령, 이사야 선지자는 하나님의 영광과 거룩을 보았을 때에 "화로다 나여 망하게 되었도다 나는 입술이 부정한 사람이요 나는 입술이 부정한 백성 중에 거주하면서 만군의 여호와이신 왕을 뵈었음이로다."라고 고백하였다(사 6:5). 오웬에 따르면, 이사야는 "값없이 죄 사함을 받았다는 증거를 가지기 전까지 안식하지 못했다."[17] 욥의 경우가 잘 보여주듯이, 하나님의 심판대 앞에서 의롭다고 주장할 수 있는 사람은 없으며, 다만 주님의 "주권적인 은혜와 자비"에 자신을 맡길 뿐이다.[18] 심판하시는 하나님과 나 사이에 "우리 주 예수 그리스도의 죽음"을 두는 길 외에는 하나님의 정죄를 피할 방법은 전혀 없다.[19] 오웬은 이러한 내용을 카스파루스 울렌베르기우스(Casparus Ulenbergius), 안셀무스(Anselm), 요하누스 폴란두스(Johannes Polandus), 히에로니무스(Jerome) 등의 저자를 통해 증명한다.[20]

흥미롭게도 오웬은 그 어떤 공적 예배서에 나오는 기도에서도 하나님께 받아들여지고자 하는 조건으로 자신들 안에 있는 그 어떤 것에 호소함을 발견하지 못했다고 지적한다.[21] 다시 말해 로마 가톨릭에서 가르치는 의화(義化) 교리는 그들이 가진 예전과는 불협화음을 낸다는 사실을 지적한 것이다.[22]

---

17 *Works*, 5:15; 『칭의론』, 33.
18 *Works*, 5:16; 『칭의론』, 35.
19 *Works*, 5:16; 『칭의론』, 36.
20 *Works*, 5:16-17; 『칭의론』, 35-37.
21 *Works*, 5:19; 『칭의론』, 40.
22 예전을 통해서 교리를 증명하는 방식은 교부들이 자주 사용하던 방식이다. 예를 들어, 아타나시우스는 삼위일체의 이름으로 세례를 베푸는 예전에서 그리스도의 신성을 증명한다. 또한 바실리우스는 성령께 올려드리는 찬송에서부터 성령의 신성을 증명한다. 아래 작품들을 보라. Athanasius of Alexandria, "Four Discourses against the Arians," in *St. Athanasius: Select Works and Letters*, ed. Philip Schaff and Henry Wace, trans. John Henry Newman and Archibald T. Robertson, vol. 4, A Select Library of the Nicene and

IV. 율법과 칭의

율법에 대한 바른 이해는 칭의론을 이해하는 데 핵심적이다. 오웬에 따르면, 율법은 하나님께 대한 우리의 순종의 전체적이며 유일한 규칙이다. 율법은 하나님께서 직접 주신 것이다. 만일 율법을 온전히 행한다면 의로운 사람으로 인정받을 수 있다. 하지만 오웬은 로마서 3장 19-20절을 근거로 율법이 하나님 앞에서 칭의의 수단이 되기에 전적으로 불충분하다는 것을 주장한다. 그에 따르면, 바울은 로마서 4장에서 아브라함과 다윗의 예로써 이를 보여주고자 한다.[23]

오웬은 논의를 좀 더 분명하게 하기 위해서 당시에 통용되던 신학 개념들과 용어들을 설명한다. 당시의 용법에 따르면, 율법은 도덕법과 의식법으로 나눠진다. 이 두 가지 율법 중에서 의식법은 칭의에서 배제되지만, 도덕법은 칭의에서 배제되지 않는다고 주장한다.[24] 도덕법을 다 준수한 자만이 의롭다고 인정받을 수 있다. 이생에서 하나님 앞에서는 두 가지 칭의가 있다. 칭의는 그것의 시작과 관련하여, 그리고 그것의 유지와 관련하여 고려될 수 있다. 행위는 적정공로(*ex condigno*)와 관련한 것이 있는데, 이것은 그 자체의 내적 가치에

Post-Nicene Fathers of the Christian Church, Second Series (New York, NY: Christian Literature Company, 1892), 371 (Discourse II, XVIII.42); Basil of Caesarea, "The Book of Saint Basil on the Spirit," in *St. Basil: Letters and Select Works*, ed. Philip Schaff and Henry Wace, trans. Blomfield Jackson, vol. 8, A Select Library of the Nicene and Post-Nicene Fathers of the Christian Church, Second Series (New York, NY: Christian Literature Company, 1895), 46 (XXIX.73).

23 *Works*, 5:26; 『칭의론』, 51.
24 *Works*, 5:30; 『칭의론』, 59.

따른 공로이다. 또한 재량공로(ex congruo)와 관련한 행위가 있는데, 이것은 하나님의 언약과 약속에 따른 공로이다.[25] 이중에서 적정공로는 첫 번째 칭의에서는 배제된다. 재량공로는 첫 번째 및 두 번째 칭의에서 자리를 가질 수 있다.[26] 이상의 내용들이 오웬 당시 신학자들이 칭의와 관련해서 갖고 있던 생각들이다. 하지만 오웬은 이런 개념들로는 "내가 어떻게 다가오는 진노를 피할 수 있는가?"라는 질문에 대답할 수 없다고 주장한다.[27]

오웬에 따르면, 인간은 참된 공로를 가질 수 없기에, 칭의를 얻기 위해서는 다른 길이 주어져야 한다.[28] 그것은 그리스도와 우리 사이의 전환(commutation)이 이뤄지는 길이며, 우리의 죄가 그리스도에게 전가되고, 그의 의가 우리에게 전가되는 길이다.[29] 오웬은 이러한 내용이 희생염소가 드려지는 구약의 율법에서 예표되었다고 본다(레 16:21-22).[30] 아론이 희생염소에게 안수하여 모든 죄를 염소 위에 둘 때, 그는 한 주체에서 다른 주체로 죄를 전이시킨 것(transfuse)이 아니라, 죄책을 한 곳에서 다른 곳으로 전환시킨 것(transfer)이다.[31] 오웬은 이러한 내용을 순교자 유스티누스, 닛사의 그레고리우스, 크리소스토무스, 베르나르두스, 루터 등이 가르쳤다고 주장한다.[32]

---

25 *Works*, 5:30; 『칭의론』, 59, 242. 우리말 번역은 적정공로(ex condigno)와 재량공로(ex congruo)를 제대로 번역하지 못한 아쉬움이 있다. 가령, 365쪽에서도 "meritum de condigno"를 "정량적"으로 번역하는데, "적정공로"로 번역되어야 한다. 399쪽에서 "댓가를 따른 것(ex condigno)"와 "호의를 베풀어서라도(ex congruo)"도 역시 적절하게 수정될 필요가 있다.

26 *Works*, 5:30; 『칭의론』, 59. "첫 번째 칭의와 두 번째 칭의"에 대한 논의는 아래의 "첫 번째 칭의와 두 번째 칭의의 구분 비판" 단락에서 깊이 있게 다루겠다.

27 *Works*, 5:31; 『칭의론』, 60. 오웬이 제시한 용법들 특히 적정공로와 재량공로의 구별은 사실상 오늘날에도 로마 가톨릭 신학자들이 여전히 사용하는 것이다.

28 *Works*, 5:31; 『칭의론』, 61.

29 *Works*, 5:34; 『칭의론』, 64.

30 *Works*, 5:34; 『칭의론』, 64.

31 *Works*, 5:34; 『칭의론』, 64-65.

32 *Works*, 5:36-37; 『칭의론』, 67-69.

V. 그리스도와의 연합과 칭의

우리가 그리스도 안에서 의롭게 하심을 받는 이유는 "그리스도 안으로 접붙여지고, 그에게 묶이고 연합됨으로써 그는 자신의 것들을 우리의 것이 되게 하시고, 자신의 부요함을 우리에게 전달하시며, 하나님의 심판과 우리의 불의 사이에 자신의 의를 두시기 때문"이다.33 한 사람 아담의 잘못으로 우리가 모두 죄인이 된 것처럼 오직 그리스도의 의로 말미암아 우리 모두 의롭다 하심을 얻는다. 하나님은 그리스도의 순종을 우리의 의가 되게 하신다. 우리가 그리스도와 연합되어 있기 때문이다.34 오웬에 따르면, "죄와 의에 대한 이런 복된 전환"은 "성경에서 우리의 믿음의 주요한 대상으로 표현되고 있다."35 칭의의 "본질은 우리의 죄가 그리스도께 전가되었고, 그의 의가 우리에게 전가되었다는 것"이다.36 이러한 믿음은 사느냐 죽느냐의 문제이며, 교회가 설 수도 무너질 수도 있는 조항(*Articulus stantis aut cadentis ecclesiæ*)이다.37

VI. 믿음과 칭의

---

33 *Works*, 5:38; 『칭의론』, 71(피기우스의 말 인용).
34 *Works*, 5:38; 『칭의론』, 71(피기우스의 말 인용).
35 *Works*, 5:40; 『칭의론』, 73.
36 *Works*, 5:44; 『칭의론』, 79.
37 *Works*, 5:44, 65; 『칭의론』, 79, 112. 오웬은 벨라르미누스(97, 99)나 소키누스(101)가 이신칭의 교리를 비판한 것을 소개하고 재반박한다.

『칭의론』제1장은 의롭게 하는 믿음의 원인을, 제2장은 그 믿음의 본질을, 제3장은 그 믿음의 용도를 다룬다. 오웬은 칭의의 수단이 믿음이라고 주장한다. 의롭게 하는 믿음은 "역사적 믿음"(historical faith)과는 다르다. 단지 역사적인 내용에만 동의하는 것이 아니기 때문이다.[38] 의롭게 하지 못하는 믿음도 겉으로는 지성과 감정과 삶에 큰 결과를 가져올 수 있다. 하지만 그런 믿음은 의롭게 하는 믿음과는 분명히 구분된다.

의롭게 하는 믿음은 솔리피디안들(Solifidians)이나 반율법주의자들(Antinomians)이 주장하는 믿음과는 다르다.[39] 솔리피디안들은 오직 믿음만이 칭의의 수단이며 도구며 조건이라고 가르치는 사람들이다. 그들은 의롭게 하는 믿음을 "거룩한 순종의 원리와 열매들과 분리될 수 있고 분리되어 있다고 주장하는 사람들"이다. 오웬은 이들에 반대하여 의롭게 하는 믿음과 의무들의 관계는 원인과 결과, 뿌리와 열매의 관계라고 주장한다.[40]

오웬은 "의롭다 하심을 받는 믿음은 칭의와 분리되는 어떤 다른 믿음도 참여하지 못하는 '특별한 종류나 본질에 속하는 믿음'이라는 것을 입증"하고자 한다. 그는 그러한 믿음이 일어나는 사람에게는 우선 "죄를 깨닫게 하는 율법의 사역"이 있어야 한다고 주장한다. 즉, "죄에 대한 각성이 의롭다 하심을 받는 믿음이 있기 전에 반드시 있어야 한다"는 것이다.[41] 이것은 "율법과 복음의 질서와 관계와 용도"를 살펴볼 때에 분명하다.[42] 복음이란 "율법의 선언과 저주로부터 사람들의 영혼을 구원하시는 하나님의 방법을 계시하는 것"이기 때문이다(롬 1:17).[43]

---

38 *Works*, 5:72; 『칭의론』, 123-25.
39 *Works*, 5:73; 『칭의론』, 127-28.
40 *Works*, 5:73; 『칭의론』, 128.
41 *Works*, 5:74; 『칭의론』, 129.
42 *Works*, 5:75; 『칭의론』, 132.

그렇지만 오웬은 칭의 얻는 믿음 이전에 발생하는 이러한 죄에 대한 "각성"(conviction)이 결코 "공로적 차원에서 우리의 칭의를 위해 사전에 필요한 성향이나 준비나 일치나 조건이 아니다"라고 주장한다.[44] 오웬의 이 말은 매우 중요한데, 간혹 청교도의 회심준비론을 펠라기우스주의적이라거나 알미니우스주의적이라고 주장하는 사람들이 있기 때문이다.[45] 하지만 오웬의 경우에서 보듯이, 청교도가 말하는 회심준비론은 율법이 가진 기능과 직결된다. 특히 율법의 기능 중에 "죄를 깨닫게 하는 기능"(usus elenchticus) 혹은 "그리스도께로 인도하는 기능"(usus paedagogicus)이 회심준비론과 관련되는 것이다.

오웬은 죄에 대한 각성이 칭의의 공로적 조건이 아니라고 힘주어 말한다. 첫째로, "그것들 자체로 칭의의 조건들이 되도록 만드는 하나님의 언약과 약속과 규정은 없기" 때문이다.[46] 둘째로, "칭의는 일시적인 믿음의 행위 아래 일어난 각성들에서 나오는 외적인 행동들과 의무들이 없는 곳에서도 있을 수 있기" 때문이다.[47] 셋째로, 칭의 이전에 일어나는 현상들은 "칭의를 위한 형식적인 성향들도 아니기" 때문이다.[48] 넷째로, 그것들은 사람들을 "도덕적으로 칭의를 위해 준비시키는 것도 아니기" 때문이다.[49] 결론적으로 오웬은 "죄인을 생명의 칭의의 약속을 믿도록 부르시는 것은 이것들[각성을 비롯한 현상들]에 대한 어떤 고려도 없는 오직 주권적인 은혜의 행위"라고 주장한다.[50] 그렇다면 "죄에

---

43 Works, 5:75; 『칭의론』, 132.

44 Works, 5:78; 『칭의론』, 137.

45 이에 대한 논의는 아래 글을 보라. 조엘 비키, 마크 존스, 『청교도 신학의 모든 것』, 김귀탁 역(서울: 부흥과개혁사, 2015), 512-33("청교도의 예비적 은혜 교리").

46 Works, 5:78; 『칭의론』, 137.

47 Works, 5:79; 『칭의론』, 138.

48 Works, 5:79; 『칭의론』, 138.

49 Works, 5:79; 『칭의론』, 138.

50 Works, 5:80; 『칭의론』, 139.

대한 각성"이 칭의의 믿음이 있기 전에 반드시 있어야 하는 이유는 무엇인가? 그것은 위에서 설명한 것처럼 율법과 복음의 관계성 때문이다. 즉, 율법의 정죄가 없이 복음이 주는 구원은 설명될 수 없기 때문이다. 그렇기에 오웬은 칭의의 믿음이 대상으로 하는 것은 종교개혁 신학에서 잘 가르쳤듯이 "그리스도 안에 있는 하나님의 자비와 그것에 대한 우리 자신의 죄에 대한 용서"라고 규정한다.[51] 그는 단적으로 아래와 같이 주장한다.

> 어느 누구도 율법에 대해 아무것도 모르는 사람이 복음을 이해했다고 생각하지 말자. 하나님의 법은 죄인들과 관련하여 율법을 먼저 제시하는 것이다. "율법으로 죄를 알게 되기" 때문이다. 그리고 복음적인 믿음은 영혼이 하나님의 마음에 따라 율법에 의해 자신이 처해 있는 상태와 조건에서 벗어나기 위해 행동하는 것이다. 그리고 적어도 이런 상태와 조건이나 혹은 죄인들의 양심에 미치는 율법의 역할에 대한 실질적인 고려를 포함하고 있지 않은 학식 있는 사람들의 글에서 풍부한 믿음에 대한 이런 모든 묘사들은 헛된 사변들에 불과할 뿐이다.[52]

그와 동시에 오웬은 주 예수 그리스도가 칭의를 위한 믿음의 특별한 대상이시라고 주장한다(행 10:43, 16:31, 4:12; 눅 24:25-27; 요 1:12, 3:16, 36, 6:29, 47, 7:38 등).[53] 그에 따르면, 그리스도는 이 목적을 위해 하나님께서 작정하신 분으로서 믿음의 대상이시다(롬 5:8, 3:24; 요일 4:9-10; 엡 1:6-8 등).[54]

---

51 *Works*, 5:84; 『칭의론』, 147.
52 *Works*, 5:98-99; 『칭의론』, 172.
53 *Works*, 5:90-91; 『칭의론』, 156-58.
54 *Works*, 5:91-93; 『칭의론』, 158-62.

오웬은 의롭게 하는 믿음의 본질을 성령론적으로 그리고 기독론적으로 서술한다. 그는 "의롭다 하심을 받는 믿음은 오직 성령에 참여하고 그에 의해 그리스도와 연합되어 그들의 본성이 갱신되고 그들 안에 모든 은혜의 원리와 순종의 목적이 있는 사람들" 안에서만 발견된다고 주장한다.[55]

그렇다면 칭의에서 믿음의 용도는 무엇인가? 여기에 대해서 오웬은 단적으로 칭의에서 믿음은 "도구적 원인"을 가진다고 주장한다. 그리고 이것은 개신교 신학자들의 견해이며, 개신교의 많은 공적 신앙고백서들의 표현이라고 주장한다. 그런데 로마 가톨릭과 소키누스주의자들은 그것을 부인했다. 하지만 오웬은 믿음이 칭의에서 도구적 원인을 가진다고 강력하게 주장한다.[56]

그와 동시에 오웬은 믿음이 칭의의 도구적 원인이 된다고 해서 절대 신자가 "믿음으로 말미암아 스스로 의롭다 하심을 받게 된다고 말하는 것은 아니"라고 힘주어 말한다. 칭의는 "순수하게 하나님의 주권적인 행위"이기 때문이다.[57] 그는 이렇게 서술한다.

> 믿음의 도구성에서 유일한 주된 원인이신 하나님 이외에 어떤 사람에게 칭의의 효과를 돌릴 수 어떤 논리적인 근거도 없다. 칭의의 효과는 오직 자신의 자유롭고 주권적인 은혜의 방법으로 자신이 선하게 여기시는 바에 따라 사건들의 질서를 세우시고 서로 관련을 맺게 하시는 하나님에게서 나온다.[58]

그렇기에 오웬은 믿음이 칭의의 조건이라는 표현보다 믿음이 칭의의 도구적 원인이라는 표현이 더 옳다고 주장한다.[59] 이런 맥락에서 오웬은 다시금 칭의

---

55 *Works*, 5:105; 『칭의론』, 182.
56 *Works*, 5:108-9; 『칭의론』, 188-89.
57 *Works*, 5:110; 『칭의론』, 193.
58 *Works*, 5:111; 『칭의론』, 193.

를 얻게 하는 믿음의 대상이신 그리스도를 강조한다. 특히 그리스도의 위격을 강조하며 그의 사역을 강조한다.[60] 또한, 그리스도의 희생과 의를 우리에게 적용시키는 모든 수단이 그리스도의 사역 안에 포함되어 있다는 사실과 그 주요한 작용인(the principal efficient cause)이신 성령을 강조한다(고전 6:11).[61] 우리 편에서 칭의의 도구적 원인이 믿음이라면, 하나님 편에서 우리 칭의의 도구적인 원인은 "복음의 약속"이라고 말한다(갈 3:22, 23).[62]

VII. 칭의의 정의(定義; definition)

오웬은 『칭의론』의 제4장에서 성경에 나오는 칭의 관련 용어들을 고찰한다. 먼저 그는 로마 가톨릭이 칭의(稱義; justificatoin) 대신 의화(義化; justifaction)라는 단어를 사용하는 것을 비판한다.[63] 의화란 "우리 안에 주입되거나 우리가 행한 어떤 은혜의 내적인 습관으로 말미암아 우리가 죄사함을 받고 의롭다 하심을 받는 것"이다.[64] 오웬에 따르면, 고대의 신학자들 중에 이러한 의화 개념을 지지한 사람은 없었다. "칭의라는 이름 아래 우리 자신의

---

59 *Works*, 5:111-12, 113; 『칭의론』, 194-95, 197.

60 *Works*, 5:116, 120; 『칭의론』, 203, 209.

61 마이클 호튼은 개혁 신학자들이 중생의 작용인으로 성령을 강조했다고 주장한다. Michael Horton, *The Christian Faith: A Systematic Theology for Pilgrims on the Way* (Grand Rapids, MI: Zondervan, 2011), 569: "Employing the traditional Aristotelian categories, Reformed theologians affirmed that the Holy Spirit is the *efficient cause* of regeneration." (강조는 호튼의 것) 한역에서는 "동역인"이라고 잘못 번역하고 있고, 이탤릭체도 따로 표시하지 않고 있다(마이클 호튼, 『개혁주의 조직신학』, 이용중 역[서울: 부흥과개혁사, 2012], 568).

62 *Works*, 5:118; 『칭의론』, 205.

63 *Works*, 5:124; 『칭의론』, 216.

64 *Works*, 5:124; 『칭의론』, 216-17.

어떤 행위와 관련이 없는 값없고 은혜로 말미암은 성화의 교리를 선언했던”
아우구스티누스조차도 역시 로마 가톨릭의 의화 개념을 지지하고 있지는 않
다.[65]

오웬에 따르면, 칭의는 “법정적”(forensic)이며, “법적인 행위”(an act of
jurisdiction)이다.[66] 그리고 칭의와 은혜로 말미암은 입양(gratuitous
adoption)은 본질에 있어서 동일한 은혜이다. 그것들은 단지 똑같은 은혜를
그것들이 가져오는 다른 효과나 특권들 때문에 다른 이름을 사용할 뿐이다.[67]
이처럼 오웬은 칭의와 입양을 긴밀하게 연결시킨다. 하지만 동시에 그는 칭의
를 입양과 구분한다. 그는 “칭의가 양자와 하나님께 용납이 되는 것과 하늘의
유업에 대한 권리와 자격을 준다”라고 분명하게 말한다.[68] 입양은 칭의 이후에
따라오는 은혜인 것이다. 칭의란 “죄가 없다거나 의롭다고 평가하고 선포하거
나, 선언하거나, 의가 전가 되었다는 의미”이다.[69] 벨라르미누스는 “디카이오
오”라는 단어가 성경의 “많은 곳에서” “어떤 사람을 의롭다고 선언하거나 법적
으로 선포하는 것”(the declaration or juridical pronunciation of any
one to be righteous)을 의미한다고 하지만, 오웬은 성경에서 그 단어가 사용
되는 “모든 곳에서” “법적인 의미”(forensic sense)를 지닌다고 주장한다.[70]

---

65 *Works*, 5:124; 『칭의론』, 216-17.
66 *Works*, 5:125; 『칭의론』, 217. 오웬의 속죄론을 상업적(commercial)으로 해석하는 경향이
많았다. Clifford, *Atonement and Justification*, 129-30 (오웬의 상업주의적 속죄론이 아리
스토텔레스의 영향을 받았기에 실패했다고 평가함); Boersma, *A Hot Pepper Corn*, 20,
220 (오웬의 속죄론을 상업주의적이라 평가함). 하지만 『칭의론』의 진술로 보자면, 오웬의 칭의
론이 가지는 법정적(forensic) 성격을 고려할 필요가 있다.
67 『칭의론』, 218, *Works*, 5:125. “And in the present case *justification* and *gratuitous
adoption* are the same grace, for the substance of them, John 1:12; only, respect
is had, in their different denomination of the same grace, unto different effects
or privileges that ensue thereon.” (이탤릭은 원문의 것)
68 *Works*, 5:266; 『칭의론』, 472.
69 *Works*, 5:125; 『칭의론』, 219.

VIII. 첫 번째 칭의와 두 번째 칭의의 구분 비판

오웬의 『칭의론』에서 제5장은 백미(白眉)에 속한다. 여기에서 그는 로마 가톨릭의 이중 칭의론을 비판하면서 성경적 칭의론을 정립한다. 로마 가톨릭에 따르면, 첫 번째 칭의는 "은혜나 자비의 내적인 원리나 습관을 우리에게 주입하거나 전달하는 것"이다. 이로 말미암아 원죄는 소멸되며 죄의 모든 습관은 추방된다. 이 첫 번째 칭의는 믿음으로 말미암으며 그리스도의 순종과 충족은 그것의 유일한 공로적 원인이다.[71] 두 번째 칭의는 첫 번째 칭의의 "효과이거나 결과이며 그것의 올바른 형식적 원인은 이런 은혜와 사랑의 원리에서 나오는 선행"이다.[72] 이렇게 칭의를 둘로 나누는 것은 로마 가톨릭의 공로사상과 밀접하게 연관이 있다. 첫 번째 칭의는 "재량공로"(*meritum de congruo*)와 관련되며, 두 번째 칭의는 "적정공로"(*meritum de condigno*)와 관련된다.[73]

오웬은 이러한 로마 가톨릭의 이중적 칭의론 즉, 의화 사상을 비판한다. 첫째, 이중적 칭의론은 그리스도의 공로를 크게 훼손시킨다. 둘째, 이중적 칭의론은 공로를 우리 자신에게 돌린다. 셋째, 이중적 칭의론은 사실상 아무런 칭의를 남기지 않는다. 넷째, 이중적 칭의론은 성경적 근거가 전혀 없다. 다섯째, 이중적 칭의론에서 특히 두 번째 칭의에 대해서는 그 어떤 성경적 근거가

---

70 *Works*, 5:130; 『칭의론』, 227.
71 *Works*, 5:137-38; 『칭의론』, 242.
72 *Works*, 5:138; 『칭의론』, 242-43.
73 이 두 개념에 대해서는 아래 사전을 참조하라. Richard A. Muller, *Dictionary of Latin and Greek Theological Terms: Drawn Principally from Protestant Scholastic Theology* (Grand Rapids, MI: Baker Academic, 2017), 217 ("meritum de congruo").

없다.[74] 오웬은 "첫 번째 칭의가 두 번째 칭의를 전복시켜서 그것을 불필요한 것이 되게 하거나, 두 번째 칭의가 본질적으로 첫 번째 칭의에 속하는 것을 제거함으로써 첫 번째 칭의를 파괴시킨다는 것은 명백하다. 그러므로 우리는 그것들이 조화를 이루지 못하기 때문에 어느 하나를 버려야 한다."라고 말한다.[75] 그에 따르면, 오직 하나의 칭의만 있을 뿐인데, "우리가 믿을 때 우리의 모든 죄가 사함을 받기" 때문이다(골 2:13-15).[76] 두 번째 칭의 개념이 부적절한 이유는 율법이 언제나 완벽한 순종을 요구하기 때문이다. 오웬은 "율법에서 완벽한 순종을 요구하는 능력을 배제하는 것은 최악의 반율법주의이며 하나님의 율법을 가장 심하게 경멸하는 것이다."라고 주장한다.[77]

오웬에 따르면, 신자가 믿음으로 받은 칭의는 지속적이다. "칭의는 완벽한 의를 전가함으로써, 천국의 기업의 자격과 권리를 부여함으로써, 과거의 모든 죄에 대한 실질적인 용서와 미래의 죄에 대한 실질적 용서로써 한 번에 완성"시키기 때문이다.[78] 이러한 절대적 칭의는 하나님의 눈 앞에서 일어나는 것이다.[79] 오웬은 칭의의 지속성이 의지하는 것은 우리의 순종이 아니라고 분명히 말한다.[80] 칭의의 시작이 믿음이듯이, 칭의의 지속도 역시 믿음이기 때문이다.[81] 만일 칭의의 지속성이 우리의 순종에 달려 있고 본다면, 그것은 로마

---

74 *Works*, 5:140-43; 『칭의론』, 246-51.
75 *Works*, 5:143; 『칭의론』, 251.
76 *Works*, 5:144; 『칭의론』, 254.
77 *Works*, 5:145; 『칭의론』, 255-56.
78 *Works*, 5:147; 『칭의론』, 258.
79 *Works*, 5:148; 『칭의론』, 259.
80 *Works*, 5:149; 『칭의론』, 262-63. 그렇다고 해서 오웬이 신자의 선행을 무시하는 것은 아니다. 백스터는 오웬이 무율법주의자인 것처럼 비난했지만, 그것은 정당한 비판이 아니었다 (Gribben, *John Owen and English Puritanism*, 113). 오웬은 그리스도인의 삶이 그리스도를 믿음으로 사는 삶이라고 분명히 함으로써 반율법주의의 위험을 피하고 있다(*Works*, 5:150; 『칭의론』, 264).
81 *Works*, 5:150; 『칭의론』, 263.

가톨릭이 말하듯이 그리스도의 의가 오직 첫 번째 칭의와만 관련되는 것으로 보는 것이다.[82] 그리고 이것은 "공로"가 오직 그리스도께만 있다고 말하고 우리에게는 공로가 없다고 말하면서도, 여전히 칭의가 우리 자신의 행위에 의존한다고 말하는 사람들에게도 동일하게 적용된다고 오웬은 주장한다.[83]

IX. 칭의와 최종 심판

오웬은 칭의와 최종 심판의 관계성을 제6장에서 다룬다. 그는 심판 날에 이뤄질 칭의를 "선언적 칭의"(sentential justification)라고 부른다.[84] 그는 소키누스의 견해나 벨라르미누스의 견해를 비판한다.[85] 소키누스는 선행이 칭의의 유효적(*efficiens*) 원인이나 공로적(*meritoria*) 원인은 아니지만, 그럼에도 불구하고 칭의의 필수적 원인(*causa … sine qua non justificationis*)이라고 주장한다.[86] 반면에 벨라르미누스는 성경에서 어떤 사람이 "습관적 의"(habitual righteousness)를 통해 의롭게 된다는 것을 발견하지 못했지만,

---

82 *Works*, 5:150; 『칭의론』, 264.
83 *Works*, 5:151; 『칭의론』, 265. 이러한 견해는 N. T. 라이트의 칭의론과 유사하다. 라이트는 현재 칭의와 미래 칭의를 나누고, 미래의 최종적 칭의는 우리가 살아낸 삶에 근거해서 받는 것이라고 주장한다. 우병훈, "『톰 라이트, 칭의를 말하다』 서평," 「갱신과 부흥」 9 (2011), 118-32를 참조하라.
84 *Works*, 5:152; 『칭의론』, 268.
85 *Works*, 5:153-55; 『칭의론』, 269-71.
86 *Works*, 5:153; 『칭의론』, 269. 우리말 번역은 원본에 실린 라틴어를 완전히 잘못 해석했다. 아래에 라틴어 부분만 필자의 사역(私譯)을 제시했다. "So doth Socinus himself, De Justificat. p. 17, 'Sunt opera nostra, id est, ut dictum fuit, obedientia quam Christo præstamus, licet nec efficiens nec meritoria, tamen causa est (ut vocant) sine qua non, justificationis coram Deo, atque æternæ nostræ (우리의 행위 즉 그리스도께 우리가 드리는 순종은 유효적이지도 않고 공로적이지도 않지만, 그럼에도 불구하고 [그렇게 부른다면] 하나님 앞에서 우리의 영원한 칭의의 필수적 원인이다).'"

터무니없는 논증으로 그것을 증명하고자 했다.[87]

소키누스와 벨라르미누스의 견해에 반대하여 오웬은 현재 믿음으로 칭의 받은 사람은 심판의 날에 선언적 칭의를 받게 된다고 주장한다. 심판 날에도 역시 행위로 심판을 받는 것이 아니다. 다만 행위에 따라 갚으실 것이라는 표현이 나오는데, 이것은 행위로써 의롭다고 칭해지는 것과는 구분되어야 한다. 우리는 어디까지나 믿음으로(*ex fide*), 믿음을 통해(*per fidem*) 의롭다 하심을 받는다. 심지어 믿음 때문에(*propter fidem*) 의롭게 된다고 말해서도 안된다.[88] "믿음 때문에(*propter fidem*)"라는 표현 안에는 믿음이 행위나 공로로 인식될 수 있기 때문이다. 성경은 언제나 칭의를 행위가 아니라 믿음에 돌리고 있는데, 이때의 믿음은 은혜를 받는 수단일 뿐이다.[89]

X. 그리스도의 의가 전가

『칭의론』의 제7장부터 마지막 장인 제20장까지는 사실상 하나의 주제에 집중되어 있다고 해도 과언이 아니다. 그것은 바로 그리스도의 의가 전가(轉嫁; imputation)라는 주제이다. 오웬은 칭의가 아브라함 사건에서 제일 먼저 기록 되었다고 적고 있다(창 15:6; 롬 4:23-24). 그에 따르면, 창세기 15:6에 나오 는 "바야흐세베하"(וַיַּחְשְׁבֶהָ)라는 단어는 의가 아브라함에게 "전가되었다"는 뜻이다.[90] 그는 그리스도의 의의 전가 교리를 반대하는 두 무리는 교황주의자

---

87 *Works*, 5:155; 『칭의론』, 271.
88 *Works*, 5:160-61; 『칭의론』, 280-81.
89 *Works*, 5:161; 『칭의론』, 282.
90 *Works*, 5:162; 『칭의론』, 285.

들과 소키누스주의자들이라고 말한다.[91]

우선 오웬은 로마 가톨릭의 모순을 지적한다. 그들은 아담의 원죄가 전가된다는 사실은 인정하지만 그리스도의 의가 믿는 자에게 전가된다는 사실은 부정하기 때문이다. 따라서 벨라르미누스가 "아담의 죄는 마치 그들이 모두 똑같은 죄를 범한 것처럼 그의 모든 후손에게 전가된다"고 말할 때, 그는 칭의론에서 자신이 격렬하게 반대했던 전가의 참된 본질을 제시하고 있다고 오웬은 주장한다.[92] 오웬은 아담으로부터 얻은 본성의 오염과 부패를 첫 번째 종류의 전가라고 표현한다. 그것이 우리의 것이 된 것은 이전에 있던 그 전가 때문인 것이다.[93]

또한 오웬은 소키누스파의 오류를 지적한다. 먼저 오웬은 칭의에 대한 두 가지 잘못된 이해를 경계한다. 첫째는, "의롭다 하심을 받는 사람들에게 다른 사람의 의를 전달하거나 주입하여서 그들이 그로 말미암아 완벽하고 내적으로 의롭다 하심을 받게 되는 것"이 칭의라고 생각하는 것이다. 이런 견해는 잘못되었는데, "어떤 사람의 의가 다른 사람에게 전달되어 그 사람의 주관적이며 내적인 의가 되는 것은 불가능하기 때문"이다. 둘째는, "한 사람의 의가 결코 다른 사람의 의가 될 수 없다고 말하는 것"이다. 이 또한 잘못된 것인데, "그것

---

91 *Works*, 5:162; 『칭의론』, 290. 흥미롭게도 오웬은 "사람들은 자신들이 교리적으로 부인하는 교리를 통해서 실제로 구원받을 수 있다. 그리고 그들은 자신들의 의견으로는 전가되었다는 것을 부인하는 그 의의 전가로 의롭게 될 수 있다."라고 주장한다(*Works*, 5:162; 『칭의론』, 288).

92 *Works*, 5:169; 『칭의론』, 298. 오웬은 벨라르미누스의 *De Amiss. Grat.*, lib. iv. cap. 10를 인용했다.

93 *Works*, 5:169; 『칭의론』, 298. 원문의 "The corruption and *depravation* of nature which we derive from Adam is imputed unto us with the *first kind of imputation*, namely, of that which is ours antecedently unto that imputation ..."라는 문장을 우리말 번역은 "우리가 아담으로부터 얻은 본성의 타락과 부패는 첫 번째 종류의 전가, 곧 그 전가 이전에 우리 것이었던 것의 전가로 우리에게 전가된다."라고 번역하는데, 이는 "우리가 아담으로부터 얻은 본성의 **오염**과 **부패**는 **첫 번째 종류의 전가** 즉, 이전에 있던 그 전가로 우리의 것이 되어 우리에게 전가된다."라고 번역해야 한다.

은 모든 전가를 부인하는 것"이 되기 때문이다. 오웬은 전가에 대해 다음과 같이 기술한다.

이 전가는 "오직 은혜로 말미암은"(ex mera gratia) 하나님의 행위인데, 오직 하나님의 사랑과 은혜에서 나온 것이다. 이로 말미암아 그리스도의 중보를 기초로, 하나님은 참되고 실제적이며 완벽한 의, 곧 그리스도 자신의 의를 믿는 모든 사람에게 효과적으로 인정하고 기증하시며, 또한 자신의 은혜로우신 행동에 근거하여 그것을 그들의 것으로 여기셔서 그들을 죄로부터 벗어나게 하시고, 그들에게 영생에 이르는 권리와 자격을 부여하신다.[94]

그러나 소키누스주의자들은 그리스도의 의가 오직 그 효과의 관점에서 우리에게 전가된다고 주장한다. 그리하여 그들은 전가 그 자체를 부인하고 만다. 예를 들어, 소키누스주의자인 쉴리히팅기우스(Schlichtingius)는 다음과 같이 주장한다.

실로 그리스도의 의를 통해서 우리가 의롭게 되거나, 그의 의가 우리의 의가 되는 것은 필요하지 않다. 오히려 그리스도의 의가 우리 칭의의 원인이 되는 것으로 충분하다. 그리고 우리는 우리의 선과 의를 충만하게 하는 한 그리스도의 의가 우리의 의라고 당신에게 인정할 수 있다. 실로 당신은 우리의 것이 곧 우리에게 속하는 것과 우리의 것으로 여겨진 것임을 알고 있다.[95]

---

94 *Works*, 5:173; 『칭의론』, 305(한역을 수정함).
95 *Works*, 5:174; 『칭의론』, 306. 한역에 나오는 라틴어 번역을 수정했다. 아래에 원문을 제시한다. "Nec enim ut per Christi justitiam justificemur, opus est ut illius justitia, nostra fiat justitia; sed sufficit ut Christi justitia sit causa nostræ justificationis; et hactenus possumus tibi concedere, Christi justitiam esse nostram justitiam, quatenus nostrum in bonum justitiamque redundat; verum tu proprie nostram, id est, nobis attributam ascriptamque intelligis" (Schlichtingius, *Disp. pro Socin. ad Meisner.*,

하지만 오웬은 그리스도의 의가 우리 칭의의 원인으로만 작용한다면 그것은 실제로 모든 전가를 전복시키는 것이라고 본다. 그리고 사실상 그리스도의 의의 내용 자체의 전가 없이 그 효과만 전가된다는 소키누스주의자들의 가르침은 이해할 수 없는 사상이라고 주장한다.[96]

이어지는 『칭의론』의 제8장은 그리스도의 의가 전가(轉嫁; imputation)에 대한 가장 아름다운 가르침을 제공하고 있다. 오웬은 교회사적 논증과 교부들의 논증(testimonium patrum)을 통해서 전가 교리를 증명한다. 그가 제시하는 신학자들은 레오, 아우구스티누스, 이레나이우스, 오리게네스, 키프리아누스, 아타나시우스, 에우세비우스, 크리소스토무스, 프로스페루스 등이다.[97] 오웬은 그리스도와 연합사상이 전가사상의 기초라고 주장한다. 그는 이렇게 말한다.

크리소스토무스 설교 54(Hom. 54) 즉 마태복음 5장 설교에서 그 학식 있고 열정적인 저자는 마지막에 이렇게 말한다. "십자가에 못 박히실 때, 그는 자신의 육체 안에 모든 육체를 취하셨으며, 모든 육체를 자신 안에서 십자가에 못 박으셨다." 그는 또한 다른 설교에서 이렇게 말했다. "그는 우리를 짊어지셨다." "그는 십자가에서 자신과 함께 우리를 취하셨다." "우리 모두는 그 안에서 십자가에 못 박혔다." 그리고 프로스페루스(Resp. ad cap., Gal. cap. ix.)가 말한 것처럼, "그리스도 안에서 십자가에 못 박히지 않은 사람은 십자가로 구원받지 못한다." 그러니 나는 교회의 죄가 그리스도께 전가되는 기초는 곧 그와 교회가 하나의 인격(one person)이라는 사실이라고 말한다.[98]

---

250).
96 Works, 5:174; 『칭의론』, 306-7.
97 Works, 5:176-78; 『칭의론』, 310-13.

이어서 오웬은 그리스도와 교회는 "**하나의 신비적인 인격**"(*one mystical person*)이라고 주장한다.[99] 그것은 몸의 머리와 지체의 연합이다(고전 12:12).[100] 그리스도께서 이렇게 신비적 연합 가운데 교회와 자신을 묶으신 것은 교회에게 구원의 보증이 되어 주시겠다는 뜻이다.[101] 하나님은 그리스도를 신자에게 언약의 보증으로 주셨다.[102] 그리스도는 언약을 어긴 우리의 허물에 대해 책임을 지시며, 새 언약의 은혜를 획득하셔서 우리에게 주신다(갈 3:13-15).[103] 이것은 또한 "구속 언약"(*pactum salutis*)과 관련된다. 오웬은 구속 언약 곧 "중보자 언약(the covenant of the mediator)에서 그리스도는 자신을 위해 홀로 서시며, 교회의 대표자로서가 아니라 오직 자신을 위해 언약을 맺으신다. 그러나 그는 이것을 은혜 언약에서 하신다."라고 설명한다.[104] 그는 은혜 언약의 조건들은 구속 언약을 고려하고 있다고 주장한다.[105] 구속

---

98 *Works*, 5:178; 『칭의론』, 313(강조는 오웬의 것).

99 *Works*, 5:178; 『칭의론』, 314(강조는 오웬의 것).

100 오웬의 신학에서 그리스도와의 연합과 칭의의 관계에 대한 자세한 설명은 아래 논문을 보라. J. V. Fesko, "John Owen on Union with Christ and Justification," *Themelios* 37, no. 1 (2012), 7-19.

101 *Works*, 5:181; 『칭의론』, 319. Fesko, "John Owen on Union with Christ and Justification," 17-18에서 이를 다룬다.

102 *Works*, 5:183; 『칭의론』, 321.

103 *Works*, 5:187; 『칭의론』, 329.

104 *Works*, 5:191; 『칭의론』, 335. 오웬은 『칭의론』에서 5번에 걸쳐, 구속 언약을 중보자 언약이라고 부른다(*Works*, 5:191[2번], 192, 193, 194). 구속 언약은 그리스도가 중보자이자 보증이 되시기로 약속하신 언약이기 때문이다. Willem J. van Asselt, "Covenant Theology as Relational Theology: The Contributions of Johannes Cocceius (1603-1669) and John Owen (1618-1683) to a Living Reformed Theology," in *The Ashgate Research Companion to John Owen's Theology*, ed. Kelly M. Kapic and Mark Jones (Farnham, Surrey, England: Ashgate, 2012), 79를 보라(아셀트는 Owen, *Exercitations on the Epistle to the Hebrews*, vol. 2 (London 1674), Part I, Exercitatio iv, 1, 49를 참조하라고 함).

105 *Works*, 5:192-93; 『칭의론』, 337. 이 단락 이하에서 오웬은 구속 언약과 은혜 언약의 관계성을 길게 설명한다. 오웬의 구속 언약론에 대해서는 아래 필자의 박사논문을 보라. B.

언약이 은혜 언약의 기초로서 작용한다는 뜻이다. 은혜 언약이 반드시 성취되는 것은 구속 언약에서 그리스도께서 성부와 은혜 언약의 중보자가 되기로 약속하셨기 때문이다.

특히 오웬은 성육신과 칭의의 연결성을 지적하는데 아주 중요한 부분이다. 그는 그리스도께서 인성을 취하심으로써 우리의 죄가 그분께 전가될 수 있었다고 주장한다. 성육신이 칭의의 전제가 된다는 설명이다.[106] 그리스도의 위격적 연합이 없었다면 칭의도 없었다. 하지만 우리의 죄가 그리스도께 전가되는 것과 그리스도의 의가 우리에게 전가되는 것 사이에는 분명한 차이가 있다. 그리스도의 의가 우리에게 전가될 때 우리는 즉시로 신분이 변화되고 성화의 삶을 살게 되지만, 반대로 우리의 죄가 그리스도께로 전가된다고 해서 그리스도가 죄인으로 살고 죄를 짓게 되는 것은 아니기 때문이다.[107] 따라서 그리스도가 자신의 죄 때문에 고난 받으셨다고 인정하는 소키누스, 크렐리우스, 그로티우스의 주장은 혐오스러운 주장이다.[108]

XI. 칭의의 도구인이 되는 믿음

『칭의론』 제9장에서 오웬은 칭의의 형식적 원인을 다룬다. 그에 따르면, 칭의에 있어서 믿음은 도구인(*causa instrumentalis*)이며, 그리스도의 의는

Hoon Woo, *The Promise of the Trinity: The Covenant of Redemption in the Theologies of Witsius, Owen, Dickson, Goodwin, and Cocceius* (Göttingen: Vandenhoeck & Ruprecht, 2018), 제3장.

106 *Works*, 5:201; 『칭의론』, 353.
107 *Works*, 5:202-3; 『칭의론』, 355.
108 *Works*, 5:201; 『칭의론』, 352.

형상인(*causa formalis*)이다.[109] 인간의 타락과 구원, 칭의 등을 아리스토텔레스의 4원인설을 이용하여 설명하는 방식은 중세, 종교개혁, 개신교 정통주의 신학에서 자주 발견된다.[110] 가령, 신자의 구원을 설명할 때 개신교 정통주의 신학자들은 작용인(*causa efficiens*)은 하나님의 선한 의지나 기쁘신 뜻이고, 형상인(*causa formalis*)은 예수 그리스도이고, 질료인(*causa materialis*)은 복음이며, 목적인(*causa finalis*)은 하나님의 영광이라고 보았다.[111] 청교도 신학자인 안토니 벌지스(Anthony Burgess; 1664년 사망)는 자신의 책, 『칭의의 참된 교리』(*The True Doctrine of Justification*)에서 칭의의 작용인은 삼위일체 하나님이고, 형상인은 그리스도의 의와 그의 능동적/수동적 순종이며, 도구인은 믿음이며, 목적인은 하나님의 영광이라고 가르쳤다.[112]

한편, 이와는 대조적으로 알미니우스주의자들은 칭의의 4중 원인 가운데 도구인을 다르게 가르쳤다. 그들은 믿음을 형상인 혹은 공로적 원인으로 보았다. 그리하여 믿는 행위가 칭의에서 인간의 공로로 이해될 수 있는 길을 열어놓았다. 이에 대해서 개혁신학자들은 인간의 행위는 어떤 의미에서도 하나님의 은혜를 얻기 위한 공로적 원인이 될 수 없다고 바르게 주장하였다.[113] 이런 맥락에서 보자면, 칭의에 있어서 믿음을 도구인으로, 그리스도의 의를 형상인으로 파악한 오웬의 견해는 주류 개혁신학의 정통성을 그대로 고수한 입장이라

---

109 박재은, "도르트 신경의 빛으로 읽는 인간 타락의 4중 원인과 신학적·실천적 함의," 「조직신학연구」 29 (2018), 178-216에서 "타락의 질료적 원인은 사탄과 사탄의 유혹(혹은 충동)이며, 형상적 원인은 인간의 교만과 탐심에 근거한 불신앙이고, 작용 원인은 인간의 자유 선택 의지, 목적 원인은 하나님의 공의롭고 기쁘신 숨겨진 뜻으로 이해할 수 있다."고 주장한다.

110 Muller, *Dictionary of Latin and Greek Theological Terms*, 56-57 ("causa" 항목).

111 박재은, 『칭의, 균형있게 이해하기』(서울: 부흥과개혁사, 2016), 20-21. 이 책의 20쪽에서 "도구적 원인(causa materia)"은 "질료적 원인(causa materialis)"으로 수정되어야 한다.

112 Anthony Burgess, *The True Doctrine of Justification* (London, 1648), pp. 2, 170. 182, 257; 박재은, 『칭의, 균형있게 이해하기』, 153에서 재인용.

113 Muller, *Dictionary of Latin and Greek Theological Terms*, 59 ("causa meritoria"[공로적 원인] 항목)를 참조하라.

고 볼 수 있다. 오웬은 우리의 믿음조차 행위로서 생각될 수 없다고 분명하게 주장한다.[114]

『칭의론』 제10장에서 오웬은 우리 자신의 의로는 절대로 의롭게 될 수 없다고 한 번 더 주장한다. 여기에서 오웬은 자신이 이 책에서 가장 자주 인용하는 구절들을 여러 번 인용한다. 그 구절은 이사야 64장 6절이다. "무릇 우리는 다 부정한 자 같아서 우리의 의는 다 더러운 옷 같으며 우리는 다 잎사귀 같이 시들므로 우리의 죄악이 바람 같이 우리를 몰아가나이다." 오웬은 『칭의론』에서 이 구절을 총 8번 인용한다.[115]

제11장에서는 하나님께서 우리에게 요구하시는 순종의 의무는 가장 완전한 순종이기에 인간으로서는 그 누구도 스스로 그 요구를 이룰 수 없다고 다시 한 번 주장한다.[116] 이것은 서문에서 오웬이 하나님의 본성에서부터 시작하여 칭의론을 다룬 것과 맥락을 같이 하는 주장이다. 오웬에 따르면 "율법은 폐지되지 않았고 완성되었으며, 무효화되지 않고 수립되었고, 율법의 의는 우리 안에서 성취되어야 한다."[117] 그렇기에 오직 그리스도를 통한 의의 길 외에는 칭의의 길은 없다.

XII. 그리스도의 능동적 순종의 전가

---

114 *Works*, 5:172; 『칭의론』, 302-3. 오웬은 믿음조차 우리에게 전가된다고 주장한다(*Works*, 5:320; 『칭의론』, 571).

115 *Works*, 5:28, 158, 229, 236, 268, 297, 352, 371; 『칭의론』, 54, 276, 404, 416, 475, 529, 626, 660.

116 *Works*, 5:242; 『칭의론』, 429.

117 *Works*, 5:249-50; 『칭의론』, 441. 참고로, 한역 441쪽의 "레즈비안 규칙"(a Lesbian rule) 이라는 표현이 나오는데, "레스보스 섬의 규칙"이라고 번역하면 더 좋을 것 같다. 이것은 "다양하게 변경가능한 규칙"이라는 의미이다. 아리스토텔레스의 『니코마코스 윤리학』, 제5권 제10장을 참조하라.

오웬의 『칭의론』에서 또 한 가지 아주 중요한 주제는 "그리스도의 능동적 순종"(*obedientia activa Christi*) 교리이다.[118] 이 책의 제12장과 이어지는 장들이 이 주제를 깊이 있게 다루고 있다. "그리스도의 능동적 순종"이란 그리스도께서 출생부터 수난에 이르기까지 죄 없이 하나님의 뜻에 순종하신 것을 뜻한다. 이와 짝이 되는 "그리스도의 수동적 순종"(*obedientia passiva Christi*)이란 그리스도께서 수난 가운데 그 어떤 저항도 없이 고통과 십자가를 감내하신 것을 뜻한다.[119] 물론 여기에서 말하는 능동성과 수동성을 너무 날카롭게 구분하는 것은 위험하다. 그 둘은 너무나 밀접하게 연결되어 있어서 벌코프가 말한 것처럼 상호침투성(interpenetration)을 지니기 때문이다.[120] 그리스도께서 자발적으로 자신을 고난과 죽음에 내어주신 것 역시 능동적 측면을 지니며(요 10:18), 그렇기에 이를 "능동적 수난"(*passio activa*)이라고 부르기도 한다. 또한, 그리스도께서 율법에 복종하신 것은 수동적 측면을 보여주기에

---

[118] 그리스도의 능동적 순종 교리에 대해서는 아래의 연구들을 보라. 우병훈, "교회사 속에 나타난 그리스도의 능동적 순종 교리: 초대교회부터 종교개혁기까지 주요 신학자들을 중심으로," 「갱신과 부흥」 29 (2022), 7-70; 권경철, "웨스트민스터 표준문서와 그리스도의 '온전한 순종' 문제: 안토니 버지스(Anthony Burgess, 1600-1664)의 『참된 칭의 교리』로부터 단초 찾기," 「갱신과 부흥」 28 (2021), 143-72; 김병훈, "그리스도의 수동적 순종과 피스카토르(Johannes Piscator, 1546-1625)-논점정리," 「신학정론」 39/1 (2021), 241-271; 유창형, "죄사함과 의의 전가를 중심으로 한 칼빈의 칭의론과 그 평가," 「성경과 신학」 52 (2009), 1-35; 신호섭, 『개혁주의 전가교리』(서울: 지평서원, 2016); 김재성, 『그리스도의 능동적 순종』(고양: 언약, 2021), 185-92; Brandon D. Crowe, *Why Did Jesus Live a Perfect Life?: The Necessity of Christ's Obedience for Our Salvation* (Grand Rapids, MI: Baker Academic, 2021); Alan D. Strange, *Imputation of the Active Obedience of Christ in the Westminster Standards* (Grand Rapids, MI: Reformation Heritage Books, 2019); Heber Carlos de Campos, *Doctrine in Development: Johannes Piscator and Debates over Christ's Active Obedience* (Grand Rapids, MI: Reformation Heritage Books, 2017).

[119] Muller, *Dictionary of Latin and Greek Theological Terms*, 237 ("*obedientia Christi*" 항목).

[120] Louis Berkhof, *Systematic Theology* (Grand Rapids, MI: Eerdmans, 1938), 379.

(빌 2:7), 이를 "수동적 행위"(*actio passiva*)라고 부르기도 한다.[121]

17세기 이후로 주류 개혁파 신학에서는 그리스도의 수동적 순종뿐 아니라, 그리스도의 능동적 순종이 이룬 의(義)가 신자에게 전가된다고 보았고 그 두 가지 순종은 결코 분리될 수 없다고 생각했다.[122] 그래서 "그리스도의 능동적 순종 교리"란 일반적으로, 그리스도께서 출생부터 수난에 이르기까지 죄 없이 하나님의 뜻에 순종하심으로써 중보자로서의 조건에 합당하게 되셨으며, 그로 인해 이루신 의가 신자에게 전가된다고 보는 견해를 뜻한다. 그리스도의 능동적 순종 교리는 개신교 내에서 칭의론에 대한 논의와 함께 유기적으로 발전했다.[123]

하지만 그리스도의 능동적 순종 교리를 둘러싼 논쟁은 역사 속에서 여러

---

121 Muller, *Dictionary of Latin and Greek Theological Terms*, 238 ("*obedientia Christi*" 항목).

122 대표적으로 아래의 문헌들을 보라. Wilhelmus à Brakel, *The Christian's Reasonable Service*, ed. Joel R. Beeke, trans. Bartel Elshout, vol. 1 (Ligonier, PA: Soli Deo Gloria Publications, 1992), I: 610; Charles Hodge, *Systematic Theology*, vol. 3 (Oak Harbor, WA: Logos Research Systems, Inc., 1997), 149; Benjamin B. Warfield, *The Works of Benjamin B. Warfield: Critical Reviews*, vol. 10 (Bellingham, WA: Logos Bible Software, 2008), 127-36 (특히 131쪽)=Benjamin B. Warfield, "THE CHRISTIAN DOCTRINE OF SALVATION. By GEORGE BARKER STEVENS," *The Princeton Theological Review* 4 (1906): 550-55; Berkhof, *Systematic Theology*, 379-82; Benjamin B. Warfield, *The Works of Benjamin B. Warfield: Studies in Theology*, vol. 9 (Bellingham, WA: Logos Bible Software, 2008), 279; Herman Bavinck, *Reformed Dogmatics*, ed. John Bolt, tr. John Vriend, vol. 3 (Grand Rapids, MI: Baker Academic, 2006), 377-80 (#386); Michael S. Horton, *Lord and Servant: A Covenant Christology* (Louisville, KY: Westminster John Knox Press, 2005), 220-32. 한편, R. Scott Clark, "Do This and Live: Christ's Active Obedience as the Ground of Justification," in *Covenant, Justification, and Pastoral Ministry: Essays by the Faculty of Westminster Seminary California*, ed. R. Scott Clark (Phillipsburg, NJ: P&R Publishing, 2007), 229-65에서는 그리스도의 능동적 순종 교리가 개혁파 내에서 주류 의견이었음을 잘 논증한다.

123 James I. Packer, "The Doctrine of Justification among the Puritans," in *By Schisms Rent Asunder: Papers Read at the Puritan and Reformed Studies Conference, 1969* (London: N.P., 1970), 21.

차례 있었다.[124] 개혁파 내부에서는 16-17세기에 요한네스 피스카토르 (Johannes Piscator, 1546-1625)가 그리스도의 능동적 순종 교리에 제기한 논쟁이 유명하다.[125] 여러 총회가 이 문제를 다루었는데, 피스카토르의 지지자들도 있었지만, 다수의 개혁파 신학자들은 그의 의견을 반대했다. 대표적으로 프랑스의 프리바 총회(Synod of Privas, 1612)와 토냉 총회(Synod of Tonneins, 1614), 그리고 네덜란드의 도르트 회의(Synod of Dort, 1618-19)는 피스카토르를 반대했다.[126] 웨스트민스터 회의도 역시 그리스도의 능동적 순종 교리를 긍정했다.[127]

---

124 이에 대한 간략한 설명으로 권경철, "웨스트민스터 표준문서와 그리스도의 '온전한 순종' 문제," 145-46을 보라.

125 피스카토르에 대한 전기로는 아래 작품들과 사전들을 보라. Georgio Pasore, *Oratio Funebris in Obitum Reverendi et Clarissimi Theologi Johannis Piscatoris beatae memoriae, communis nostril praeceptoris* (Herborn: Johannis-Georgii Muderspachii & Georgii Corvini, 1625); Johann Hermann Steubing, *Caspar Olevian; Johannes Piscator* (Leipzig: Carl Cnobloch, 1841), 98-117; Frans Lukas Bos, *Johann Piscator: Ein Beitrag zur Geschichte der reformierten Theologie* (Kampen: J. H. Kok, 1932), 9-31; *Allgemeine deutsche Biographie*, "Piscator, Johannes"; *Biographisch-Bibliographisches Kirchenlexikon*, "Piscator, Johannes."

126 이상의 역사에 대해서는 Heber Carlos de Campos, "Johannes Piscator (1546-1625) and the Consequent Development of the Doctrine of the Imputation of Christ's Active Obedience" (Ph.D. diss., Calvin Theological Seminary, 2009), 10-18을 보라.

127 Strange, *Imputation of the Active Obedience of Christ in the Westminster Standards*, 13에서는 웨스트민스터 회의가 그리스도의 능동적 순종 교리를 반대했다고 주장하는 의견도 있으나, 더 많은 학자들은 웨스트민스터 회의가 그 교리를 찬성한 것으로 본다고 밝히면서 아래 문헌들을 제시한다. Jeffrey Jue, "Active Obedience of Christ and the Theology of the Westminster Standards: A Historical Investigation," in *Justified in Christ: God's Plan for Us in Justification*, ed. K. Scott Oliphint (Fearn, Scotland: Mentor, 2007), 99-130; *Orthodox Presbyterian Church's Report of the Committee to Study the Doctrine of Justification* (Willow Grove, PA: Committee on Christian Education of the Orthodox Presbyterian Church, 2007), 144-45; John V. Fesko, *The Theology of the Westminster Standards: Historical Context and Theological Insights* (Wheaton, IL: Crossway, 2014), 206-28; Alan Strange, "The Affirmation of the Imputation of the Active Obedience of Christ at the Westminster Assembly of Divines," *The Confessional Presbyterian* 4 (2008), 194-209, 311; Alan Strange, "The Imputation of the Active Obedience of Christ at the Westminster Assembly," in

오웬 역시 피스카토르를 반대한다. 그는 피스카토르가 능동적 순종 교리를 반대하기 위해서 제시한 논증들은 "명백히 성경 본문의 분명한 표현에 모순될 뿐 아니라 공개적으로 실수하고 거짓된 추측에 기초한 것"이라고 주장한다.[128] 피스카토르의 주장은 만일 그리스도의 삶의 순종이 신자에게 전가된다면, 그리스도의 죽음의 사역은 신자를 위해 전가될 필요가 없다는 것이다. 만약 신자가 그리스도의 삶을 통해 이미 의롭다 함을 받는다면, 굳이 그리스도가 신자를 위해 죽어야 할 필요가 없기 때문이다.[129] 그러나 오웬은 피스카토르의 논변이 분명한 실수에 기인한다고 주장한다. 그의 논변은 그리스도의 삶의 순종이 먼저 전가되고, 그 다음에 그리스도의 죽음의 순종이 전가된다는 "사건의 순서"를 잘못 전제하기 때문이다.[130] 그리스도의 삶의 순종의 전가와 고난의 죽음의 전가는 "자연적 순서"(the natural order)를 가지고 적용되는 것이 아니라, "도덕적인 순서(the moral order)와 관련된 주권적인 지혜와 은혜의 결과"로 함께 적용되는 것이다.[131]

오웬은 그리스도의 능동적 순종의 전가를 강하게 긍정하면서 아래와 같이 주장한다.

주 그리스도가 우리의 보증인으로서 우리가 모두 죄를 지었기 때문에 우리를 위하시거나 우리를 대신하여 율법의 형벌을 받으시는 것이 필수적이었다면, 우리의 보증인으로서 그가 또한 우리를 위해 율법의 명령하는 부분에 순종하시

Drawn into Controversie: Reformed Theological Diversity and Debates within Seventeenth-Century British Puritanism, ed. Michael A. G. Haykin and Mark Jones (Göttingen: Vandenhoeck & Ruprecht, 2011), 31-51.
128 *Works*, 5:334; 『칭의론』, 596.
129 *Works*, 5:335; 『칭의론』, 596-97.
130 *Works*, 5:335; 『칭의론』, 597.
131 *Works*, 5:335; 『칭의론』, 597.

는 것 또한 필수적이었다. 그리고 전자의 전가가 우리에게 하나님 앞에서 우리의 칭의를 위해 우리에게 필요했다면, 후자의 전가 또한 똑같은 목표와 목적에도 필수적이었다.[132]

그리스도의 능동적 순종의 전가 교리에 대해서 오웬은 세 가지 반대가 있음을 지적한다. 첫째로 그것은 불가능하다는 반론이다. 이 반론에 따르면, 그리스도의 순종은 율법 아래에 있는 사람이라면 당연히 해야 하는 순종이었다. 그렇기에 그리스도가 자신을 위해 한 일이 우리를 위해 전가될 수 없다. 둘째로 그것은 필요 없다는 반론이다. 이 반론에 따르면, 우리의 죄는 그리스도의 죽음으로 인해 완전히 용서받았고 우리는 의롭게 되었다. 따라서 그리스도의 순종이 우리에게 전가되는 일은 필요가 없다. 셋째로 그것을 믿는 것은 치명적이라는 반론이다. 이 반론에 따르면, 그리스도의 순종이 전가된다고 믿는다면 반율법주의(antinomianism)와 온갖 종류의 방종이 뒤따를 것이기에, 그 교리를 받아들여서는 안 된다.[133]

첫째 반론은 소키누스가 주장한 것이다(de Servat, part iii. cap. 5). 오웬은 이에 대하여, 그리스도가 율법을 순종하신 것은 우리를 위한 것이었다고 반박한다.[134] 그리스도의 순종은 "언약의 중보자"로서의 순종이었기 때문이다.[135] 그리스도가 율법에 순종한 것은 자신을 위해서가 아니라, 우리를 위한 하나님의 아들의 위격의 순종이었다.[136] 여기에서 오웬은 그리스도의 신성과 인성을 구분한다. 그리스도의 신성은 율법 아래에 놓일 수 없다. 하지만 그리스

---

132 *Works*, 5:251; 『칭의론』, 445.
133 *Works*, 5:252; 『칭의론』, 448.
134 *Works*, 5:253; 『칭의론』, 449.
135 *Works*, 5:255; 『칭의론』, 453.
136 *Works*, 5:256; 『칭의론』, 455.

도의 인성은 율법에 종속되셨다.[137] 또한, 그리스도는 우리를 위한 중보자와 보증으로서 율법 아래에 놓이셨고 율법을 지키셨다.[138] 소키누스는 그리스도의 신성을 부인하므로, 그리스도가 율법을 지킨 것이 인간으로서 당연히 해야 할 일이라고 주장했다. 하지만 그의 주장은 그리스도의 신성을 전혀 고려하고 있진 않기 때문에 성경적이지 않으며, 따라서 그의 논변은 잘못된 것이다.[139]

이렇게 그리스도의 율법 순종에 대한 주제를 그리스도의 신성과 인성을 구분하여 다루는 것은 다른 개혁신학자들도 역시 사용했던 방법이었다. 가령, 헤르만 비치우스(Herman Witsius, 1636-1708)도 역시 그리스도가 신성에 있어서는 율법의 수여자이시며 율법의 권위 아래에 놓일 필요가 없었지만, 인간으로서 율법을 지켜야 했으며, 중보자로서 신자들을 대신하여 율법을 지키셨다고 주장했다.[140] 특히 비치우스는 중보자로서 그리스도가 율법을 지키시고 그 결과 신자들에게 구원을 주신 것은 구속 언약을 이행하신 것이라고 주장한다. 오웬도 마찬가지로 아버지와 아들 사이에 맺어진 언약으로 인해서 그리스도가 위격적 연합 속에서 율법을 순종하신 것은 우리 구원의 보증이 되시기 위함이었다고 주장한다.[141] 결론적으로 오웬은 "그리스도의 완벽한 순종과 의가 우리에게 전가된다. 그렇지 않다면 우리는 하나님이 보시기에 결코 의롭다 하심을 받을 수 없다."라고 주장한다.[142] 덧붙여서, 오웬은 "그리스도의 순종과 그의 고난 사이에는 아주 가까운 연합과 동맹이 있으며, 이것들은 구분될 수 있지만

---

137 *Works*, 5:261; 『칭의론』, 464.

138 *Works*, 5:274; 『칭의론』, 485.

139 *Works*, 5:256; 『칭의론』, 455.

140 Herman Witsius, *De oeconomia foederum Dei cum hominibus, libri quatuor* (Leeuwarden: J. Hagenaar, 1677), II.3.6(하나님으로서), II.3.10(인간으로서), II.3.13(중보자로서). 이에 대한 자세한 논의는 Woo, *The Promise of the Trinity*, 54-56을 보라.

141 Witsius, *De oeconomia foederum Dei cum hominibus*, II.3.13; *Works*, 5:258-59; 『칭의론』, 459.

142 *Works*, 5:270; 『칭의론』, 478.

분리될 수 없다"고 주장한다.[143]

그리스도의 능동적 순종에 반대하는 둘째 반론은 그리스도의 죽음으로 인해 우리가 용서받기에 그리스도의 순종이 우리에게 전가되는 일은 필요가 없다고 본다.[144] 하지만 오웬은 그로티우스의 말을 빌려서 다음과 같이 반박한다. "그리스도는 우리에게 두 가지 곧 전가와 상을 가져오셨다고 우리는 말할 것이다. 옛 교회는 전자를 그리스도의 만족에, 후자를 그리스도의 공로에 구분하여 할당했다. 충족은 공로의 전달에 있고, 공로는 우리를 위한 가장 완벽하고 탁월한 순종의 전가 안에 놓여 있다."[145] 그리스도의 능동적 순종에 반대하는 셋째 반론은 그 개념이 반율법주의를 조장한다는 것인데, 이에 대해서 오웬은 제19장에서 다루고 있다.

XIII. 칭의의 성경적 근거

오웬은 『칭의론』 제13장에서 행위 언약과 은혜 언약의 차이를 설명한다. 은혜 언약의 중요한 특징은 중보자와 보증인을 가진다는 점이다. 따라서 칭의 교리가 바로 은혜 언약의 특징을 잘 보여준다. 『칭의론』 제14장에서 오웬은 우리가 칭의 받을 때 배제되는 행위는 율법 준수를 통해서 스스로 의롭게 되고자 하는 율법주의적인 행위라고 주장한다.[146] 그 결과 제15장에서 오웬은 칭의

---

143 *Works*, 5:274; 『칭의론』, 485.
144 *Works*, 5:262; 『칭의론』, 465-66.
145 『칭의론』, 472에 나오는 번역은 완전 틀렸다. *Works*, 5:266, "Cum duo nobis peperisse Christum dixerimus, impunitatem et præmium, illud satisfactioni, hoc merito Christi distincte tribuit vetus ecclesia. Satisfactio consistit in meritorum translatione, meritum in perfectissimæ obedientiæ pro nobis præstitiæ imputatione."

가 오직 믿음으로 이뤄지는 것이라고 다시금 강조한다. 제16장에서 그는 예레미야 23:6을 근거로 칭의가 하나님의 아들 예수 그리스도를 통해서만 가능함을 주장한다.[147]

제17장에서 오웬은 복음서의 구절들을 가지고 이신칭의 교리를 증명한다. 특히 누가복음 19:9-14의 본문이 중요하다.[148] 이 성경 본문에서 바리새인은 자기를 의롭다고 믿었으며, 자신이 의롭게 될 수 있는 조건을 성취했다고 생각했고, 자신을 신뢰했다.[149] 반면에 세리는 자기를 정죄하고 혐오했으며, 죄에

---

146 초기 근대 개혁신학자들은 이신칭의와 반대되는 "좁은 의미의 율법"과 신자가 지켜야 하는 계명인 "넓은 의미의 율법"을 구분했다. 프란시스 로버츠(1609-1675년)는 모세에게 주어진 율법은 "더 넓은 의미", "더 좁은 의미", "가장 좁은 의미"로 이해될 수 있다고 보았다. "더 넓은 의미"의 율법은 도덕적, 의식적, 사법적인 모든 계명들을 가리킨다. "더 좁은 의미"의 율법은 율법의 서언과 그 안에 결합된 약속들을 포함한 십계명을 가리킨다. "가장 좁은 의미"의 율법은 이신칭의에 반대되는 개념으로서의 율법이다. Francis Roberts, *Mysterium & Medulla Bibliorum: The Mysterie and Marrow of the Bible, Viz. God's Covenants with Man in the First Adam before the Fall, and in the Last Adam, Jesus Christ, after the Fall, from the Beginning to the End of the World* (London: R. W. for George Calvert, 1657), 659-660. 자세한 설명은 비키, 존스, 『청교도 신학의 모든 것』, 333, 335, 339, 381을 보라. 피터 벌클리(1583-1659)는 "율법과 복음은 칭의 교리에서는 대립되지만, 성화 교리에서는 일치한다."라는 의미심장한 말을 남겼다. 칼빈의 용법을 따라, 복음과 대립되는 율법을 좁은 의미의 율법(자기 의를 추구하는 자들의 율법)으로, 복음과 일치하는 율법을 넓은 의미의 율법(제 3용법적 기능을 하는 율법)으로 본다면, 버클리의 말은 칼빈의 모세 언약론을 잘 담아낸 표현으로 볼 수 있다. Peter Bulkeley, *The Gospel-Covenant; or The Covenant of Grace Opened*, 2nd ed. (London: M. Simmons, and are to be sold by T. Kembe and A. Kembe, 1653): "To conclude, that we may rightly conceive how the law is abolished, and how it continues, we must consider the law either *as opposed* to the Gospel in the doctrine of *justification*; thus considered, the law is abolished to those that beleeve: or otherwise it is to be considered *as consenting* with the Gospel in the doctrine of *sanctification*; and thus considered, it continues as a guide and rule, even unto those that doe believe." (이탤릭체는 원저자의 것) 칼빈이 율법의 의미를 구분한 것은 Cornelis P. Venema, *Accepted and Renewed in Christ: The "Twofold Grace of God" and the Interpretation of Calvin's Theology* (Göttingen: Vandenhoeck & Ruprecht, 2007), 232-233을 보라. 또한, 우병훈, "칼빈의 모세 언약 이해-존 페스코와 코넬리스 베네마의 논쟁에 비추어서-", 「칼빈연구」 13 (2016), 26, 40을 참조하라.

147 [렘 23:6] 그의 날에 유다는 구원을 받겠고 이스라엘은 평안히 살 것이며 그의 이름은 여호와 우리의 공의라 일컬음을 받으리라.

148 *Works*, 5:301-4; 『칭의론』, 537-42.

대해 슬퍼했고, 칭의의 어떤 조건으로서 자신의 모든 행위를 전적으로 버렸으며, 자신의 죄와 죄책을 인정했다. 세리의 행동은 칭의의 요구 조건으로서의 믿음이 무엇인지를 잘 보여준다.[150] 바리새인과 세리 중에서 의롭다 하심을 받은 사람은 세리였으며, 그것은 전적으로 하나님의 자비의 결과였다.

제18장은 바울 서신서를 가지고 이신칭의 교리를 증명하는 부분이다.[151] 오웬이 중요하게 생각하는 본문은 로마서 3, 4, 5, 10장, 고린도전서 1:30, 고린도후서 5:21, 갈라디아서 2:16, 에베소서 2:8-10, 빌립보서 3:8-9이다. 오웬은 로마서 3, 4, 5장이 칭의 교리를 배우려는 사람이 주로 살펴봐야 할 "적절한 장소"(the proper seat)라고 언급한다.[152] 그는 로마서 1:17, 3:21-22, 3:24-26, 4:6-8, 5:12-21, 10:3-4 등을 다룬다. 특히 로마서 4장을 집중적으로 다루는데, 아브라함의 예를 통해서 보여주고자 하는 오웬의 논점은 우리가 율법으로 의를 얻지 못한다는 것과 오직 예수 그리스도를 믿음으로써 의가 전가되어 의롭게 여겨진다는 것이다.[153]

제19장에서 오웬은 칭의 교리가 개인의 순종과 거룩을 파괴하지 않고 오히려 조장하고 촉진함을 증명한다. 칭의 교리가 결코 반율법주의가 아님을 주장하고 있는 것이다. 오웬은 벨라르미누스, 바스쿠에즈, 수아레즈, 소키누스 등에 대항하여 칭의와 성화는 결코 분리되지 않는다고 주장한다.[154] 사도 바울이 말한 것처럼 칭의 교리는 율법을 헛되게 하는 것이 아니라 오히려 율법을 세우

---

149 *Works*, 5:301-2; 『칭의론』, 537-39.

150 *Works*, 5:303; 『칭의론』, 541.

151 초기 근대의 개혁신학자들이 성경 본문에서 교리를 도출하는 과정에 대한 설명은 아래를 보라. Woo, *The Promise of the Trinity*, 59, 60-74.

152 *Works*, 5:303; 『칭의론』, 547.

153 *Works*, 5:313-14; 『칭의론』, 559-60. 한편 오웬은 롬 5:12-21의 본문이 결코 보편구원론을 가르치지 않는다는 것을 논증한다(*Works*, 5:333; 『칭의론』, 593). 또한 자랑이라는 주제가 칭의 교리와 관련됨을 지적한다(*Works*, 5:362; 『칭의론』, 644).

154 *Works*, 5:381; 『칭의론』, 679.

는 것이다(롬 3:31).[155]

『칭의론』의 마지막 장인 제20장에서 오웬은 믿음과 행위의 관계에 대한 사도 야고보와 사도 바울의 교리상의 일치를 다룬다. 그는 야고보와 바울 사이에 어떤 실질적인 모순도 존재하지 않는다고 주장한다. 성경에서 외견상 모순이 있는 것처럼 보일 때, 각 구절의 의도를 파악해야 하며, 중심적 메시지와 부가적 내용을 구분해야 한다.[156] 오웬에 따르면, 우리가 칭의 교리를 주요하게 배워야 하는 자리는 바울의 글이다. 그렇기에 이 교리를 정립하는 데 있어서 우리는 바울 서신을 중심으로 삼고, 다른 성경 구절들을 거기에 비추어 해석해야 한다.[157] 바울 서신서 가운데서도 이신칭의 교리와 관련해서는 특히 로마서와 갈라디아서가 가장 중요하다.[158]

오웬에 따르면, 바울과 야고보는 "똑같은 것을 향해"(*ad idem*) 말하고 있지도 않고, "똑같은 관점으로써"(*eodem respectu*) 말하고 있지도 않다.[159] 야고보의 계획은 그의 서신들 안에 있는 바울의 의미를 설명하려는 것이 전혀 아니었다. 그것은 자유를 남용하고 하나님의 은혜를 불의를 행하기 위해 남용하는 사람들을 대항하여 복음의 교리를 입증하려는 것이다.[160] 야고보가 비판하는 믿음은 의롭다 하심을 얻는 믿음이 아니라, 순종하지 않아서 열매가 전혀 나타나지 않는 쓸모 없는 믿음이다.[161] 그런 잘못된 믿음에 대항하여 야고보는 아브라함의 믿음이나 라합의 믿음을 제시하고 있다.[162] 야고보는 "행함으로

---

155 *Works*, 5:381; 『칭의론』, 680.
156 *Works*, 5:384-85; 『칭의론』, 686.
157 *Works*, 5:385-86; 『칭의론』, 687-88.
158 *Works*, 5:387; 『칭의론』, 691.
159 *Works*, 5:389; 『칭의론』, 695.
160 *Works*, 5:387; 『칭의론』, 690.
161 *Works*, 5:389; 『칭의론』, 694.
162 *Works*, 5:392-94; 『칭의론』, 700-3.

증명이 될 수 없으며, 행함으로 열매를 맺지 못하고, 오직 신적 계시의 진리에 단지 동의하는 믿음이 우리를 의롭다 하거나 구원할 수 있는 믿음이 아니라는 것"을 증명하고 있다.163 따라서 오웬은 야고보서와 바울 서신에 나오는 칭의론은 전혀 충돌되거나 모순되지 않는다고 결론내린다.

XIV. 오웬의 칭의론이 주는 교훈과 함의

청교도의 황태자라 불리는 존 오웬은 교회가 설 수도 무너질 수도 있는 조항인 칭의론에 있어서도 매우 성경적이며 건실한 가르침을 남겼다. 그의 칭의론이 가진 교훈과 함의는 다음과 같다.

첫째, 칭의론은 하나님의 속성과 율법의 특징, 그리고 죄론에서부터 출발해야 한다. 하나님은 의롭고 거룩한 분이시다. 하나님 앞에서 의롭다고 인정받기 위해서는 하나님의 뜻인 율법을 온전히 지켜야 하지만, 죄인은 율법을 온전히 준수하는 것이 불가능하다(갈 3:10-12). 따라서 우리에게는 예수 그리스도를 믿음으로써 의롭게 되는 길밖에 없다(롬 3:21-22; 갈 5:4).

둘째, 칭의론은 그리스도와의 연합 교리와 긴밀하게 연결된다. 우리가 그리스도를 믿음으로써 의롭게 되는 이유는 믿음을 통해서 그리스도와 연합하기 때문이다(롬 6:5-11). 그리스도와 교회는 하나의 신비적 인격이 되었다. 그것은 머리와 지체 사이의 연합이다.

셋째, 칭의를 가져오는 믿음은 특별한 성격이 있다. 의롭게 하는 믿음은 솔리피디안들(Solifidians)이나 반율법주의자들(Antinomians)이 주장하는

---

163 *Works*, 5:396; 『칭의론』, 707.

믿음이 아니다. 칭의의 믿음은 우선 죄를 깨닫게 하는 율법의 기능을 전제로 한다(롬 3:20). 이러한 각성은 죄를 깨닫게 하는 율법의 용도와 관련되는 것이다. 오웬은 그러한 각성이 결코 공로가 될 수 없다고 주장한다. 따라서 오웬의 회심준비론은 결코 펠라기우스주의적이거나 알미니우스주의적이지 않다. 의롭다 하심을 받는 믿음은 오직 성령에 참여하고 그에 의해 그리스도와 연합되어 그들의 본성이 갱신되고 그들 안에 모든 은혜의 원리와 순종의 목적이 생기는 믿음이다.

넷째, 칭의는 법적인 선언이다. 칭의와 성화는 분리될 수 없지만, 반드시 구분되어야 한다. 칭의 이후에 성화가 시작된다. 또한 칭의와 입양도 역시 긴밀하게 연결되지만 반드시 구분되어야 한다. 입양은 칭의 이후에 따라오는 은혜이기 때문이다.

다섯째, 로마 가톨릭의 의화 사상에서 말하는 첫 번째 칭의와 두 번째 칭의의 구분은 잘못되었다. 첫 번째 칭의는 재량공로와 관련되는 것으로서, 은혜나 자비의 내적인 원리나 습관을 우리에게 주입하거나 전달하는 것이다. 이로 말미암아 원죄는 소멸되며 죄의 모든 습관이 추방된다. 두 번째 칭의는 적정공로와 관련되는 것으로서, 첫 번째 칭의의 효과이거나 결과이며 그것의 형식적 원인은 이런 은혜와 사랑의 원리에서 나오는 선행이다. 오웬은 칭의에 대한 이러한 구분은 비성경적이며 잘못된 것이라고 강하게 주장한다.

여섯째, 현재 믿음으로 칭의 받은 사람은 심판의 날에 선언적 칭의를 받는다. 심판 날에도 역시 행위로 심판을 받는 것이 아니다. 심판의 날에 행위에 따라 갚으실 것이라는 표현이 나오는데, 이것은 행위로써 의롭다고 칭해지는 것과는 구분되어야 한다.

일곱째, 아담의 원죄가 모든 인간에게 전가되듯이, 그리스도의 의는 모든 믿는 자에게 전가된다. 아담으로부터 얻은 본성의 오염과 부패가 첫 번째 종류의 전가라면, 그리스도를 믿음으로 얻는 의는 두 번째 종류의 전가이다. 우리는 이 둘을 동시에 인정하든지, 동시에 거부하든지 해야 하지, 둘 중에 하나만 인정해서는 안 된다.

여덟째, 구속 언약(혹은 중보자 언약)을 기초로 그리스도는 은혜 언약을 실행하신다. 은혜 언약이 성취되는 이유는 구속 언약에서 그리스도께서 성부와 은혜 언약의 중보자가 되기로 약속하셨기 때문이다.

아홉째, 성육신이 칭의의 전제가 된다. 그리스도께서 인성을 취하심으로써 우리의 죄가 그분께 전가될 수 있었다. 또한, 위격적 연합이 있었기에 칭의도 가능했다.

열 번째, 칭의에 있어서 그리스도의 의는 형상인이며, 믿음은 도구인이다. 따라서 믿음을 형상인 혹은 공로적 원인으로 보는 알미니우스주의는 틀렸다.

열한 번째, 칭의에서 그리스도의 능동적 순종과 수동적 순종이 모두 신자에게 전가된다. 그리스도는 중보자와 보증으로서 율법에 순종하셔야 했고, 그러한 능동적 순종은 수동적 순종과 함께 우리에게 전가되어 우리가 하나님 앞에서 의롭다 하심을 얻게 된다.

열두 번째, 칭의의 성경적 근거는 구약 성경과 신약 성경 모두에 나타난다. 특히 사도 바울의 로마서와 갈라디아서는 칭의의 복음을 가장 잘 가르치고 있다. 또한, 야고보서는 바울의 가르침과 충돌되지 않는다. 바울은 율법적 행위를 거부하고 오직 믿음으로 의롭다 함을 받는다고 가르치고 있고, 야고보는 참된 믿음은 행함으로 증명이 되며 열매를 맺기 마련이라고 가르치고 있기 때문이다.

이와 같이 오웬의 칭의론은 매우 성경적이며 신론, 기독론, 죄론, 구원론

등과도 아주 밀접한 연결성을 지니고 있고, 로마 가톨릭이나 소키누스주의 등의 오류를 잘 지적하고 있어 개혁주의 칭의론의 정수를 보여준다.[164]

---

[164] 이 글을 쓰는 데 필요한 자료를 15건 이상이나 구해 준 리처드 멀러(Richard A. Muller) 교수께 감사한다(2022.2.9). 이 글을 읽고 오탈자를 수정해 주고, 유익한 코멘트를 해 준 박하림, 이용주 강도사에게 감사한다(2022.6.15).

〈참고문헌〉

1차 자료

오웬, 존. 『칭의론』. 박홍규 역. 서울: 퍼플, 2019.

Owen, John. *An Exposition of the Epistle to the Hebrews*. Ed. William H. Goold, 7 vols. London; Edinburgh: Johnstone and Hunter, 1855.

_____. *The Works of John Owen*. Ed. William H. Goold. Vol. 5. Edinburgh: T&T Clark, 1862.

2차 자료

권경철. "웨스트민스터 표준문서와 그리스도의 '온전한 순종' 문제: 안토니 버지스(Anthony Burgess, 1600-1664)의 『참된 칭의 교리』로부터 단초 찾기."「갱신과 부흥」 28 (2021), 143-72.

김병훈. "그리스도의 수동적 순종과 피스카토르(Johannes Piscator, 1546-1625)-논점정리."「신학정론」 39/1 (2021), 241-271.

김재성. 『그리스도의 능동적 순종』. 고양: 언약, 2021.

박재은. "도르트 신경의 빛으로 읽는 인간 타락의 4중 원인과 신학적·실천적 함의."「조직신학연구」 29 (2018), 178-216.

_____. 『칭의, 균형있게 이해하기』. 서울: 부흥과개혁사, 2016.

비키, 조엘, 마크 존스. 『청교도 신학의 모든 것』. 김귀탁 역. 서울: 부흥과개혁사, 2015.

신호섭. 『개혁주의 전가교리』. 서울: 지평서원, 2016.

우병훈. "『톰 라이트, 칭의를 말하다』 서평." 「갱신과 부흥」 9 (2011), 118-32.

_____. "교회사 속에 나타난 그리스도의 능동적 순종 교리: 초대교회부터 종교개혁기까지 주요 신학자들을 중심으로." 「갱신과 부흥」 29 (2022), 7-70.

_____. "청교도 성령론의 특징: 십스, 굿윈, 오웬, 에드워즈를 중심으로." 『성령론』. 한국조직신학회 기획시리즈 6. 서울: 대한기독교서회, 2017.

_____. "칼빈의 모세 언약 이해-존 페스코와 코넬리스 베네마의 논쟁에 비추어서-" 「칼빈연구」 13 (2016), 9-45.

유창형. "죄사함과 의의 전가를 중심으로 한 칼빈의 칭의론과 그 평가." 「성경과 신학」 52 (2009), 1-35.

윤종훈. "존 오웬의 칭의론에 관한 개혁주의적 고찰." 「성경과 신학」 72 (2014), 227-53.

호튼, 마이클. 『개혁주의 조직신학』. 이용중 역. 서울: 부흥과개혁사, 2012.

Asselt, Willem J. van. "Covenant Theology as Relational Theology: The Contributions of Johannes Cocceius (1603-1669) and John Owen (1618-1683) to a Living Reformed Theology." In *The Ashgate Research Companion to John Owen's Theology.* Ed. Kelly M. Kapic and Mark Jones, 65-84. Farnham, Surrey, England: Ashgate, 2012.

Athanasius of Alexandria. "Four Discourses against the Arians." In

St. Athanasius: Select Works and Letters. Ed. Philip Schaff and Henry Wace. Trans. John Henry Newman and Archibald T. Robertson. Vol. 4. A Select Library of the Nicene and Post-Nicene Fathers of the Christian Church, Second Series. New York, NY: Christian Literature Company, 1892.

Basil of Caesarea. "The Book of Saint Basil on the Spirit." In *St. Basil: Letters and Select Works*. Ed. Philip Schaff and Henry Wace. Trans. Blomfield Jackson. Vol. 8. A Select Library of the Nicene and Post-Nicene Fathers of the Christian Church, Second Series. New York, NY: Christian Literature Company, 1895.

Bavinck, Herman. *Reformed Dogmatics*. Ed. John Bolt. Trans. John Vriend. Vol. 1. Grand Rapids, MI: Baker Academic, 2003.

_____. *Reformed Dogmatics*. Ed. John Bolt. Trans. John Vriend. Vol. 3. Grand Rapids, MI: Baker Academic, 2006.

Beeke, Joel R., and Randall J. Pederson. *Meet the Puritans: With a Guide to Modern Reprints*. Grand Rapids, MI: Reformation Heritage Books, 2006.

Boersma, Hans. *A Hot Pepper Corn: Richard Baxter's Doctrine of Justification in Its Seventeenth-Century Context of Controversy*. Zoetermeer: Uitgeverij Boekencentrum, 1993.

Bos, Frans Lukas. *Johann Piscator: Ein Beitrag zur Geschichte der Reformierten Theologie*. Kampen: J. H. Kok, 1932.

Brakel, Wilhelmus à. *The Christian's Reasonable Service*. Ed. Joel R. Beeke. Trans. Bartel Elshout. Vol. 1. Ligonier, PA: Soli Deo Gloria Publications, 1992.

Bulkeley, Peter. *The Gospel-Covenant; or The Covenant of Grace Opened*. 2nd ed. London: M. Simmons, and are to be sold by T. Kembe and A. Kembe, 1653.

Clark, R. Scott. "Do This and Live: Christ's Active Obedience as the Ground of Justification." In *Covenant, Justification, and Pastoral Ministry: Essays by the Faculty of Westminster Seminary California*. Ed. R. Scott Clark, 229–65. Phillipsburg, NJ: P&R Publishing, 2007.

Clifford, Alan C. *Atonement and Justification: English Evangelical Theology 1640-1790: An Evaluation*. Oxford: Clarendon Press, 1990.

Cooper, Tim. *John Owen, Richard Baxter and the Formation of Nonconformity*. Surrey, England: Ashgate, 2011.

De Campos, Heber Carlos. "Johannes Piscator (1546–1625) and the Consequent Development of the Doctrine of the Imputation of Christ's Active Obedience," Ph.D. dissertation: Calvin Theological Seminary, 2009.

_____. *Doctrine in Development: Johannes Piscator and Debates over Christ's Active Obedience*. Grand Rapids, MI: Reformation Heritage Books, 2017.

Fesko, *The Theology of the Westminster Standards: Historical Context and Theological Insights*. Wheaton, IL: Crossway, 2014.

Gleason, Randall C. *John Calvin and John Owen on Mortification: A Comparative Study in Reformed Spirituality*. New York, NY: Peter Lang, 1995.

Gribben, Crawford. *An Introduction to John Owen: A Christian Vision for Every Stage of Life*. Wheaton, IL: Crossway, 2020.

_____. *John Owen and English Puritanism: Experiences of Defeat*. New York, NY: Oxford University Press, 2016.

Hodge, Charles. *Systematic Theology*. Vol. 3. Oak Harbor, WA: Logos Research Systems, Inc., 1997.

Horton, Michael S. *Lord and Servant: A Covenant Christology*. Louisville, KY: Westminster John Knox Press, 2005.

_____. *The Christian Faith: A Systematic Theology for Pilgrims on the Way*. Grand Rapids, MI: Zondervan, 2011.

Jones, Mark. "John Owen: Justification by Faith Alone." In *A Puritan Theology: Doctrine for Life*. Ed. Joel R. Beeke and Mark Jones, 491–506. Grand Rapids, MI: Reformation Heritage Books, 2012.

Jue, Jeffrey K. "The Active Obedience of Christ and the Theology of the Westminster Standards: A Historical Investigation." In *Justified in Christ: God's Plan for Us in Justification*. Ed. K.

Scott Oliphint, 99–130. Ross-shire, UK: Mentor, 2007.

Kapic, Kelly M. *Communion with God: The Divine and the Human in John Owen's Theology.* Grand Rapids: Baker Academic, 2007.

Kapic, Kelly M., and Mark Jones. *The Ashgate Research Companion to John Owen's Theology.* Farnham, Surrey, England; Burlington, VT: Ashgate, 2012.

Lee, Sungho. "All Subjects of the Kingdom of Christ: John Owen's Conceptions of Christian Unity and Schism." Ph.D. diss., Calvin Theological Seminary, 2007.

Lim, Paul Chang-Ha. In *Pursuit of Purity, Unity, and Liberty: Richard Baxter's Puritan Ecclesiology in Its Seventeenth-Century Context.* Leiden: Brill, 2004.

Mcdonald, Suzanne. "The Pneumatology of the 'Lost' Image In John Owen." *Westminster Theological Journal* 71, no. 2 (2009): 323 –35.

Muller, Richard A. *Dictionary of Latin and Greek Theological Terms: Drawn Principally from Protestant Scholastic Theology.* 2nd ed. Grand Rapids, MI: Baker, 2017.

Packer, James I. "The Doctrine of Justification among the Puritans." In *By Schisms Rent Asunder: Papers Read at the Puritan and Reformed Studies Conference, 1969.* London: N.P., 1970.

Pasore, Georgio. *Oratio Funebris in Obitum Reverendi et Clarissimi*

*Theologi Johannis Piscatoris Beatae Memoriae, Communis
Nostril Praeceptoris.* Herborn: Johannis-Georgii
Muderspachii & Georgii Corvini, 1625.

Roberts, Francis. *Mysterium & Medulla Bibliorum: The Mysterie and
Marrow of the Bible, Viz. God's Covenants with Man in the
First Adam before the Fall, and in the Last Adam, Jesus Christ,
after the Fall, from the Beginning to the End of the World.*
London: R. W. for George Calvert, 1657.

Steubing, Johann Hermann. *Caspar Olevian: Johannes Piscator.*
Leipzig: Carl Cnobloch, 1841.

Strange, Alan D. "The Affirmation of the Imputation of the Active
Obedience of Christ at the Westminster Assembly of Divines."
The Confessional Presbyterian 4 (2008): 194-311.

_____. "The Imputation of the Active Obedience of Christ
at the Westminster Assembly." In *Drawn into Controversie:
Reformed Theological Diversity and Debates Within
Seventeenth-Century British Puritanism.* Ed. Michael A. G.
Haykin and Mark Jones. Göttingen: Vandenhoeck & Ruprecht,
2011.

_____. *Imputation of the Active Obedience of Christ in
the Westminster Standards.* Grand Rapids, MI: Reformation
Heritage Books, 2019.

Tay, Edwin. *The Priesthood of Christ: Atonement in the Theology of John Owen*. Milton Keynes, England: Paternoster, 2014.

Trueman, Carl R. "John Owen on Justification." In *Justified in Christ: God's Plan for Us in Justification*. Ed. K. Scott Oliphint, 81–98. Ross-shire, UK: Christian Focus Publications, 2007.

_____. *John Owen: Reformed Catholic, Renaissance Man*. Aldershot: Ashgate, 2007.

Venema, Cornelis P. *Accepted and Renewed in Christ: The "Twofold Grace of God" and the Interpretation of Calvin's Theology*. Reformed Historical Theology ; v. 2. Göttingen: Vandenhoeck & Ruprecht, 2007.

Warfield, Benjamin B. *The Works of Benjamin B. Warfield: Critical Reviews*. Vol. 10. Bellingham, WA: Logos Bible Software, 2008.

_____. *The Works of Benjamin B. Warfield: Studies in Theology*. Vol. 9. Bellingham, WA: Logos Bible Software, 2008.

Witsius, Herman. *De oeconomia foederum Dei cum hominibus, libri quatuor*. Leeuwarden: J. Hagenaar, 1677.

Woo, B. Hoon. *The Promise of the Trinity: The Covenant of Redemption in the Theologies of Witsius, Owen, Dickson, Goodwin, and Cocceius*. Göttingen: Vandenhoeck & Ruprecht, 2017.

프란시스 튜레틴의 칭의론

이신열

Francis Turretin(1623-1687)

고신대학교 신학과에서 교의학을 교수이며, 개혁주의학술원 원장으로 섬기고 있다. 저서로는 『창조와 섭리』, 『칼빈신학의 풍경』, 『종교개혁과 과학』, 『개혁신학의 관점에서 본 기독교윤리학』이 있으며, 역서로는 낸시 피어시(Nancey Pearcey)와 찰스 택스턴(Charles Thaxton)이 공저한 『과학의 영혼』(*The Soul of Science*), 『성찬의 신비』(저자:키이스 매티슨), 『구약 윤리학 - 구약의 하나님은 윤리적인가?』(저자:폴 코판) 등이 있다. 기독교와 과학의 관계, 오순절 및 은사주의 신학에 대한 개혁주의적 비판, 칼빈신학의 현대적 함의 등이 주요 연구 분야이다.

이신열

I. 시작하면서

다른 시대의 교회사적 흐름과 마찬가지로 2000년대 들어서서도 칭의론은 다양한 논쟁을 불러 일으켰는데 그 가운데 가장 대표적인 것으로 톰 라이트(N. T. Wright)의 칭의론을 들 수 있다.[1] 그의 칭의론의 내용에 대한 동의 여부를 떠나서 그가 초래한 칭의 이해를 둘러싼 논쟁적 분위기가 이 개신교의 핵심 교리에 대한 신학적 관심을 증대시켰다는 점은 부인할 수 없는 사실일 것이다.

이 글에서는 우리의 시야를 17세기로 되돌려서 당시의 신학적 논쟁에 있어서 주도적 역할을 담당했던 프란시스 튜레틴(Francis Turretin, 1623-1687)의 칭의론을 개괄적으로 살펴보고자 한다.[2] 이 글은 칭의에 관한 그의 논의를 다음의 몇 단락으로 나누어서 그 특징을 고찰하게 될 것이다: 하나님의 의와 칭의의 정의, 사죄와 입양 또는 생명권의 부여, 그리스도의 공로와 의의 전가, 그리고 믿음, 그리고 칭의의 시간과 결과.

---

1 톰 라이트의 대표적 저작으로는 다음을 들 수 있다. 『톰 라이트, 칭의를 말하다』, 최현만 옮김 (평택: 에클레시아북스, 2011). 그의 주장을 비판적으로 평가하고 반박하는 대표적인 글로는 다음을 들 수 있다. Cornelis P. Venema, *The Gospel of Free Acceptance in Christ: An Assessment of the Reformation and 'New Perspectives' on Paul* (Edinburgh: The Banner of Truth Trust, 2006); 존 파이퍼, 『칭의 논쟁』, 신호섭 옮김 (서울: 부흥과개혁사, 2009); 이승구, 『톰 라이트에 대한 개혁신학적 반응: N.T. Wright의 신학적 기여와 그 문제점들』, (수원: 합동신학대학원출판부, 2013); 박영돈, 『톰 라이트 칭의론 다시 읽기: 바울은 칭의에 대해 정말로 무엇을 말했는가?』 (서울: IVP, 2016).

2 튜레틴의 전기로는 다음을 참고할 것. E. 드 뷔데, 『프랑수아 투레티니 평전: 칼뱅 100년 이후 제네바 대표 신학자 투레티니 탄생 400주년 기념』, 권경철, 강금희 옮김 (군포: 도서출판 다함, 2021). 그의 신학을 정통파 개혁신학의 관점에서 간략하게 소개한 글로는 다음을 참고할 것. 권경철, 『뿌리 내리는 정통주의 신학: 동일한 신앙고백, 다양한 신학 논쟁』 (군포: 도서출판 다함, 2018), 57-78. 17세기 개혁파 정통주의 신학의 칭의론에 대한 개관으로는 다음을 참고할 것. J. V. Fesko, *Justification: Understanding the Classic Reformed Doctrine* (Philipsburg, NJ: P & R, 2008).

II. 하나님의 의(justice)와 칭의 (justification)의 정의

1. 하나님의 의

하나님의 속성에 대한 논의에서 먼저 일반적 의미에서 의가 크게 다음의 두 가지 의미를 지닌다고 보았다.3 첫째, 의는 모든 미덕(virtue)에 대한 보편적 총합으로서 의를 가리키는데 이는 보편적 공의(justitia universalis)로 간주된다. 튜레틴은 시인도 이와 유사한 방식으로 공의를 정의한다는 사실을 상기시킨다.4 여기에 호의와 약속을 성취함에 있어서 신실함이 포함되며 이는 성경에 등장하기도 한다. 둘째, 공의는 각자에게 마땅히 주어져야 할 것이 주어진다는 의미에서 개별적 공의(justitia particularis)를 들 수 있다. 이 개념은 상급 또는 형벌의 분배를 가리키는데 이런 맥락에서 이는 분배적 공의(justitia distributiva)에 해당되기도 한다.5

이런 일반적 의미에서의 공의는 하나님께도 적용되는데 신적 공의(justitia divina)는 절대적 의미와 상대적 의미로 세분화되어 논의된다.6 먼저 전자의 경우 공의는 신적 속성의 올바름(rectitude)과 완전함(perfection)을 가리킨다. 하나님은 절대적 의미에서 자신의 의를 행사하여 피조물을 멸절할 능력을

---

3 Francis Turretin, *Institutes of Elenctic Theology*, vol. 1, trans. George Musgrave (Phillipsburg, NJ: P & R, 1992), 235 (topic 3, question 19, answer 2). 이하 *IET*로 약칭하며 topic, question, answer는 표기하지 않음.

4 Theognis, *Elegy and Iambus*, 146. "In justice is all virtue found in sum." *IET* 1:235 (3.19.2)에서 재인용.

5 *IET* 1:235 (3.19.2). 튜레틴은 다른 정통파 개혁신학자들과 유사하게 분배적 공의와 소통적 공의 (justitia commutativa) 사이의 구분을 부인한다. Richard A. Muller, *Post-Reformation Reformed Dogmatics: The Rise and Development of Reformed Orthodoxy, ca. 1520 to ca. 1725, vol. 3: The Divine Essence and Attributes* (Grand Rapids: Baker Academic, 2003), 489.

6 *IET* 1:235 (3.19.3). 바빙크는 공의가 하나님께 적용되는 것은 원리적이며 근원적인 맥락에서 이루어진다고 보았다. 헤르만 바빙크, 『개혁교의학 2』, 박태현 옮김 (서울: 부흥과개혁사, 2011), 279.

지니시지만, 무죄한 사람을 지옥의 형벌로 영원히 학대하지는 않으신다.[7] 이런 이유에서 절대적 의미에서의 공의는 바빙크(Herman Bavinck)가 주장하는 하나님의 절대적 주권의 속성에서 비롯된다고 볼 수 있다.[8] 후자는 하나님의 초월적 권한과 영원한 지혜의 규칙에 근거하여 그의 의지 작용을 통하여 발생하는 신적 사역을 뜻하는데 이는 다시 다음의 두 가지로 구분된다. 첫째, 피조물의 통치를 통해 드러나는 보편적 공의를 들 수 있는데 여기에서 세상은 하나님에 의해 제정된 율법을 통하여 다스림을 받게 된다. 그러므로 이 공의는 주권적 공의(justitia dominica)에 해당된다. 이 공의는 영향력은 하나님의 자유의지 행사에 의해서 결정되지만, 공의 자체는 그의 의지의 자유로운 행위를 뜻하지는 않는다.[9] 둘째, 신적 판단을 뜻하는데 이는 포상을 통한 보상적 공의(justitia praemiantibus)와 형벌을 통한 보응적 공의(justitia vindicatrix)로 구분된다.

튜레틴은 보응적 공의에 대해서 더 자세하게 고찰하는데 여기에서 핵심은 이 공의가 하나님께 본질적인가를 다루고 이를 증명하는 것이다.[10] 이 사실을 입증하기 위해서 튜레틴은 다음의 네 가지 증명을 제공한다.

첫째, 보응적 공의는 성경을 통해서 입증된다. 성경은 하나님이 죄를 싫어하시며 이로부터 돌이키신다는 사실을 보여준다. "그러나 벌을 면제하지는 아니하고 아버지의 악행을 자손 삼사 대까지 보응하리라"(출 34:7); "주께서는 눈이 정결하시므로 악을 차마 보지 못하시며 패역을 차마 보지 못하시거늘 … "(합 1:13); "주는 죄악을 기뻐하는 신이 아니시니 악이 주와 함께 머물지 못하며."

---

7 *IET* 1:240-41 (3.19.25).
8 바빙크, 『개혁교의학 2』, 285.
9 *IET* 1:240 (3.19.18).
10 *IET* 1:237-39 (3.19.11-15).

(시 5:4). 튜레틴은 만약 하나님께 죄악에 대한 미움이 반드시 요구된다면, 그에게 동일한 방식으로 공의도 요구된다고 주장한다. 왜냐하면 죄에 대한 미움은 죄의 처벌에 대한 그의 의지의 일관성과 동일하기 때문이다.[11]

둘째, 양심의 명령과 국가의 동의가 보응적 공의에 대한 성경의 증거를 뒷받침하고 입증한다. 전자는 인간을 하나님의 법정에 세워서 행위의 선악에 따라서 그를 고소하거나 또는 그 고소를 취하한다(롬 2:14-15). 후자는 하나님이 모든 범죄 행위에 대한 옳은 심판자이심을 보여준다. 야만인을 포함한 모든 사람들에게 만약 하나님이 이 공의를 시행하지 않으신다면 그는 하나님이 아니라는 주장이 설득력을 지닌다. 하나님이 보응의 눈을 지니고 계시기 때문에, 모든 사람들은 그의 보응 앞에서 떨고 두려워한다.

셋째, 도덕법과 제의법을 포함한 율법은 보응적 공의에 대한 성경의 증거를 뒷받침하고 입증한다. 도덕법은 하나님의 영원하고 자연적인 권한에 기초한 것이기 때문에 이 법에 명시된 형벌 또한 동일한 권한에 근거한 것으로서 보응적 공의의 정당성을 드러내고 입증한다. 제의법에 나타난 모든 법적 희생에 관한 체제는 속죄의 필요성을 보여주는 목적으로 제정된 것으로서 이를 통해서 신적 공의로서 보응적 공의가 만족되며 입증된다.

넷째, 그리스도의 죽음이 보응적 공의를 입증한다. 그리스도의 죽음은 자기 아들을 세상에 보내어 우리를 위해서 죽게 하겠다는 하나님의 의지 작용에 의해서 합리적으로 설명되지 않는다. 단 하나의 죄인의 죽음도 기뻐하지 않으시는 하나님이 죄가 전혀 없는 자기 아들의 죽음을 기뻐하실 아무런 이유도 존재하지 않는다. 그렇다면 그의 아들의 죽음은 단순히 하나님의 의지가 아니라 그의 보응적 공의의 결과물에 해당된다(롬 3:25). 16세기 제네바의 종교개

---

11 *IET* 1:237 (3.19.11).

혁자 칼빈(John Calvin)도 이런 맥락에서 롬 3:25을 주해하면서 그리스도의 죽음을 통한 공로가 하나님의 관용하심(liberalitas)에만 근거한 것은 아니라고 증거한다.[12]

2. 칭의

먼저 칭의의 용어에 관한 튜레틴의 논의는 헬라어 동사 'dikaioun'과 라틴어 동사 'justificare'에서 시작된다.[13] 성경에 나타난 이 두 동사의 의미는 적절한 경우와 부적절한 경우의 두 가지로 파악된다. 첫째, 이 동사가 적절하게 사용될 때 법정적 의미를 지니는데 이는 법정에서 어떤 사람을 무죄로 선언하거나 정당하고 인정하거나 선언한다는 의미를 지닌다. 반의어는 '정죄하다(condemn)'와 '고소하다(accuse)'에 해당된다(출 23:7, 신 25:1, 잠 17:15, 눅 18:14). 법정을 벗어나서는 주로 어떤 사람을 의롭다고 인정하고 칭찬하는 용례로 사용되는데 하나님의 의나 지혜를 찬양하고 경축하는 의미를 지닌다. 둘째, 이 동사가 부적절하게 사용되는 경우는 목회적 의미를 지닌다. 여기에서 '목회적'이란 의로운 원인을 초래하는 것을 가리킨다. 달리 말하면, 설교자가 신자들을 지도하고 가르침에 있어서, 이 가르침 자체로서 그들이 스스로를 옳다고 여기며 이 행위가 신자들을 구원한다고 생각하는 경우가 해당된다.

그렇다면 justificatio가 법정적 의미를 지닌다는 증거는 무엇인가? 튜레틴은 다음 다섯 가지 증거를 제시한다.[14]

첫째, justificatio를 다루는 성경 본문은 법정적 의미를 제외한 다른 의미를 제시하지 않는다 (욥 9:3, 시 143:2, 행 13:39, 롬 3:28, 4:1-3). 법정에서의

---

[12] CO 49, 62 (롬 3:25 주석).
[13] IET 2:633-34 (16.1.4).
[14] IET 2:634-35 (16.1.6-8).

과정, 즉 법에 근거하여 고소하는 고소인과 죄를 범한 사람을 피고소인으로 언급하는 과정이 성경에 등장한다.

둘째, 칭의는 정죄(condemnation)에 반립된다(롬 8:33, 34). 롬 8:33을 주해하면서 로마 가톨릭 신학자 톨레투스(Francisco Toletus)도 이 사실을 다음과 같이 인정한 것을 볼 수 있다. "이곳에서 사용된 칭의라는 단어는 반립적 단어인 정죄에 반대된다. 그러므로 마치 판사가 선고를 통하여 무죄한 사람을 사면하고 무죄라고 선언하는 것처럼 이곳에서 '칭의하다'는 '의롭다고 선언하다'를 뜻한다."[15]

셋째, 칭의가 묘사된 다른 동일한 표현은 사법적(judicial)이다. 이에 대한 성경적 용례로는 "심판에 이르지 아니하나니"(요 5:24), "화목하게 되었은즉"(롬 5:10), "의로 여겨졌느니라"(롬 4:22) 등을 들 수 있다.

넷째, 이 단어는 바울이 유대인과의 논쟁을 벌였던 컨텍스트 속에서 이해되어야 한다. 바울은 거기에서 의의 주입이 아니라 어떻게 죄인이 하나님의 심판의 자리 앞에 설 수 있으며 어떻게 생명을 위한 권리를 획득할 수 있는가에 대해서 말한다. 칭의에 관한 사고가 의심의 여지 없이 신적 심판과 앞으로 다가올 진노에 대한 두려움에서 비롯되기 때문에 법정적 의미와 다른 의미로는 사용될 수 없다.

다섯째, 이 단어가 법적적 의미를 지닌 것으로 간주되지 않는다면, 성화와 혼동을 불러일으킨다. 이 두 교리는 그 자체와 성경의 빈번한 증명에서 드러나듯이 서로 별개의 개념이다.

---

15 Franciscus Toletus, *Commentarii et annotationes in epistolam ... ad Romanos* [1602], 441. *IET* 2:635 (16.1.7). 톨레투스에 대한 2차 자료로는 다음을 참고할 것. Luke Murray, "Catholic Biblical Studies after Trent: Franciscus Toletus," *Journal of Early Modern Christianity* 2/1 (2015), 61-85; Luke Murray, *Jesuit Biblical Studies after Trent: Franciscus Toletus & Cornelius à Lapide* (Göttingen: V & R, 2019), 59-84.

3. 로마 가톨릭 신학의 칭의에 대한 정의

로마 가톨릭 신학은 동사 justificare가 법정적 의미를 지닌다는 사실을 부인하지는 않는다. 튜레틴은 이런 의미를 인정한 로마 가톨릭 신학자로서 벨라민(Robert Bellarmine, 1542-1622), 티리누스(Jacobus Tirinus, 1580-1636), 그리고 톨레투스(Franciscus Toletus, 1532-1596)를 언급한다.[16] 그러나 이들은 이것이 이 동사의 일정한 의미는 아니라고 보았다. 이 동사는 오히려 의의 생성, 획득, 그리고 증가라는 의미를 지니고 있으며 특히 하나님 앞에서 인간의 의화(義化, making righteous)를 지칭할 때 주로 사용된다고 보았다. 로마 가톨릭 신학은 justificatio를 둘로 나누어서 고찰한다. 첫째는 의롭지 않은 사람이 의롭게 되는 것을 뜻하며, 둘째는 의로운 사람이 더 의롭게 되는 것을 뜻한다. 따라서 벨라민은 칭의를 다음과 같이 정의한다. "의심할 나위 없이 칭의는 죄로부터 의를 향한 특정한 움직임이며, … "[17] 토마스 아퀴나스(Thomas Aquinas)도 다음과 같이 유사한 견해를 제시한다. "가열(calefaction)이 열을 향한 움직임인 것처럼, 수동적으로 간주한다면 칭의는 의롭게 만드는 운동을 의미한다."[18] 트렌트 공의회(1545-63)도 다음과 같은 유사한 정의를 제공한다. "악인의 칭의는 첫째 아담의 아들로 태어난 사람이 처한 상태에서 은혜의 상태와 둘째 아담인 우리 구주 예수 그리스도에 의해서 하나님의 아들들로 양자됨의 상태로의 전환으로 나타난다."[19]

---

16 *IET* 2:634 (16.1.5).

17 Robertus Bellarminus, "De justificatione," 1.1. *Opera* (1858), 4:461-62. *IET* 2:634 (16.1.5).

18 Thomas Aquinas, *Systematica Theologica* I-II, Q. 113, Art. 1. *IET* 2:634 (16.1.5).

19 "Session 6.4", *Canon and Decrees of the Council of Trent*, trans. by Henry J. Schroeder (St. Louis: Herder, 1994), 131. *IET* 2:638 (16.2.5).

III. 사죄와 입양 또는 생명권의 부여

이 단락에서는 튜레틴 칭의론의 핵심에 해당하는 사죄와 양자삼음 또는 생명권에 대해서 간략하게 고찰하고자 한다. 여기에서 사죄와 생명권은 칭의의 두 요소로 간주된다.[20] 이 두 요소는 일반적으로 알려진 칭의의 두 요소인 사죄와 그리스도의 의의 전가라는 개념을 튜레틴이 재해석한 것으로 볼 수 있다. 튜레틴에게 의의 전가는 사죄와 입양, 즉 생명권의 획득을 가능하게 하는 결정적인 요소로 작용한다.[21]

1. 사죄

튜레틴은 사죄에 대해서 다음의 세 가지 명제를 주장했다. 첫째, 사죄란 죄의 제거(absolution)가 아니라 죄의 사면(pardon)을 지칭한다.[22] 사죄 (remission of sin)에 대한 로마 가톨릭의 이해는 죄의 절대적 제거를 의미했다. 여기에서 제거의 대상은 부패성과 타락한 자질인데 이 제거의 결과로 물리적 주입에 의한 칭의가 발생한다고 보았다. 이런 로마 가톨릭의 칭의 개념에 맞서서 튜레틴은 죄성(criminality)과 이에서 비롯되는 죄책의 사면(pardon) 으로 이해했다. 여기에서 '사면'이란 죄의 멸절(extinction)을 뜻하지 않으며

---

20 *IET* 2:657-58 (16.4.6). 바빙크도 그의 교의학에서 동일한 견해를 피력하면서 그 이유를 그리스도의 순종 전체의 전가로 제시한다. 바빙크, 『개혁교의학 4』, 262: "그리고 칭의의 두 부분을 죄사함과 영생에 관한 권리의 승인으로 생각하는 것이 더 정확하다. 왜냐하면 이 유익들은 그리스도의 순종 전체의 전가 위에 세워졌기 때문이다."

21 *IET* 2:657 (16.4.4-5).

22 *IET* 2:660 (16.5.2).

죄책으로부터의 자유를 가리킨다. 시 32:1에 언급된 죄의 '가리워짐'(covering)이라는 표현은 죄인이 판사에 의해서 죄인으로 판결 받지 않고 정죄 당하지 않음을 지칭하기 위해서 사용되었다.[23] 시 32:2에 "여호와께 정죄를 당하지 아니하는 자"는 죄의 사면을 받은 자를 가리킨다.

둘째, 사죄는 죄책과 형벌의 관점에서 고찰될 때 완전한 개념으로 이해될 수 있다.[24] 로마 가톨릭은 사죄를 죄책에 대한 완전한 사죄가 아니라 부분적 사죄로 간주할 뿐 아니라 일시적 형벌을 주장하지 아니한다. "만약 어떤 사람이 칭의함을 받은 후에 어떤 죄인에게 죄성이 사면되었고 영원한 형벌의 죄책이 말살되었으므로, 그가 천국에 접근할 수 있기 전에 이 세상에서나 남아 있는 장래에 일시적 형벌에 대해 노출되지 않는다고 말한다면, 그는 저주를 받을지어다."[25] 신자에게 주어진 사죄는 완전하기 때문에 이 세상이나 영원의 세계에서 모든 죄책과 형벌에서의 자유를 제공한다. 튜레틴은 칭의에 대한 두 번째 명제에 근거해서 로마 가톨릭에서 주장하는 바와 같이 신자가 일시적 또는 영원한 형벌을 면하기 위해서 속상(satisfaction)을 구상하고 죄에 대한 일시적이며 영원한 용서를 보증하는 교황의 면죄부(papal indulgence)를 실시한 것에 대해서 날카롭게 비판한다.[26]

셋째, 사죄는 신자의 죄가 어떤 종류의 죄든지, 과거와 현재뿐 아니라 미래의

---

23 *IET* 2:660 (16.5.3).

24 *IET* 2:661-62 (16.5.9).

25 "Session 6.30", *Canon and Decrees of the Council of Trent*, 46. *IET* 2:661-62 (16.5.9).

26 *IET* 2:663-64 (16.5.15-16). 로마 가톨릭은 일찍부터 참회를 위한 법령(penitential canons)을 공포해 왔는데 대표적 공의회로 엘비라(Elvira) 공의회(c. 305-306), 앙키라(Ancyra) 공의회(314), 니케아(Nicea) 공의회(325)를 들 수 있다. 부르차르(Burchard) 칙령(1012-1021), 이보(Ivo) 칙령(1095), 그라티안(Gratian) 칙령(1139-1150)에 나타난 속상과 참회의 엄격함은 많은 신자들을 절망으로 내몰았으며 이들을 이교도로 개종하게 만들었다. 제159대 교황인 우르바노 2세(Urban II, 1035-1099) 치하(1088-1099) 11세기 말부터 면죄부 판매가 시작되었다.

모든 죄에도 질서를 따라 적용된다.[27] 여기에서 튜레틴은 하나님의 영원한 목적이 고려된다면, 그에게 미래를 포함한 모든 것이 현재로 나타난다(행 15:48)는 사실에 주목한다. 은혜 언약에 주어진 하나님의 신실하신 약속과 이를 시행하기 위해서 죽음을 통해서 공로를 획득하신 그리스도의 사역에 근거해서 우리가 미래에 범하게 될 죄에 대한 사죄가 주어졌다고 밝힌다.[28] 과거와 현재에 범하는 죄는 그리스도의 공로에 근거해서 실제로 사죄 받았으며, 미래에 범하게 될 죄는 아직 범해지지 않았기 때문에 과거와 현재의 죄가 사죄 받는 것과 동일한 방식은 아니지만, 그리스도의 공로가 우리에게 전가되었다는 사실을 따라 사죄는 미래의 죄를 포함한 모든 죄에 대해 적용된다고 볼 수 있다.

2. 입양 또는 생명권의 부여

칭의의 또 다른 요소로서 입양(adoption) 또는 생명권(a right to life)의 부여는 그리스도의 의에서 흘러나온다.[29] 입양과 생명권을 동일시하는 튜레틴의 이해는 바빙크의 신학에서도 발견된다. "… 물론 죄사함의 유익과 분리되지 않지만 구분될 수 있다. 그것은 영생의 권리를 수여하는 것, 또는 바울의 율법으로부터의 속량과 나란히 곧바로 언급하는 자녀로 삼는 입양이다(갈 4:5, cf. 단 9:24 행 26:18, 계 1:5,6)."[30]

그런데 튜레틴이 입양을 칭의론에서 고찰하는 것은 개혁신학의 전통에서

---

27 *IET* 2:665 (16.5.17). 바빙크도 유사한 논지를 개진한다. 바빙크, 『개혁교의학 4』, 263.
28 *IET* 2:665 (16.5.18-19).
29 *IET* 2:666 (16.6.1). 튜레틴이 주장하는 칭의의 요소로서 입양과 생명권을 그리스도와 연합의 관점에서 간략하게 고찰하는 글로는 다음을 참고할 것. J. V. Fesko, *Beyond Calvin: Union with Christ and Justification in Early Modern Reformed Theology (1517-1700)* (Göttingen: V & R, 2012), 327-33.
30 바빙크, 『개혁교의학 4』, 266.

일반적인 경우에 해당된다고 볼 수 있다. 대부분의 17세기 개혁신학자들은 이 교리의 논리적 위치를 칭의의 범주 안에서 논의한다. 예를 들면, 취리히(Zürich)의 개혁신학자 하이데거(Johannes Heidegger, 1633-1698)는 칭의의 두 번째 요소인 생명권의 부여가 입양과 동시에 발생한다고 주장한다. "그리스도의 의와 순종 덕분에 인간의 죄가 용서될 뿐 아니라, 천상적이고 영원한 삶을 요청할 수 있는 권리 또한 그에게 부여된다. 이 생명권의 허용은 실로 입양과 동시에 발생하며, ..."31 네덜란드의 개혁신학자 바빙크도 튜레틴과 마찬가지로 입양을 칭의의 범주 속에서 이해한다. "개신교도들에게 있어서 칭의란 하나님께 대한 관계의 회복이다. ... 칭의 안에서 하나님과의 화평, 자녀 됨, 은혜의 보좌 앞에 담대히 나아감, 율법으로부터의 자유, 세상으로부터의 독립이 우리에게 주어졌다면, ..."32

튜레틴은 입양을 자연의 행위가 아니라 하늘에 계신 아버지께서 우리를 위하여 행사하기를 원하셨던 하나님의 은혜로운 의지에서 비롯된 행위로 정의한다.33 변호사들은 입양을 자녀가 없는 사람들을 위로하기 위하여 도입되어 자연을 모방하는 법적 행위로 이해한다.34 그렇다면 신학적 의미의 입양과 일반적 의미의 입양의 차이점은 무엇인가? 튜레틴은 후자를 단지 좋은 의도에서 비롯되어 우리를 위로하는 목적을 지닌 행위로서 하나님의 행위가 아닌 반면에, 전자는 전적으로 하나님의 행위로 이해된다. 하나님의 행위로서 입양은 성부 하나님에 의해서 계획되고 시작될 뿐 아니라 성자 하나님의 피와 죽음

---

31 Johannes Heidegger, *Corpus Theologiae* (Zürich, 1700), XXII, 86. 하인리히 헤페, 『개혁파 정통 교의학 2』, 이정석 옮김 (고양: 크리스챤다이제스트, 2000), 784에서 재인용.
32 바빙크, 『개혁교의학 4』, 269. 튜레틴이 바빙크의 신학 전반에 걸친 영향력에 대해서는 다음을 참고할 것. Nicholas A. Cumming, *Francis Turretin(1623-87) and the Reformed Tradition* (Leiden/Boston: Brill, 2020), 183-86.
33 *IET* 2:667 (16.6.3).
34 *IET* 2:667 (16.6.3).

에 의해서 확증된다.[35] 또한 양자의 영이신 성령 하나님께서 입양의 대상으로 선택된 자들의 아들의 마음과 성격을 부여하신다. 이 점에 있어서 입양의 하나님은 곧 삼위일체 하나님이시기도 하다.

이렇게 입양의 은혜를 받은 신자는 이제 하나님의 자녀로서 자유를 누릴 수 있게 된다.[36] 기독교인의 자유는 율법의 속박과 저주로부터의 자유를 가리킬 뿐 아니라, 하나님과 그리스와의 교제를 위해 부르심을 받은 자유를 뜻한다. 또한 이 자유를 통해서 피조물에 대한 지배와 천국의 소유권을 획득하게 되었다.

IV. 그리스도의 공로와 의의 전가, 그리고 믿음

1. 그리스도의 공로

트렌트 공의회는 인간 안에 내재한 내재적 의(justitia inherentia)가 칭의의 공로적 원인이라고 다음과 같이 선언한다. "만약 어떤 사람이 우리 마음속에 성령에 의해서 비춰져서 인간 속에 내재하는 은혜와 사랑을 제외한 채, 사람은 전적으로 죄의 사면에 의해서 칭의함을 받는다거나 또는 단지 우리가 칭의함을 받은 은혜가 단지 하나님의 호의에만 그친다고 말한다면, 그는 저주를 받을지어다."[37] 튜레틴은 로마 가톨릭이 주장하는 '내재적 의'에 대해서 다음과 같은 설명을 제공한다. 이 의는 지구상에 살고 있는 모든 신자들이 지닌 의로서 그들의 칭의의 부분에 해당되며 이런 이유에서 내재적 의는 칭의의 공로적

---

35 *IET* 2:668 (16.6.5).
36 *IET* 2:669 (16.6.9).
37 "Session 6.11", *Canon and Decrees of the Council of Trent*, 43. *IET* 2:638-39 (16.2.5)에서 재인용.

원인에 해당된다. 이는 칭의의 행위에서 하나님이 사용하시는 의로서 그는 인간 안에 이를 주입하시고 인간의 구성요소로 삼으시기 때문에 이는 내면적 의(justitia interna)에 해당된다. 내재적 의는 성령 하나님에 의해 인간에게 내면적 의로 전달되며 칭의의 형식적 원인의 조건으로 간주된다.38

튜레틴은 인간에게 주입되어 인간의 일부로 자리잡은 내재적(inherent) 의가 칭의의 공로적 원인이 될 수 없는 이유 8가지를 다음과 같이 제시한다.39 첫째, 어떤 사람도 불완전한 의로서 칭의함을 받지 못하기 때문이다. 비록 내재적 의가 하나님의 선물로서 인간에게 주어졌다 하더라도, 이 의는 그 자체로서 완전하지도, 실제적이도, 또한 습관적이지도 않다. 하나님은 완전하시기 때문에 불완전한 의인 내재적 의를 받으실 수 없으며 이에 만족하실 수 없다. 둘째, 우리의 칭의가 행함(works)과 상관없이 이루어지므로 행함이나 이에서 비롯되는 습관으로 구성되는 내재적 의도 배제될 수밖에 없기 때문이다. 여기에서 '행함'은 제의적 행함과 도덕적 행함 모두를 포괄한다. 우리의 칭의는 전적으로 은혜와 믿음으로만 이루어지기 때문이다. 셋째, 칭의는 그리스도의 속죄로 말미암아 주어지는 하나님의 은혜에 의하여 거저 주어지기 때문이다(롬 3:24). 은혜는 벨라민이 주장하듯이 사랑의 주입된 습관을 뜻하는 것이 아니라 하나님의 호의를 뜻한다. 칭의의 공로적 원인은 그리스도의 속죄 사역에 놓여 있다. 넷째, 칭의가 죄의 사면으로 구성되기 때문이다(롬 4:8). 내재적 의에 의해서 죄에 대한 사면이 이루어지지 않으며 양자는 서로 다르다. 다섯째, 칭의는 율법에 의해서 이루어지지 않기 때문이다. 만약 칭의가 내재적 의에 의해서 발생한다면 이는 율법에 의한 칭의임을 의미한다. 법적 칭의(legal justification)는 내재적 의를 원인으로 삼고 이루어지지만, 복음적 칭의

---

38 *IET* 2:638 (16.2.4).
39 *IET* 2:640-44 (16.2.9-18).

(gospel justification)는 사람이 아닌 다른 존재에 의해서 성취된다.[40] 여섯째, 내재적 의가 칭의의 공로적 원인이라는 주장은 그리스도의 공로를 폄하하고 이를 주장하는 자에게 자랑할 거리를 제공하기 때문이다. 이 주장은 칭의의 공로적 원인으로서 그리스도의 사역에 손상을 가할 뿐 아니라 우리에게 우리의 행함이 지닌 가치와 의미를 극대화시키는 우를 범하도록 이끈다. 일곱째, 내재적 의는 하나님의 명예에 대한 훼손을 제거하지 못할 뿐 아니라 이에서 비롯되는 죄책도 제거하지 못하기 때문이다. 여덟째, 추기경 콘타리니(Gasparo Contarini, 1483-1542)[41]도 우리의 주장에 동의하기 때문이다. 콘타리니는 내재적 의에 대한 자신의 견해를 다음과 같이 표현했는데 이는 튜레틴이 주장하는 복음적 칭의에 상당히 근접한다. "그러므로 하나님의 면전에서 우리는 우리의 이 의에 근거하여 의롭고 선하다고 간주될 수 없다. … 그러나 우리에게 주어진 그리스도의 의는 참되고 완전한 의이다. 이것은 전적으로 하나님의 면전에 합당한 것이다. … 그러므로 우리는 이것에만 의지해야 하며 이것에 근거하여 우리가 하나님 앞에서 칭의함을 받는다고 믿어야 하는데 이는 의롭다고 간주되며 의롭다고 불리워지는 것이다."[42]

2. 의의 전가

---

40 법적 칭의와 복음적 칭의의 구분에 대해서는 다음을 참고할 것. *IET* 2:637 (16.2.2). 튜레틴은 법적 칭의는 행위언약에, 복음적 칭의는 은혜언약에 기반을 두고 있다는 설명을 제공한다.

41 콘타리니는 원래 외교관이었으며 일반 신도로서 로마 가톨릭의 추기경으로 활동했던 인물로 널리 알려져 있다. 1541년 로마교황 사절로 라티스본(Ratisbon)에서 개최된 개신교와의 회의에 참석하여 개신교와의 대화를 시도하고 화합을 위한 성명서를 작성했으나 화해에는 이르지 못했다. 모든 개혁은 위에서부터 시작되어야 한다는 신념을 지니고 있었고 루터의 종교개혁을 공격했다. 성찬의 시행에 있어서 떡과 잔 모두 일반 신도에게 주어져야 하며 성직자의 결혼을 수용하는 개혁적 마인드의 소유자였다. 트렌트공의회가 개최되기 3년 전인 1542년 8월 24일 이탈리아 볼로나(Bologna)에서 사망했다. https://en.wikipedia.org/wiki/Gasparo_Contarini

42 Gasparis Contarini, "De Justificatione," *Casparis Contareni Cardinalis Opera* (1571), 592. *IET* 2:644 (16.2.18)에서 재인용.

튜레틴은 로마 가톨릭이 주장하는 내재적 의가 칭의의 공로적 원인이라는 주장을 부인하고 그리스도의 의와 순종이 그 원인이자 칭의의 토대라는 견해를 내세웠다. 그렇다면 그리스도의 의의 전가에 대해서 그는 어떤 이해를 추구했는가? 자신의 견해를 밝히기에 앞서 튜레틴은 먼저 이에 대한 정통적 견해를 요약적으로 제시하고 로마 가톨릭을 위시한 반대자들의 견해에 나타난 문제점을 지적하는 가운데 반대에 대한 비판을 시도한다.[43]

종교개혁 이후 개신교 정통파 신학의 의의 전가 교리에 대한 전제로서 다음의 다섯 가지 견해가 제시된다.[44] 첫째, 칭의는 법정적 행위로서 채권자와 사적인 개인의 관계를 다루는 것이 아니라 통치자이며 심판자가 그의 법정에서 우리에 대하여 선언하는 판결에 관한 것이다. 둘째, 칭의는 율법의 공식에 종속되는 하급 판사의 행위가 아니라 최상위 판사와 군주이신 하나님이 지닌 자율적 권위에 근거하여 죄인에게 호의를 베푸는 것을 가리킨다. 셋째, 하나님은 공의의 보좌에서 율법의 엄격한 공의에 따라서 행하시는 것이 아니라, 은혜의 보좌에서 복음적 관대함에 따라 행하신다. 넷째, 하나님이 자비를 따라 행하시는 것이 그의 공의를 훼손하지 않는다는 사실은 거기에 어떤 속상(satisfaction)이 반드시 필요함을 알려준다. 다섯째, 하나님은 완전한 의가 결여된 상태에서 그의 호의를 베푸실 수 없다.

이런 정통파 신학의 의의 전가 교리에 대한 반대자로서 튜레틴은 소시니우스주의자들, 로마 가톨릭, 그리고 오시안더(Andreas Osiander, 1498-1552)[45]

---

43 튜레틴의 의의 전가를 그리스도의의 순종의 관점에서 논의한 최근의 글로는 다음을 참고할 것. 안상혁, "그리스도의 순종과 의의 전가: 후기 정통주의의 견해", 『그리스도의 순종과 의의 전가』, 김병훈 (편) (수원: 합신대학원출판부, 2022), 216-29.

44 *IET* 2:646-47 (16.3.1-3). 개혁주의 전가 교리에 대해서는 다음을 참고할 것. John Piper, *Counted Righteous in Christ: Should We Abandon the Imputation of Christ's Righteousness?* (Wheaton, IL: Crossway, 2002); 신호섭, 『개혁주의 전가교리』 (서울: 지평서원, 2016).

와 슈뱅크펠트(Caspar Schwenckfeld, 1490-1561)[46]를 언급한다.

먼저 소시니우스(Faustus Socinius, 1539-1604)는 그리스도의 의가 죄인에게 전가되어 그가 의롭다 칭함을 받는다는 이 교리를 성경적 가르침이 아니라 인간의 고안이라고 주장했다.[47]

튜레틴은 소시니우스의 주장을 간략하게 직접 인용한 후 로마 가톨릭이 내세우는 전가교리에 나타난 문제점을 두 가지로 나누어서 질문의 형태로 제시한다.[48] 첫째, "만약 우리가 내재적 의에 의해서 형식적으로 의롭지 않다면, 이 의의 전가에 의해서 여전히 우리는 형식적으로 칭의함을 받는가?" "그렇다면 그리스도의 의에 의한 우리의 전가가 실제적이며 전가적으로 충분한가?" "그리스도의 의의 전가를 제외하고는 하나님 앞에서 우리의 의를 위한 다른 소재(material)가 더 이상 존재하지 않는가?" 둘째, "전가는 무엇을 위해서 일어나는가?" "우리가 주장하는 대로 전가가 칭의와 생명을 위해서 일어나는가? 또는 그들이 주장하는 대로 단지 내적 은혜와 내재적 의의 주입만을 위해서 일어나

---

45 그의 신학 전반에 관해서는 다음을 참고할 것. Emanuel Hirsch, *Die Theologie des Andreas Osiander und ihre geschichtlichen Voraussetzungen* (Göttingen: Vandenhoeck & Ruprecht, 1919); Claus Bachmann, *Die Selbstherrlichkeit Gottes: Studien zur Theologie des Nürnberger Reformators Andreas Osiander* (Neukirchen-Vluyn: Neurkirchner Verlag, 1996). 그리고 그의 칭의론에 관해서는 다음을 참고할 것. Marius J. Arntzen, *Mystieke rechtvaardigingsleer: een bijdragen ter beoordeling an de theologie van Andreas Osiander* (Kampen: J. H. Kok, 1956); 이신열, "칼빈의 대적자 오시안더 (Andreas Osiander): 인간론을 중심으로," 이상규 (편), 『칼빈과 종교개혁가들』 (부산: 개혁주의학술원, 2012), 198-202.

46 그에 대한 전기로는 다음을 참고할 것. Selina Gerhard Schultz, *Caspar Schwenckfeld von Ossig. (1489-1561): Spiritual Interpreter of Christianity, Apostle of the Middle Way, Pioneer in Modern Religious Thought* (Norristown, PA: The Board of Publication of the Schwenckfelder Church, 1947); Paul Gerhard Eberlein, *Ketzer oder Heiliger? Caspar von Schwenckfeld, der schlesische Reformator und seine Botschaft* (Metzingen: Ernst Franz Verlag, 1999).

47 Faustus Socinius, "Tractate de Justificatione," *Opera omnia* (1656), 1:601-27. *IET* 2:649 (16.3.11).

48 *IET* 2:649-50 (16.3.12-13).

는가?" "그리스도의 공로가 전가되고 전달되어 이것이 우리의 칭의에 유일한 공로적 원인으로 작용하여서 하나님의 면전에 우리가 무죄를 선고 받게 되는가? 또는 그리스도의 공로가 전가되어 내재적 의를 위한 형식적 원인으로 작용하여 인간이 이를 통해 은사를 부여받을 수 있는가?" "그리스도의 공로가 적합하지 않게, 즉 그리스도의 공로에 의해서 획득된 내재적 의가 인간이 칭의함을 받고 (이를 유지하는데) 적합하고 참된 원인으로 작용하는가?" 이런 질문을 던진 후에 튜레틴은 로마 가톨릭이 그리스도의 의의 전가로 주어지는 혜택을 주입된 은혜의 획득에만 제한시킨 결과 전가가 우리가 주입된 은혜를 받을 만한 자격을 갖추는 것으로 이해되게 만든다는 비판을 제기한다. 이렇게 주입된 은혜는 인간이 율법을 지키고 자기 자신에게만 의롭게 되는데 그친다. 튜레틴은 중세의 신학자 보나벤투라(Bonaventura, 1221-1274)는 칭의의 원인 또는 죄의 사면이 그리스도의 죽음과 부활에 속한다는 사실을 부인하고 단지 질료적 원인으로 환원되는 중재하는 공로(intervening merit)의 방법을 통해서 가능하다고 주장했다는 사실에서 로마 가톨릭의 전가론의 핵심이 드러난다고 보았다.[49]

튜레틴은 오시안더와 슈뱅크펠트의 주장에 나타난 전가론의 문제점은 "하나님의 본질적 의"가 인간 속에 존재한다는 주장에 대한 비판을 제기한다. 오시안더의 칭의론은 법정적 칭의론과 달리 믿음을 통해 그리스도의 의가 죄인에게 전가되어 그가 그리스도의 의로 채워져서 실제로 의롭게 된다는 주장을 내세웠다. 이런 맥락에서 슈타트란트(Tjarko Stadtland)는 오시안더의 칭의론을 본질적 칭의론(essential justification)이라고 불렀다.[50] 튜레틴은 성경이 여러

---

49 Bonaventura, "Liber III, Sententiarum," Dist. 19, Art. 1, Q. 1 in *Opera Theologica Selecta* (1941), 3:392-94. *IET* 2:650 (16.3.13).

50 Tjarko Stadtland, *Rechtfertigung und Heiligung bei Calvin* (Neukirchen-Vluyn: Neukirchner, 1972), 99-102. 이신열, "칼빈의 대적자 오시안더(Andreas Osiander): 인간

곳에서 우리에게 전가되는 그리스도의 의는 그리스도께서 율법에 순종하시고 죽음을 당하신 결과로 주어진 것인데 이는 하나님의 속성 가운데 하나인 하나님의 의와는 다른 것이라고 비판한다. 오시안더의 주장에는 인간에게 전달되어 인간의 본질의 일부가 되는 하나님의 의와 그리스도의 의를 동일시하는 오류가 담겨져 있다고 비판하는데 하나님의 의가 인간에게 본질적으로 전달되기 위해서는 인간의 신격화가 동반되어야 한다고 보았다.[51]

의의 전가에 대한 반대 의견들을 언급하고 논박한 후에 튜레틴은 성경이 전가된 의를 어떻게 증명하는가를 다양한 구절들에 대한 상세한 해설을 통해서 논증할 뿐 아니라(롬 5:18, 19; 4:3; 고전 1:20; 고후 5:21; 롬 8:3; 롬 4:5)[52] 그는 여러 교부들의 견해가 우리의 입장을 지지한다고 주장하지만 이들의 견해를 직접 고찰하지는 않고 대신에 중세의 베르나르(Bernard)의 몇 가지 견해를 직접 인용하면서 자신의 입장을 더욱 강화시킨다.[53]

3. 칭의에 있어서 믿음의 역할

튜레틴은 믿음이 적절하게 그리고 그 자체로서 우리를 칭의한다는 주장을 부인하며 믿음은 단지 상대적으로 그리고 도구적으로 작용한다는 사실을 강조한다. 이 사실을 설명하기에 앞서 칭의는 능동적(active) 칭의와 수동적(passive) 칭의의 두 가지로 분류된다.[54] 전자에는 칭의를 하나님의 행위로

론을 중심으로," 201.

51 신격화의 관점에서 오시안더의 칭의론을 비판한 글로는 다음을 참고할 것. Rainer Hauke, *Gott Haben – um Gottes Willen: Andreas Osianders Theosisgedanke und die Diskussion um die Grundlagen der evangelisch verstandenen Rechtfertigunslehre* (Frankfurt am Main: Peter Lang, 1999); Julie Canlis, "Calvin, Osainder, and Participation in God," *International Journal of Systematic Theology* 6 (2004), 169-84.

52 *IET* 2:651-54 (16.3.15-20).

53 *IET* 2:654 (16.3.21).

설명함에 있어서 하나님께서 행하신다는 차원이 강조된다. 후자는 인간의 행위인 믿음이 칭의에 어떤 영향력을 행사하는가를 놓고 여기에서 인간의 믿음은 칭의에 수동적인 역할을 담당할 따름이라고 간주하는 견해이다.

소시니우스주의자들은 인간의 행동으로서 믿음이 지닌 수동성에 대해서 다른 견해를 제시한다.[55] 이들은 인간이 믿는 행위가 칭의의 원인으로 작용하므로 믿음은 즉각적이며 형식적인 의로서 칭의에 작용한다고 보았다. 따라서 이들에게 칭의는 믿음의 보편적 감성(universal affection)에 해당된다. 로마 가톨릭에게 믿음은 경향성을 지닌 필수 불가결의(sine qua non) 원인으로서 의로 기우는 경향성 뿐 아니라 의 자체를 시작하고 이를 받을만한 가치를 지닌다.[56] 그러나 개혁파 정통주의자는 이들의 주장과는 전혀 다른 믿음의 개념을 주장한다. 믿음은 칭의의 유기적이며 도구적인 원인에 해당된다. 칭의는 믿음이 붙드는 그리스도의 의가 토대이며 공로적 원인으로 작용하는 한도 내에서 환유적으로(metonymically) 믿음에 되돌려진다. 달리 말하면, 믿음은 그 대상이 하나님 앞에서 우리의 참된 의이기 때문에 상대적으로 작용하며, 우리 편에서 믿음이 그리스도의 의를 수용하고 그 의를 우리 자신들에게 적용한다는 맥락에서 이 믿음은 유기적으로 작용한다.[57]

튜레틴은 로마 가톨릭에 맞서서 믿음은 의의 시작과 뿌리로서 칭의의 방향을 결정짓는 방식으로 또는 공로적으로 칭의하지 않는다고 주장한다.[58] 이 주장에는 다음의 다섯 가지 의미가 담겨져 있다. 첫째, 성령은 결코 믿음을 칭의의 시작 또는 일부 내지는 경향성의 결과로 간주하지 않으며 칭의 전체의 결과로

---

54 *IET* 2:669 (16.7.1).
55 *IET* 2:669-70 (16.7.3).
56 *IET* 2:670 (16.7.4).
57 *IET* 2:670 (16.7.5).
58 *IET* 2:672-73 (16.7.14).

간주한다. 둘째, 믿음의 반대는 항상 행함이기 때문에 믿음과 행함 사이의 중간적인 것은 존재하지 않는다. 셋째, 법정적 행위로서의 칭의는 단번에 그리고 한 순간에 발생하지 시작과 진전(progress)에 종속되지 않는다. 넷째, 칭의함을 받는 것은 믿음에 의해서 발생하는데 여기에서 믿음은 일종의 도구로 작용한다. 다섯째, 칭의는 법정적 행위이기 때문에 의의 주입이라는 결과를 초래하는 과거의 경향성에 근거한 물리적 행위가 아니다.

또한 튜레틴에게 믿음은 다음의 서로 다른 세 가지 관점에서 조망된다.[59] 첫째, 칭의 자체의 행위 속에서 활용되는 믿음을 생각할 수 있다. 이 믿음은 칭의의 주체를 붙드는 도구에 지나지 않는다. 둘째, 칭의함을 받는 사람 안에서 존재하는 믿음을 들 수 있다. 이는 로마 가톨릭의 믿음에 관한 견해에 근접하는데 여기에서 믿음은 칭의의 시작으로 간주된다. 믿음은 모든 미덕의 뿌리이기 때문에 이는 전가되지 않고 내재적이다. 따라서 칭의는 새로운 순종을 위한 원리이자 원인에 해당된다. 셋째, 칭의의 결과를 불러일으키는 믿음을 떠올릴 수 있다. 결론적으로 튜레틴은 이 세 가지 관점 가운데 첫째 관점을 취한 것으로 볼 수 있다. 그러므로 참된 칭의의 방식은 믿음을 도구적인 것으로 간주하는데 그 의미는 다음의 네 가지로 정리된다.[60] 첫째, 믿음의 알맞은 행위는 그리스도와 그의 의를 수용하는 것으로 구성된다. 둘째, 믿음은 그리스도의 죽음과 순종이라는 방향으로 스스로를 이끄는 방식으로 칭의한다. 셋째, 믿음은 성경에서 '먹는 것', '보는 것', 그리고 '만지는 것'으로 묘사되는데 이 행위의 내용은 모두 도적합한 효율성이 아니라 도구적 원인성을 지닌다. 넷째, 칭의하는 믿음은 그것과 관련된 특별한 약속을 붙드는 가운데 효과적이 아니라 유기적으로 칭의와 관련을 맺는다. 이는 마치 기적을 믿는 믿음이 기적의 역사와 관련되

---

59 *IET* 2:673 (16.7.15).
60 *IET* 2:673-74 (16.7.18).

는 것과 같다.

마지막으로 튜레틴은 오직 믿음만이 칭의한다는 명제에 대한 증명이 다음 세 성경 본문에서 발견된다고 주장한다: 롬 1:17; 롬 3:24, 25; 롬 3:28. 첫째, 롬 3:28은 오직 믿음으로만 칭의함을 받으므로 이는 행함이 없이 발생한다.[61] 이 구절에서 튜레틴의 강조점은 믿음과 행함의 반립에 놓여 있다. 둘째, 롬 3:24-25은 하나님의 은혜는 오직 믿음으로만 구성된다.[62] 선행적 은혜 (prevenient grace)에 의해서 발생하는 공로는 은혜가 은혜와 다투지 않는다는 관점에서 은혜에 반립적이지 않다. 무상의 칭의는 결코 믿음을 배제하지 않는데 그 이유는 믿음이 은혜로서 주어지기 때문이다. 24절에 언급된 "하나님의 은혜로 값없이 의롭다 하심을 얻은 자 되었다."라는 표현은 특히 '값없이'(freely)라는 부사를 강조한다. '값없이'라는 단어는 모든 공로가 전적으로 배제됨을 뜻하는데 무엇이든지 값없이 주어지는 것은 공로와 상관없이 주어지기 때문이다(롬 11:6).[63] 셋째, 롬 1:17은 복음이 하나님의 능력이라는 사실에 초점을 맞춘다.[64] 튜레틴은 복음을 구원을 위한 유일하고 가장 효율적인 도구로 파악하는데 이는 율법의 연약함과 강한 대조를 이룬다. 그리스도의 가장 완전한 의는 믿음에서 믿음으로 복음의 선언을 통해서 계시되었다. 이 계시의 내용은 신적 계시와 자비가 조화를 이루는 것인데 이는 롬 3:24-25에 분명하게 제시된다.[65]

---

61 *IET* 2:677-78 (16.7.8).
62 *IET* 2:678-79 (16.7.11).
63 바빙크, 『개혁교의학 4』, 214.
64 *IET* 2:679-80 (16.7.12).
65 G. C. Berkouwer, *Faith and Justification*, trans. Lewis B. Smedes (Grand Rapids; Eerdmans, 1954), 92.

V. 칭의의 시간과 결과

1. 칭의의 시간

튜레틴은 칭의가 발생하는 시간을 크게 다음의 두 가지 관점으로 나누어 고찰한다: 영원과 시간. 그는 전자에 대해서 부정적 입장을 취하는데 칭의가 영원 전에 하나님의 뜻을 따라 작정된 것임을 인정하면서도 칭의라는 신적 행위가 영원 전에 발생한 것이라는 주장에는 동의하지 않는다.[66] 달리 말하면, 칭의의 작정과 칭의 자체는 서로 다른 것이므로 칭의의 행위는 결코 영원하지 않다고 보아야 옳다는 것이 그의 주장이다. 그러나 영원 전 칭의를 주장하는 자들은 이 교리를 하나님 자신 안에서 내재적이며 내적인 행위로 인식하기 때문에 칭의는 시간과 상관없는 영원한 교리이어야 한다고 보았다.[67] 바빙크는 이들이 반율법주의자들이며 칭의를 법정적 개념이 아니라 하나님의 사랑으로 이해한다는 사실을 상기시킨다. 이 사랑은 "인간의 죄에 대한 염려하지 않고, 그리스도의 속죄를 요구하지 않고, 단지 사람이 믿을 수 있도록 반드시 알려져야 한다."[68]

튜레틴은 롬 8:30이 보여주는 바와 같이 칭의의 신적 행위는 영원 전에 발생한 무시간적 행위가 아니라 소명과 마찬가지로 시간적 순서를 따라 발생한 행위라고 주장한다.[69] 또한 칭의의 내용 자체가 영원 전 칭의 개념을 배격한다. 왜냐하면 칭의가 믿음에 의해 발생한다고 할 때, 믿음은 추상적이고 영원의

---

[66] *IET* 2:683 (16.9.3).
[67] *IET* 2:683 (16.9.2).
[68] 바빙크, 『개혁교의학 4』, 251. 베르카우워는 반율법주의자들과 더불어 19세기 이상주의자들 (idealists)도 영원 전 칭의를 주장했다고 보았다. Berkouwer, *Faith and Justification*, 151.
[69] *IET* 2:683 (16.9.4).

세계 속에서 발생한 믿음을 지칭하지 않는다. 칭의를 불러일으키는 믿음 (justifying faith)은 현실적이며 구체적인 믿음으로서 믿음을 지닌 인간의 삶의 현장, 즉 시간 속에서 발생하는 믿음이다.[70] 마지막으로 튜레틴은 칭의를 하나님이 죄인에게 주시는 축복으로 간주한다. 축복은 그 기원이 하나님에게 놓여 있으며 시간 속에서 존재하는 인간을 포함한 피조물에게 전달되어 피조물에게서 귀결된다.[71] 칭의는 하나님의 은혜에서 출발하여 그리스도 안에서 시간 안에서 살아가는 죄인에게 시여된다. 달리 말하면, 칭의라는 하나님의 영원한 작정은 그 자체로는 영원하지만, 우리에게 시간 속에서 주어지도록 정해진 것이다. 그러므로 칭의가 영원 전에 발생했고 이에 근거해서 우리가 실제로 이미 칭의함을 받았다고 주장하는 것은 타당하지 않은 주장에 지나지 않는다.

이렇게 영원 전 칭의를 부정하는 것이 곧 칭의가 마지막 날의 최후의 심판에 가서야 발생한다는 것을 뜻하는 것은 아니다.[72] 그렇다면 칭의는 언제 발생하는가? 튜레틴은 칭의는 이 세상의 삶 가운데 효과적인 소명의 순간에 발생한다고 주장한다.[73] 이 소명을 통해서 인간은 죄악의 상태에서 은혜의 상태로 옮겨가며 그리스도와 연합하게 된다. 성령은 인간의 마음속에서 칭의를 통해서 모든 죄악이 용서되었고 이제 생명권이 주어졌다고 선언하시며 이에 대한 확신을 제공하신다.

2. 칭의의 결과

튜레틴은 칭의의 결과를 다음의 세 가지로 요약하여 간략하게 제시한다:

---

70 *IET* 2:683 (16.9.5).
71 *IET* 2:683-4 (16.9.6).
72 *IET* 2:684 (16.9.7).
73 *IET* 2:684 (16.9.8).

통일성, 완전성, 그리고 확실성.74

첫째, 칭의는 모든 신자들에게 통일성 또는 동등성을 제공한다. 칭의함을 받은 모든 신자들은 칭의의 은혜를 체험하고 그 결과 하나님의 자녀가 되며 영원한 생명을 보장받게 된다. 이 점에 있어서 모든 시대와 모든 장소의 신자들은 하나로 연합되며 그들 사이에 동등성이 발생한다. 튜레틴은 여기에서 칭의의 종류 또한 하나로서 통일성을 지닌다는 주장을 전개한다.75 로마 가톨릭은 칭의를 이중적 칭의로 간주하는데 첫째 칭의는 불의한 자가 의의 주입을 통해서 의롭게 된다는 주장이며, 둘째 칭의는 이렇게 의롭다 함을 받은 자가 더 의롭게 된다는 주장으로서 이는 의의 증대에 근거한 개념이다. 튜레틴은 두 개념 모두 잘못된 칭의 개념에 근거한 주장으로 이를 반박하고 부정한다.

둘째와 셋째에 해당하는 완전성과 확실성은 상대적으로 간략하게 고찰되었다.76 여기에서 완전성이란 죄용서의 결과로 악이 제거되고 축복이 획득됨에 있어서 이 행위들이 충분한 그리고 절대적인 차원에서 강도있게(intensively) 발생함을 뜻한다. 죄용서와 축복을 요소로 삼는 칭의는 하나님의 자유로운 행위로서 그 자체는 증가하거나 감소할 수 있음을 뜻한다. 마지막으로 확실성은 두 가지로 구분된다. 첫째, 하나님의 그의 불변성(immutability)과 오래 참으심(perseverance)에 근거하여 한번 주어진 사면을 결코 철회하지 않으신다는 맥락에서 칭의는 확실성을 지니게 된다. 둘째, 칭의라는 주제의 확실성인데 이는 칭의의 의미를 가리킨다. 그 성격에 있어서 믿음이 증가하거나 감소할 수 있으며 확실해질 수도 또는 흔들릴 수도, 더 완전할 수도 덜 완전할 수도 있지만, 칭의는 신자의 영혼에 평화와 위로를 제공한다는 점에서 확실성을

---

74 *IET* 2:686-88 (16.10).
75 *IET* 2:686-87 (16.10.5).
76 *IET* 2:688 (16.10.11-12).

지닌다고 볼 수 있다. 튜레틴은 이 개념을 신자의 인내(perserverance)라는 관점에서 접근하고 이해한다.[77]

VI. 마치면서

지금까지 튜레틴의 칭의에 대한 논의를 몇 가지 주제(하나님의 의와 칭의의 정의, 사죄와 입양 또는 생명권의 부여, 그리스도의 공로와 의의 전가, 그리고 믿음, 그리고 칭의의 시간과 결과)로 나누어서 고찰해 보았다. 튜레틴의 논의는 상당히 논쟁적인 성격을 지니는데 주로 정통파 개혁주의신학의 칭의론에 대한 다양한 도전들(예, 로마 가톨릭, 소시니우스주의, 아르미니우스주의 등)에 나타난 문제점들을 비판적으로 설명하고 이에 대해서 성경적으로 답변하는 방식으로 구성되었다. 그의 논의는 주로 다양한 용어들을 사용하여 자신의 주장을 치밀하게 입증하는 스콜라 철학의 방식을 취하는데 이 점에 있어서 그의 글들을 읽는 독자들에게 많은 주의력과 인내를 요구한다는 것이 단점으로 지적될 수 있을 것이다. 그러나 이런 논의를 통해서 튜레틴의 칭의론은 16세기 종교개혁 이후 개신교가 지속적으로 옹호해 왔던 성경적인 칭의론의 중요성과 가치, 그리고 필요성을 누구보다 탁월한 방식으로 보여주었다는 점에서 우리에게 충분한 귀감이 되고도 남는다.

이 글에 나타난 그의 칭의론의 특징을 세 가지로 요약하면 다음과 같다. 첫째, 로마 가톨릭의 칭의론에 나타난 핵심적인 문제들(내재적 의, 의의 주입, 그리고 은혜의 역할 등)에 대해서 약간 장황하지만 아주 분명하게 요약적으로

---

77 *IET* 2:593-631 (15.16-17).

제시해주었다. 둘째, 다양한 논쟁의 대상자들이 저작했던 칭의에 관한 자료들을 충분히 활용하면서 이들의 주장이 어떤 점에서 문제를 야기했는가를 독자들이 스스로 파악할 수 있도록 안내해 주었다. 튜레틴이 보여주었던 원전 활용의 방식은 당대 신학의 생생한 모습을 조금이나마 파악할 수 있는 기회를 제공해 준다. 셋째, 튜레틴은 정통 개혁파의 칭의론을 계승하면서도 나름대로 독자적 영역을 개척하여 후대의 신학에 많은 영향력을 행사했다. 예를 들면, 이 글의 마지막 단락에 설명된 칭의의 결과에 대한 그의 주장은 (상대적으로 간략하지만) 칭의론의 어떤 부분이 계속적 연구의 대상이 될 수 있는가에 대한 혜안을 제공한다고 볼 수 있다.

〈참고문헌〉

권경철. 『뿌리 내리는 정통주의 신학: 동일한 신앙고백, 다양한 신학 논쟁』.
　　　군포: 도서출판 다함, 2018.

드 뷔데, E. 『프랑수아 투레티니 평전: 칼뱅 100년 이후 제네바 대표 신학자
　　　투레티니 탄생 400주년 기념』. 권경철, 강금희 옮김. 군포: 도서출판
　　　다함, 2021.

라이트, 톰. 『톰 라이트, 칭의를 말하다』. 최현만 옮김. 평택: 에클레시아북스,
　　　2011.

바빙크, 헤르만. 『개혁교의학 2』. 박태현 옮김. 서울: 부흥과개혁사, 2011.

　　　　　　　. 『개혁교의학 4』. 박태현 옮김. 서울: 부흥과개혁사, 2011.

박영돈. 『톰 라이트 칭의론 다시 읽기: 바울은 칭의에 대해 정말로 무엇을
　　　말했는가?』. 서울: IVP, 2016.

신호섭. 『개혁주의 전가교리』. 서울: 지평서원, 2016.

안상혁. "그리스도의 순종과 의의 전가: 후기 정통주의의 견해". 『그리스도의
　　　순종과 의의 전가』. 김병훈 (편). 수원: 합신대학원출판부, 2022,
　　　202-70.

이승구. 『톰 라이트에 대한 개혁신학적 반응: N.T. Wright의 신학적 기여와
　　　그 문제점들』. 수원: 합동신학대학원출판부, 2013.

이신열. "칼빈의 대적자 오시안더 (Andreas Osiander): 인간론을 중심으로,"
　　　이상규 (편). 『칼빈과 종교개혁가들』. 부산: 개혁주의학술원, 2012,
　　　197-218.

파이퍼, 존. 『칭의 논쟁』. 신호섭 옮김. 서울: 부흥과개혁사, 2009.

헤페, 하인리히. 『개혁파 정통 교의학 2』. 이정석 옮김. 고양: 크리스챤다이제
스트, 2000.

Artzen, Marius J. *Mystieke rechtvaardigingsleer: een bijdragen ter beoordeling an de theologie van Andreas Osiander.* Kampen: J. H. Kok, 1956.

Bachmann, Claus. *Die Selbstherrlichkeit Gottes: Studien zur Theologie des Nürnberger Reformators Andreas Osiander.* Neukirchen-Vluyn: Neurkirchner Verlag, 1996.

Berkouwer, G. C. *Faith and Justification.* Trans. Lewis B. Smedes. Grand Rapids: Eerdmans, 1954.

Canlis, Julie. "Calvin, Osainder, and Participation in God," *International Journal of Systematic Theology* 6 (2004): 169-84.

Cumming, Nicholas A. *Francis Turretin (1623-87) and the Reformed Tradition.* Leiden/Boston: Brill, 2020.

Eberlein, Paul Gerhard. *Ketzer oder Heiliger? Caspar von Schwenckfeld, der schlesische Reformator und seine Botschaft.* Metzingen: Ernst Franz Verlag, 1999.

Fesko, J. V. *Justification: Understanding the Classic Reformed Doctrine.* Philipsburg, NJ: P & R, 2008.

_____. *Beyond Calvin: Union with Christ and Justification in Early Modern Reformed Theology (1517-1700).* Göttingen: V & R, 2012.

Hauke, Rainer. *Gott Haben – um Gottes Willen: Andreas Osianders Theosisgedanke und die Diskussion um die Grundlagen der evangelisch verstandenen Rechtfertigunslehre.* Frankfurt am Main: Peter Lang, 1999.

Hirsch, Emanuel. *Die Theologie des Andreas Osiander und ihre geschichtlichen Voraussetzungen.* Göttingen; Vandenhoeck & Ruprecht, 1919.

Muller, Richard A. *Post-Reformation Reformed Dogmatics: The Rise and Development of Reformed Orthodoxy, ca. 1520 to ca. 1725, vol. 3: The Divine Essence and Attributes.* Grand Rapids: Baker Academic, 2003.

Murray, Luke. "Catholic Biblical Studies after Trent: Franciscus Toletus," *Journal of Early Modern Christianity* 2/1 (2015): 61-85.

_____. *Jesuit Biblical Studies after Trent: Franciscus Toletus & Cornelius à Lapide.* Göttingen: V & R, 2019.

Piper, John. *Counted Righteous in Christ: Should We Abandon the Imputation of Christ's Righteousness?* Wheaton, IL: Crossway, 2002.

Schultz, Selina Gerhard. *Caspar Schwenckfeld von Ossig. (1489–1561). Spiritual Interpreter of Christianity, Apostle of the Middle Way, Pioneer in Modern Religious Thought.* Norristown, PA: The Board of Publication of the

Schwenckfelder Church, 1947.

Stadtland, Tjarko. *Rechtfertigung und Heiligung bei Calvin.* Neukirchen-Vluyn: Neukirchner, 1972.

Turretin, Francis, *Institutes of Elenctic Theology.* vols. 1-2. Trans. George Musgrave. Phillipsburg, NJ: P & R, 1992-94.

Venema, Cornelis P. *The Gospel of Free Acceptance in Christ: An Assessment of the Reformation and 'New Perspectives' on Paul.* Edinburgh: The Banner of Truth Trust, 2006.